예비교사를 위한

# AI 디지털 교육 가이드

박선주 · 신수범 · 정인기 · 한정혜 · 박남제
손원성 · 배영권 · 정영식 · 박정호 · 신승기

지음

## 저자소개

**박선주** 광주교육대학교 컴퓨터교육과 교수

- 전남대학교 전산학과 박사
- (사)한국정보교육학회 정보교과연구회 위원장
- 전 (사)한국정보교육학회 회장
- 관심분야 : 정보교육, 인공지능 교육, 데이터 과학

**신수범** 공주교육대학교 컴퓨터교육과 교수

- KERIS 선임연구원
- (사)한국정보교육학회 이사-
- 관심분야 : 컴퓨터교육, AI디지털교육, 교육실습

**정인기** 춘천교육대학교 컴퓨터교육과 교수

- (사)한국정보교육학회 이사
- (사)한국컴퓨터교육학회 이사
- (사)에듀테크학회 이사
- 관심분야 : 컴퓨팅 사고력 교육, 알고리즘 교육, 인공지능 교육

### 예비교사를 위한
# AI 디지털 교육
### 가이드

인 쇄 : 2024년 8월 20일 초판 1쇄
발 행 : 2024년 8월 30일 초판 1쇄

저 자 : 박선주 · 신수범 · 정인기 · 한정혜 · 박남제
손원성 · 배영권 · 정영식 · 박정호 · 신승기
발행인 : 송 준
발행처 : 도서출판 홍릉
주 소 : 01093 서울시 강북구 인수봉로 50길 10
등 록 : 1976년 10월 21일 제5-66호

전 화 : 02-999-2274~5, 903-7037
팩 스 : 02-905-6729
e-mail : hongpub@hongpub.co.kr
http://www.hongpub.co.kr
ISBN : 979-11-5600-219-2(93000)

정 가 : 23,000원

## 저자소개

**한정혜** 청주교육대학교 컴퓨터교육과 교수

- (사)한국정보교육학회 인공지능윤리연구회장, (사) 디지털콘텐츠 학회 부회장
- 전 Stanford University 방문학자
- 전 IEEE Human Robot Interaction 국제회의 아시아대표위원 및 공동위원장
-관심분야: 인공지능교육, 로봇교육, 인공지능윤리, 로봇윤리 "

**박남제** 제주대학교 교육대학 초등컴퓨터교육전공 교수

- 성균관대학교 컴퓨터공학과 박사
- 한국전자통신연구원(ETRI) 선임연구원
- University of California, Los Angeles(UCLA), Post-Doc.
- Arizona State University, Research Scientist
- 관심분야 : 정보AI교육, 정보보안, 문화예술융합 등 "

**손원성** 경인교육대학교 컴퓨터교육과 교수

- 연세대학교 컴퓨터과학 박사
- University of Washington, Dept of Computer Science, Post Doctor
- Carnegie Mellon University, Dept of HCI, 연구원
- 관심분야 : 정보교육, HCI, AI교육 등"

**배영권** 대구교육대학교 교수

- 한국교원대학교 컴퓨터교육 박사
- Indiana University, Instructional Systems Technology
- University of Georgia, Learning Design & Technology
- (사)한국정보교육학회 부회장
- 대구교육대학교 부총장 겸 교육대학원장
- 관심분야 : AI교육, STEM, IB교육, 디지털 교육

**정영식** 전주교육대학교 컴퓨터교육과 교수

- 한국교원대학교 컴퓨터교육 박사
- 교육부 정책자문위원회 위원
- 한국교육과정평가원 연구사업자문위원회 위원
- 관심분야 : 정보 교육, 인공지능교육, AI 디지털교과서, 프로그래밍 교육"

**박정호** 진주교육대학교 컴퓨터교육과 교수

- 한국교원대학교 컴퓨터교육 박사
- Tufts Univ. CEEO Research Scholar
- 관심분야 : 컴퓨터교육, 인공지능교육, 로봇교육, 디지털융합교육"

**신승기** 서울교육대학교 컴퓨터교육과 교수

- University of Georgia, Ph.D.
- 전 미국 애리조나주립대학교 컴퓨터교육전공 교수
- 전 미국 칼빈슨정부연구소 연구원
- 관심분야 : 정보교육, 인공지능교육, 게임기반학습, 컴퓨팅사고력"

# 예비교사를 위한 AI 디지털 교육 가이드

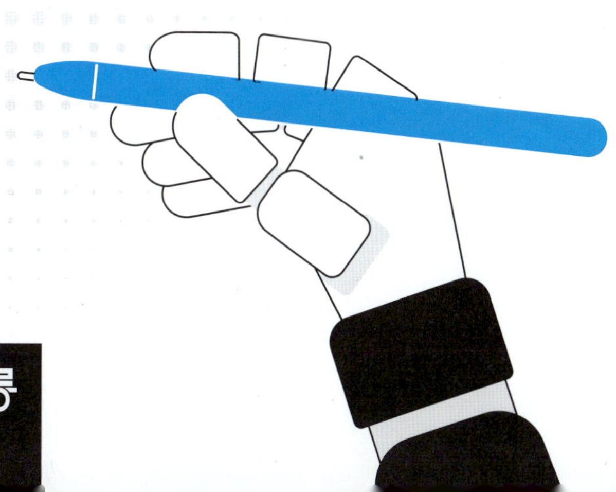

박선주 · 신수범 · 정인기 · 한정혜 · 박남제
손원성 · 배영권 · 정영식 · 박정호 · 신승기 지음

도서출판 홍릉

# 머리말

현재 급격한 IT 기술 진보와 함께 교육의 패러다임이 변화하고 있습니다. 특히, 인공지능과 디지털 기술의 발전은 교육 현장에 혁신적인 변화를 가져오고 있습니다.

최근 교사 자격 취득을 위해서는 디지털 인공지능 교육 역량을 반드시 갖추도록 하여 교직과목 중 교직소양 영역에 '디지털 교육(인공지능 교육 포함)' 과목이 새롭게 추가되었습니다.

이처럼 인공지능과 디지털 기술이 교육 현장에 빠르게 도입되면서, 교사 양성과 현직 교사 연수 과정에서 체계적인 AI · 디지털 교육이 절실히 필요한 상황입니다.

이에 저자들은 본 교재를 통해 AI·디지털의 특성을 이해하고 디지털 윤리의식을 고양하며 교과목 및 교육 방법에 AI · 디지털 기술을 효과적으로 활용할 수 있는 기초 소양 및 AI · 디지털 교육 역량을 체계적으로 제공하고자 합니다.

즉, 교사들의 AI · 디지털 교육에 대한 이해 및 실천역량을 함양하고자 AI·디지털에 대한 개념과 원리를 학습하고, AI · 디지털 기술의 올바른 사용과 윤리적 실천에 대한 비판적 관점과 논의를 촉진하고자 합니다. 또한 시대에 부합하는 인재를 양성하고, 교육의 효과성을 높일 수 있는 AI · 디지털 융합 및 활용 교육의 개념을 이해하고 관련 사례를 접함으로써 교육 현장에서의 AI · 디지털 경험 확장에 중점을 두고자 합니다.

본 교재는 10개의 챕터로 구성되어 있습니다.

1장에서는 AI · 디지털 교육정책의 추진 배경과 방향, 전략 및 로드맵을 살펴봅니다. 2장에서는 디지털 리터러시, 데이터 리터러시, 컴퓨팅 사고력, AI 리터러시 등 미래 교육에 필수적인 핵심 역량에 대해 다룹니다. 3장에서는 정보윤리, 인공지능윤리, 로봇윤리 등 디지털 시대의 윤리적 이슈와 교육 방안을 제시합니다.

4장에서는 에듀테크의 개념과 유형, 국내외 산업 동향 및 활용 사례를 소개합니다. 5장에서는 AI 교육의 개념, 필요성, 목표, 내용과 함께 다양한 교수학습 및 평가 방법을 살펴봅니다. 6장에서는 생성형 AI의 원리와 활용 방안, 교육적 적용 사례를 탐구합니다.

7장에서는 AI 기반 디지털교과서의 개념, 구성, 검정 및 품질관리 등을 소개합니다. 8장에서는 AI 학습 데이터의 중요성과 수집, 분석 방법을 다루며, 9장에서는 교과 수업에서의 AI · 디지털 활용 교육 사례와 교수학습 설계를 제공합니다. 마지막 10장에서는 AI · 디지털 융합교육의 개념, 유형, 교수학습 설계 및 실제를 다룹니다.

이처럼 본 교재는 AI · 디지털 교육에 필요한 다양한 주제와 내용을 체계적으로 다루고 있어, 교사 양성 과정뿐만 아니라 현직 교사들의 전문성 향상에도 크게 기여할 것입니다.

1996년 설립된 (사)한국정보교육학회는 지난 25년간 대한민국 정보교육의 발전을 선도하였습니다. 본서는 (사)한국정보교육학회 디지털 교육 전문가들이 직접 저술에 참여한 전문서입니다.

바쁜 일정에도 흔쾌히 집필 작업에 참여해주신 (사)한국정보교육학회 회원 여러분들에게 감사드리며, '디지털 교육'의 편집 및 출판 작업을 지원하셔서 오늘 귀한 결과물이 탄생할 수 있도록 지원해주신 도서출판 홍릉의 대표 이사님과 직원 여러분들에게도 감사의 말씀드립니다.

미래 교육을 이끌어 갈 여러분께서 이 교재를 통해 AI · 디지털 교육 역량을 갖추어 함께 변화와 혁신을 만들어가면서 교육의 새로운 지평을 열어나갈 수 있기를 기대합니다.

감사합니다.

2024년 7월

저자일동

# 차례

## Chapter 01

# AI · 디지털 교육정책

Chapter 02

## AI · 디지털 리터러시



Chapter 03

## (디지털) 정보윤리 속의 인공지능윤리와 로봇윤리

Chapter 06

## 생성형 AI와 교육

Chapter 10

# AI · 디지털 융합 교육

CHAPTER

# 1

# AI · 디지털 교육정책

## 단원목표

- AI 디지털교육 정책의 방향을 설명할 수 있다.
- AI 디지털교육 및 에듀테크 정책에 대한 교육부의 노력을 설명할 수 있다.

---

## 단원목차

1.1 AI디지털 기반 교육혁신 정책

1.2 에듀테크를 이용한 교육혁신 방안

1.3 에듀테크 정책 추진 방향

1.4 「AI 디지털교과서 개발 지침」 주요 내용

SECTION

# 1.1 AI디지털 기반 교육혁신 정책[1)]

## 1. 추진배경

현재 우리 교육은 급격한 기술진보, 코로나19, 인구감소 등 환경변화에 따라 (내용)무엇을, (방식)어떻게, (대상)누구에게 가르칠 것인지 고민이 필요한 상황이라고 할 수 있다.

〈우리 교육을 향한 사회적 요청〉



| | What | How | Who |
|---|---|---|---|
| 특징 | 4차 산업혁명<br>기술진보 등 | 디지털 기술 발달,<br>팬데믹 경험 등 | 알파세대,<br>3050세대 등 |
| | ↓ | ↓ | ↓ |
| 요구 | 핵심역량 필요수준 변화에 따른<br>교육내용 변화 요구 | 온라인교육, AI 기술도입 등<br>교육방식 전환 요구 | 디지털기술을 통한 개별화 교육,<br>향상(up-skilling)교육 등 요구 |

우리 사회는 환경 변화에 따라 새로운 위기에 직면해 있으며 '교육'이 사회난제 해결의 실마리가 되어 줄 것을 요구하고 있다.

| | 격차에 따른<br>사회적 갈등 심화 | 인구감소에 따른<br>지역소멸 | 기술경쟁 심화,<br>산업구조 변화 |
|---|---|---|---|
| 지표 | 기초학력 미달 비율(고2, 수학)<br>'17. 9.9% → '21. 14.2%<br>(교육부, 통계청, 2022) | 전국 228개 시·군·구 기준<br>소멸위험지역은 105개(46.1%)<br>(한국고용정보원, 2020) | 교육의 사회요구부합(63개국)<br>초·중등 37위, 고등 46위<br>(IMD, 2022) |
| | ↓ | ↓ | ↓ |
| 현장<br>목소리 | "교육이 공정한 출발을 보장하고<br>가정의 교육·돌봄 부담을<br>덜어줘야" | "학교(대학)가 지역을 살리는 중심<br>역할을 해줘야" | "교육이 사회, 산업이 요구하는<br>인재를 적시에 길러내야" |

▲ 그림 1.1 통신시스템 구성도

## 2. 교육개혁 및 AI디지털 교육과제 및 추진체계

2023년 교육부는 AI디지털 교육정책을 효율적으로 추진하기 위해 다음 그림과 같이 주요 추진 과제 및 체계도를 제시한다.

1) 해당 내용은 2023.1.25.일 기준 교육부 주요업무 추진계획 보도자료를 정리한 것임.

〈추진과제 및 추진체계〉

| 비전 | 교육개혁, 대한민국 재도약의 시작 | |
|---|---|---|
| 목표 | 성장 | 국가 발전의 원동력이 되는 교육 |
| | 복지 | 자유 · 창의에 기반해 모두를 키워주는 교육 |

| 국정과제 | 4대 개혁분야 | 10대 핵심정책 | | 달라지는 모습 |
|---|---|---|---|---|
| 82.<br>모두를 인재로<br>양성하는<br>학습혁명 | 1<br>학생맞춤<br>단 한명도<br>놓치지 않는<br>개별 맞춤형 교육 | ① 디지털기반 교육혁신<br>② 학교교육력 제고<br>③ 교사혁신 지원체제 마련 | ➜ | 교육의 본질에<br>집중해<br>깨어나는 교실 |
| 84.<br>국가교육책임제<br>강화로<br>교육격차 해소 | 2<br>가정맞춤<br>출발선부터 공정하게<br>국가가 책임지는<br>교육 돌봄 | ④ 유보통합 추진<br>⑤ 늘봄학교 추진 | ➜ | 교육으로 모든<br>아이의 출발선<br>평등 보장 |
| 83.<br>더 큰<br>대학자율로<br>역동적<br>혁신허브 구축<br><br>85.<br>이제는<br>지방대학 시대 | 3<br>지역맞춤<br>규제없는<br>과감한 지원으로<br>지역을 살리는 교육 | ⑥ 과감한 규제혁신 · 권한이양<br>및 대학 구조개혁<br>⑦ 지역혁신중심 대학지원<br>체계(RISE) 구축<br>⑧ 학교시설 복합화 지원 | ➜ | 교육으로<br>활력을<br>되찾는 지역 |
| 81.<br>100만 디지털<br>인재양성 | 4<br>산업 · 사회맞춤<br>사회에 필요한<br>인재양성에 신속히<br>대응하는 교육 | ⑨ 핵심 첨단분야<br>인재 육성 및<br>인재양성 전략회의 출범 | ➜ | 급변하는<br>환경에서<br>세계를 이끌<br>인재 양성 |

| 5<br>추진체계 | 교육개혁 입법 | ⑩ 러닝메이트법, 교육자유특구법, 고등교육법,<br>사립학교법 등 4대 교육개력 입법 추진 |
|---|---|---|
| | 수평적 협력<br>파트너십 | • 전략적 사회관계 장관회의 운영<br>• 국민 소통 활성화 |

4대 개혁과제 중 첫째 과제에 대한 방향과 목표 그리고 세부 추진 과제에 대해서 다음과 같이 제시 한다.

| 방향 | 교육의 본질에 집중한 개 별 맞춤형 교육으로 교실을 깨어나게 하고 모든 아이들에게 미래역량 함양을 보장 | | |
|---|---|---|---|
| 목표 | 2023년에는<br>디지털기반 교육혁신방안 수립 고교교육력 제고방안 마련 | ➜ | 2026년에는<br>디지털 교과서 플랫폼 도입·확산 지역에 다양한 우수학교 확산 |



## 1 디지털기반 교육혁신

개별 맞춤형 교육 구현을 위한 '디지털기반 교육혁신방안' 수립('23.1월)한 보고서에서는 기존 서책형교과서를 바탕으로 AI 기반 코스웨어(디지털 교과서)를 운영하여 학습데이터 분석결과를 교사가 수업에 활용해 학생별 최적화된 학습지원을 2025년까지 구현하는 것을 제시하였다. AI기반 코스웨어는 23년도에 개선방안을 수립하였으며 24년도에 시범운영을 하고 25년도에는 단계적 도입을 추진하고자 한다. 또한 에듀테크 소프트랩을 설립하여 교육현장에서 도출된 애로사항을 디지털 신기술(AI, VR·AR 등)을 활용해 해결하도록 테스트베드 확대 및 '에듀테크 진흥방안' 수립('23.상)한다. 2022년도에는 경기, 광주, 대구 3개소에 설립하였으며 23년도 이후에는 6개의 소프트랩을 신규 구축한다.

## 2 학교교육력 제고

프로젝트·토론형 수업, AI·에듀테크 활용 수업 등 수업 방식의 혁신과 이와 연계된 평가를 실시하는 '교실수업 혁신방안' 마련(~'23.상)한다. 또한 학생 참여형 수업 및 이와 연계된 평가 실시하고 IB 프로그램 등 다양한 수업 혁신 사례 확산한다. 그리고 모든 교사가 수업 · 평가 방식의 혁신을 이해하고 실제 학교 현장에서 이를 운영할 수 있도록 연수 프로그램 개발 및 집중 연수를 23년도부터 실시한다. 그리고 공교육 혁신의 선도모델로서의 국립고 역할 강화, 학교-교육청-지자체 협력을 통한 학교 자율성 확대 등 일반고 교육역량 강화 지원한다. 미국 Charter School, 영국 Academy 사례 등을 참고하여 학교 운영방식 혁신 추진한다.

## 3 교사혁신 지원체제 마련

교사가 디지털 전환에 대응해 수업이 변화할 수 있도록 교육청 및 에듀테크기업 등과 협업하여 교원의 생애주기별 체계적 맞춤형 교원 역량 함양을 추진한다. 또한 교사가 혁신의 주체로서 수업변화를 주도할 수 있도록 교육활동 보호 강화, 학교행정 업무경감 및 교원인사제도 개선 시안 마련 추진 23년도 하반기에 추진한다. 그리고 교육혁신 지원, 교육격차 해소 등 다양한 수요를 반영한 새로운 교원수급모델 마련 및 '중장기('24~'27) 교원수급계획'을 수립('23.3월)한다.

### 4 학생들의 AI디지털교육 지원

우리 학생들의 디지털 역량을 높여주기 위해 다양한 디지털 교육 기회(자유학기제, 방과후 등 활용) 및 디지털튜터 배치 확대한다. 방학 중 방과후 자유학기제 연계 SW·AI 캠프 '디지털새싹' 참여 학생이 '22년도에 10만명이었으며 '23년도에는 20만명으로 확대한다. 그리고 디지털 교육 소외지역 초교 중심 디지털튜터를 '22년도 34교에서 운영하였으며 '23년도에는 340교로 확대한다. 또한 모든 학생의 기초학력 보장을 위해 에듀테크 활용 개별 학습 지원, 다중지원팀 운영 내실화 등 안전망을 강화한다.

SECTION

# 1.2 에듀테크를 이용한 교육혁신 방안[2)]

## 1. 추진배경

디지털 대전환 시대, 교육과 기술의 결합은 피할 수 없는 흐름으로서 첨단 기술을 통해 기존 교육이 해결하지 못했던 난제를 해결할 수 있으며, 교육과 기술의 결합으로 새로운 패러다임의 교육 실현이 가능하다. 영국 교육부에서는 '교육에서의 기술잠재력 실현 전략('19)'에서 교육 관련 업무 경감, 교수 효율성 증대, 교육 성취도 향상을 교육과 기술 결합의 목표로 제시한바 있다. 특히 특히, 기술이 교육의 보조수단을 넘어 교육의 질에 직접 영향을 미치는 핵심 도구로 인식되면서 '에듀테크'의 중요성도 증대되고 있다. 또한 한국은 높은 수준의 디지털 기술과 인프라를 보유하고 있으며, 기술 활용에 대해 긍정적인 국민 정서를 보유하고 있다. 초거대 AI 언어모델 보유 국가는 10개국 미만('23.9)이며 한국도 보유하고 있다. 그러나 학교 교육의 질을 높이기 위해 디지털 기술을 활용하는 수준은 OECD 국가 중 평균 이하('18)이며, 이로 인해 에듀테크 산업 역시 개인 학습자 대상 서비스에 머무르고 있는 상황이다. KERIS(2020) 설문조사에서 나타난 결과는 에듀테크의 이용은  사교육(개인) 57%, 공교육 13%, 혼용 30% 순서로 나타난 바 있다. 이에  공교육과 기술이 상생(win-win)하는 선순환 생태계 조성 필요하다고 할 수 있다. 생성형 AI의 시대에 다양하고 혁신적인 교육과 기술의 결합이 공교육 질 개선으로 이어지도록 기술 친화적 교육체제 필요한 것이다. 특히, 공교육 내 디지털 기술 활성화를 통해 공교육을 지원하는 에듀테크 산업이 더욱 성장할 수 있는 선순환 생태계 조성 필요하다. 빌게이츠(023 ASU+GSV 서밋)는 "AI는 2년 내에 훌륭한 글쓰기, 수학 교사가 될 것"이라고 언급한 바와 같이 교육과 기술은 같이 협력하여 새로운 교육체제를 만들어가야 할 필요가 있다.

## 2. 에듀테크 개념 및 현황

에듀테크는 교육(Education)과 기술(Technology)의 합성어로, 다양한 디지털 기술을 활용하여 교육의 효과성을 높이는 제품·서비스를 총칭한다. 또한 "에듀테크 활용 교육"이란 에듀테크를 활용하여 이루어지는 교수·학습·평가, 교육 행정 및 정책 수립 등의 활동을 말하며, "에듀테크 산업"이란 에듀테크를 연구·개발·제작·수정·보관·유통하거나, 에듀테크를 활용한 교육 서비스를

2) 해당 내용은 2023.1.25.일 기준 교육부 주요업무 추진계획 보도자료를 정리한 것임.

제공하는 업에 대한 이름이다.

**참고** **에듀테크에 대한 다양한 개념 정의**

- "인간의 성장과 발달을 위해 온·오프라인 교육에 활용하는 신기술과 그것을 적용한 교육 방법"(에듀테크 활성화 종합방안, KERIS, '23)
- 에듀테크는 교수 학습과 교육기관 운영 등을 지원하기 위한 기술 활용을 의미하며, 하드웨어, 디지털 자원, 소프트웨어 및 서비스를 포함
  (Realising the potential of technology in education, 영국 교육부, '19)
- 전통적 교육 서비스가 빅데이터, VR/AR, AI 등 ICT 기술과 융합하여 기존과 다른 새로운 학습 경험을 제공하는 혁신 분야(산업통상자원부, '18)

최근 에듀테크는 다양한 교육 활동과 결합하여 차별화된 경험을 제공하며, 온라인교육을 넘어 개인 맞춤 학습을 실현하는 도구로 진화하고 있다.

〈참고 : 교육에 있어서 기술을 활용하는 방식 변화〉

| | 1990년대 | 2000년대 | 2010년대 | 2020년대 |
|---|---|---|---|---|
| 기술(기기) | 데스크탑 PC | 인터넷 | 스마트 기기 | AI, 빅데이터, XR |
| 에듀테크 | EBS 학습 자료, 교육용 CD 학습 | 인터넷 강의 | 교육용 단말기, 모바일 콘텐츠 | AI 튜터, 생성 AI, XR 콘텐츠 |
| 활용 모습 | 교육에 전자기기 활용 | 기존의 수업을 온라인으로 이동 | 공간 제약이 없는 이동 학습 | 교육효과를 높이는 다양한 도구 |

## 3. 에듀테크 활용 목적과 유형

에듀테크의 활용 목적은 디지털 기술을 활용하여 개별화 교육, 학습 격차 해소, 교원 업무 경감, 학교구성원 간 소통 강화, 학생의 학업 몰입 등 교육 현장이 목표로 하는 다양한 과제를 효과적으로 해결하기 위한 것이라고 할 수 있다. 교사는 교과 수업, 학생 지원, 행정 업무 등의 분야에서 다양한 에듀테크를 필요에 따라 자유롭게 선택하여 활용하며 학생은 정규교육에서는 교사가 선택한 수업·협업도구 등을 통해 수업에 참여하며, 방과후에는 학습 컨텐츠를 이용하여 개별학습을 할 수 있다. 한편 에듀테크 활용 인프라 '23.6월 기준, 초·중·고교의 디바이스 보급률은 약 58%(약 309만대)이며, 학교의 무선 통신망 설치율은 교실 수 대비 100% 이상으로 구축된 상태이다.

〈교사들의 에듀테크 활용 현황('22, KERIS 설문조사) 〉

| 분야 | 내용 | 주요 에듀테크 서비스 | | | | |
|---|---|---|---|---|---|---|
| 교과 수업 (방과후 포함) | 원격 수업 도구 | 줌 | 구글 | 유투브 | meet | 카카오톡 |
| | 콘텐츠 제작 도구 | 미리캔버스 | MS 오피스 | 파워포인트 | 한글 | 구글docs |
| | 협업 도구 | 띵커벨 | 패들렛 | 구글docs | 구글클래스룸 | 구글 |
| | 과제 제시 및 평가 피드백 도구 | 클래스카드 | 구글클래스룸 | 패들렛 | AI펭톡 | 클래스팅 |
| | 학습 도구(온라인노트) | 마인드 마이스터 | 패들렛 | 마인드맵 | 멘티미터 | edrawmind |
| | 학습 이력 관리 | 네이버웨일 | E-학습터 | 구글클래스룸 | 칸아카데미 | 리로스쿨 |
| 학생 지원 | 학습 관리(생활 · 학습 계획) | E-학습터 | 구글클래스룸 | 클래스팅 | 위두랑 | MS teams |
| | 진로/상담 | 마플 | 카카오톡 | 구글클래스룸 | 리로스쿨 | 커리어넷 |
| | 학생 안전 관리(건강, 안전) | 네이버밴드 | 클래스팅 | 클래스123 | 카카오톡 | 하이클래스 |
| 행정 업무 | 교무행정(학급관리, 생기부) | 키즈콜 | 자가진단앱 | 구글클래스룸 | 하이클래스 | 네이버밴드 |
| | 학부모 상담관리 | 클래스팅 | 에듀넷 | 네이버밴드 | 아이엠스쿨 | 하이클래스 |

〈 참고 : 에듀테크 활용 효과('23, 한국교육학술정보원) 〉

| | |
|---|---|
| 수업 전문성 강화 | • 교사가 전개하는 수업 내용과 방법이 에듀테크를 통해 확장되어 학생들에게 폭넓은 지식과 경험을 제공할 수 있으며, 이에 따라 수업 목표와 성취기준 조기 달성 가능 (서울교육정책연구소, '22 / 미국 교육부 산하 교육기술부, '23)<br>• 교사의 학사지원 업무를 용이하게 하여 교사가 다수 학생을 지도함에 있어 전문성 제고 가능 (Rodriguez, '20) |
| 교원업무 경감 | • 행정업무와 관련하여 기대하는 에듀테크로는 빅데이터 기반 진로 지도 · 상담, 고교학점제 선택과목 추천, 개인 맞춤형 교육과정 설계 등으로 에듀테크가 행정업무의 많은 부분을 지원하면 교사는 가르치는 업무에 보다 집중할 수 있을 것으로 나타남 (서울교육정책연구소, '22) |
| 개별 학생 맞춤 교육 | • AI 맞춤형 플랫폼 활용의 초등학교 고학년 사례를 보면, 교사는 AI 기반 에듀테크가 수업 개선에 도움을 준다고(그렇다, 75%) 답했고, 학생들은 에듀테크의 개인별 반복학습 지원에 만족하는(만족(37.5%), 매우 만족(31.7%)) 것으로 나타남 (안영은 외, '21) |
| 다양한 수업 활동 지원 | • 에듀테크 활용은 개별 학생의 관심과 흥미에 따라 동일 수업 목표 달성이 가능한 다양한 학습 활동을 제공할 수 있는 장점이 있어, 이를 활용해 개별 학생들의 수업 목표 달성을 앞당기고 동기화 제공 가능 (Bryant, Heitz, Sanghvi, & Wagle, '20 / 미국 교육부, '23) |
| 대안 교육 지원 | • 에듀테크를 활용한 신개념 학교는 학교 교육의 기회를 놓쳤거나 제외됐던 학생들에게 학교 교육의 대안이 될 수 있음 (한국교육학술정보원, '23) |
| 흥미 유발 | • 새로운 테크놀로지가 수업 현장에 적용될 때 학생들이 신기술의 새로움에 놀라서 집중하고 학습에 동기화하는 '신기 효과(novelty effects)'가 나타남 (Delgado, Wardlow, McKnight, O'Malley, '15 / Levy, '09)<br>• 에듀테크가 교수학습 과정에 활용되면 일시적 신기효과가 시간의 흐름에 따라 학생의 자기효능감, 학습 흥미 유발, 지속 학습 동기로 이어지도록 가교 역할을 할 수 있음 (Kopinska, '20) |
| 학업 성취도 향상 | • 최근 AI 기반 활용연구에서 초 · 중등 수학, 과학, 영어 등 여러 교과에서 에듀테크 활용은 학생들의 학업 성취도와 긍정적 상관관계가 있는 것으로 나타남 (안영은 외, '21 / 홍선주 외, '20 / Fang, Ren, Hu, & Graesser, '19 / Kwon, Debruler, & Kennedy, '19 / Johnson, Walton, Strickler, & Elliott, '23)<br>• 수업내용의 기억력 강화, 학생들의 협업 능력 강화, 문제 상황에서 가설 만들기, 과제 완수를 위한 교사와 상호작용, 동료 학생들과의 원활한 소통 등에서 유의미한 결과가 나타남 (Donnelly-Hermosillo, Gerard, & Linn, '20 / Wouters, van Nimwegen, van Oostendorp, & van der Spek, '13) |
| 학습 격차 완화 | • AI 맞춤형 플랫폼 활용 관련 연구 결과 서울 지역 초등학교 6학년 수학 교과에서 저성취 학생들의 교과 이해도, 교과내용 기억정도가 상승하였고, 고등학교 1학년 수학 교과 저성취 학생들의 교과 이해도 및 교과 효능감 또한 상승한 것으로 나타남 (안영은 외, '21) |

## 4. 국내 에듀테크 산업 실태 분석

### 1 국내 에듀테크 현황

국내 에듀테크 시장 규모는 '21년 7.3조원에서 연평균 8.5% 성장하여 '26년 약 11조원에 이를 것으로 전망('23, 중기부) 되며 연도별 예상치는 다음 표와 같다.

〈 국내 에듀테크 시장 규모 및 전망 〉

(단위 : 억원, %)

| 연도 | '20 | '21 | '22 | '23 | '24 | '25 | '26 | 연평균 성장률 ('20~'26) |
|---|---|---|---|---|---|---|---|---|
| 국내시장 | 65,605 | 73,257 | 78,878 | 85,140 | 92,105 | 99,833 | 108,319 | 8.5 |

※ '22년 이러닝산업 총 매출액은 약 5.4조 원('23, 이러닝산업실태조사)

에듀테크 기업 중 연매출액 50억원 미만 기업이 77.7%로 소기업·영세기업의 비중이 높고('21, 정보통신산업진흥원), 설립 7년 이내인 스타트업의 비중(39.5%)이 높으며 스타트업의 성장률은 '20년 39.8%로 전체기업 성장률(8.6%)에 비해 훨씬 높다고 할 수 있다. 기업의 주된 타겟은 K-12(28.3%), 외국어(22.9%), 인적자원개발(HRD)(20%) 순이며, K-12의 경우 개인학습자를 타겟으로 하는 기업이 다수이다. 우리나라의 기술은 세계 최고 수준으로 최고기술국 미국 대비 99.9% 수준이며, 기술격차도 0.2년에 불과('22, 중기부)하다.



비대면 교육 플랫폼 기술 수준(%) : 미국(100) > 한국(99.9) > 중국 (89.2) > 일본(78.6)

글로벌 교육시장에서 경쟁력을 인정받는 기업이 증가하고 있으며, '23년 KOTRA 해외 서비스 거점 28개소 중 10개소(35.7%)가 에듀테크를 중점 수출분야로 선정하는 등 글로벌 수요도 확대되고 있다.

## 2 국내 에듀테크 산업 생태계의 특징[3)]

국내 에듀테크 산업 영역은 CPNDS(콘텐츠·플랫폼·네트워크·디바이스·서비스) 간 결합 및 상호작용을 통해 산업이 진화·확장되는 가치사슬 체계로 구성되어 있다. CPND(콘텐츠·플랫폼·네트워크·디바이스)는 일반적인 ICT 산업에 적용되는 순환 구조이나, 에듀테크 분야는 CPND로 명확하게 구분되지 않는 기업이 많아 "서비스"를 별도의 분야로 분류하고 있다.

| 〈예시〉 콘텐츠를 자체 플랫폼을 통해 서비스, XR 콘텐츠 전용 디바이스 대여 서비스 |
|---|

3)「에듀테크 산업생태계 기획조사 종합보고서('21, 정보통신산업진흥원)」 재인용

〈 참고 : CPNDS에 따른 에듀테크 분류 〉

| 대분류 | 중분류 | 세분류 |
|---|---|---|
| C(콘텐츠) | 멀티미디어 | 오디오/동영상, 디지털 출판 |
| | AR · VR | AR · VR, 시뮬레이션 콘텐츠, 게임 기반 콘텐츠 |
| P(플랫폼) | 교육관리시스템 | 학습관리시스템(SMS · LMS · e-Class), 비교과관리,<br>콘텐츠관리시스템(LCMS · CDMS) 등 |
| | 수업지원도구 | 협업, 커뮤니케이션, 교수학습, 저작, 콘텐츠, 학습운영, 평가 등 |
| N(네트워크) | 클라우드 | 클라우드(상용, G클라우드) |
| | 네트워크 관리 | 클라우드 관리 서비스(MSP), 디지털 권리 관리(DRM), 콘텐츠 전송 네트워크(CDN) |
| D(디바이스) | 교육기관용 | 통합 시스템, 강의실 기자재, 시뮬레이터 |
| | 개인용 | 개인 학습용 디바이스, 착용형 디바이스, 실습용 교구 |
| S(서비스) | 교육서비스 | 온라인 교육, 온라인 훈련, 혼합교육, 상담서비스 |
| | 학습지원서비스 | 교육기관 관리서비스, 튜터링/Q&A/커뮤니티, 학점 · 학위 연계 등 |
| | 강사양성 | 교원연수, 강사연수 |

## 3 글로벌 에듀테크 시장 동향

글로벌 에듀테크 시장 규모는 '22년 2,950억 달러이며, 연평균('19~'25) 16.3%라는 빠른 속도로 성장할 전망된다. 글로벌 벤처캐피털 투자도 '10년 5억 → '20년 161억 달러로 대폭 증가하였다.

**참고** **글로벌 에듀테크 시장 규모('22년 2,950억달러, 약 390조원)**

- '22년 국내 에듀테크 시장 규모 7.8조원('23, 중소벤처기업부)의 약 50배
- 전체 교육·훈련 시장('22년 6조달러) 중 에듀테크 시장이 차지하는 비중은 '22년 약 5% 수준으로, '19년 약 3%에서 빠르게 증가('20, Holon IQ)
- 에듀테크 시장은 음악 586억달러, 영화 358억달러, 게임 2,497억달러 등 '22년 주요 콘텐츠 시장('23, 한국콘텐츠진흥원)보다 보다 훨씬 큰 규모

글로벌 선도 국가들은 에듀테크의 산업적 중요성을 인식하고 국가 차원의 에듀테크 전략 수립·추진하고 있어서 세계적으로 경쟁이 가속화되고 있다.

[국가차원의 에듀테크 산업 계획]
- 영국 : 'Realising the potential of technology in education'('19)
- 미국 : 'National education technology plan'('17), '23년 새로운 전략 수립 중
- 인도 : 'National Mission on Education through ICT Phase – 2'('14)
- 싱가포르 : 'EdTech Plan'('20)

이러한 국가를 중심으로 글로벌 유니콘 기업이 등장하고 있으며, 구글, MS 등 빅테크 기업도 글로벌 교육 사업을 본격 확대 중에 있다. '23년도 기준으로 글로벌 유니콘 에듀테크 기업은 미국 17개사, 인도 7개사 등 30개이다. 에듀테크 산업은 교육이라는 틀 안에서 콘텐츠, 기술 기업들간의 협력이 이루어지는 개방형 생태계로 진화하고 있으며, 이를 통해 타 산업과 첨단 기술의 혁신을 가속화하고 있다. 특히, 인공지능, 가상·확장현실, 블록체인, 로보틱스 등 기술이 적용된 에듀테크 시장이 빠르게 확대되고 있으며, 다양한 실험적 에듀테크를 통해 첨단 기술의 혁신을 촉진하는 선순환 구조 형성하고 있다.



## 5. 에듀테크 법·제도 및 거버넌스

'04년 산업부 주도로 「이러닝산업발전법」이 제정되었으며, '11년 교육부·산업부 협의를 통해 이러닝 활용 촉진 내용 보완한 바 있다. 에듀테크 개념 출현으로 「에듀테크진흥법」 제정에 대한 요구가 증가하였으나 법률 제정은 이루어지지 못하였다. 한편, 교육부는 「원격교육법」('21), 「기초학력 보장법」('21)을 제정해 디지털 기술 활용에 대한 학교 자율성 보장, 맞춤 교육을 명문화하였다. 에듀테크 관련 통계 조사는 「이러닝산업 실태조사('09-)」가 유일하다.

### 1 정부 내 유관 부처 및 민간협회

부처별 정책·사업을 통해 에듀테크 진흥을 지원해 왔으나, 주무부처 및 부처 간 협력체계가 없어 산발적으로 지원하였다. 다음 표는 유관 부처의 주요 지원 내용을 요약한 내용이다.

〈 유관 부처 에듀테크 지원 내용 〉

| [교육부] 교육현장의 에듀테크 활용 촉진 | [산업부] 이러닝 산업 발전 |
|---|---|
| • 「교육정보화 기본계획」 수립<br>• 「원격교육법」, 「기초학력 보장법」 소관<br>• 에듀테크 소프트랩, 에듀테크 코리아 페어 및 포럼 개최, 디지털 교육 ODA 사업 등 | • 「이러닝산업법」 소관<br>• 「이러닝 산업 실태조사」 실시<br>• 에듀테크 코리아 페어 개최, 주요 전시회 및 수출상담회 참가 지원 등<br>• KOTRA 서비스 산업 수출지원 |
| **[중기부] 스타트업 지원** | **[과기부] ICT 산업 육성** |
| • 중소기업 · 스타트업 지원<br>• 창업 사업화 패키지(예비–초기–도약), 예비유니콘 특별보증 등을 통해서 에듀테크 스타트업의 육성 | • ICT 산업 육성 전반<br>• K–클라우드 지원 및 활성화, 에듀테크 핵심 기술인 AI · XR · 메타버스 등 신기술 산업 육성 |

한국디지털교육협회와 한국에듀테크산업협회가 각각 교육부·산업부 소관 에듀테크 기업 협회로 운영되고 있으며, 정책 수립 및 기업 간 네트워킹 지원, 에듀테크 활성화 및 육성 사업 등을 수행하고 있다.

SECTION 1.3

# AI디지털 기반 교육혁신 정책[4)]

: Innovate Education with EdTech

## 1. 현장의 목소리

❖ 교육부는 '23.1.1. 에듀테크 전담 부서 신설 후, 에듀테크 정책 수립을 위해 설문조사, 간담회 등을 통해 현장의 의견과 애로사항 지속 청취

※ 설문조사 : 현장 교사 5,190명 대상 ('23.5~6), 에듀테크 기업 90개사 대상('23.4)
간담회 : 현장 교사 4회, 산업계 4회, 유관기관 2회, 행정실장 1회, 합동토론 1회 등

다음은 조사에서 나타난 핵심 내용을 정리한 것이다.

- 교사들은 에듀테크 활용에 대해 긍정적이나 개인편차 존재
- 학교의 디지털 비친화적 환경·제도가 기술 활용을 저해
- 에듀테크 산업계는 공교육 진입을 희망하나 어려움 호소
- 글로벌 에듀테크 경쟁 본격화에도 국가적 대응은 미흡

다음은 에듀테크를 통한 교육의 현재상태와 변화할 수 있는 모습에 대해 도식화해서 제시한 것이다.

4) 해당 내용은 에듀테크, 교육혁신을 이끌다 Innovate Education with EdTech에듀테크 진흥방안에 대한 정부 합동 보고서 내용을 인용하였음

| 구분 | | 현재 | 변화 |
|---|---|---|---|
| 교육 산업 | 기업 | 개인 학습자 대상<br>서비스 중심<br>⇨ 사교육 유발 | 학교 교육과 결합한<br>다양한 서비스<br>⇨ 공교육 지원 |
| | 기술 | 기술 간 결합 및<br>상호연계 부족 | 클라우드, AI, AR · VR,<br>빅데이터 등 첨단 기술 적용,<br>기술 혁신을 선도 |
| | 시장 | 국내 시장 위주 | 공교육과 결합하여<br>해외 시장 진출 |
| 교육부의 역할 | | 직접 기술서비스<br>개발·제공<br>(산업의 성장을 방해) | 에듀테크 진흥 생태계 조성을 위한 정책<br>지원<br>(민간과 협력, 산업 성장 지원) |
| 학교 현장 | 수업 | 서책 교과서를 활용한<br>강의식 수업 | AI 디지털교과서,<br>다양한 에듀테크를 활용한<br>학생 맞춤 수업<br>(토론식, 프로젝트, 거꾸로 학습 등) |
| | 교사 | 지식 전달자 | 학습 디자이너,<br>사회·정서적 지도자 |
| | 환경 | 하드웨어 중심의<br>경직적 제도와 문화 | 다양한 에듀테크를<br>자유롭게 활용하는<br>유연한 제도와 문화 |

## 2. 에듀테크 추진 과제

| 비전 | 모든 교사가 에듀테크를 활용하여 '학생 맞춤 교육' 실현 | | |
|---|---|---|---|
| 목표 | • 공교육과 에듀테크가 함께 발전하는 선순환 생태계 구축<br>• 학생·학부모의 부담을 야기하는 '사교육'이 공교육을 지원하는 '에듀테크 산업'으로 전환하도록 지원 | | |
| 추진전략 | 학교 현장의 에듀테크 활용 활성화 | 공교육과 결합한 에듀테크 산업 육성 | K-에듀테크 수출 활성화 |
| 세부 과제 | • 모든 교사들의 디지털 역량 강화<br>• 교사가 쉽게 활용할 수 있는 정보 교류, 구매 플랫폼 구축<br>• 디지털 친화적 교육 제도와 환경 조성 | • 공교육을 지원하는 에듀테크 개발 촉진<br>• 에듀테크 기업의 교육적·기술적 역량 강화 지원<br>• 증거 기반 에듀테크 활용 체계 구축 | • 디지털 교육 기반의 K-에듀 브랜드 정립<br>• 교육강국의 장점을 살린 에듀테크 수출 지원<br>• 에듀테크 수출 활성화를 위한 범부처 지원체계 구축 |
| | 국가 차원의 에듀테크 지원 체계 구축<br>• 에듀테크 진흥의 법·제도적 기반 마련<br>• 에듀테크 표준 수립 및 공공데이터 개방 확대<br>• 안전한 디지털 교육 체제 확립<br>• 에듀테크 진흥 거버넌스 구축 | | |

### 1 학교 현장의 에듀테크 활용 활성화

| AS IS | TO BE |
|---|---|
| • 학교 구성원 간 에듀테크 역량 격차<br>• 교사의 에듀테크 활용을 어렵게 만드는 구매 시스템<br>• 기술 발전을 반영 못한 제도·환경 | • 모든 구성원이 에듀테크를 잘 이해<br>• 교사가 쉽게 활용 가능한 예산, 정보 플랫폼, 조달 시스템<br>• 디지털 친화적인 교육 제도·환경 |

#### (1) 모든 교사들의 디지털 역량 강화

● 디지털 코칭이 가능한 선도 교원 양성 확대

TOUCH 교사단 등 디지털 선도교사를 집중 양성하되, 동료 교원에 대한 디지털 코칭(장학)까지 가능하도록 연수('23~, 계속)한다. 또한 디지털 교육 전환 유공 교원에 대해 승진 가점(디지털 교육연구대회 연구점수), 글로벌 에듀테크 체험 연수, 각종 포상 등 인센티브를 제공('23~, 계속)할 수 있도록 한다.

- TOUCH 교사단 : ('23) 400명 → ('24) 1,200명 → ('25) 2,000명
- AIEDAP 마스터교원 : ('23) 700명 → ('24) 900명 → ('25) 1,500명

● 교사 맞춤 연수 : 디지털 소양부터 하이터치-하이테크까지

디지털 소양부터 에듀테크 기반 수업 실전까지 모든 교원의 디지털 역량을 끌어올리기 위한 '맞춤 연수' 제공한다. 구체적으로 디지털 소양연수 AI·디지털에 대한 기본적인 이해와 디지털 활용 역량을 갖출 수 있도록 온라인 연수과정(AIEDAP 연계)를 제공('23.하)한다. 그리고 실전 연수 AI 디지털교과서 도입과 연계하여, 디지털 기술을 활용해 수업을 혁신할 수 있도록 하이터치-하이테크 실습 연수를 제공('23.하)한다. 한편 교사들의 디지털 역량 수준에 맞는 교육과정을 다양하게 제공하고, 연수 장소 및 수강방법 등의 편의를 제고('23.하)한다. 학교급, 과목, 활용 방식, 수업 형태 등 학교 현장의 다양성을 반영한 에듀테크 수업 모델을 개발하고, '에듀테크 활용 가이드라인'을 학교에 보급('23.9)한다. 또한 전방위적 디지털 연수를 위해 시·도교육청과 협력하고, 민간의 연수 서비스를 활용하는 체계를 구축('23.하)한다.



- 학교장터(S2B)에 '에듀테크 연수' 카테고리 신설, 각종 연수에 민간 참여 확대

● 교사간 온라인 동료연수 플랫폼 "지식샘터" 활성화

지식샘터를 통한 에듀테크 활용 경험 공유를 장려하고('23.하~), 상시 수강용 우수강의를 탑재하는 등 기능 보강('24)할 수 있도록 한다. 그리고 기업이 교사와 함께 직접 자사 에듀테크 상품의 활용법 강의를 제공할 수 있도록 기업의 참여를 유도('23.하)한다. 지식샘터 강좌/수강인원은 '21년도에 1,722개/13,191명이었으며 '22년도에는 2,884개/23,005명 이었다.

디지털 교육 혁신에 대한 학교 구성원의 이해 제고

학교 차원의 디지털 전환을 이끌어갈 수 있도록 디지털 리더십 연수 제공('23.하~), 교장·교감 자격연수에도 반영('24)한다. 그리고 '디지털 친화적 학교 행정 이해' 직무연수 과정을 개발하고 교육청별 연수원과 연계한 온·오프라인 연수를 제공('24)한다.

### (2) 디지털 친화적인 교육 제도와 환경 조성

● 학교의 디지털 전환을 반영하여 지침·가이드 정비

제도개선팀을 운영하여 예산, 계약, 물품 관리 등 분야별 지침 정비가 필요한 사항을 발굴하여 교육청에 안내('23.하)한다. 제도 개선팀은 디지털 기반 교육혁신 선도학교와 연계해 교사·행적직

원으로 구성·운영한다. 그리고 에듀테크를 구매·관리하는 과정에서 교사, 행정실의 역할, 관련 지침·사례, 체크리스트 등을 종합한 가이드를 안내('23.하)한다.

● 에듀테크 활용을 뒷받침하는 인프라 조성

'25.3월 디지털교과서 도입을 위해 시도교육청과 협력하여 학생 1인당 1기기 환경을 조성한다. 학교별 에듀테크 관리를 위한 지침·규정 등 수립을 지원하고, 에듀테크 환경 조성을 위한 컨설팅을 제공('23.하)한다.

- '23년. 6월 기준 초·중·고 학생 58% 디바이스 보급 → 단계적 확산 추진
- 「스마트기기 대여 · 관리 지침」, 「학생 사용 규정」 등에 대한 양식, 사례 제공

학습 기기, 통신망 등에 문제 발생 시 신속하게 대응하기 위한 기술전문가(테크매니저) 활용 서비스를 활성화한다.

서울 창덕여자중학교 사례 : 학교 내 테크센터의 전문가가 에듀테크 학습환경 구축·관리와 교원의 교육활동 지원. '19년까지는 학교가 직접 테크매니저(개인)를 채용하였으나 '20년부터 전문업체의 테크매니저 서비스 활용

● 디지털 친화적인 학교 운영 사례 확산

디지털 기반 교육혁신 선도학교를 통해 AI 코스웨어를 활용한 수업 혁신, 디지털 친화적 환경 조성 등 선도 사례를 발굴·확산('23.300교→'24. 1,000교)한다. 시도교육청이 자체적으로 추진하는 각종 에듀테크 관련 선도학교 사업등과 연계하여 학교 운영, 수업 모델 등을 공유한다. 또한 에듀테크에 대한 정보를 제공하고, 학교 내 에듀테크에 대한 인지도를 제고하기 위한 동향지를 발간('24~)한다. 특히 경기도 AI활용 맞춤형 교육 선도학교와 대구시 수학·영어 점핑교실 등과 연계하여 수업 모델 등을 공유한다. 또한 KEDI 디지털교육지원센터를 중심으로 교육청별 사례 연구, 우수 모델 개발·확산할 수 있도록 한다.

### (3) 증거 기반의 에듀테크 활용 체계 구축

● 한국형 에듀테크 테스트베드로'에듀테크 소프트랩'고도화

참고 **에듀테크 소프트랩**

- 학교 현장과 에듀테크 기업을 연결하여 공교육에 적합한 에듀테크가 개발 · 활용되도록 촉진하는 전문기관('21년 3개소 구축)
- 에듀테크 실증(현장 테스트베드), 교사·기업·학생 대상 연수 · 체험 프로그램을 제공하며, 이를 통해 교육적 효과성이 입증된 에듀테크가 유통 · 활용되는 증거 기반 에듀테크 활용 체계 구축 지원

에듀테크 소프트랩 7개소를 추가로 구축하고, 에듀테크 상품·서비스에 대한 실증 프로그램도 대폭 확대한다. 그리고 평가기준 체계화, 참여 교사 확대 등 에듀테크 실증 프로그램을 고도화하고, 소프트랩별 특화 프로그램을 운영('24)한다. 실증프로그램에 참여하는 교사를 확대하고 실증팀별 활동비 지원과 실증 평가 기준에 따라 체계적인 피드백을 수행한다. 또한 소프트랩의 연구개발, 글로벌 진출, 교사 연수를 지원한다.

- ('23) 경기, 대구, 광주 → ('24) 7개소 추가 구축(초중등 6개소, 고등 1개소)
- ('21) 17개 기업 → ('22) 26개 기업 → ('23) 29개 기업 → ('24) 60개 기업 목표



- 에듀테크 효과성 분석 및 데이터 기반 마련

학업성취, 행동변화 등 에듀테크의 교육적 효과를 체계적으로 분석하기 위한 에듀테크 효과 분석 프레임워크를 마련('24)한다. 소프트랩별로 분산되어 있는 에듀테크 실증 데이터를 통합 DB로 관리하고, 분석 내용은 학교·기업 등에 개방('24)한다. 학생들의 학업 성취 및 학습 역량 변화를 지속적으로 분석하여 AI 디지털교과서의 효과성을 검증하는 영향평가 체계를 구축('23. 모델 마련 → '24. 시범 분석 → '25. 현장 적용)한다.

〈예시〉 ① 교수학습 활동 변화 관찰(인터뷰, FGI), ② 교수학습 활동의 변화 실험(비교 · 사례연구), ③ 교육적 효과성 분석(대조실험, 인과관계 규명)

## 2 국가 차원의 에듀테크 지원 체계 구축

| AS IS | TO BE |
| --- | --- |
| • 에듀테크의 법적 · 산업적 기반 부족<br>• 교육부가 학교 정보화를 직접 수행<br>• 주무 부처 없이 관련 이슈별로 대응 | • 「에듀테크진흥법」 마련, 산업 기반 조성<br>• 민간을 활용하되, 표준 및 보안 관리<br>• 교육부 중심의 민 · 관 협력체계 |

### 1) 에듀테크 진흥의 법·제도적 기반 마련

- 에듀테크 진흥의 법·제도적 근거 마련

「이러닝산업법」, 「원격교육법」 등의 한계를 극복하고 에듀테크 진흥을 체계화하기 위한 「(가칭)에듀테크진흥법」을 마련('24~)한다. 그리고 에듀테크의 정의, 정책 추진 체계, 공교육과 연계한 기업 육성, 데이터 수집·활용, 에듀테크 표준, 실태 조사 등 에듀테크 진흥 정책 추진의 근거를 규정한다. 산업계(시장규모, 기업 현황 등)와 교육계(활용 현황, 효과, 애로사항 등)를 포괄하는 종합적 에듀테크 실태조사 체계 마련('24)한다.

「이러닝산업법」, 「원격교육법」은 기본적으로 원격교육 중심으로 설계되어 있으며, 「이러닝산업법」은 민간 영역, 「원격교육법」은 공공 영역에 치중

● 에듀테크 산업적 기반의 단계적 조성

에듀테크 기업의 투자 유치를 지원하기 위해 산업 특성에 맞는 가치평가모형 개발 정책연구 추진('24, 1.5억원)한다. 가치평가모형은 투자 유치를 위해 기업 또는 기업이 보유한 기술 등의 가치를 평가하는 모형이라고 할 수 있다. 에듀테크 실태조사를 통해 빠르게 변화하는 에듀테크의 특성을 반영해 에듀테크산업 분류체계를 정비하고 검토('25~)한다. 정비는 산업부와 협력하여 '이러닝산업 특수분류체계' 정비를 검토한다.





### (2) 에듀테크 표준 수립 및 공공데이터 개방 확대

● 개방형 에듀테크 생태계를 위한 교육 데이터 표준 제공

다양한 에듀테크에서 생성되는 데이터가 상호 연동될 수 있도록 데이터 유형·속성·용어 표준을 개발('24)한다. 교육 데이터 표준은 에듀테크 기업의 의견을 수렴하여 개발, 업데이트하고, '교육 데이터 사전'의 형태로 상시 안내한다. 교육데이터 사전은 에듀테크 표준에서 정의한 데이터 형식과 교육 현장에서 실제로 활용되고 있는 데이터 형식을 비교하여 정기적으로 업데이트하고 확장한다. 교육과정과 연계하여 학습 내용, 범위, 성취 수준 등을 데이터화 할 수 있는 학습맵을 개발하고 기업 등에 공유('24)한다. 다양한 에듀테크 제품에 적용 가능하도록 디지털 학습맵 API 공개할 수 있도록 한다. AI 디지털교과서 도입과 연계하여 과목별로 학습 맵을 구축·공개한다.

● 공공이 보유한 데이터·콘텐츠 개방 확대

'교육데이터전략위원회'를 신설하여 개방 대상 데이터를 발굴·확대해 나가고, '교육행정데이터 통합관리시스템'을 구축하여 필요한 데이터를 쉽게 활용할 수 있도록 지원('24)한다.

※ EDSS : 기관별로 산재된 데이터를 연계 · 가공하여 연구 목적의 데이터로 제공

학생들이 AI 디지털교과서 등을 통해 학습한 데이터를 수집·분석하는 플랫폼을 구축('24)하고, 축적된 데이터는 교육용 AI 고도화를 위해 비식별 처리하여 민간에 개방('25)한다. 그리고 향후 에듀테크 관련 DB를 종합 서비스하는 데이터 센터로 확대 개편 추진한다. 기술력은 뛰어나지만 콘텐츠가 부족한 에듀테크 기업을 위해 공공 부문이 보유한 교육용 콘텐츠를 개방('23~)한다.

※ 한국교육학술정보원 등 보유 콘텐츠, 한국어능력시험(TOPIK) 기출 문제 등

### (2) 안전한 디지털 교육 체제 확립

● 안전한 에듀테크 활용 체계 구축

에듀테크 소프트랩 실증 평가 시 에듀테크의 유해성을 점검하고 결과를 에듀테크 정보 플랫폼과 연동('24), 유해 위험이 있는 에듀테크에 대한 신고 체계 마련('24) 한다. 유해 사이트와 유해 앱을 차단하고, 앱 관리자 원격 일괄 설치 등이 가능한 안전 관리 프로그램을 배포('24)한다. 그리고 학생들의 디지털 과몰입 방지 및 안전한 활동을 위해 디지털 기기 이용법, 개인정보 보호, 사이버 괴롭힘 예방 등을 포함하는 디지털 학습 가이드를 개발·제공('23.하)한다. 그리고 개발한 학습 가이드는 교사·학부모에게 공개하여 학생들의 학습 습관 지도에 활용할 수 있도록 한다.



● AI 시대의 '디지털 교육 규범'을 마련하고 국제 사회로의 확산 주도

디지털 기술을 안전하게 교육에 활용하는 규범 체계를 정립하고 안내서 마련('23.하~)할 수 있도록 한다. 인공지능 기술 발전을 반영하여 '인공지능 윤리원칙('22.8)' 보완한다. 글로벌 포럼 등을 통해 '디지털 교육 규범'에 대한 논의를 활성화하고, 유네스코 등 국제기구 의제화를 추진한다.

● 에듀테크 활용 안심환경 조성을 위한 보안성 평가 기준 제공

에듀테크의 안전성과 개인정보 보호 체계를 객관적으로 평가하고 정보를 제공할 수 있는 기준을 개발('24)한다. 구체적으로 첫째, 학생 데이터의 개인정보 보호를 잘 수행하고 있는지 측정하는 기준을 체크리스트 형태로 수립하여 기업 자체 보안 점검 유도하고, 둘째 공교육 보안 체계와 연계하여 보안 기능을 개발·적용할 수 있도록 관련 보안 프레임워크(security framework) 매뉴얼 제공한다. 또한 에듀테크 정보 플랫폼에 상품 등록 시 보안 체크리스트 준수 여부를 점검하여 보안 점수를 제공('24)한다.

### (3) 에듀테크 진흥 거버넌스 구축

● 정부 내 에듀테크 진흥 거버넌스 확립

교육부를 중심으로 정부 내 에듀테크 진흥 관련 정보 공유 및 정책 연계·협력(수출지원협의회, 에듀테크진흥협의회)을 강화('23.하)한다. 에듀테크 진흥 전담기관을 지정하여 관련 기관 간 협력을 촉진할 수 있도록 한다.

〈 에듀테크 진흥을 위한 부처간 협력 체계 〉

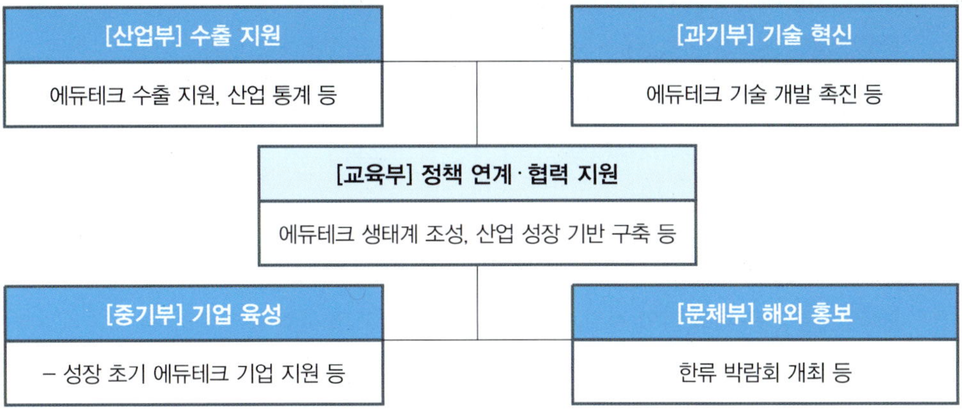


- 민·관이 함께하는 에듀테크 진흥 체제 구축

※ 디지털플랫폼정부 기본원칙 : 국민 중심, 하나의 정부, AI·데이터 기반, 민·관협력

더 좋은 공교육을 제공하고, 교육 산업의 성장을 촉진할 수 있도록 민간의 혁신 기술을 적극적으로 활용할 수 있도록 한다. 예를 들어 '디지털 새싹', 'TOUCH 교사단 연수' 등에서 민간의 다양하고 창의적 서비스를 활용하여 학생·교사 만족도를 제고하면서 디지털 교구 등 인접 산업도 성장을 촉진할 수 있도록 할 수 있다. 상시적 민·관 네트워크(교육부·민간협회·교육기관·전문가 등)를 운영하여 최신 이슈 논의 및 애로사항 등을 발굴('23.하)한다.

## 3. 추진체계

- **(교육부)** 에듀테크 진흥 정책 총괄 및 기관 간 협력 지원
- **(관계부처)** 에듀테크 기업의 기술 역량 강화(과기정통부), 해외 진출(산업부) 등 창업 및 성장(중기부) 등 부처 특성에 따른 기업 지원
  - 과기정통부 클라우드, AI 등 기술 역량 강화 사업 운영
  - 산업부 에듀테크 박람회 공동 개최, 기업의 해외 진출 지원
  - 중기부 창업 사업화 패키지, 글로벌 액셀러레이팅 등 지원
- **(전문기관)** 기관별 전문성을 활용해 학교의 에듀테크 활용 활성화 및 기업의 역량 강화 지원
  - KERIS AI 디지털교과서 개발 지원, 에듀테크 소프트랩 운영, 에듀테크 관련 표준 개발, 정책 연구 등 추진
  - KEDI 에듀테크 활용 수업 모델 개발, AI 디지털교과서 효과 분석

- **KOTRA** 기업의 해외 진출 지원, 글로벌 박람회 참여 지원
- **NIA** 클라우드(SaaS) 서비스 개발 지원, 학교 통신망 점검·보완
- **NIPA** 클라우드(SaaS) 서비스 개발 지원, 이러닝 산업 통계
- **KTCU** 학교 조달시스템(학교장터) 개편 및 고도화

• **(민간협회)** 현장의 애로사항을 발굴하고 각종 플랫폼, 프로그램에 기업 참여 유도, 에듀테크 정보·유통 플랫폼 운영

- **KEFA** 에듀테크 기업 지원, 에듀테크 박람회, ODA 사업 등
- **KETIA** 에듀테크 기업 지원, 에듀테크 박람회

• **(시도교육청)** 에듀테크 활용 예산 교부, 에듀테크 관련 지침 · 제도 정비 및 에듀테크 연수 제공, 디지털 선도학교 등 운영

• **(일선 학교)** 전담 직원 지정 및 에듀테크 활용

SECTION

## 1.4 「AI 디지털교과서 개발 지침」 주요내용[5)]

### 핵심서비스

- **(학생)** 학생 개인의 능력과 수준에 맞는 다양한 맞춤 학습 기회 지원
  - (학습 진단 및 분석) AI 등 첨단기술을 활용하여 개별 학생의 강·약점, 학습 태도 등을 다각도로 진단하고 분석 결과 제공
  - (최적 학습 경로 추천) 학생들의 학습 이해도와 특성 분석을 바탕으로 개인의 능력, 목표에 맞춘 맞춤 학습 경로 및 콘텐츠 제시
  - (AI 튜터) 인공지능 기술을 활용한 학습 데이터 수집·분석을 통해 학생 개개인의 특성에 맞는 개별화된 학습 지원

    ※ 학생의 학습 수준과 목표에 맞는 학습계획을 수립하고, 학습 진도를 모니터링하여 학습 개선을 위한 추가 학습자료 제공, 질의응답, 오답노트 등의 기능 제공

- **(교사)** 교사의 전문성을 바탕으로 학생의 역량과 특성을 고려한 1:1 맞춤교육 실현을 가능케 하는 디지털 기술 여건 조성
  - (AI 보조교사) 교실 환경에서 학생별 학습활동 정보를 교사에게 제공하고 교사의 맞춤 수업 설계를 지원

    ※ 학생의 학습 데이터 분석을 통해 개별적인 학습계획을 수립하고, 학습활동을 모니터링한 결과를 바탕으로 개별 학생 맞춤형 학습경로 제공

  - (콘텐츠 재구성) 교사가 수업 전문성을 바탕으로 AI 디지털교과서 서비스에서 제공되는 학습 콘텐츠를 수업별로 재구성·추가
  - (데이터 기반 학습 관리) 학생 학습 이력 등 데이터 기반으로 학습 상황 및 학업 정서 등 학습 관리 기능 제공

- **(학생·교사·학부모)** 첨단기술을 활용하여 교육주체 간 소통을 지원하는 하이터치 하이테크 (High Touch High Tech) 교육 환경 조성
  - (소통 지원) 학생 데이터를 분석한 결과를 시각화한 대시보드 제공 등 교육주체 간 객관적 정보에 기반한 소통 활성화

    * 학생의 행동을 분석하여 인지적·정서적 영역에 대한 피드백을 제공

  - (통합 로그인) 하나의 계정으로 AI 디지털교과서 포털과 각 발행사의 디지털교과서를 이용할 수 있도록 통합 인증 체계 제공

※ 통합인증체계 연계 안내서 및 시범서비스 운영·기술지원 제공 예정

- (편의성) 모두를 위한 맞춤 교육 실현을 위해 모든 사용자가 쉽고 편리하게 사용할 수 있도록 기능* 및 UI/UX**를 설계

* 특수교육대상 학생 및 장애 교원을 위한 기능 등 지원
** (User Interface/User Experience) 서비스 사용자가 마주하는 디자인 및 종합적인 경험을 의미

### 인프라

- **(서비스 방식)** 발행사는 AI 디지털교과서 서비스를 클라우드(SaaS) 기반의 웹 서비스 형태로 개발하여야 함
  - 교육과정에 따라 다양한 AI 기능을 활용하여 개별 맞춤학습을 지원할 수 있도록 다양한 기능 확장에 용이한 SaaS 기반 도입
- **(클라우드 보안)** 학생의 학적정보가 활용되고 국가 데이터 허브와 연계되므로 클라우드 보안인증(CSAP) "중" 등급 이상의 인프라(IaaS)와 SW(SaaS)를 사용하여야 함



### 데이터 수집·관리·전송

- **(데이터 수집)** 발행사는 자체적으로 학습데이터를 수집하고 저장하기 위한 체계를 반드시 갖추어야 함
  - AI 디지털교과서에서 발생하는 학습데이터를 자체적으로 활용하여 교과에 특화된 학습 분석 정보* 제공

  * 인지적 영역(개인별 학습 현황, 학업 성취도 등), 정의적 영역(성취 목표, 교과 흥미도 등) 및 개인별 추천 콘텐츠, 지원 필요사항 등
- **(데이터 관리)** 데이터의 안정성 및 신뢰성 보장, 학생의 개인정보를 포함한 데이터의 보안 및 정보보호를 위한 데이터 관리 정책 수립
- **(데이터 전송)** AI 디지털교과서에서 발생하는 학습 원천 데이터를 데이터셋으로 가공한 후 국가 데이터 허브로 전송

  ※ 전송받은 데이터는 국가 수준 학습분석, 통합 대시보드 제공 등에 활용

## 객관식 문제

**1.** 교육부 4대 개혁분야 중의 하나가 개별맞춤형 교육 시행이다. 이를 위한 정책 중에서 가장 적합한 것은 어느 것인가요?

① 유보통합 추진

② 과감한 규제혁신

③ 학교시설 복합화 지원

④ 디지털기반 교육혁신

**2.** 다음은 에듀테크 진흥의 세부 과제를 제시한 것이다. 이 세부과제를 추진하기 위해 적합한 추진 전략은 무엇인가요?

- 공교육을 지원하는 에듀테크 개발 촉진
- 에듀테크 기업의 교육적·기술적 역량 강화 지원
- 증거 기반 에듀테크 활용 체계 구축

① 학교 현장의 에듀테크 활용 활성화

② 공교육과 결합한 에듀테크 산업 육성

③ K에듀테크 수출 활성화

④ 국가 차원의 에듀테크 지원 체계 구축

## 주관식 문제

**1.** 모든 교사들의 디지털 역량을 강화하기 위해 교육부에서 추진하고 있는 세부 정책을 3가지 이상 기술하시오.

## 참고문헌


- 교육부(2023) 주요업무 추진계획 보도자료 http://www.moe.go.kr
- 교육부(2023) 정부합동 보고서인 에듀테크 진흥방안 http://www.moe.go.kr
- 정보통신산업진흥원(2021)「에듀테크 산업생태계 기획조사 종합보고서 재인용
- 교육부(2023) 에듀테크, 교육혁신을 이끌다 Innovate Education with EdTech에듀테크 진흥방안 http://www.moe.go.kr

CHAPTER

# 2

# AI·디지털 리터러시

## 단원목표

- 디지털 리터러시의 개념, 프레임워크 및 세부 역량을 설명할 수 있다.
- 데이터 리터러시의 개념, 프레임워크 및 세부 역량을 설명할 수 있다.
- 컴퓨팅 사고의 개념, 프레임워크 및 세부 역량을 설명할 수 있다.
- 인공지능 리터러시의 개념, 프레임워크 및 세부 역량을 설명할 수 있다.

## 단원목차

리터러시(literacy)는 사전적으로는 '글을 읽고 쓸 줄 아는 능력'으로 정의되고 있으나 최근에는 단지 글을 읽고 쓸 줄 아는 능력으로 제한되지 않고, 복잡한 사회의 커뮤니케이션 과정에서 발생하는 상황과 맥락을 이해하고 대처할 수 있는 개인의 역량으로까지 확대되어 이해되고 있다(박종구, 2013; 한상우, 2018). 이에 따라, 유네스코는 "다양한 맥락과 관련된 데이터를 식별, 이해, 해석, 생성, 소통하고 계산하는 능력"이라고 정의하였고(Montoya, et al, 2018; 김혜영, 2020), 정광호(2008)는 "논리력, 창의력, 상상력, 콘텐츠, 문화를 형성하는 원천이다. 또한 언어와 일상을 형성하는 고도의 지적 요인으로 지식·정보를 융합해 새로운 텍스트(text)를 만들어 낸다. 복잡한 텍스트(text)를 효과적으로 분석하고 새로운 의미를 창출하는 힘이 리터러시에서 나오기 때문이다. 이제 복잡한 지식과 정보를 효과적으로 활용하는 능력은 민주시민의 필수 덕목이기도 하다."라고 하였다(김혜영, 2020).



이러한 리터러시의 개념은 소통과 연관된 매체 및 기술의 발전과 더불어 시각, TV, 컴퓨터, 정보통신, 미디어 및 디지털 리터러시로 진화하고 있다. 이중에서 디지털 교육과 관련성이 있는 디지털 리터러시, 데이터 리터러시, 컴퓨팅 사고력 및 인공지능 리터러시에 대하여 살펴보면 다음과 같다.

SECTION
# 2.1 디지털 리터러시

## 1. 디지털 리터러시의 개념 및 정의

디지털 사회로 진화하면서 일상생활에서의 소통이 디지털 정보로 이루어지는 경우가 일반화되고 있다. 이와 같이 디지털 기기와 디지털 공간이 우리 삶에 차지하는 영향력이 높아짐에 따라, 디지털 사회를 살아가기 위해 개인에게 요구되는 핵심 역량도 변화하고 있다. 이에 디지털 세상에서 올바른 시민으로 살아가기 위한 기본 소양인 디지털 리터러시(Digital Literacy)의 필요성이 강조되고 있다(계보경 외, 2022).

디지털 리터러시가 무엇인지에 대한 학자들의 주장을 살펴보면 Gilster(1997)는 "컴퓨터를 통해 제공되는 광범위한 정보원의 다양한 형식의 정보를 이해하고 사용할 수 있는 능력"이라고 주장하였고, 2012년 유럽 연합의 위원회 보고서에서는 "디지털 역량은 ICT 및 디지털 미디어를 사용하여 작업을 수행할 때 필요한 지식, 기술, 태도(능력, 전략, 가치 및 인식 포함)의 집합이다. 문제 해결, 의사소통, 정보 관리, 협력, 콘텐츠 생성 및 공유 업무, 여가, 참여, 학습, 사교, 소비 및 권한 부여를 위해 효과적이고 효율적이며 적절하게, 비판적으로, 창의적으로, 자율적으로, 유연하게, 윤리적으로, 성찰적으로 지식을 구축하는 것을 의미한다."고 하였다(김수환 외, 2017). DLGF(Digital Literacy Global Framework)에서는 고용, 양질의 일자리 및 기업가 정신을 위한 디지털 기술을 통해 안전하고 적절하게 정보에 접근하고, 관리하고, 이해하고, 통합하고, 전달하고, 평가하고, 생성하는 능력으로 정의하였다(UNESCO, 2018).

우리나라에서도 국내외의 교육환경 변화에 맞추어 디지털 리터러시에 대한 연구를 진행하고 있는데 한정선 등(2006)은 디지털 리터러시의 조작적 정의를 "디지털 매체와 테크놀로지를 효율적으로 사용할 수 있는 기술, 지식, 비판적 사고력과 함께 문제 해결, 커뮤니케이션, 그리고 지식을 창출할 수 있는 능력"으로, 김수환 등(2017)은 "디지털 매체와 테크놀로지를 사용할 수 있는 기술과 지식을 습득하고 필요한 정보를 인식하고 정보를 찾을 수 있는 정보원을 찾고 전략을 세우며 더 나아가 찾은 정보를 비판적으로 선별하여 문제 해결, 커뮤니케이션, 그리고 지식을 창출함으로 개인, 사회, 국가 발전에 기여하고 더 나아가 세계에 공헌할 수 있는 능력"으로 정의하였다. 노은희 등(2018)은 디지털 환경에서 학습자가 주도적이고 가치로운 삶을 살아가기 위해 디지털 기술을 올바르게 이해·사용하여, 정보 및 그 내용물을 적절하게 탐색·활용하고, 비판적으로 분석·평가하며, 생산적으로 소통·창조하는 복합적인 역량으로 정의하였으며, 계보경 등(2022)은 "디지털 사회 구성원으로서 자기주도적 삶을 살아가기 위해 필요한 기본 소양으로, 책임감 있고 건강하게 디지털 기술을 사용하여 디지털 자원을 탐색·평가·관리·생산하고, 다른 사람들과 소통·협력함으로써 일상생활의 문제를 해결하는 역량"으로 정의하였다.

이와 같이 다양한 디지털 리터러시의 정의와 관련된 연구들을 정리하면 <표 2.1>과 같다.

〈표 2.1〉 디지털 리터러시 정의 관련 연구

| 연구 | 정의 |
|---|---|
| Gilster(1997) | 컴퓨터를 통한 넓은 범위의 자원으로부터 다양한 형태의 정보를 이해하고 사용하는 능력 |
| Bawden (2001) | 하이퍼텍스트 또는 멀티미디어 형태의 정보를 읽고 이해하는 능력 |
| Eshet(2002) | 디지털 데이터를 효과적으로 사용하는 능력 이상을 포함하며 특별한 종류의 사고 또는 사고방식 |
| Martin Grudziecki(2006) | 실제적 맥락에서 디지털 데이터에 접근, 관리, 연합, 평가, 분석, 종합하고, 새로운 지식 미디어 표현을 만들어내고 타인과 커뮤니케이션하기 위한 목적으로 디지털 도구 사용에 대한 인식, 태도, 능력 |
| European Commission (2012) | 업무를 수행하고, 문제를 해결하고, 상호작용하고, 정보를 관리하고, 협력하고, 콘텐츠를 창조하고 공유하고, 지식을 구성하기 위해 ICT 기술 및 디지털 미디어를 효과적으로, 효율적으로, 적절하게, 비판적으로(critically), 창의적으로(creatively), 자주적으로 (autonomously), 융통성 있게(flexibly), 윤리적으로(ethically) 사용할 때 필요한 지식, 기술, 태도 |
| MediaSmarts (2016) | 디지털 테크놀로지와 커뮤니케이션 도구를 사용하여 적절하게 정보를 접근하고, 관리하고, 통합하고, 분석하고, 평가하고 새로운 지식을 구성하고, 타인과 상호작용하기 위해 사용할 수 있는 흥미, 태도, 능력 |
| British Columbia(2017) | 디지털 미디어를 사용할 때나, 디지털 시민으로 살아가는데 필요한 보안, 윤리, 안전, 정보 확인과 관련하여 바람직한 선택을 할 수 있는 능력 |
| US Digital Literacy(2017) | Gilster(1997)가 제시한 능력을 기본으로, 정보를 평가, 사용, 창출하기 위해 디지털 기술, 커뮤니케이션 도구, 네트워크 활용 능력, 그리고 디지털 환경에서 미디어를 독해하고, 데이터와 이미지를 재생산하고, 새로운 지식을 평가하고 적용하여 효율적으로 업무를 수행할 수 있는 능력을 더함 |
| KERIS(2006) | 디지털 매체와 테크놀로지를 사용할 수 있는 기술과 지식을 습득하고 필요한 정보를 인식하고 정보를 찾을 수 있는 정보원을 찾고 전략을 세우며 찾은 정보를 비판적으로 선별하여 문제 해결, 커뮤니케이션, 그리고 지식을 창출함으로 개인, 사회, 국가 발전에 기여하고 더 나아가 세계에 공헌할 수 있는 능력 |
| 한정선 외(2006) | 디지털 매체와 테크놀로지를 효율적으로 사용할 수 있는 기술, 지식, 비판적 사고력과 함께 문제해결, 커뮤니케이션, 그리고 지식을 창출할 수 있는 능력 |
| 김수환 외(2017) | 디지털 사회 구성원으로서의 자주적인 삶을 살아가기 위해 필요한 기본소양으로 윤리적 태도를 가지고 디지털 기술을 이해·활용하여 정보를 탐색 및 관리, 창작을 통해 문제를 해결하는 실천적 역량 |

출처 : 이운지 외 (2019) · 노은희 외 (2018)

여러 유사 개념들이 삶과 일터로 해당 리터러시의 필요 맥락에 따라 확장되면서 최근의 연구들은 디지털 사회에서의 현재와 미래에 요구되는 복합적 능력으로 디지털 리터러시 개념을 사용하고 있는데, "디지털(Digital)"이란 용어는 정보통신 분야 여러 기술 환경을 아우르는데 적합한 용어로 인식되고 있으며, 역량 기반 교육과정을 중시하는 유럽 국가를 중심으로 "리터러시(Literacy)"라는 단어 외에 "역량(Competency)" 단어가 사용되면서, ICT 리터러시, 인터넷 리터러시, 미디어 리터러시, 정보 리터러시와 같은 유사 소양 능력을 포괄하는 큰 개념적 용어로 "디지털 역량(Digital Competency)"이라는 용어가 활용되기도 한다. 즉, 디지털 리터러시는 디지털 세상을 살아가는 사람들에게 새롭게 대두되는 윤리, 규범, 문화 등의 문제에 대비하기 위한 차원에서, 전통적으로 다루어졌던 디지털 리터러시 보다 그 개념이 역량의 관점으로 확대되고 있는 추세이다(이철현 외, 2020; 계보경 외, 2022).

## 2. 디지털 리터러시의 프레임워크 및 세부 역량

EU는 European Commission의 JRC(Joint Research Centre)를 통해 유럽 국가들에게 교육과 훈련에서 혁신을 촉진할 수 있는 증거 기반의 정책을 지원하고, 디지털 기술이 가지는 가능성을 각국 사회 전반에 효과적으로 활용할 수 있도록 DigComp(European Digital Competence Framework for Citizens)를 개발하였다. 특히, 유럽 시민이 가져야 하는 디지털 역량을 명시하면서 평생 교육에 대한 접근을 높이고 직업에서 필요로 하는 새로운 기술과 능력을 촉진할 수 있도록 시민들이 자발적으로 본인의 디지털 역량을 진단할 수 있는 기준을 제시한 바 있는데(계보경 외, 2022) DigComp에서 제시하는 시민을 위한 디지털 역량 프레임워크는 <표 2.2>와 같다(Riina Vuorikari, 2022).

〈표 2.2〉 시민을 위한 디지털 역량 프레임워크

|  | 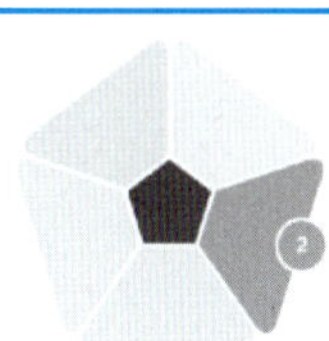 |  |  | 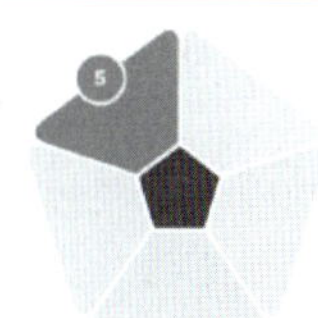 |
|---|---|---|---|---|
| 정보 및 데이터 리터러시 | 소통 및 협업 | 디지털 콘텐츠 생성 | 안전 | 문제 해결 |
| • 정보 요구 사항을 명확히 하고, 디지털 데이터, 정보 및 콘텐츠를 찾고 검색<br>• 정보원과 내용의 관련성 판단<br>• 디지털 데이터, 정보 및 콘텐츠를 저장, 관리 및, 정리 | • 문화를 인식하고 다양성을 창출하면서 디지털 기술을 통해 상호 작용하고 소통하며 협업<br>• 공공 및 민간 디지털 서비스와 참여 시민권을 통해 사회에 참여<br>• 개인의 디지털 존재, 신원 및 평판 관리 | • 디지털 콘텐츠를 만들고 편집<br>• 저작권과 라이선스가 어떻게 적용되는지 이해하면서 정보와 콘텐츠를 기존 지식 체계로 개선하고 통합<br>• 컴퓨터 시스템에 대해 이해하기 쉬운 지침을 제공하는 방법 인식 | • 디지털 환경에서 장치, 콘텐츠, 개인 데이터 및 개인정보 보호<br>• 신체적, 정신적 건강을 보호하고, 사회적 웰빙과 포용을 위한 디지털 기술 인식<br>• 디지털 기술과 사용이 환경에 미치는 영향 인식 | • 요구와 문제를 식별하고, 디지털 환경에서 개념적 문제와 문제 상황 해결<br>• 프로세스와 제품을 혁신하기 위해 디지털 도구 사용<br>• 디지털 진화에 적응 |

출처 : Riina Vuorikari, et al. (2022)

DigComp에서 제시하는 디지털 역량에는 학습, 업무, 사회 참여를 위해 디지털 기술을 자신감 있고 비판적이며 책임감 있게 사용하고 참여하는 것이 포함되며 개념적 참조 모델은 <표 2.3>과 같다(Riina Vuorikari, 2022).

〈표 2.3〉 개념적 참조 모델

| 영역 | 세부 역량 |
|---|---|
| 정보 및 데이터 리터러시 | 1.1 데이터, 정보 및 디지털 콘텐츠의 탐색, 생성 및 필터링<br>1.2 데이터, 정보 및 디지털 콘텐츠의 평가<br>1.3 데이터, 정보 및 디지털 콘텐츠의 관리 |
| 소통 및 협업 | 2.1 디지털 기술을 통한 상호작용<br>2.2 디지털 기술을 통한 공유<br>2.3 디지털 기술을 통한 시민권 참여<br>2.4 디지털 기술을 통한 협업<br>2.5 네티켓<br>2.6 디지털 신원 관리 |
| 디지털 콘텐츠 생성 | 3.1 디지털 콘텐츠 개발<br>3.2 디지털 콘텐츠 통합 및 재작업<br>3.3 저작권 및 라이선스<br>3.4 프로그래밍 |
| 안전 | 4.1 기기의 보호<br>4.2 개인 데이터 및 프라이버시 보호<br>4.3 건강 보호 및 웰빙<br>4.4 환경 보호 |
| 문제해결 | 5.1 기술적 문제 해결<br>5.2 요구사항 파악 및 기술적 대응<br>5.3 디지털 기술의 창의적 사용<br>5.4 디지털 역량 격차의 파악 |

출처 : Riina Vuorikari, et al. (2022)

또한, UNESCO는 지속가능발전목표(Sustainable Development Goals, SDG) 교육 분야 지표 4.4.2에 해당하는 '디지털 리터러시 능력의 최소 숙달 기준을 달성한 청소년/성인의 비율'을 모니터링하고 평가하며 발전시키기 위해 DLGF(Digital Literacy Global Framework)를 개발하였는데 이는 EU의 DigComp 2.0을 기반으로 선진국과 개발도상국을 포함한 모든 국가에 공통적으로 적용가능한 프레임워크로 재구성한 것이다. 여기에는 컴퓨터 활용 능력, ICT 활용 능력, 정보 활용 능력, 미디어 활용 능력 등 다양하게 언급되는 역량이 포함되는데 제안하는 역량 영역은 <표 2.4>와 같다(UNESCO, 2018).

〈표 2.4〉 Digital Literacy Global Framework에서 제안하는 역량 영역

| 역량 영역 및 역량 | 설명 |
|---|---|
| 0. 기기 및 소프트웨어 작동 | 하드웨어 도구와 기술을 식별하고 사용한다. 소프트웨어 도구 및 기술을 작동하는 데 필요한 데이터, 정보 및 디지털 콘텐츠를 식별한다. |
| 0.1 디지털 기기의 물리적 작동 | 하드웨어 도구 및 기술의 기능과 특징을 식별하고 사용한다. |
| 0.2 디지털 기기의 소프트웨어 작동 | 소프트웨어 도구 및 기술을 작동하는 데 필요한 데이터, 정보 및/또는 디지털 콘텐츠를 알고 이해한다. |
| 1. 정보 및 데이터 리터러시 | 정보 요구 사항을 명확히 하고 디지털 데이터, 정보 및 콘텐츠를 찾아 검색한다. 정보원과 내용의 관련성을 판단한다. 디지털 데이터, 정보 및 콘텐츠를 저장, 관리 및 구성한다. |
| 1.1 데이터, 정보 및 디지털 콘텐츠 탐색, 검색 및 필터링 | 정보 요구 사항을 명확히 하고 디지털 환경에서 데이터, 정보 및 콘텐츠를 검색 및 접근하고 탐색한다. 개인 검색 전략을 만들고 업데이트한다. |
| 1.2 데이터, 정보 및 디지털 콘텐츠 평가 | 데이터, 정보 및 디지털 콘텐츠 소스의 신뢰성을 분석, 비교 및 비판적으로 평가한다. 데이터, 정보 및 디지털 콘텐츠를 분석, 해석 및 비판적으로 평가한다. |
| 1.3 데이터, 정보 및 디지털 콘텐츠 관리 | 디지털 환경에서 데이터, 정보 및 콘텐츠를 구성, 저장 및 검색한다. 구조화된 환경에서 이를 구성하고 처리한다. |
| 2. 소통과 협업 | 문화적, 세대적 다양성을 인식하면서 디지털 기술을 통해 상호 작용하고 소통하며 협업한다. 공공 및 민간 디지털 서비스와 참여 시민권을 통해 사회에 참여한다. 개인의 디지털 신원과 평판을 관리한다. |
| 2.1 디지털 기술을 통한 상호작용 | 다양한 디지털 기술을 통해 상호 작용하고 주어진 상황에 적합한 디지털 커뮤니케이션 수단을 이해한다. |
| 2.2 디지털 기술을 통한 공유 | 적절한 디지털 기술을 통해 다른 사람과 데이터, 정보 및 디지털 콘텐츠를 공유한다. 중개자 역할을 하고 참조 및 귀속 관행에 대해 알아본다. |
| 2.3 디지털 기술을 통한 시민권 참여 | 공공 및 민간 디지털 서비스를 이용하여 사회에 참여한다. 적절한 디지털 기술을 통해 자기 역량 강화와 시민 참여 기회를 모색한다. |
| 2.4 디지털 기술을 통한 협업 | 협업 프로세스와 자원과 지식의 공동 구축 및 공동 생성을 위해 디지털 도구와 기술을 사용한다. |
| 2.5 네티켓 | 디지털 기술을 사용하고 디지털 환경에서 상호 작용하는 동안 행동 규범과 노하우를 인식한다. 특정 청중에게 의사소통 전략을 적용하고 디지털 환경에서 문화적, 세대적 다양성을 인식한다. |
| 2.6 디지털 신원 관리 | 하나 이상의 디지털 ID를 생성 및 관리하고, 자신의 평판을 관리하고, 여러 디지털 도구, 환경 및 서비스를 통해 생성되는 데이터를 처리한다. |
| 3. 디지털 콘텐츠 제작 | 디지털 콘텐츠를 생성하고 편집한다. 저작권과 라이선스가 어떻게 적용되는지 이해하면서 기존 지식 체계에 정보와 콘텐츠를 개선하고 통합한다. 컴퓨터 시스템에 대해 이해하기 쉬운 지침을 제공하는 방법을 알아본다. |
| 3.1 디지털 콘텐츠 개발 | 다양한 형식의 디지털 컨텐츠를 생성 및 편집하고 디지털 수단을 통해 자신을 표현한다. |
| 3.2 디지털 콘텐츠 통합 및 재작업 | 정보와 콘텐츠를 기존 지식 체계에 수정, 개선하고 통합하여 새롭고 독창적이며 관련 있는 콘텐츠와 지식을 창출한다. |
| 3.3 저작권 및 라이선스 | 저작권과 라이선스가 데이터, 정보, 디지털 콘텐츠에 어떻게 적용되는지 이해한다. |
| 3.4 프로그래밍 | 주어진 문제를 해결하거나 특정 작업을 수행하기 위해 컴퓨팅 시스템에 대한 일련의 이해 가능한 명령을 계획하고 개발한다. |

| 역량 영역 및 역량 | 설명 |
|---|---|
| 4. 안전 | 디지털 환경에서 장치, 콘텐츠, 개인 데이터 및 개인 정보를 보호한다. 신체적, 정신적 건강을 보호하고, 사회적 웰빙과 포용을 위한 디지털 기술을 인식한다. 디지털 기술과 그 사용이 환경에 미치는 영향을 인식한다. |
| 4.1 기기 보호 | 장치와 디지털 콘텐츠를 보호하고 디지털 환경의 위험과 위협을 이해한다. 안전 및 보안 조치에 대해 알고 신뢰성과 개인 정보 보호를 적절히 고려한다. |
| 4.2 개인정보 및 개인정보 보호 | 디지털 환경에서 개인 데이터와 정보를 보호한다. 자신과 타인을 손해로부터 보호하면서 개인 식별 정보를 사용하고 공유하는 방법을 이해한다. 디지털 서비스가 "개인 정보 보호 정책"을 사용하여 개인 데이터가 사용되는 방식을 알려준다는 점을 이해한다. |
| 4.3 건강 보호와 웰빙 | 디지털 기술을 사용하는 동안 신체적, 정신적 안녕에 대한 건강 위험과 위협을 피할 수 있다. 디지털 환경에서 발생할 수 있는 위험(예: 사이버 괴롭힘)으로부터 자신과 타인을 보호할 수 있다. 사회적 웰빙과 포용을 위한 디지털 기술을 인식한다. |
| 4.4 환경 보호 | 디지털 기술과 그 사용이 환경에 미치는 영향을 인식한다. |
| 5. 문제 해결 | 디지털 환경에서 요구와 문제를 식별하고 개념적 문제와 문제 상황을 해결한다. 프로세스와 제품을 혁신하기 위해 디지털 도구를 사용한다. 디지털 진화를 최신 상태로 유지한다. |
| 5.1 기술적인 문제 해결 | 장치 작동 및 디지털 환경 사용 시 기술적 문제를 식별하고 해결한다(단순한 문제 해결부터 보다 복잡한 문제 해결까지). |
| 5.2 요구사항 파악 및 기술적 대응 | 요구 사항을 평가하고 이를 해결하기 위해 디지털 도구와 가능한 기술적 대응을 식별, 평가, 선택 및 사용한다. 개인적인 필요(예: 접근성)에 맞게 디지털 환경을 조정하고 맞춤화한다. |
| 5.3 디지털 기술의 창의적 사용 | 디지털 도구와 기술을 사용하여 지식을 창출하고 프로세스와 제품을 혁신한다. 디지털 환경에서 개념적 문제와 문제 상황을 이해하고 해결하기 위해 인지 처리에 개별적으로 혹은 집단적으로 참여한다. |
| 5.4 디지털 역량 격차 식별 | 자신의 디지털 역량을 개선하거나 업데이트해야 하는 부분을 이해한다. 디지털 역량 개발을 통해 다른 사람들을 지원할 수 있다. 자기 개발 기회를 찾고 디지털 진화에 대한 최신 정보를 유지한다. |
| 5.5 컴퓨팅 사고력 | 인간과 컴퓨팅 시스템을 위한 해결책으로서 계산 가능한 문제를 순차적이고 논리적인 단계로 처리한다. |
| 6. 경력 관련 역량 | 전문적인 디지털 기술을 운용하고, 특정 분야의 전문적인 데이터, 정보, 디지털 콘텐츠를 이해, 분석, 평가한다. |
| 6.1 특정 분야에 특화된 디지털 기술 운용 | 특정 분야에 특화된 디지털 도구와 기술을 식별하고 사용한다. |
| 6.2 특정 분야의 데이터, 정보, 디지털 콘텐츠 해석 및 조작 | 디지털 환경 내에서 특정 분야에 대한 전문적인 데이터, 정보 및 디지털 콘텐츠를 이해, 분석 및 평가한다. |

출처 : UNESCO (2018)



한편, 영국의 JISC는 Sharpe and Beetham(2010)의 프레임워크를 기반으로 디지털 능력(capabilities)을 ICT 숙달(ICT Proficiency)의 요소로부터 확장하여 다양하고 변화하는 기술의 특성을 고려하여 삶, 학습, 일의 영역에서 지속적으로 개발시켜야 하는 (그림 2.1)과 같은 디지털 능력 프레임워크로 발전시켰다(JISC, 2022).

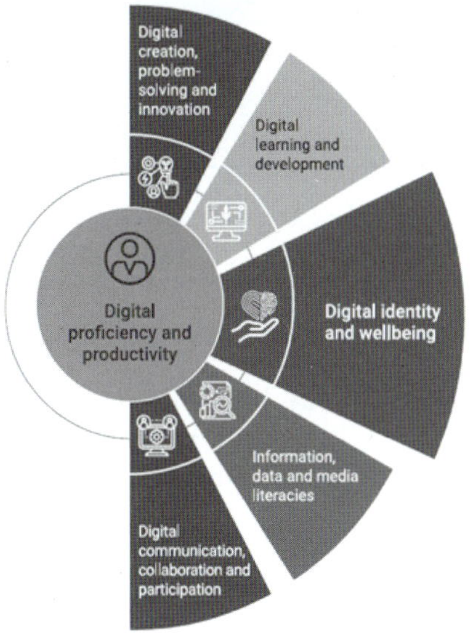


▲ **그림 2.1** 디지털 능력 프레임워크

출처 : JISC (2022)

(그림 2.1)의 디지털 프레임워크의 세부 내용은 <표 2.5>와 같다(JISC, 2022).

〈표 2.5〉 디지털 능력 프레임워크

| 영역 | 하위 요소 | 내용 |
|---|---|---|
| 디지털 숙련도와 생산성 | 디지털 숙련도 | 디지털 장치, 네트워크, 애플리케이션, 소프트웨어 및 서비스를 사용하는 능력 |
| | 디지털 생산성 | 디지털 기술을 사용하여 작업을 수행하는 방법 |
| 디지털 창작, 문제 해결 및 혁신 | 디지털 창작 | 콘텐츠의 디지털 제작에 관한 것 |
| | 디지털 연구 및 문제 해결 | 문제를 해결하고, 결정을 내리고, 질문에 답하는 능력 |
| | 디지털 혁신 | 새로운 관행을 시도하고 디지털 기술로 새로운 해결책을 찾으려는 의지 표현 |
| 디지털 학습 및 개발 | 디지털 학습 | 디지털 기회를 개인적인 학습 이익으로 전환하는 능력 |
| | 디지털 교육 | 디지털 환경에서 다른 사람을 지원하고 발전시키는 능력 |
| 정보, 데이터 및 미디어 리터러시 | 정보 리터러시 | 학습, 연구 또는 전문적인 목적에 사용하든 관계없이 정보를 찾고, 평가하고, 구성하고, 공유하는 능력 |
| | 데이터 리터러시 | 데이터를 특별한 형태의 정보로 처리하는 방법 |
| | 미디어 리터러시 | 디지털 미디어의 메시지를 받고 응답하는 모든 방식 포괄 |
| 디지털 소통, 협업 및 참여 | 디지털 소통 | 디지털 미디어와 네트워크를 사용하는 모든 커뮤니케이션 |
| | 디지털 협업 | 공유 도구와 미디어를 사용하여 특정 목표를 달성하기 위해 디지털 팀 및 작업 그룹에 참여하는 능력 |
| | 디지털 참여 | 협업보다 더 개방적인 방식으로, 장기간에 걸쳐 다양한 환경에서 참여하는 것을 의미 |

| 영역 | 하위 요소 | 내용 |
|---|---|---|
| 디지털 신원 및 웰빙 | 디지털 신원 관리 | 디지털 ID(또는 여러 ID)를 만들고 투영하는 방법과 디지털 평판을 관리하는 방법 |
| | 디지털 웰빙 | 디지털 장치, 도구, 서비스 및 시스템의 사용이 개인에게 미치는 영향에 관한 것 |

출처 : JISC (2022)

국내에서도 디지털 리터러시 프레임워크 및 영역에 대한 연구가 이루어지고 있는데 노은희 등(2018)은 디지털 리터러시의 영역을 (그림 2.2)와 같이 규정하였다. 여기에서 네 영역을 공통적으로 제어하는 바는 '디지털 환경에서 학습자가 주도적이고 가치로운 삶을 살아가기' 위한 '복합적인 역량'이라고 하였는데 즉, 네 영역에서 학습자는 미래의 삶을 자신의 의지를 지닌 주체로서 주도적으로 이끌면서도 윤리적이고 건강한 가치를 준수하는 목표를 공유하며, 각 영역에서 학습자는 지식, 기능, 태도의 총체적 측면을 고려한 실천적 역량을 길러야 하는데, 이때 각 영역의 역량은 영역 간 상호 연관 속에서 실천해야 하는 복합적인 양상을 띤다고 하였다.



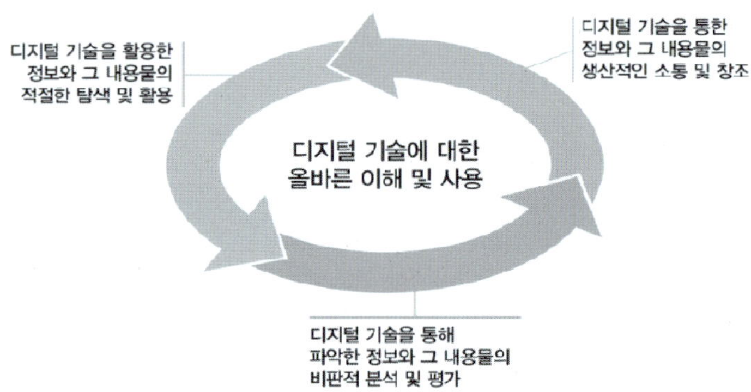


▲ **그림 2.2** 디지털 리터러시 영역

출처 : 노은희 외 (2018)

김수환 등(2017)도 <표 2.6>과 같은 디지털 리터러시 프레임워크를 제시하였다.

〈표 2.6〉 디지털 리터러시 프레임워크

| 영역 | 일반화된 지식 | 내용 요소 | |
|---|---|---|---|
| 디지털 테크놀로지 이해와 활용 | 디지털 기기의 원리를 이해하고, 다양한 소프트웨어를 활용하여 정보를 관리하는 능력을 포함한다. | 컴퓨팅 시스템 | 컴퓨터, 모바일 기기, 웨어러블 기기 등 하드웨어 작동 원리 이해 |
| | | 소프트웨어 활용 | 다양한 기기에서의 운영체제와 응용 소프트웨어 활용 기술 |
| | | 인터넷과 네트워크 | 인터넷 활용 기술 및 빅데이터, 사물인터넷, 클라우드 컴퓨팅의 원리 이해 |
| | | 정보관리 | 정보를 수집하고 가공하여 보존 및 전달하는 기술 |
| | | 코딩 | 컴퓨터 언어의 이해 및 기본적 활용을 통한 아이디어 표현 능력 |
| | | 최신 기술 이슈 | 가상현실, 인공지능, 로봇(센서), 3D 프린터 등 최신 기술 동향 |
| 디지털 의식 · 태도 | 사회의 공익을 추구하고 개인의 삶을 보호하기 위하여 안전하게 기술과 정보를 사용하는데 필요한 규범과 윤리를 배우고 예절과 태도를 형성해야 한다. | 생명 존중 의식 | 디지털 환경에서의 생명의 존엄성 및 인간의 다양성에 대한 이해 |
| | | 디지털 준법 정신 | 네트워크 보안, 디지털 지적재산권 보호, 개인 정보보호 등 디지털 사회규범 준수 |
| | | 디지털 예절 | 사이버 폭력 예방 등 온 · 오프라인 환경에서의 디지털 기기 사용 예절 |
| 디지털 사고 능력 | 디지털 사회에서 요구하는 지식, 기술, 태도를 통합적으로 학습하고 수행하기 위한 고차원적 사고력을 필요로 한다. | 비판적 사고력 | 수집한 정보를 이해 · 분석, 추론 · 논증, 종합 · 평가할 수 있는 사고 |
| | | 컴퓨팅 사고력 | 추상화와 자동화를 이용하여 아이디어를 표현하고, 문제를 해결하는 사고 |
| | | 창의적 사고력 | 다른 관점에서 현상을 바라보고, 다양한 아이디어를 생각하고, 서로 다른 지식과 기술 영역을 융합하는 사고 |
| 디지털 실천 역량 | 소통과 협업의 과정을 거쳐 디지털 사회의 문제를 해결하고 새로운 콘텐츠를 창작해낼 수 있는 실천적 역량이다. | 의사소통 & 협업 | 디지털 환경에서의 상호작용, 토의 · 토론, 협력적 과제 수행 능력 |
| | | 문제 해결 | 디지털 기술을 활용하여 문제를 분석하고 대안을 고안하는 능력 |
| | | 콘텐츠 창작 | 프리젠테이션(표현), 디자인(설계), 코딩 기술을 활용한 새로운 정보 · 미디어를 생성하는 능력 |

출처 : 김수환 외 (2017)

한편, 김진숙 등(2023) 등은 2022 개정 교육과정에서 명시된 디지털 리터러시의 개념을 구조화하고, 김자미 등(2022) 등의 연구에서 도출된 디지털 리터러시 내용 체계의 대영역, 세부 요소 내용 등을 학습 요소와 수행 기대로 구체화하여 (그림 2.3)과 같이 디지털 리터러시의 구성 체계를 제시하였다.

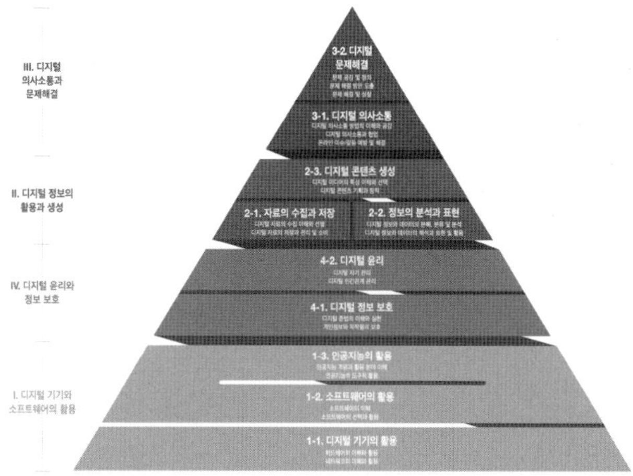


▲**그림 2.3** 디지털 리터러시 구성 체계

출처 : 김진숙 외 (2023)

그리고 (그림 2.3)과 같은 디지털 리터러시의 구성 체계에 따른 세부 요소 및 학습 요소를 <표 2.7>과 같이 제시하였다(김진숙 외, 2023).

〈표 2.7〉 디지털 리터러시 구성체계

<table>
<tr><th>대영역</th><th>세부 요소</th><th>설명</th><th>학습 요소</th></tr>
<tr><td rowspan="6">디지털 기기와 소프트웨어의 활용</td><td rowspan="2">디지털 기기의 활용</td><td rowspan="2">디지털 기기를 조작하는데 필요한 기본 원리와 기능을 이해하고 활용한다.</td><td>하드웨어의 이해와 활용</td></tr>
<tr><td>네트워크의 이해와 활용</td></tr>
<tr><td rowspan="2">소프트웨어의 활용</td><td rowspan="2">소프트웨어의 기본 원리와 기능을 이해하고 다양한 작업에서 소프트웨어를 활용한다.</td><td>소프트웨어의 이해</td></tr>
<tr><td>소프트웨어의 선택과 활용</td></tr>
<tr><td rowspan="2">인공지능의 활용</td><td rowspan="2">다양한 문제 해결 과정에 인공지능 기술이 탑재된 도구를 활용한다.</td><td>인공지능 개념과 활용 분야 이해</td></tr>
<tr><td>인공지능의 도구적 활용</td></tr>
<tr><td rowspan="6">디지털 정보의 활용과 생성</td><td rowspan="2">데이터의 수집과 저장</td><td rowspan="2">사용 목적을 고려해 데이터를 수집하고, 비판적 시각으로 정확성을 평가하여 저장/관리한다.</td><td>디지털 데이터의 수집 이해와 판별</td></tr>
<tr><td>디지털 데이터의 저장과 관리 및 소비</td></tr>
<tr><td rowspan="2">정보의 분석과 표현</td><td rowspan="2">정보와 데이터를 효과적으로 전달하기 위해 데이터를 분석, 종합, 시각화한다.</td><td>디지털 정보와 데이터의 분해, 분류 및 분석</td></tr>
<tr><td>디지털 정보와 데이터의 해석과 표현 및 활용</td></tr>
<tr><td rowspan="2">디지털 콘텐츠 생성</td><td rowspan="2">디지털 미디어를 통해 제공될 수 있는 다양한 유형의 콘텐츠를 생성한다.</td><td>디지털 미디어의 특성 이해와 선택</td></tr>
<tr><td>디지털 콘텐츠 기획과 창작</td></tr>
<tr><td rowspan="6">디지털 의사소통과 문제해결</td><td rowspan="3">디지털 의사소통</td><td rowspan="3">디지털 환경에서 정보를 비판적으로 분석하고, 정보 공유, 의사결정 참여, 협업을 수행한다.</td><td>디지털 의사소통 방법의 이해와 공감</td></tr>
<tr><td>디지털 의사소통과 협업</td></tr>
<tr><td>온라인 이슈/갈등 예방 및 대응</td></tr>
<tr><td rowspan="3">디지털 문제해결</td><td rowspan="3">문제 해결 방안을 구안하고, 디지털 도구를 활용하여 실행한다.</td><td>문제 공감 및 정의</td></tr>
<tr><td>문제 해결 방안 도출</td></tr>
<tr><td>문제 해결 및 성찰</td></tr>
<tr><td rowspan="4">디지털 윤리와 정보 보호</td><td rowspan="2">디지털 윤리</td><td rowspan="2">디지털 사회의 성숙한 시민으로서 타인을 배려하고, 예절과 윤리를 실천한다.</td><td>디지털 자기 관리</td></tr>
<tr><td>디지털 인간관계 관리</td></tr>
<tr><td rowspan="2">디지털 정보 보호</td><td rowspan="2">자신과 타인의 정보를 보호하기 위한 방법을 실천한다.</td><td>디지털 준법의 이해와 실천</td></tr>
<tr><td>개인정보와 저작물의 보호</td></tr>
</table>

출처 : 김진숙 외 (2023)

# 데이터 리터러시

## 1. 데이터 리터러시의 개념 및 정의



데이터 리터러시는 '데이터'와 '리터러시'의 의미가 결합된 용어이다. 그렇다면 데이터 리터러시는 구체적으로 무엇을 의미하는가? 일반적으로 데이터에 기반하여 정보를 추출하고, 데이터에 대한 질문을 생성하거나 실생활의 다양한 문제를 해결하기 위해서 데이터를 활용하며, 적절한 도구를 활용하여 데이터를 구성하고, 결론을 도출하는 일련의 과정을 의미하며, 이에 더 나아가 상호 의사소통 과정에서 데이터를 사용하는 것까지도 개념적으로 포괄한다고 Athanases 등(2013)과 Swan 등(2009)이 주장한 바 있다(배화순, 2019).

Schield(2004)는 "데이터에 접근하고, 평가하고, 조작하고, 요약하고, 특별한 방식으로 표현할 수 있는 능력"이라고 하였으며, 데이터를 분석하고, 해석하고, 평가하는 통계 리터러시와는 별개의 개념이라고 주장하였다(김혜영, 2020). Carlson 등(2011)은 "전형적으로 데이터가 의미하는 바를 이해하는 것과 관련된다. 구체적으로는 어떤 방법으로 그래프와 차트를 적절하게 읽어낼 것인지, 데이터로부터 올바른 결론을 도출할 것인지, 데이터가 오도되거나 부적절한 방법으로 사용되는 것을 인식하는지를 포함한다."라고 설명하였으며, Ridsdale 등(2015a)은 비판적 관점에서 데이터를 수집, 관리, 평가하고 활용할 수 있는 능력으로 정의하고 , 21세기에 전 세계적으로 반드시 필요한 기술이라고 주장하였고, Herzog(2016)는 데이터가 넘쳐나는 시대에 데이터를 식별하고, 습득하고, 평가하고, 정제하고, 분석하여 시각화하는 능력이 필요하고 이러한 능력은 정보기술을 이용하여 실제적으로 데이터를 다룰 줄 아는 능력이라고 하면서 MS Excel, Google Fusion Tables 등을 이용한 컴퓨터 처리 기술에 중점을 두었다(한상우, 2018).

한편, Mandinach와 Gummer (2013)는 "의사 결정을 알리기 위해 데이터를 효과적으로 이해하고 사용하는 능력이다. 이는 교육자가 데이터를 정보로 변환하고 궁극적으로 실행 가능한 지식으로 변환할 수 있는 특정 기술 세트와 지식 기반으로 구성된다. 이러한 기술에는 데이터를 식별, 수집, 구성, 분석, 요약 및 우선순위를 지정하는 방법을 아는 것이 포함되며, 가설을 개발하고, 문제를 식별하고, 데이터를 해석하고, 조치 과정을 결정, 계획, 구현 및 모니터링하는 방법도 포함된다."라고 하였으며, Deahl (2014)은 정량적, 정성적 데이터를 사용하여 주장을 이해하고, 찾고, 수집하고, 해석하고, 시각화하고, 뒷받침하는 능력이라고 하였다. Vahey 등(2006)은 데이터 활용 능력에는 증거 기반 사고의 일부로 데이터를 사용하여 질문을 형식화하고 답변하는 능력이 포함되며, 이러한 사고를 뒷받침하기 위해 적절한 데이터, 도구 및 표현을 사용하고, 데이터의 정보를 해석한다. 그리고 데이터 기반 추론 및 설명을 개발하고 평가하며, 실제 문제를 해결하고 해결책을 전달하기 위해 데이터를 사용한다고 주장하였다(Annika Wolff, 2016).

Koltay(2015, 2017)는 여러 학자들이 내세운 정의를 부분적으로 채택하여 "개인이 데이터에 접근하고, 해석하고, 비판적으로 평가하고, 관리하고, 처리하고, 윤리적으로 사용하는 것을 가능하게 한다. 관리하는 것에는 보존과 큐레이션이 포함된다. 아울러, 데이터 리터러시를 '의사결정을 위해 데이터를 효율적으로 이해하고 사용할 수 있는 능력'이라는 정의에 데이터에서 정보로, 궁극적으로 실행 가능한 지식으로 변환하는 것을 가능하게 하는 구체적인 기술의 집합 혹은 지식베이스라는 개념을 추가한다."고 정리하였으며(한상우, 2018), Annika Wolff 등(2016)은 여러 연구자들의 연구를 분석한 후에 "데이터의 윤리적 사용을 고려하여 크고 작은 데이터 세트에서 조회 프로세스를 통해 실제 질문에 답하고 질문하는 능력으로 핵심 실무능력과 창의적 능력을 바탕으로 목표에 따라 전문적인 데이터 처리 능력에 대한 지식을 확장할 수 있는 능력을 갖추게 된다. 여기에는 데이터를 선택, 정리, 분석, 시각화, 비평 및 해석하는 능력뿐만 아니라 데이터의 스토리를 전달하고 디자인 프로세스의 일부로 데이터를 사용하는 능력도 포함된다."고 주장하였다(Annika Wolff, 2016).

다양한 연구 분야에서의 데이터 리터러시를 언급하기도 하는데 사회과학 분야를 전공한 학생과 연구자들에게 필요한 데이터 리터러시가 무엇인지를 연구한 Carlson 등(2011)은 "그래프와 차트와 같은 도표를 제대로 읽는 법, 데이터로부터 올바른 결론을 도출하는 법, 데이터가 부적절하게 사용되고 있을 때 이를 인식하는 법 등의 데이터의 의미를 이해하는 것"이라고 하였으며(김혜영, 2020), Stephenson과 Caravello(2007)는 "사회학과 인접 사회과학 분야에서 학생들에게 필요한 통계 리터러시, 양적 리터러시, 산술 능력이라고 알려진 정보 역량의 중요한 요소 중의 하나"라고 주장하였다(한상우, 2018). 한편, Qin과 D'ignazio는 Love(2004)가 정의한 "데이터가 갖는 복합적이고 다중적인 척도와 레벨을 측정하고, 연구를 위해 고려하고, 합당한 추론을 낼 수 있는 능력"이라는 데이터 리터러시의 정의를 반영하고 여기에 "데이터의 수집 변환, 관리, 사용을 통한 과학적인 탐구를 강조한" 과학 데이터 리터러시라는 개념을 제안한 바 있다(한상우, 2018).

국내에서도 데이터 리터러시의 정의에 대하여 연구가 이루어지고 있는데, 이정미(2019)는 "미래사회의 인류가 살아가는데 필수적인 데이터 기반 문제해결능력으로, 데이터에 근거해 사회적 문제를 객관적이고 통찰력을 가지고 해석할 수 있게 하는 능력"으로 개념화하고, 사회적 맥락의 데이터를 이해하고 해석하는 통합적인 능력으로 인간의 삶에 필수적인 능력이라고 결론지었으며, 박일수(2020)는 “데이터를 제대로 읽고 제대로 해석할 수 있는 역량”으로 설명하였다. 또한, 한상우(2017)는 데이터의 활용에 있어 기술적인 요소 만이 아닌 인문학적 요소의 중요성을 언급하며 인문학 기반의 데이터 리터러시의 필요성을 제안하고 모형 설계를 위한 연구의 필요성을 주장하였고, 김혜영(2020)은 단순한 계산적 표현 또는 시각적 도구 그 이상이며, 중요한 것은 사고방식이라고 하면서 ‘비판적 사고’로 데이터를 바라보고, 질문을 던질 수 있고, 데이터를 이해하는 것이 데이터 리터러시의 출발로, 비판적 사고로 데이터를 읽고 이해하고 분석해 활용할 수 있는 능력이 데이터 리터러시라고 하였다(김혜영, 2020).



안영재는 “다양한 방식으로 데이터를 읽고, 이해하고, 사용하는 능력이다. 여기에는 올바른 결정을 내리기 위해 올바른 질문을 하고, 업무 지식을 쌓고, 의미와 맥락을 다른 사람들에게 전달하는 것이 포함된다. 데이터 과학자가 되거나 프로그래밍 언어를 배우기 위한 과정이 아니다. 데이터의 다양한 유형과 소스를 이해하고 분석 대상, 장소, 방법을 파악하며 데이터가 정확하고, 신뢰할 수 있으며 유용한지 확인하기 위한 것이다.”라고 정의하였으며, 하위역량을 (그림 2.4)와 같이 제안하였다(안영재, 2024).

▲ **그림 2.4** 데이터 리터러시(Data Literacy) 하위 역량

출처 : 안영재 (2024)

한편, 통계청 통계교육원 홈페이지에서는 “데이터 리터러시는 데이터를 제대로 보고 읽을 줄 아는 능력이며 데이터를 목적에 맞게 활용하는 데이터 해석 능력 즉 문해력이다. 데이터에 담겨있는 의미를 파악해 내는 능력이야말로 디지털 세상을 살아가는 우리 모두에게 필요한 능력이다.” 라고 설명하고 있다. 즉, 데이터 리터러시는 대부분 그래프와 차트를 읽는 능력, 데이터의 의미를 이해하는 능력, 데이터를 기반으로 새로운 통찰력과 의사결정을 할 수 있는 능력을 포함하고 있다. 데이터 리터러시가 민주시민으로서 갖추어야 할 기본 역량이며 이러한 기본 지식이 있어야 왜곡된 데이터가 만들어낸 가짜 뉴스를 구분할 수 있다. 데이터를 이해하고 비판적으로 평가하며 활용하는 능력으로 데이터로부터 올바른 결론을 도출하고 부적절하게 사용될 때 이를 인식하는 것이라고 할 수 있다(김혜영, 2020).

이와 같이 다양한 데이터 리터러시의 개념을 정리하면 <표 2.8>과 같다.

〈표 2.8〉 데이터 리터러시 개념 비교

| 연구자 | 주요 개념 | 중점분야 |
|---|---|---|
| Stephenson & Caravello (2007) | 사회학과 인접 사회과학 분야에서 학생들에게 필요한 통계 리터러시, 양적 리터러시, 산술 능력이라고 알려진 정보 역량의 중요한 요소 중의 하나 | 사회과학 |
| Qin & D'ignazio (2010) | 데이터가 갖는 복합적이고 다중적인 척도와 레벨을 측정하고, 연구를 위해 고려하고, 합당한 추론을 낼 수 있는 능력 | 과학 |
| Otto (2012) | 양적인 데이터를 접근하고 관리하고 조작하는 것이 대부분의 학계나 전문분야에서의 성공에 있어 중요하고, 이를 위해 필요한 정보 리터러시의 하나의 형태로서의 연구 능력이며 토대 | |
| Carlson et al. (2011) | 전형적으로 데이터가 의미하는 바를 이해하는 것과 관련 | |
| Schiled (2004) | 데이터에 접근하고, 조작하고, 요약하는 능력 | |
| Ridsdale et al. (2015a) | 비판적 관점에서 데이터를 수집, 관리, 평가하고 활용할 수 있는 능력 | |
| Carlson & Johnston (2015) | 웹 상에서 접근할 수 있는 많은 데이터들을 재사용하고 재창조하여 전문적인 책무를 다하고 협력형 연구의 장점을 가질 수 있는 기회를 갖는데 중요한 역할을 수행 | 공학 |
| Shorish (2015) | 데이터의 문서화, 보존, 공유 등에 있어 정보 처리 기술과 폭넓은 연계가 필요 | |
| Herzog (2016) | 데이터를 식별하고, 습득하고, 평가하고, 정제하고, 분석하여 시각화하는 능력이 필요하고 이러한 능력을 정보기술을 이용하여 실제적으로 데이터를 다룰 줄 아는 능력 | |
| Koltay (2015; 2017) | 데이터에 접근하고, 해석하고, 비판적으로 평가하고, 관리하고, 처리하고, 윤리적으로 사용하는 것 | |
| Maybee et al. (2015) | 데이터의 해석, 분석 및 기타 데이터의 소비 측면에 초점 | |
| 이재윤 (2015) | 연구데이터 리터러시, 통계데이터 리터러시, 실무데이터 리터러시 | |
| 한상우 (2017) | 기술적인 요소만이 아닌 인문학적 요소의 중요성 | |

출처 : 한상우 (2018)



## 2. 데이터 리터러시의 프레임워크 및 세부 역량

미국의 ncsi (National Center for Systematic Improvement)에서는 데이터 리터러시 요소 및 지원 구조를 (그림 2.5)와 같이 제안하였다(Perry Williams et al., 2021).

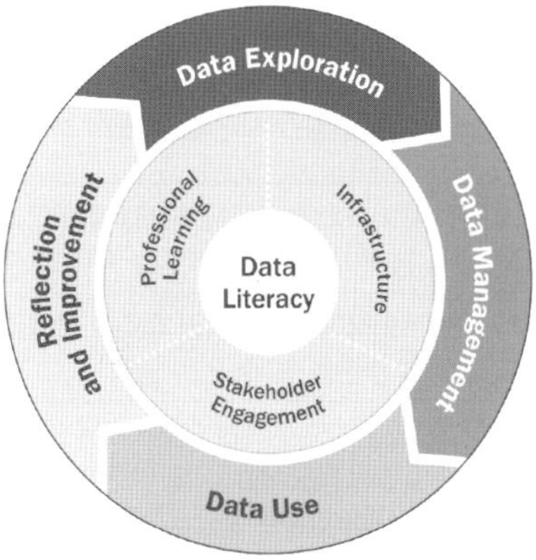


▲**그림 2.5** 데이터 리터러시 요소 및 지원 구조



출처 : Perry Williams et al. (2021)

(그림 2.5)와 같이 포괄적인 데이터 활용 능력의 네 가지 필수 요소가 함께 작동하여 데이터 기반 의사 결정을 지원하며 이러한 요소에는 다음이 포함된다(Perry Williams et al., 2021).

- 데이터 탐색 (Data Exploration) : 데이터의 목적이나 이유 고려
- 데이터 관리 (Data Management) : 올바른 데이터를 얻고 저장
- 데이터 사용 (Data Use) : 목적을 달성하기 위한 분석, 해석, 보고 등
- 성찰 및 개선 (Reflection and Improvement) : 각 요소를 검토하여 목표를 더 잘 또는 더 효율적으로 달성할 수 있는 방법 고려

(그림 2.5)의 각 요소들을 정리하면 <표 2.9>와 같다.

〈표 2.9〉 데이터 리터러시의 요소와 주요 데이터 활용 능력 활동

| 요소 | 개념 | 주요 데이터 활용 능력 활동 |
|---|---|---|
| 요소 1<br>데이터<br>탐색 | 우리가 대답하고 싶은 질문을 식별하는데 중점을 둔다. | • 데이터를 통해 다루고자 하는 광범위한 영역을 식별한다(예: 프로그램 또는 관행 평가 및 개선, 특정 모집단에 대한 결과 개선).<br>• 이해관계자를 식별하고 프로세스 전반에 걸쳐 그들의 의견, 합의, 승인을 얻는다.<br>• 알고 싶거나 알아야 할 사항을 명시하고 그 이유를 명확히 한다.<br>• 데이터를 통해 답변할 구체적인 질문을 명확히 한다. |
| 요소 2<br>데이터<br>관리 | 우선 순위가 높은 질문에 답하기 위해 데이터를 식별하고 수집하는데 중점을 둔다. 데이터 출처 선택, 수집, 품질, 접근 및 저장이 포함된다. | • 기존 데이터 소스/측정값을 선택하거나 새로운 데이터 수집 요구 사항을 정의한다.<br>• 데이터 제출 절차 및 요구사항을 명확히 한다.<br>• 데이터 수집자 및 관리자에게 전문적인 학습을 제공한다.<br>• 데이터 수집 및 입력의 충실도를 모니터링한다.<br>• 신뢰할 수 있고 사용 가능하며 접근 가능한 통합 시스템에서 데이터를 수집하고 저장한다. |
| 요소 3<br>데이터<br>사용 | 데이터를 분석하고 결과를 해석하며 의도한 결과를 달성하기 위해 구현 활동을 수정하기 위한 결정을 내리는데 중점을 둔다. | • 교육적 문해력을 위한 데이터를 사용하여 알고 싶은 내용에 대한 답을 얻기 위해 데이터를 합성하고 분석한다.<br>• 조사 결과를 요약하고 이해관계자와 결과를 공유한다.<br>• 단기 및 장기 의사결정을 위하여 데이터를 활용한다. |
| 요소 4<br>성찰<br>및<br>개선 | 최선의 계획 및 노력에도 불구하고 데이터 활용 능력 관행을 반영하고 개선할 수 있는 여지는 항상 존재한다. 성찰과 개선의 중요한 결과는 교육자의 과도한 부담을 줄이고 다양한 목적으로 데이터를 사용하는 능력을 향상시키는 것이다. 이를 통해 직원, 데이터 소스, 인프라 및 이해관계자 요구사항의 지속적인 변화에 대응할 수 있다. | • 비효율성을 식별하고 이해관계자와 협력하여 개선 전략을 정의한다.<br>• 데이터 활용 능력 프로세스에 대한 충실도를 모니터링한다.<br>• 성공적인 전략 및 프로세스의 확장을 계획한다.<br>• 전문 개발 기회를 통해 지속 가능성을 높인다. |

출처 : Perry Williams et al. (2021)

한편, 캐나다 댈하우지 대학교(Dalhousie University)는 데이터 리터러시 교육에서 창출할 수 있는 학습 성과와 단계별 학습 성과의 평가 기준으로 데이터 리터러시를 정의하는 5가지 핵심 요인(데이터의 개념, 수집, 관리, 평가, 활용)을 <표 2.10>과 같이 구성하였다(김혜영, 2020).

〈표 2.10〉 데이터 리터러시의 세부 역량과 활동

| 주요 역량 | 세부 역량 | 필요한 활동 |
|---|---|---|
| 개념적 체계 구축 | 데이터에 대한 개요 파악 | 데이터에 대한 전반적인 지식 및 이해 |
| 데이터 수집 | 데이터의 검색 및 수집 | 데이터의 탐색 |
| | 데이터의 품질 평가 | 데이터 출처에 대한 신뢰도 평가 |
| 데이터 관리 | 데이터 구성 | 기본 데이터 구성 방법 및 도구에 대한 지식 |
| | 데이터 처리 | 데이터 정리 방법 평가 |
| 데이터 평가 | 데이터 분석 | 분석 계획 수립 |
| | 데이터 해석 (데이터의 이해) | 차트, 표 및 그래프를 읽고 이해하기 |
| | 데이터를 사용하여 문제 파악 | 데이터를 사용하여 실제 상황에서 문제 파악 (즉, 작업의 효율성) |
| | 데이터 시각화 | 데이터를 구성하고 시각적으로 표현할 수 있는 의미 있는 표 작성 |
| | 말로 데이터 설명하기 | 데이터 제시를 위해 원하는 결과 평가 |
| | 데이터 기반 의사결정 | 데이터에서 얻은 정보의 우선순위 지정 |
| 데이터 활용 | 비판적 사고 | 데이터와 관련된 높은 수준의 문제 및 당면 과제 파악 |
| | 데이터 문화 | 학습, 연구, 의사결정을 위한 데이터의 중요성을 인지 |
| | 데이터 윤리 | 데이터와 관련된 법적, 윤리적 문제에 대한 인식 |
| | 데이터 인용 | 널리 수용되는 데이터 인용 방법에 대한 지식 |
| | 데이터 공유 | 데이터 공유를 위한 방법 및 플랫폼 평가 |
| | 데이터 기반의 의사결정 평가 | 후속 데이터를 수집하여 데이터 기반 의사결정 또는 해결책의 평가 |

출처 : 김혜영 (2020)



한상우(2018)는 Ridsdale 등(2015b)의 연구와 Carlson과 Johnston(2015)의 연구에서 도출된 성과를 바탕으로 <표 2.11>과 같이 데이터 리터러시의 세부 역량을 비교·분석하였다.

〈표 2.11〉 데이터 리터러시 세부 역량 비교

| Ridsdale et al. (2015b) | | Carlson & Johnston (2015) |
|---|---|---|
| 개념적 프레임워크 | 데이터 소개 | |
| 데이터 수집 | 데이터 검색 및 수집 | 발견 및 획득 |
| | 데이터 및 출처의 품질 평가 및 보장 | 데이터 품질 및 문서화 |
| 데이터 관리 | 데이터 구성 | 데이터 관리 및 구성 |
| | 데이터 조작 | |
| | 데이터 변환 (형식 간) | 데이터 변환 및 상호운용성 |
| | 메타 데이터 생성 및 사용 | 메타 데이터 및 설명 |
| | 데이터 큐레이션, 보안 및 재사용 | 데이터 큐레이션 및 재사용 |
| | 데이터 보존 | 데이터 보존 |

| Ridsdale et al. (2015b) | | Carlson & Johnston (2015) |
|---|---|---|
| 데이터 평가 | 데이터 도구 | 데이터베이스 및 데이터 형식 |
| | 기초 데이터 분석 | 데이터 처리 및 분석 |
| | 데이터 해석 | |
| | 데이터를 사용한 문제 식별 | |
| | 데이터 시각화 | 데이터 시각화 및 표현 |
| | 데이터 제시 (구두로) | |
| | 데이터 기반 의사 결정 | |
| 데이터 적용 | 비판적 사고 | |
| | 데이터 문화 | 실천 문화 |
| | 데이터 윤리 | 윤리 및 귀속 |
| | 데이터 인용 | |
| | 데이터 공유 | |
| | 데이터 기반 결정 평가 | |

출처 : 한상우 (2018)

또한, 인문학적 요소를 도출하여 인문학 기반 데이터 리터러시 주요 개념을 <표 2.12>와 같이 제안하였다.

〈표 2.12〉 인문학 기반 데이터 리터러시 주요 개념

| 구분 | 세부역량 | 주요 개념 |
|---|---|---|
| 공통 | 데이터의 이해 | 데이터의 속성, 특성, 전반적인 이해 |
| 인문학 | 논리적 추론 | 데이터를 이용한 논리 및 인과 관계의 구성 |
| | 소통과 협력 | 데이터를 활용하여 성과물을 형성해가는 과정에서의 절차와 방법론 |
| | 커뮤니케이션 스킬 | |
| | 스토리텔링 | 데이터를 이용한 의미의 재구성 |
| 디지털 기술 | 데이터의 접근 및 수집 | 데이터 도구를 이용한 데이터 소스의 접근과 발굴, 수집 |
| | 데이터의 정제 및 처리 | 데이터 도구를 이용한 데이터의 전처리 |
| | 데이터의 분석 및 해석 | 전처리된 데이터의 의미있는 해석과 연결 |
| | 데이터의 시각화 및 표현 | 데이터의 성과에 대한 효과적, 효율적 표현 |
| | 데이터의 상호운용성 | 데이터의 표준화와 활용성 제고 |
| | 데이터의 공유 및 보존 | 데이터의 재사용 |

출처 : 한상우 (2018)

배화순 (2019)은 <표 2.12>와 같은 선행 연구를 바탕으로 데이터 리터러시를 <표 2.13>과 같이 범주화하였다.

〈표 2.13〉 데이터 리터러시의 구성 요소 범주화

| 데이터 리터러시의 범주 | 세부 요소 |
|---|---|
| 데이터 생성 및 조직 | • 데이터의 형식 및 데이터베이스 소개<br>• 데이터 수집<br>• 데이터 관리 및 조직<br>• 데이터 시각화 |
| 데이터 활용 및 분석 | • 데이터에 기반한 질문 및 응답<br>• 데이터의 정보 추출<br>• 데이터 활용<br>• 데이터 분석<br>• 데이터에 기반한 추론 및 설명<br>• 데이터 판단 및 비판 |
| 데이터 기반 의사소통 및 데이터 윤리 | • 데이터를 활용한 의사소통<br>• 데이터 인용 및 활용 관련 윤리 |

출처 : 배화순 (2019)



한편, 김슬기 등(2021)은 초·중등 AI 교육을 위한 데이터 리터러시의 구성 요소를 <표 2.14>와 같이 제안하였다.

〈표 2.14〉 데이터 리터러시의 정의 및 구성 요소

| 정의 | | |
|---|---|---|
| 데이터를 수집, 분석, 활용하고 이를 문제 해결을 위한 정보로 처리하는 지식 구축 및 의사소통의 기본 능력 | | |
| 지식 | 스킬 | 가치와 태도 |
| • 데이터의 개념<br>• 데이터의 역할<br>• 데이터의 형식<br>• 데이터의 구조<br>• 데이터의 출처<br>• 데이터의 분석 방법<br>• 데이터 시각화<br>• 데이터 전처리 | • 수집<br>• 해석<br>• 추론<br>• 요약<br>• 발표<br>• 관리<br>• 처리<br>• 소통 | • 관계<br>• 통합<br>• 지속<br>• 인간 중심<br>• 공정 |

출처 : 김슬기 외 (2021)

SECTION

# 2.3 컴퓨팅 사고

## 1. 컴퓨팅 사고의 개념 및 정의

2006년 Wing은 컴퓨팅 사고를 "해결책이 정보 처리 에이전트에 의해 수행될 수 있는 형식으로 표현되도록 문제와 해결 방법을 형식화하는 데 관련된 사고 과정"이며, 컴퓨팅의 기본 개념을 활용하여 문제를 해결하고, 시스템을 설계하고, 인간 행동을 이해하는 접근 방식을 취하는 것으로 정의했다(이영준 외, 2014). Qualls 등(2011)은 컴퓨팅 사고의 정의를 컴퓨터 과학에 더욱 직접적으로 연결하여 문제 해결을 위해 컴퓨터 과학 핵심 개념과 함께 논리 기술을 사용한다고 밝혔으며, Grover와 Pea(2013)는 자연 및 인공 프로세스와 시스템을 이해하기 위한 컴퓨터 과학 도구와 기술을 적용하는 것으로 설명하였다. 많은 학자들은 컴퓨팅 사고를 프로그래머와 컴퓨터 과학자에게 필수적인 기술로 생각하는데 Gouws 등 (2016)은 구체적인 컴퓨터 과학 실습에서 컴퓨터 과학자처럼 생각하는 것과 관련된 사고 과정을 추출하고 컴퓨터 과학자가 문제에 접근하는 방식에 대한 보다 일반화된 이해를 제공하는 개념으로 설명하였다. 그에 반하여 컴퓨팅 사고를 문제 해결을 위한 접근 방식으로 간주하는 경우도 많이 발견할 수 있다. 즉, Soleimani 등 (2016)은 컴퓨터 과학의 개념을 활용하여 시스템을 계획하고 설계하는 것이라고 주장하였으며, Gretter와 Yadav(2016)는 추상화, 분해, 패턴 인식 및 알고리즘적 사고에 필요한 기술과 함께 컴퓨터 과학의 기본 개념을 포함하여 설명하였고, Roscoe 등 (2014)은 기본적인 생활 기술인 문제 해결 스킬로 보았다(Tauno PALTS et al., 2020). BBC에서는 컴퓨팅 사고를 통해 복잡한 문제를 해결하고 문제가 무엇인지 이해하며 가능한 해결책을 개발할 수 있으며, 그런 다음 컴퓨터, 인간 또는 둘 다 이해할 수 있는 방식으로 이러한 해결책을 제시할 수 있다고 보았다(BBC, 2024).

또한, 이영준 등(2014)은 "컴퓨팅 시스템의 역량을 활용하여 해결하고자 하는 문제를 효과적이고 효율적으로 해결할 수 있는 절차적 사고 능력"으로 정의하였다.

이와 같이 다양한 컴퓨팅 사고의 정의들을 정리하면 <표 2.15>와 같다.

〈표 2.15〉 컴퓨팅 사고력 정의 비교

| 정의 | 출처 |
|---|---|
| ...해결책이 정보 처리 주체에 의해 효과적으로 수행될 수 있는 형태로 표현되도록 문제와 해결 방법을 형식화하는 데 관련된 사고 과정이다. | Cuny · Snyder · Wing(2010), Wing(2011) |
| 문제를 형식화하고 컴퓨터가 효과적으로 적용할 수 있는 용어로 문제의 해결 방법을 표현하는 데 사용되는 사고 과정이다. | Wing(2014) |
| 문제를 추상화하고 자동화 가능한 해결책을 생성하는 정신적 과정이다. | Yadav 외(2014) |
| 우리를 둘러싼 세계의 컴퓨팅 측면을 인식하고, 컴퓨터 과학의 도구와 기술을 적용하여 자연 및 인공 시스템과 프로세스를 모두 이해하고 추론하는 프로세스이다. | Furber(2012) |
| 1950년대와 1960년대에 "알고리즘적 사고"로 알려진 입력을 출력으로 변환하는 문제를 형식화하고 변환을 수행할 알고리즘을 찾는 정신적 지향을 의미한다. 오늘날 이 용어는 다양한 수준의 추상화를 통한 사고, 수학을 사용하여 알고리즘 개발, 다양한 크기의 문제에 걸쳐 해결책이 얼마나 잘 확장되는지 조사하는 등을 포함하도록 확장되었다. | Denning(2009) |
| 경제학자, 물리학자, 예술가처럼 생각하는 방법을 가르치고, 컴퓨팅을 사용하여 문제를 해결하는 방법을 이해하고, 효과적으로 탐구할 수 있는 새로운 질문을 만들고 발견하는 방법을 가르치는 것이다. | Hemmendinger(2010) |
| 컴퓨팅 시스템의 역량을 활용하여 해결하고자 하는 문제를 효과적이고 효율적으로 해결할 수 있는 절차적 사고 능력이다. | 이영준 외(2014) |

출처 : Sibel Kılıçrslan Cansu (2019), 이영준 외 (2014)



한편, Lisa 등(2018)은 컴퓨팅 사고력, 컴퓨터 과학 및 코딩과의 관계를 (그림 2.6)과 같이 제시하였으며, Kelly Mills 등(2021)은 컴퓨팅, 컴퓨팅 사고, 컴퓨터 과학 등의 관계가 (그림 2.7)과 같이 변하고 있다고 주장하였다.

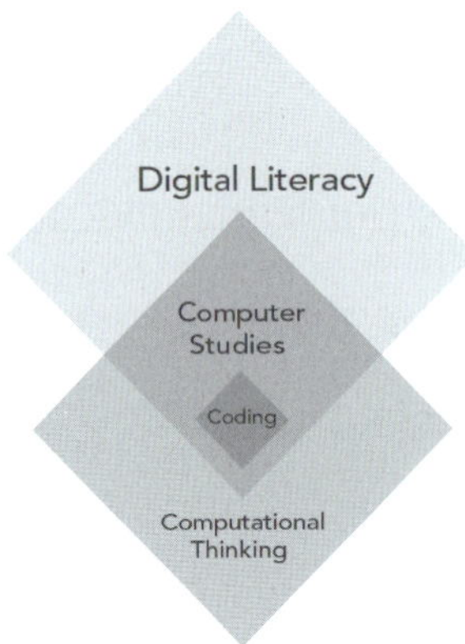


▲그림 2.6 디지털 리터러시에는 컴퓨터 연구 및 코딩이 포함되며, 컴퓨팅 사고력과도 겹침

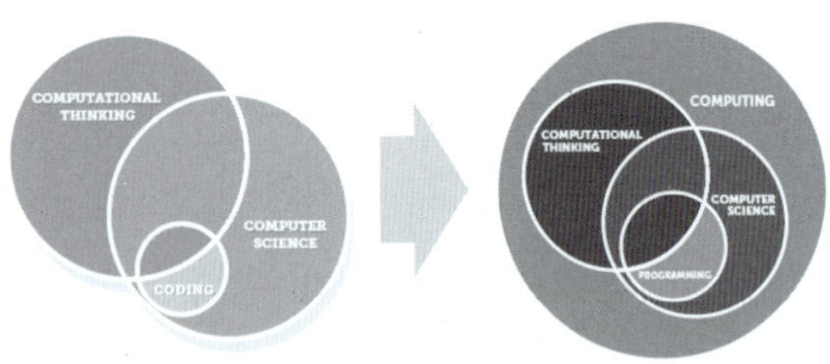


▲그림 2.7 Computational Thinking for a Computational World (Angevine et al., 2017)에서 발표되고 업데이트된 컴퓨터 과학, 컴퓨팅 사고 및 코딩 간의 관계

출처 : Lisa et al. (2018)

출처 : Kelly Mills et al. (2021)

## 2. 컴퓨팅 사고의 프레임워크 및 세부 역량

Let's Talk Science에서는 컴퓨팅 사고 프레임워크를 (그림 2.8)과 같이 제안하였다(Lisa, 2018).

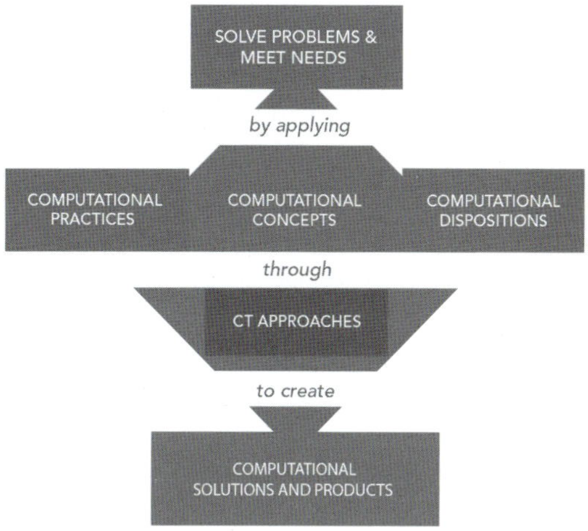


▲ 그림 2.8 컴퓨팅 사고 프레임워크

출처 : Lisa (2018)

또한, 영국의 Computing At School에서는 컴퓨팅 사고의 개요를 (그림 2.9)와 같이 제시한 바 있으며(Andrew Csizmadia et al., 2015), McNicholl 등 (2018)은 (그림 2.10)과 같이 컴퓨팅 사고의 기본적인 전략을 제시하였다(McNicholl, 2018; Sibel Kılıçrslan Cansu, 2019).

▲ 그림 2.9 컴퓨팅 사고의 개념

출처 : Andrew Csizmadia et al. (2015)

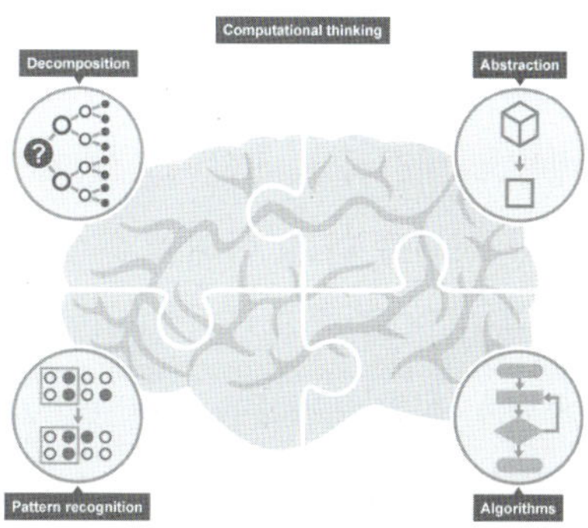


▲ 그림 2.10 컴퓨팅 사고를 위한 기본 전략

출처 : McNicholl (2018)

(그림 2.9)에서 논리적 추론(Logical Reasoning)은 명확하고 정확한 사고를 통해 사실을 분석하고 확인함으로써 사물을 이해하게 해주는 것으로 이를 통해 자신의 지식과 내부 모델을 활용하여 예측하고 검증하며 결론을 도출할 수 있다. 알고리즘을 테스트, 디버그, 수정할 때 광범위하게 사용된다. 논리적 추론은 문제를 해결하기 위해 다른 컴퓨팅 사고 개념을 새롭게 적용하는 것이다. 추상화(Abstraction)는 문제나 시스템을 생각하기 쉽게 만드는 것으로 불필요한 세부 사항을 줄여 인공물을 더 이해하기 쉽게 만드는 프로세스이다. 전형적인 예는 런던 지하철 지도이다. 런던은 매우 복잡한 시스템이다. 특별한 방식(보통 지도나 그림)으로 런던을 표현하는 것은 다양한 사용자에게 도움이 된다. 런던 지하철 지도는 거리, 정확한 지리적 위치 등의 불필요한 정보 부담 없이 여행자가 지하철 네트워크를 탐색할 수 있을 만큼 충분한 정보를 담은 고도로 정제된 추상화이다. 이는 한 역에서 다른 역으로의 경로를 계획하는 데 필요한 정확한 정보를 포함하는 표현이다. 평가(Evaluation)는 알고리즘, 시스템, 프로세스 등의 해결책이 좋은 것인지, 즉 목적에 적합한지 확인하는 프로세스로 해결책의 다양한 속성을 평가해야 한다. 맞는가? 충분히 빠른가? 자원을 경제적으로 사용하는가? 사람들이 사용하기 쉬운가? 적절한 경험을 장려하는가? 등의 모든 상황에 대해 이상적인 단일 해결책은 거의 없기 때문에 절충이 필요하다. 알고리즘적 사고(Algorithmic Thinking)는 단계에 대한 명확한 정의를 통해 해결책에 도달하는 방법이다. 일부 문제는 일회성으로 문제가 해결되고 해결책이 적용되며 다음 문제가 해결된다. 비슷한 문제를 계속해서 해결해야 할 때는 알고리즘적 사고가 필요하다. 매번 새로이 생각할 필요는 없으며 항상 작동하는 해결책이 필요하다. 학교에서 곱셈이나 나눗셈을 하기 위한 알고리즘을 배우는 것이 그 예이다. 컴퓨터나 사람이 간단한 규칙을 정확하게 따르면 모든 곱셈의 해를 찾을 수 있다. 알고리즘을 이해하고 나면 새로운 문제가 발생할 때마다 처음부터 다시 해결할 필요가 없다. 분해(Decomposition)는 인공물을 구성 요소의 측면에서 생각하는 방법으로 해당 부분을 개별적으로 이해하고, 해결하고, 개발하고, 평가할 수 있다. 이를 통해 복잡한 문제를 더 쉽게 해결할 수 있고, 새로운 상황을 더 잘 이해할 수 있으며, 대규모 시스템을 더 쉽게 설계할 수 있다. 일반화(Generalisation)는 패턴, 유사점 및 연결을 식별하고 이러한 기능을 활용하는 것과 관련된다. 이는 문제에 대한 이전 해결책을 기반으로 새로운 문제를 신속하게 해결하고 이전 경험을 토대로 구축하는 방법이다. "이것이 내가 이미 해결한 문제와 비슷한가?" 그리고 "어떻게 다른가?"와 같은 질문을 한다. 여기에서는 사용되는 데이터와 사용되는 프로세스/전략 모두에서 패턴을 인식하는 프로세스와 마찬가지로 중요하다. 일부 특정 문제를 해결하는 알고리즘을 적용하여 유사한 문제 전체를 해결할 수 있다(Andrew Csizmadia et al., 2015).

뿐만 아니라 컴퓨팅 사고와 관련된 스킬도 (그림 2.11)과 같이 제시하였다.

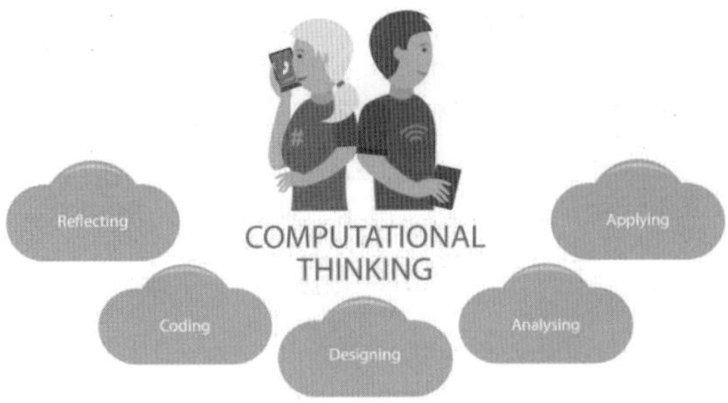


▲그림 2.11 컴퓨팅 사고 관련 스킬

(그림 2.11)에서 성찰(Reflecting)은 가치로부터 자유롭지 않은 복잡한 상황에서 공정하고 정직하게 판단(평가)하는 기술이다. 컴퓨터 과학 내에서 이 평가는 제품을 지정하는 데 사용되는 기준, 경험적 방법(또는 경험적 규칙) 및 사용자가 판단을 안내해야 하는 사항을 기반으로 한다. 모든 컴퓨터 시스템 개발의 필수 요소는 설계를 코드(Code) 형식으로 변환하고 이를 평가하여 예상되는 모든 조건에서 올바르게 작동하는지 확인하는 것이다. 디버깅(Debugging)은 결과를 예측하고 검증하기 위해 테스트, 추적, 논리적 사고 등의 기술을 사용하여 분석 및 평가를 체계적으로 적용하는 것이다. 설계(Designing)에는 개발물의 구조, 모양 및 기능을 연구하는 작업이 포함되며, 여기에는 순서도, 스토리보드, 의사 코드, 시스템 다이어그램 등과 같이 사람이 읽을 수 있는 표현을 포함하여 디자인 표현을 만드는 것도 포함된다. 뿐만 아니라 분해, 추상화 및 알고리즘 설계의 추가 활동이 포함된다. 분석(Analysing)에는 구성요소 부분으로 분해(분해), 불필요한 복잡성 감소(추상화), 프로세스 식별(알고리즘), 공통점이나 패턴 추구(일반화)가 포함되며, 여기에는 사물을 더 잘 이해하고 목적에 적합한지 평가하기 위해 논리적 사고를 사용하는 것이 포함된다. 적용(Applying)은 다른 상황의 요구 사항을 충족하기 위해 기존 해결책을 채택하는 것이다. 이는 일반화, 즉 패턴, 유사성 및 연관성을 식별하고 개발물의 구조 또는 기능의 특징을 활용하는 것이다(Andrew Csizmadia et al., 2015).

Kelly Mills 등(2021)은 컴퓨팅 사고력의 통합을 위한 프레임워크를 (그림 2.12)와 같이 제안하였다.

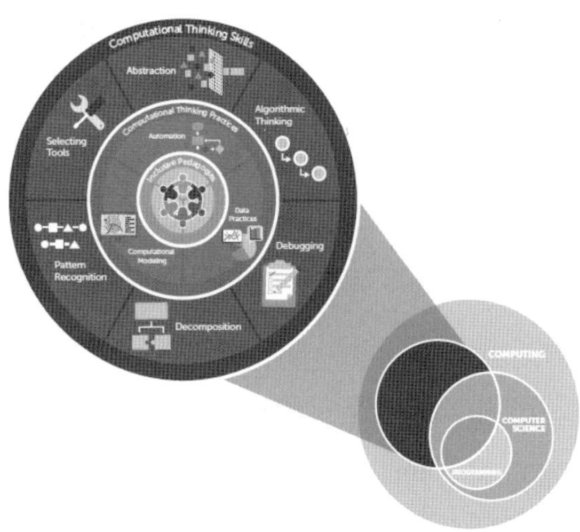


▲ **그림 2.12** 컴퓨팅 사고력 통합을 위한 프레임워크

출처 : Kelly Mills et al. (2021)

(그림 2.12)와 같은 프레임워크에서의 주요 활동은 <표 2.16> 및 <표 2.17>과 같이 제시하였다 (Kelly Mills, et al., 2021).[5]

5) <표 2.16>과 <표 2.17>의 예에 명시된 학년은 우리나라의 상황과 다를 수 있음

〈표 2.16〉 컴퓨팅 사고 스킬

| CT 스킬 | 설명 | 예 |
|---|---|---|
| 추상화<br>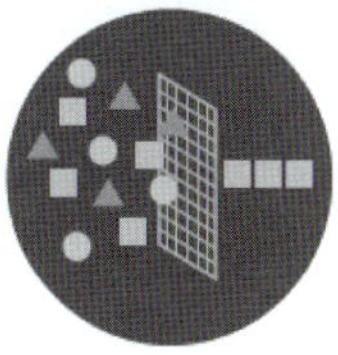 | 가장 중요한 문제나 현상의 측면을 필터링 | 미취학 아동은 자신이 정의한 카테고리(예: 색상, 단추 구멍 수, 모양)에 따라 버튼을 정렬한다. |
| 알고리즘적 사고<br>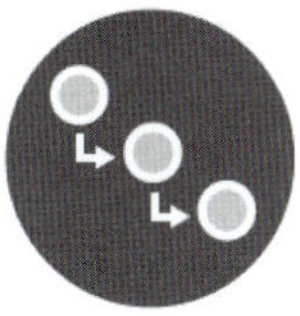 | 순서대로 단계 구성 | 2학년 학생들이 이야기(또는 연재 만화)의 다양한 부분을 올바른 순서로 배치하고(Ruiz 외, 2021) 특정 순서를 가리키는 작동 "경첩" 역할을 하는 핵심 이미지와 단어를 식별한다. |
| 디버깅<br> | 반복적으로 테스트하고, 오류를 찾고, 수정 | 4학년 학생들에게는 곱셈 연산자 대신 덧셈 연산자를 사용하는 직사각형의 면적을 계산하기 위한 블록 기반 코딩 프로젝트가 제공될 수 있다. 사용자 입력을 기반으로 면적을 올바르게 계산하기 위해 알고리즘을 디버깅해야 한다(Everyday Computing, 2021). |
| 분해<br>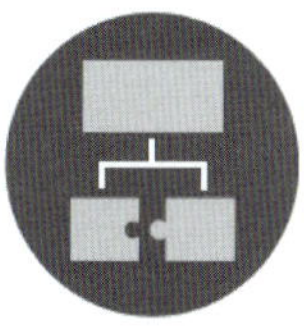 | 문제를 더 작은 부분으로 나누기 | 책을 읽은 후 1학년 학생들은 스토리라인을 시작, 중간, 끝 또는 서론, 상승 액션, 클라이맥스, 하락 액션, 결말로 분해할 수 있다. |
| 패턴 인식<br>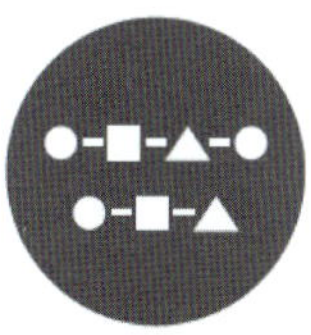 | 반복되는 특징, 데이터 또는 관계 인식 | 유치원 학생들은 매년 서로 다른 시기에 나무를 그린 다음 서로 다른 그림을 모아서 통합된 이미지를 통해 특정 계절의 숨길 수 없는 징후에 도달할 수 있다. |
| 도구 선택<br> | 작업을 완료하는 데 적합한 동작을 유도하는 컴퓨팅 장치 선택 | 5학년 학생들은 시간 경과에 따른 온도 변화를 모니터링하는 실험을 설계하면서 디지털 온도계와 프로그래밍 가능한 조사 중에서 선택할 수 있다. |

출처 : Kelly Mills et al. (2021)

〈표 2.17〉 컴퓨팅 사고 스킬

| CT 스킬 | 설명 | 예 |
|---|---|---|
| 자동화 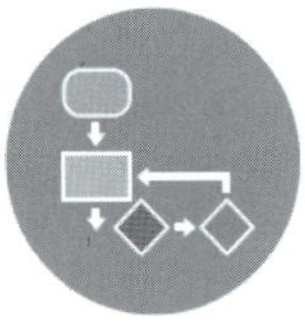 | 컴퓨터가 인간보다 더 자주, 더 효율적으로, 더 정확하게 작업을 수행할 수 있도록 체계적인 명령 집합 개발 | 고등학생들은 지역사회 구성원이 신선한 과일과 야채를 판매하는 가장 가까운 상점을 찾고 건강한 식습관을 장려하는 데 도움이 되는 모바일 애플리케이션을 만들 수 있다. |
| 컴퓨팅 모델링 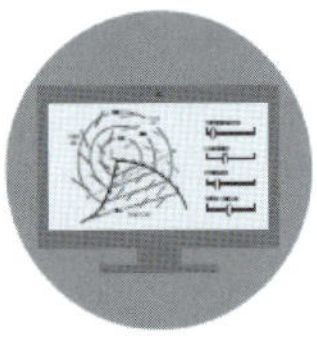 | 컴퓨팅 도구를 사용하여 복잡한 시스템 내의 관계, 특히 시간, 크기 및/또는 가시성의 제약으로 인해 철저하게 조사할 수 없는 현상 표현 | 중학생들은 고체, 액체 또는 기체의 온도를 조작하고 각 단계에서 분자의 속도와 거리를 관찰하는 시뮬레이션을 사용하여 물질의 단계를 탐색할 수 있다. |
| 데이터 실습  | 컴퓨팅 모델과 방법을 활용하여 데이터를 수집, 분석, 시각화 | 고등학생들은 도시의 개방형 데이터 포털에서 지역 관련 데이터 세트를 선택하고, 스프레드시트 소프트웨어를 사용하여 데이터를 분석하고, 지역사회 구성원 청중을 대상으로 한 데이터 시각화를 진행할 수 있다. |

출처 : Kelly Mills et al. (2021)

CSTA와 ISTE (2011)에서는 컴퓨팅 사고력과 관련된 개념들을 <표 2.18>과 같이 설명하였다.

〈표 2.18〉 컴퓨팅 사고 관련 용어

| 용어 | 정의 |
|---|---|
| 데이터 수집 | 적절한 정보를 수집하는 과정 |
| 데이터 분석 | 데이터 이해, 패턴 찾기, 결론 도출 |
| 데이터 표현 | 적절한 그래프, 차트, 단어 또는 이미지로 데이터를 묘사하고 구성 |
| 문제 분해 | 작업을 더 작고 관리 가능한 부분으로 나누기 |
| 추상화 | 주요 아이디어 정의를 위한 복잡성 감소 |
| 알고리즘 및 프로시저 | 문제를 해결하거나 어떤 목적을 달성하기 위해 취하는 일련의 순서화된 단계 |
| 자동화 | 컴퓨터나 기계가 반복적이거나 지루한 작업을 수행하도록 하는 것 |
| 시뮬레이션 | 프로세스의 표현 또는 모델. 모델을 사용하여 실험을 실행하는 것도 포함 |
| 병렬화 | 공통 목표를 달성하기 위해 작업을 동시에 수행할 수 있도록 리소스 구성 |

출처 : CSTA & ISTE (2011)

이와 같이 다양한 컴퓨팅 사고 관련 활동 및 용어들을 정리하면 <표 2.19>와 같다(Tauno PALTS et al., 2020).

〈표 2.19〉 6개 원본 기사의 컴퓨팅 사고 스킬 카테고리

| | | Wing (2006) | Barr (2011) | CSTA & ISTE(2011) | Brennan & Resnick(2012) | Selby & Woollard (2013) | Moreno-León 외 (2015) |
|---|---|---|---|---|---|---|---|
| 문제 정의 | 문제 형식화 | 문제 형식화 | – | 문제 형식화 | – | – | – |
| | 추상화 | 추상화 | 추상화 | 추상화 | 추상화 및 모듈화 | 추상화 | 추상화 |
| | 문제 재구성 | 문제 재구성 | – | – | – | – | – |
| | 분해 | 문제 분해 | 문제 분해 | – | – | 분해 | 문제 분해 |
| 문제 해결 | 데이터 수집 및 분석 | – | 데이터 수집, 데이터 분석, 데이터 표현, 시뮬레이션 | 데이터 구성 및 분석 | 재사용 및 리믹스 | – | 사용자 상호작용, 데이터 표현 |
| | 알고리즘 설계, 병렬화 및 반복, 자동화 | 자동화 | 자동화, 알고리즘 및 프로시져, 병렬화 | 알고리즘적 사고, 해결책 자동화 | 점진적이고 반복적임 | 알고리즘 설계 | 병렬화, 논리적 사고, 동기화, 흐름 제어 |
| 해결책 분석 | 일반화 | – | – | 일반화 | – | 일반화 | – |
| | 테스트 및 평가 | 체계적인 테스트 | – | 해결책 식별, 분석 및 구현 | 테스트 및 디버깅 | 평가 | – |

출처 : Tauno PALTS et al., (2020)

한편, Tauno PALTS 등(2020)은 <표 2.19>와 같이 다양한 컴퓨팅 사고 모델을 분석한 후에 컴퓨팅 사고 스킬을 개발할 수 있는 모델을 (그림 2.13)과 같이 제시하였는데, 여기에서는 문제를 알고리즘적으로 해결하는 방법으로 컴퓨팅 사고를 사용하고 있다(Tauno PALTS et al., 2020).

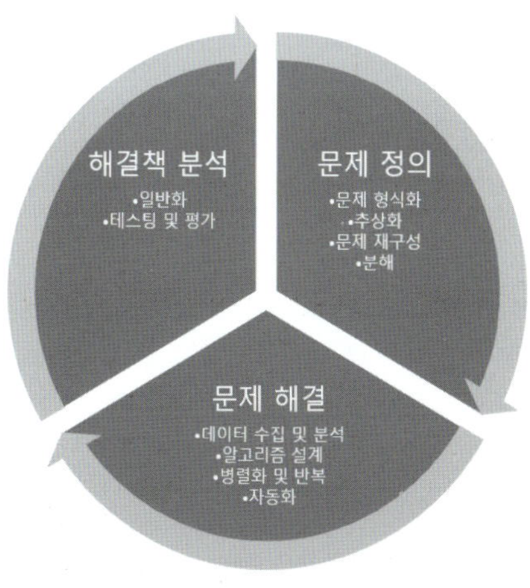


▲그림 2.13 컴퓨팅 사고 스킬 개발 모델

출처 : Tauno PALTS et al., (2020)

(그림 2.13)에서 문제 정의 단계에는 문제 해결을 시작하기 전에 필요한 모든 컴퓨팅 사고 기술이 포함되는데 첫째, Wing(2006)의 컴퓨팅 사고력 정의에 따르면 문제 해결은 문제 형식화에서 시작된다. 컴퓨팅 사고는 알고리즘에 따라 문제를 해결하는 데 사용되는 사고 과정이므로 해결해야 할 문제를 이해하고 연구하는 것이 필수적이다. 둘째, 모든 모델에는 추상화가 포함되어 있다. 문제가 형식화되면 주요 아이디어를 정의하기 위해 관련 정보를 식별하고 추출하는 것이 중요하며 이 단계에는 복잡한 문제나 시스템의 핵심 측면을 모델링하는 작업이 포함된다. 따라서 추상화 단계에는 모듈화가 포함된다. 셋째, 문제 재구성은 문제를 해결 가능하고 친숙한 문제로 재구성하는 데 사용될 수 있다. 네 번째 스킬은 문제 분해이다. 일반적으로 분해는 추상화 이후 두 번째 차원으로 나열되었지만 두 가지 차원이 추가됨에 따라 문제를 관리 가능한 단위로 나누는 이 단계는 이제 문제 형식화를 따른다. 두 번째 단계는 문제를 해결하는 것으로, 문제에 대한 해결책을 만드는 데 관련된 모든 컴퓨팅 사고 스킬이 포함된다. 알고리즘적으로 문제를 해결하기 위한 전제 조건은 데이터 수집과 분석이다. 또 다른 컴퓨팅 사고 스킬인 알고리즘 설계(일련의 순서화된 단계)도 컴퓨팅 사고의 주요 핵심 스킬이다. 알고리즘 설계 뒤에는 병렬화와 반복이 사용되며, 이는 결국 프로세스의 자동화로 이어진다. 세 번째 단계는 해결책 분석으로, 일반화가 포함되는데, 이는 이 문제 해결 프로세스를 보다 광범위한 문제로 전환하는 것을 의미한다. 그리고 마지막 컴퓨팅 사고 스킬은 평가 및 테스트이다. 이는 효율성과 자원 활용 측면에서 프로세스와 결과를 분석(평가 및 인식)하는 것을 의미한다. 여기에는 체계적인 테스트 및 디버깅, 효율성 및 성능 제약, 오류 감지 등도 포함된다(Tauno PALTS et al., 2020).

SECTION

# 2.4 인공지능 리터러시

## 1. 인공지능 리터러시의 개념 및 정의

AI 시대를 위한 역량 개발(Miao, F. et al., 2021)을 주제로 한 유네스코 AI 및 교육의 미래에 관한 국제 포럼의 종합 보고서에서는 세계 시민들은 AI의 영향이 무엇인지, AI가 무엇을 할 수 있고 무엇을 할 수 없는지, 언제 AI가 유용하고 언제 사용에 대해 의문을 제기해야 하는지, AI가 공익을 위해 어떻게 조정될 수 있는지 이해해야 한다고 주장하면서 이를 합쳐서 '인공지능 리터러시'라고 부를 수 있다고 하였다(UNESCO, 2022). 이유미 등(2021)은 AI로 인하여 발생하는 문화적 변화에 적응하고 이에 필요한 지식을 습득하는 것을 말하며 나아가 지식을 활용하여 자신의 미래를 설계하고 자신의 삶을 디자인해 낼 수 있는 능력을 배양하는 것이라고 정의하였고(윤선호, 2022), 부산시교육청에서는 AI 시대, 초연결사회의 구성원으로서 일상적인 삶을 영위하고 직무를 수행하기 위해 필요한 소양으로서 "윤리적 태도를 가지고 AI 관련 기술과 데이터의 관리, 활용, 구성의 과정을 통해 문제를 해결하는 실천적 역량"으로 정의하였다(변순용 외, 2022).

또한, AI 활용 능력은 데이터 활용 능력, 즉 AI가 데이터를 수집, 정리, 조작 및 분석하는 방법을 이해하는 능력으로 구성된다. 그리고 알고리즘 활용 능력 또는 AI 알고리즘이 인간과 기계의 상호 작용에 사용될 수 있는 데이터에서 패턴과 연결을 찾는 방법을 이해하는 능력으로 볼 수 있다(UNESCO, 2022).

한편, 인공지능 리터러시와 디지털 리터러시와의 관계는 다음과 생각해 볼 수 있다. 즉, 개인이 AI를 이해하려면 컴퓨터를 사용하는 방법을 이해해야 하기 때문에 디지털 리터러시는 인공지능 리터러시의 전제 조건이다. 그러나 컴퓨터 활용 능력이 반드시 AI 활용 능력의 전제 조건은 아니다. 프로그래밍 방법을 이해하는 것은 AI를 이해하는 데 정보를 제공하고 도움을 줄 수 있으며 AI 개발자에게는 확실히 필요하다. 그러나 프로그래밍은 학습자의 진입에 큰 장벽이 될 수도 있으며 일상생활에서 AI와 상호 작용하는 대부분의 개인은 프로그래밍 방법을 알 필요가 없을 것이라고 주장하기도 한다(Duri Long et al., 2020).

이와 같이 다양한 인공지능 리터러시 정의를 정리하면 <표 2.20>과 같다.

〈표 2.20〉 인공지능 리터러시 정의

| 연구자 | 인공지능 리터러시 정의 |
|---|---|
| Burgsteiner 외 (2016) 등 27개 논문 | • 학습자에게 사전 지식이 필요하지 않은 AI에 대한 기본 개념, 기술, 지식 및 태도 습득을 교육하는 것<br>• 학습자는 AI 응용 프로그램의 최종 사용자일 뿐만 아니라, AI 응용 프로그램의 이면에 숨겨진 기술을 이해하는 것<br>• 다른 제품과 서비스에서 AI 이면에 숨겨진 기본 기술과 개념을 이해하는 능력 |
| Druga 외(2019) | • 인식된 능력, 자신감 및 AI 학습 준비도와 연관시켜 초중등 교육에서는 학습자가 AI 개념을 이해하고 습득하는 방법에 초점을 맞춘 AI 교육과정과 활동을 설계 |
| Vazhayil 외(2019) | • 일상생활에서 AI 개념을 다른 맥락과 응용에 어떻게 적용하는지 알 수 있도록 교육하는 것이 중요<br>– 모든 사람들에게 AI 응용프로그램의 이해와 이것이 우리 삶에 미치는 영향 및 AI 기술에 관한 AI 윤리 교육<br>– 인간 중심적이고 윤리적인 고려사항<br>– AI 개념과 적용을 윤리적으로 활용하는데 초점<br>• 컴퓨팅 사고(CT) 기반 인공지능 리터러시와 AI 사고 (thinking)를 상호작용시킴 |
| Vazhayil 외(2019), Hung(2019) | • AI 사고<br>• 문제 해결, 의미 처리 및 비구조화된 데이터 처리를 위해 지식 기반을 사용하는 방법에 대한 학생들의 이해를 지원하기 위해 논리 및 알고리즘을 구축<br>(예를 들어, 컴퓨팅으로 데이터 분석을 수행하여 AI 사고를 활용하고, 머신러닝에서 데이터의 숨겨진 패턴 발견을 통해 새로운 발견을 해석) |
| Chai 외(2020), Druga 외(2019) | • 인간 중심적 고려사항(예를 들어 공정성, 책임성, 투명성, 윤리, 안전) |
| Long · Magerko (2020) | • 개인이 인공지능 기술을 비판적으로 평가할 수 있으며, 인공지능과 효과적으로 협력하고 의사소통하고, 인공지능 기술을 온라인, 가정, 직장에서 도구로써 활용할 수 있는 능력<br>• AI 응용 프로그램을 이용한 고차원적 사고 스킬(예를 들어, 평가, 예측, 설계)을 키움<br>• 공공장소에서 AI 편의시설을 공동 제작하는데 시민들을 참여<br>• AI를 평가하고 만드는 능력을 가진 학생들은 AI 개념을 새로운 방법으로 추론하고 연결하고 조작하고 분류할 수 있음<br>• AI를 알고 윤리적으로 사용하는 것 외에도 개인이 AI 기술을 비판적으로 평가하고 AI와 효과적으로 의사소통하고 협력할 수 있는 일련의 역량 |
| 한선관 (2020) | • 인공지능을 이해하고, 활용하고, 비판적으로 볼 수 있으며 인공지능과 효과적으로 소통 및 협력하는 능력 |
| 한국과학 창의재단 '인공지능 교육 길라잡이'(2020) | • 인공지능 기술을 적용해 창의적인 결과를 만들어 낼 수 있는 역량 |
| 김수환 외(2020) | • 우리 주변과 산업에서 활용되는 인공지능 서비스와 제품을 이해하고 건강하게 사용하여 해당 분야의 작업 효율성을 높일 수 있는 역량 |
| 이유미 · 박윤수 (2021) | • 인공지능 기술 매체를 이해하고 활용할 수 있는 능력과 이를 통해 사회와 소통할 수 있는 능력, 인공지능 사회에 대한 비판적 사고를 할 수 있는 능력 |

출처 : 변순용 외 (2022), 성지현 (2023)

한편, 임다미 등(2022)은 초·중등 인공지능 교육을 <표 2.21>과 같이 정의하였다.

〈표 2.21〉 초 · 중등 인공지능 교육 정의

| 인공지능 교육 | 인공지능 원리 교육 | 인공지능 활용 교육 | 인공지능 융합 교육 |
|---|---|---|---|
| 인공지능의 개념과 원리를 이해하고 인공지능을 교수-학습에 활용하며 실제적/실생활 문제를 해결하는 교육으로 인공지능에 대한(개념) 교육, 인공지능 활용 교육, 인공지능 개발 교육, 인공지능 융합 교육, 인공지능 윤리 교육 등을 포괄하는 것 | 인공지능의 개념을 이해하고 문제와 탐색, 지식과 추론, 데이터와 학습의 원리에 대한 인공지능 알고리즘의 기본을 이해 교육으로, 올바른 윤리 의식을 바탕으로 실생활 및 다양한 분야의 문제를 창의적이고 올바르게 해결하는 능력을 함양하는 교육 | 인공지능을 도구적으로 활용한 교육으로, 인공지능 기술을 이용하여 학생 개별 특성을 고려한 개별화된 학습 기회를 제공하는 교육은 물론 인공지능을 활용하여 실생활 및 다양한 분야의 문제를 창의적이고 올바르게 해결하는 능력을 함양하기 위한 교육 | 인공지능 기술, 인공지능에 대한 원리와 핵심 개념 이해를 기반으로 다양한 학문(교과)간 및 산업 분야를 융합하여 창의적인 해결책을 제시하는 교육으로 인문학적인 상상력과 과학적인 지식(STEAM)을 갖추어 새로운 지식을 창조할 때 인공지능을 융합하여 새로운 가치를 창출하는 것을 가르치는 것과 융합 태도를 함양하는 교육 |

출처 : 임다미 외 (2022)

## 2. 인공지능 리터러시의 프레임워크 및 세부 역량

인공지능 리터러시는 AI 교육과 관련지어 언급되는 경우가 많은데 Bloom의 디지털 분류법에 (그림 2.14)와 같이 사상시켜 볼 수 있다(Bloom, 1956; Huitt, 2011). Bloom의 분류법은 다양한 학습 상황에서 요구되는 추론 기술과 질서 있는 사고의 수준을 분류하는 접근 방식으로 분류에는 6가지 수준이 있으며, 각 수준은 학생들의 더 높은 수준의 복잡성과 질서 있는 사고를 요구한다(Davy Tsz Kit Ng, et al., 2021).

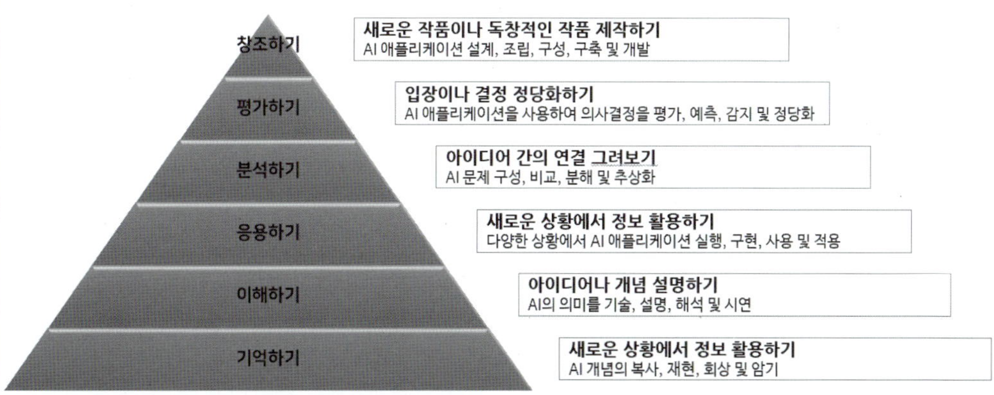


▲그림 2.14 Bloom의 디지털 분류법과 인공지능 리터러시

출처 : Davy Tsz Kit Ng, et al., (2021)

미국의 컴퓨터교사협회(CSTA: Computer Science Teachers Association)에서도 유·초·중등 학생들의 AI와 관련된 역량을 향상시키기 위하여 교수 및 학습 방법에 대한 논의를 시작하였는데 CSTA와 AI 관련 인공지능 학회인 AAAI(American Association of Artificial Intelligence)는 카네기멜론대학교와 함께 AI4K12를 설립하고 관련 교수학습가이드라인 개발 등 연구를 진행하였다. 여기에서는 미국에서 개발되고 있는 각종 AI 교육 프로그램의 기초를 제시하고 있으며, AI 교육을 용이하게 할 수 있도록 웹사이트에 학습 데이터를 선별하여 모아 제공하며, AI 관련 실무자, 연구원, 각종 데이터 및 도구 개발자 커뮤니티를 개발하고 있다(변순용 외, 2022). AI4K12에서는 (그림 2.15)와 같이 K-12의 학생들이 배워야 하는 5가지 아이디어를 제시하였다(https://ai4k12.org/resources/big-ideas-poster/).

▲**그림 2.15** AI4K12에서 제시한 인공지능 교육에서 5가지 아이디어

출처 : chrome-extension://efaidnbmnnnibpcajpcglclefindmkaj/https://ai4k12.org/wp-content/uploads/2020/07/AI4K12_Five_Big_Ideas_Poster_Korean.pdf

<표 2.22>는 AI4K12 Initiative에서 2019년 4월에 발표한 초·중등 AI 가이드라인(5 Big Ideas)을 구체화하여 2020년 5월에 공개한 내용으로 학령별 수준에 따른 교육 주제와 목표이다(소프트웨어정책연구소, 2020; 조미영 외, 2022).

〈표 2.22〉 AI4K12 Initiative의 5 Big Idea (AI4K12 재가공)

| 교육 주제 | 교육 목표 |
|---|---|
| 인식 | • 인간의 감각과 센서의 차이 이해<br>• 컴퓨터 인식의 작동 방식과 한계 이해<br>• 시각, 음성 등 인식 유형 파악 |
| 표현 · 추론 | • 표현의 유형 파악<br>• 추론 알고리즘 유형 및 작동원리 이해<br>• 추론 알고리즘의 한계 이해 |
| 학습 | • 학습 알고리즘 유형<br>• 인공신경망 기초 개념 이해<br>• 데이터가 학습에 미치는 영향 이해<br>• 머신러닝의 한계 |
| 상호작용 | • 자연어의 이해<br>• 감성 컴퓨팅 이해<br>• 상식 추론 이해<br>• 인간–로봇의 자연스러운 상호작용 |
| 사회적 영향 | • AI의 산업, 정부 등 영향력 이해<br>• AI의 윤리적 딜레마 및 윤리 표준 마련<br>• AI에 의한 일자리, 업무 변화 이해 |

출처 : 조미영 외 (2022)

Duri Long 등(2021)은 16가지의 인공지능 리터러시 역량을 <표 2.23>과 같이 제안하였다.

〈표 2.23〉 인공지능 리터러시 역량

| 역량 | 정의 |
|---|---|
| AI 인식 | • AI의 사용 여부에 따른 기술의 식별 |
| 지능 이해 | • 기계 지능에 대한 이해<br>• 비판적으로 분석 및 토론 |
| 학제간 연계성 | • 기계에 대한 생각 · 개발에 많은 방법이 있음<br>• AI를 사용하는 여러 기술을 식별 |
| 광의와 협의의 AI | • 광의 AI와 협소의 AI 사이의 식별 |
| 강약의 AI | • AI의 강함과 약함에 대한 문제를 파악 |
| 미래 AI의 상상 | • AI의 미래 응용을 상상, 해당 응용이 세계에 영향을 고려 |
| 표현 | • 지식 표현에 대한 이해 |
| 의사 결정 | • 의사 결정에 대한 인식 |
| 머신러닝 단계 | • 머신러닝과 관련된 단계와 각 단계가 수반하는 실습과 과제를 이해 |
| AI에서 인간적 역할 | • 프로그래밍, 모델 선택, AI 시스템 미세 조정에 중요한 역할을 함 |
| 데이터 리터러시 | • 데이터 리터러시 개념에 대한 이해 |
| 데이터를 통한 학습 | • 데이터를 통한 학습하는 과정에 대한 이해 |
| 데이터의 비판적 해석 | • 데이터에 대한 비판적 해석을 위한 능력 |

| 역량 | 정의 |
|---|---|
| 액션과 반응 | • 현실에서 구현 가능한 AI에 대한 이해 |
| 센서 | • 센서를 통한 인식 및 구별의 이해 |
| 윤리 | • AI와 관련된 주요 윤리 이슈에 대한 설명<br>• 사생활, 고용, 잘못된 정보, 특이점, 윤리적 의사결정, 다양성, 편견, 투명성, 책임 |

출처 : Duri Long, et al. (2021), 이유미·박윤수 (2021) 재가공

한편, 국내에서도 초·중·고등학교에서 이루어져야 하는 AI 교육 내용에 대하여 연구되고 있는데 변순용 등(2022)은 AI 교육 내용체계를 위해 <표 2.24>와 같이 5가지 영역을 선정한 바 있다.

〈표 2.24〉 한국과학창의재단의 인공지능 리터러시 요소



| 인공지능 리터러시 요소 | 정의 |
|---|---|
| AI의 이해 | AI를 소개하고 개념을 이해하는 영역 |
| AI와 데이터 | AI에서 다루는 데이터를 이해하고 경험해보는 영역 |
| AI 알고리즘 | AI의 원리와 기법을 쉽고 재밌게 다루는 영역 |
| AI의 적용 | 실생활의 문제를 AI 실습을 통해 해결해 보는 영역 |
| AI와 사회적 영향 | AI를 이해한 후에 다시 생각해보는 AI의 사회적 파장력에 대한 영역으로, AI의 윤리, 법 · 제도 등을 포함 |

출처 : 변순용 외 (2022)

또한, 부산시교육청(2019)에서는 <표 2.25>와 같이 인공지능 리터러시 요소를 정의하였다.

〈표 2.25〉 부산시 교육청의 인공지능 리터러시 요소

| 인공지능 리터러시 요소 | 정의 |
|---|---|
| AI 이해 및 활용 | AI 이해<br>– 머신 러닝, AI 시스템, 소프트웨어 활용, 사물인터넷과 네트워크, 정보관리, 코딩 등<br>AI 기반 교육<br>– 소프트웨어 활용, 사물인터넷과 네트워크, 정보관리 등 |
| 의식과 태도 | 생명 존중의식, 준법정신, 예절 |
| 사고 능력 | 비판적 사고력, 창의적 사고력, AI 컴퓨팅 사고력 등으로 AI 및 데이터의 관리, 활용, 구성을 위한 고차원적 사고력 |
| 실천적 역량 | 의사소통, 협업, 문제해결, 콘텐츠 창작 등으로서 실천적 문제해결과 실행 |

출처 : 변순용 외 (2022)

이유미 등(2021)은 인공지능 리터러시의 구체적인 역량에 대해 <표 2.26>과 같이 제안하였다.

〈표 2.26〉 인공지능 리터러시의 구체적 역량

| 역량 | 정의 |
|---|---|
| AI reading | AI가 활용되는 사회적 상징을 읽어낼 수 있는 능력 |
| AI를 위한 기초 수학 | AI의 원리 이해를 위한 기초 수학 이해 능력 |
| AI 활용 | AI를 활용한 다양한 분야로의 편입 및 적용 능력 |
| AI 윤리 및 AI 사회 이해 | AI가 만들어 내는 사회적 현상에 대한 비판적 사고능력 |

출처 : 이유미 외 (2021)

조미영 등(2022)은 선행 연구들에서 제시한 인공지능 리터러시 요소를 통해 필수 요소를 도출하고 유사한 요소를 함축하여 <표 2.27>과 같이 도출하였다.

〈표 2.27〉 인공지능 리터러시 요소 도출 및 내용 설명

| 역량 | 요소 | 내용 |
|---|---|---|
| 정보 활용 역량 | 컴퓨터 기기 사용 능력 | • 디지털 기기에 대한 사용 능력<br>• 소프트웨어와의 접목을 위한 활용 능력 |
| | 소프트웨어 사용 능력 | • 학습을 위한 프로그램 사용 능력<br>• 가치를 도출하기 위한 프로그램 구현 능력 |
| | 정보 검색, 분석 및 활용 능력 | • 원하는 정보를 도출하기 위한 정보 검색 능력<br>• 검색된 정보의 사실 여부를 구별하기 위한 데이터 분석 능력<br>• 분석된 데이터를 통해 새로운 가치를 도출하고 활용하는 능력 |
| AI 이해 역량 | AI의 원리 이해 능력 | • AI의 원리 이해<br>• AI의 적용 사례 및 활용 범위에 대한 이해 |
| | AI 기술 적용 능력 | • AI 기술을 활용한 인문, 사회, 예체능 등 다양한 분야로의 적용<br>• AI 기술을 실생활에서 적용하기 위한 능력 |
| AI 실행 역량 | 컴퓨팅 사고력 | • 소프트웨어로 표현하기 위한 사고력<br>• 새로운 형태의 창의적인 구현을 위한 필수 사고력 |
| | 알고리즘 기반 문제 해결 능력 | • 알고리즘 활용을 위한 다양한 알고리즘의 이해<br>• 문제 해결을 위해 활용되는 알고리즘 적용 능력 |
| | 의사소통 및 협업 능력 | • 타인과의 의사소통을 통한 업무 능력<br>• AI 기술을 활용한 협업 능력 |
| AI 윤리 역량 | 생명 존중 의식 | • AI와 관련된 시민 의식, 행동, 역할 등에 대한 이해<br>• AI 기술 적용에 따른 생명 윤리 의식 |
| | 디지털 준법정신 | • 올바른 준법정신에 기반을 둔 AI 기술 활용 능력<br>• 저작권, 데이터 수집 등에 적법한 의식 함양 |
| | AI 기반 사회적 현상에 대한 비판적 사고력 | • AI로 인해 발생하는 사회적 현상의 이해<br>• AI 기반 사회적 현상의 비판적 수용 능력 |

출처 : 조미영 외 (2022)

한편, 유정수 등(2022)은 인공지능 리터러시 교육의 구조를 (그림 2.16)과 같이 제안하였다.

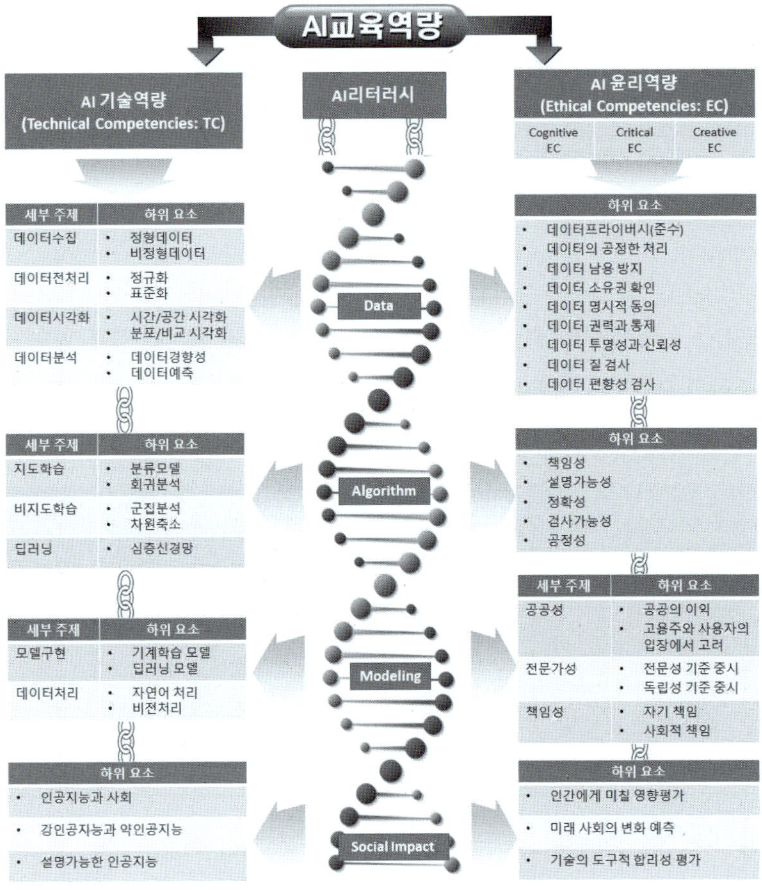


▲그림 2.16 인공지능 리터러시 교육 구조

출처 : 유정수 외 (2022)

(그림 2.16)의 구조를 기반으로 하여 AI 기술 역량을 특성에 따라 <표 2.28>과 같이 구분하여 정의하였다.

〈표 2.28〉 AI 기술 역량 구조

| 구분 | 의미 |
|---|---|
| 데이터 사용(Data) | 인공지능을 활용하여 일상생활과 직업활동에서 발생하는 문제를 해결하기 위한 정형 및 비정형 데이터의 적절한 사용을 의미한다. |
| 알고리즘 적용(Algorithm) | 인공지능을 활용하여 문제를 해결하기 위해 데이터를 입력하고 처리하여 결과를 얻어내는 과정을 의미한다. |
| 모델 활용(Model) | 데이터와 알고리즘을 기반으로 개발된 인공지능을 적절하게 문제 해결에 활용하는 것을 의미한다. |

출처 : 유정수 외 (2022)

또한, AI 윤리 역량도 특성에 따라 <표 2.29>와 같이 구분하여 정의하였다.

〈표 2.29〉 AI 윤리 역량 구조

| 구분 | 의미 |
|---|---|
| 인지적 윤리 역량<br>(Cognitive EC) | AI 또는 AI 교육과 관련된 직접적 혹은 간접적 문제를 인식할 수 있는 능력을 의미함. |
| 비판적 윤리 역량<br>(Critical EC) | AI 또는 AI 교육과 관련된 윤리적 문제를 생활과 관련하여 파악할 있는 능력을 의미함. |
| 창의적 윤리 역량<br>(Creative EC) | AI 또는 AI 교육과 관련된 윤리적 문제를 해결할 수 있는 능력을 의미함. |

출처 : 유정수 외 (2022)

임다미 등(2022)은 초·중등 인공지능 교육 교사, 학생, 교과의 핵심 역량을 <표 2.30>과 같이 정의하였다.

〈표 2.30〉 초 · 중등 인공지능 교육 교사, 학생, 교과 핵심 역량 정의

| 구분 | 핵심 역량 | 세부 역량 | |
|---|---|---|---|
| 인공지능<br>교육<br>교사 역량 | 인공지능<br>수업설계 역량 | • 교과연계 인공지능 융합<br>• 인공지능 기반 수업 분석<br>• 실생활의 문제해결과 프로젝트활동 기획 | • 실제적 학습 설계<br>• 데이터 기반 피드백 설계<br>• 수업 모델 기획<br>• 교육과정 이해 |
| 인공지능<br>교육<br>학생 역량 | 인공지능<br>학습기술 역량 | • 인공지능 리터러시<br>• 지식정보처리 | |
| | 인공지능<br>인지 역량 | • 개념, 원리 이해<br>• 비판적 사고 | • 논리적 사고<br>• 컴퓨팅 사고 |
| | 인공지능<br>비인지 역량 | • 의사소통<br>• 협업 | • 인내<br>• 공유 |
| | 인공지능<br>창의융합 역량 | • 융합적 문제해결<br>• 협력적 문제해결 | • 융합적 사고<br>• 창의적 사고 |
| | 인공지능<br>활용 역량 | • 인공지능 활용 자기주도적 학습<br>• 인공지능 활용 문제해결 | • 인공지능 활용 데이터 해석 |
| 인공지능<br>교과 역량 | 인공지능<br>소양 역량 | • 인공지능 리터러시<br>• 인공지능 가치 (윤리) | • 인공지능 사회적 영향력 |
| | 인공지능 활용 /<br>프로그래밍 역량 | • 인공지능 활용 프로그래밍(소프트웨어)<br>• 인공지능의 원리 및 방법<br>• 인공지능 개념 및 원리<br>• 인공지능 알고리즘 | • 인공지능 지식<br>• 데이터 분석<br>• 컴퓨팅 사고력<br>• 데이터 (처리)<br>• 프로그래밍 |
| | 인공지능<br>문제해결 역량 | • 수학적 사고와 문제해결<br>• 논리적 사고와 문제해결<br>• 창의적 사고와 문제해결 | • 융합적 사고와 문제해결<br>• 협력적 사고와 문제해결 |

출처 : 임다미 외 (2022)

이영주 등(2021)도 초·중등 학교 급별 인공지능 교육의 목표를 (그림 2.17)과 같이 설정한 바 있다.

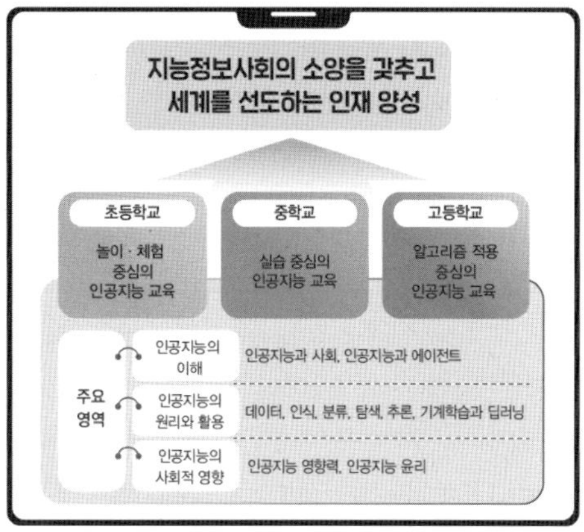


▲그림 2.17 초 · 중등 인공지능 교육

출처 : 이영주 외 (2021)

(그림 2.17)을 기반으로 하여 <표 2.31>과 같은 초·중등 인공지능 교육 내용 기준을 제시하였다.

〈표 2.31〉 초 · 중등 인공지능 교육 내용 기준

| 영역 | 세부 영역 | 내용 요소 | | | | |
|---|---|---|---|---|---|---|
| | | 초등학교 1~4학년 | 초등학교 5~6학년 | 중학교 | 고등학교 기초 (인공지능 기초 과목) | 고등학교 심화 |
| 인공 지능의 이해 | 인공지능과 사회 | • 인공지능과의 첫 만남 | • 인공지능의 다양한 활용<br>• 약인공지능과 강인공지능 | • 인공지능 발전 과정<br>• 튜링 테스트 | • 인공지능의 개념과 특성<br>• 인공지능 기술의 발전과 사회변화 | • 인공지능 기술의 적용 분야<br>• 인공지능 융 · 복합 |
| | 인공지능과 에이전트 | | | | • 지능 에이전트의 개념과 역할 | • 지능 에이전트 분석 |
| 인공 지능 원리와 활용 | 데이터 | • 여러 가지 데이터<br>• 수치 데이터 시각화 | • 데이터의 중요성<br>• 문제 데이터 시각화<br>• 데이터 경향성 | • 데이터 수집<br>• 데이터 전처리<br>• 데이터 예측 | • 데이터의 속성<br>• 정형 데이터와 비정형 데이터 | • 데이터 속성 분석<br>• 빅데이터 |
| | 인식 | • 컴퓨터와 사람의 인식 | • 컴퓨터의 인식 방법 | • 사물 인식 | • 센서와 인식<br>• 컴퓨터 비전<br>• 음성 인식과 언어 이해 | • 컴퓨터 비전 응용<br>• 음성 인식 응용<br>• 자연어 처리 |
| | 분류, 탐색, 추론 | • 특징에 따라 분류하기 | • 인공지능 분류 방법<br>• 지식 그래프 | • 인공지능 탐색 방법<br>• 규칙 기반 추론 | • 문제 해결과 탐색<br>• 표현과 추론 | • 휴리스틱 탐색<br>• 논리적 추론 |
| | 머신러닝과 딥러닝 | • 인공지능 학습 놀이 활동 | • 머신러닝 원리 체험 | • 지도학습<br>• 비지도학습 | • 머신러닝의 개념과 활용<br>• 딥러닝의 개념과 활용<br>• 분류 모델<br>• 머신러닝 모델 구현 | • 머신러닝<br>• 강화학습 원리<br>• 퍼셉트론과 신경망<br>• 심층 신경망 |
| 인공 지능의 사회적 영향 | 인공지능 영향력 | • 우리에게 도움을 주는 인공지능 | • 인공지능과 함께하는 삶 | • 인공지능과 나의 직업 | • 사회적 문제 해결<br>• 데이터 편향성 | • 인공지능과의 공존<br>• 알고리즘 편향성 |
| | 인공지능 윤리 | | • 인공지능의 올바른 사용 | • 인공지능 오남용 예방 | • 윤리적 딜레마<br>• 사회적 책임과 공정성 | • 인공지능 개발자 윤리<br>• 인공지능 도입자 윤리 |

출처 : 이영주 외 (2021)

## 요약

리터러시는 글을 읽고 쓸 줄 아는 능력으로 정의되었으나 디지털 사회의 커뮤니케이션 과정에서 발생하는 상황과 맥락을 이해하고 대처할 수 있는 개인의 역량으로까지 확대되어 이해되고 있으며, 민주 시민의 필수 덕목으로 인식되고 있다.

디지털 리러러시는 컴퓨터를 통해 제공되는 광범위한 정보원의 다양한 형식의 정보를 이해하고 사용할 수 있는 능력으로 시작하여 디지털 세상을 살아가는 사람들에게 새롭게 대두되는 윤리, 규범, 문화 등의 문제에 대비하기 위한 차원에서 그 개념이 역량의 관점으로 확대되고 있는 추세이다. 이에 따라 EU 및 UNESCO를 비롯하여 각국에서는 디지털 리터러시의 프레임워크와 세부 역량을 설정하고 교육에 힘쓰고 있다.

데이터 리터러시는 데이터에 기반하여 정보를 추출하고, 데이터에 대한 질문을 생성하거나 실생활의 다양한 문제를 해결하기 위해서 데이터를 활용하며, 적절한 도구를 활용하여 데이터를 구성하고, 결론을 도출하는 일련의 과정을 의미하며, 상호 의사소통 과정에서 데이터를 사용하는 것까지도 포괄한다. 또한, 인문사회과학 및 과학 영역의 데이터 리터러시를 함께 생각해 볼 수 있으며, 머신러닝 등을 활용한 문제 해결에는 대단히 중요한 요소가 되었다. 이에 각국에서는 데이터 리터러시 교육을 위한 프레임워크와 세부 역량을 설정하여 교육에 나서고 있다.

Wing은 컴퓨팅 사고를 "해결책이 정보 처리 에이전트에 의해 수행될 수 있는 형식으로 표현되도록 문제와 해결 방법을 형식화하는 데 필요한 사고"라고 정의하였으며, 많은 학자들이 컴퓨팅 사고의 개념을 확립하고자 하였다. 특히, 일단의 학자들은 컴퓨팅 사고를 컴퓨터 과학자처럼 생각하는 것과 관련된 사고 과정을 추출하고 컴퓨터 과학자가 문제에 접근하는 방식에 대한 보다 일반화된 이해를 제공하는 개념으로 설명하며, 어떤 학자들은 컴퓨팅 사고를 문제 해결을 위한 접근 방식으로 간주하기도 한다. 결국, 컴퓨팅 사고력은 컴퓨팅 시스템의 역량을 활용하여 해결하고자 하는 문제를 효과적이고 효율적으로 해결할 수 있는 절차적 사고 능력으로 볼 수 있으며 이는 디지털 사회를 살아가는 사람들에게 반드시 필요한 문제 해결 능력이라고 할 수 있다. 이에 여러 나라에서 컴퓨팅 사고 능력 배양을 정보 교육의 목표로 설정하고 교육을 시행하고 있다.

UNESCO의 포럼에서는 AI의 영향이 무엇인지, AI가 무엇을 할 수 있고 무엇을 할 수 없는지, 언제 AI가 유용하고 언제 사용에 대해 의문을 제기해야하는지, AI가 공익을 위해 어떻게 조정될 수 있는지 이해하는 것을 인공지능 리터러시라고 한 바 있다. 이에 많은 학자들이 인공지능 리터러시의 개념과 교육 내용에 대하여 연구하고 있다. 인공지능 교육은 인공지능 원리 교육, 인공지능 활용 교육 및 인공지능 융합 교육을 모두 포괄하고 있으며 기술 역량과 더불어 윤리 역량에 대한 교육도 포함하고 있다.

## 객관식 문제

**1.** **디지털 리터러시에 대한 설명으로 옳지 않은 것은?**

① 디지털 데이터를 효과적으로 사용하는 능력 이상을 포함하며 특별한 종류의 사고 또는 사고방식

② 디지털 미디어를 사용할 때나, 디지털 시민으로 살아가는데 필요한 보안, 윤리, 안전, 정보 확인과 관련하여 바람직한 선택을 할 수 있는 능력

③ 20세기 이전에 작성된 서책 형태의 글을 읽고 쓸 줄 아는 능력으로 그림, 음악 등에 대한 감상 능력도 포함

④ 디지털 매체와 테크놀로지를 효율적으로 사용할 수 있는 기술, 지식, 비판적 사고력과 함께 문제 해결, 커뮤니케이션, 그리고 지식을 창출할 수 있는 능력

**2.** **데이터 리터러시의 세부 역량으로 옳은 것은?**

① 프로그래밍 능력

② 데이터 시각화 능력

③ 컴퓨팅 사고력

④ 센서를 통한 인식 능력

**3.** **컴퓨팅 사고력에 대한 설명으로 옳지 않은 것은?**

① 컴퓨터를 통해 실행되므로 사람의 사고 과정과는 관련이 없다.

② 문제를 추상화하고 자동화 가능한 해결책을 생성하는 정신적 과정이다.

③ 추상화와 자동화는 컴퓨팅 사고의 대표적인 활동 중의 하나이다.

④ 컴퓨팅을 사용하여 문제를 해결하는 방법을 이해하고, 효과적으로 탐구할 수 있는 새로운 질문을 만들고 발견하는 방법을 가르치는 것이다.

**4.** **인공지능 교육에 포함되지 않는 것은?**

① 인공지능 융합 교육

② 인공지능 활용 교육

③ 인공지능 원리 교육

④ 인공지능 배제 교육

## 주관식 문제

1. 3Rs(Reading, Writing, Arithmetic) 중심의 리터러시가 디지털 리터러시로 변화하게 된 이유에 대해 설명하시오.



2. 자신의 전공 및 심화 과정에 필요한 데이터 리터러시 역량을 2가지 이상 열거하고, 이유에 대해 설명하시오.

3. 컴퓨팅 사고력의 추상화 및 분해에 대해 설명하고, 이를 활용하여 실생활의 문제를 해결하는 예를 보이시오.

4. 트롤리 딜레마가 무엇인지 찾아보고 해결 방안에 대한 자신의 견해를 보이시오.

## 참고문헌


- 계보경·김혜숙·차현진·김현진·한나라·문범섭 (2022). 수행형 기반 디지털 리터러시 평가도구 개발 연구. 한국교육학술정보원.
- 김수환·김주훈·김해영·이운지·박일준·김묘은·이은환·계보경 (2017). 디지털 리터러시의 교육과정 적용 방안 연구. 한국교육학술정보원.
- 김슬기·김태영 (2021). 초·중등 AI 교육을 위한 데이터 리터러시 정의 및 구성 요소 연구. 정보교육학회논문지, 25(5).
- 김자미·김수환·김재현·김태영·김한일·박선주·안성훈·전성균·전용주·강신옥·노경보·박다솜·서성원·안득하·안상진·이정서·정웅열·정종광·최정원 (2022). 2022 개정 정보과 교육과정 시안(최종안) 개발 연구. 교육부·한국과학창의재단.
- 김진숙·김묘은·박일준·배현순·이지은·임동신·임지영·홍선주 (2023). 교육과정 연계 디지털 리터러시 교육 가이드라인 개발 연구. 한국교육학술정보원.
- 김혜영 (2020). 21세기 핵심 역량 강화를 위한 대학기초교육으로서의 데이터 리터러시(Data Literacy) 분석. 교양교육연구. p147-159.
- 노은희·신호재·이재진·정현선 (2018). 교과 교육에서의 디지털 리터러시 교육 실태 분석 및 개선 방안 연구. 한국교육과정평가원.
- 박일수 (2020). "사회적 위기와 데이터 리터러시 교육-보건의료정보 분야를 중심으로" 2020년 춘계전국학술대회 자료집, 한국교양교육학회, 184-191.
- 박종구 (2013). 뉴미디어 채택 이론. 서울: 커뮤니케이션북스.
- 배화순 (2019). 데이터 리터러시의 사회과 교육적 함의. 시민교육연구, 51(1), pp.95-120.
- 변순용·유정수·최숙영·김홍기·김봉제·신승기 (2022). 미래 세대 AI 함양을 위한 교원의 AI교육 역량 강화 방안 연구. 한국과학창의재단.
- 부산시교육청 (2019). 인공지능 기반 교육 가이드북.
- 성지현 (2023). 인공지능을 활용한 문제기반학습과 인공지능 리터러시 향상 – 중학생의 코딩 수준 차이를 바탕으로. 서울대학교 대학원 석사학위논문.
- 소프트웨어 정책연구소 (2020). 인공지능 최신 동향과 시사점. AIB-017.
- 안영재 (2024). Data Literacy(데이터 리터러시) 역량의 필요성. 한국방송통신전파진흥원, [https://www.kca.kr/hot_clips/vol88/sub01.html 2024. 3. 31에 접근]
- 유정수·최숙영·김홍기·김봉제·신승기 (2022). 미래 세대 AI 함양을 위한 교원의 AI 교육 역량

강화 방안 연구. 한국과학창의재단.

• 윤선호 (2022). 초등 AI 리터러시 평가 도구 개발. 청주교육대학교 석사학위논문.

• 이영주·백현규·정우성·조성만·강신옥·이현주·김원일 (2021). 학교에서 만나는 인공지능 수업. 교육부·한국과학창의재단.

• 이영준·백성혜·신재홍·유헌창·정인기·안상진·최정원·전성균 (2014). 초중등 단계 Computational Thinking 도입을 위한 기초연구. 한국과학창의재단.

• 이운지·김수환·이은환 (2019). 디지털 리터러시 교육과정 프레임워크 개발 연구. 교육연구논총, 40(3), 201-222.

• 이유미·박윤수 (2021). AI 리터러시 개념 설정과 교양교육 설계를 위한 연구. 어문론집, 85, 451-474.

• 이정미 (2019). 데이터 리터러시 개념에 대한 재접근 및 도서관 정보서비스에의 적용. 한국문헌정보학회지 53(1), 한국문헌정보학회, 159-179.

• 이철현·전종호 (2022). 4차 산업혁명 시대의 디지털 역량 탐구. 학습자중심교과교육연구, 20(14), 311-338.

• 임다미·강신천·이은상 (2022). 초·중등 인공지능(AI)교육 학교 적용 방안 연구 연구보고서(SW·AI). 한국과학창의재단.

• 정광호 (2008). 정책 리터러시(police literacy) 함수 분석: 시민활동변인을 중심으로. 행정논총, 46(4), 73-104.

• 조미영·한옥영 (2022). 컴퓨터 비전공자의 AI 교육 과정 연구. 교양교육연구, 16(3), 209-222.

• 한상우 (2017). 인문학 기반 데이터 리터러시 모형 설계에 관한 연구. 한국정보관리학회 학술대회 논문집, 45-71.

• 한상우 (2018). 인문학 기반 데이터 리터러시 개념에 대한 연구. 정보관리학회지, 35(4), 223-236.

• 한정선·오정숙·임현정·전주성 (2006). 지식 정보 역량 개발 지원을 위한 디지털 리터러시 지수 개발 연구. 한국교육학술정보원.

• Andrew Csizmadia, Paul Curzon, Mark Dorling, Simon Humphreys, Thomas Ng, Cynthia Selby, John Woollard (2015). Computational thinking - A guide for teachers. Computing At School.

• Angevine, C., Cator, K., Roschelle, J., Thomas, S. A., Waite, C., & Weisgrau, J. (2017). Computational thinking for a computational world [White paper]. Digital Promise Global. https://digitalpromise.org/wp-con\-tent/uploads/2017/12/dp-comp-thinking-v1r5.pdf

- Annika Wolff, Daniel Gooch, Jose J. Cavero Montaner, Umar Rashid, Gerd Kortuem (2016). Creating an Understanding of Data Literacy for a Data-driven Society. The Journal of Commu nity Informatics, 12(3), 9-26.
- Athanases, S. Z., Bennett, L. H., & Wahleithner, J. M. (2013). Fostering Data Literacy Throug h Preservice Teacher Inquiry in English Language Arts. The Teacher Educator, 48(1), 8-28.
- BBC (2024). Introduction to computational thinking – What is computational thinking?. [Avail able at: https://www.bbc.co.uk/bitesize/guides/zp92mp3/revision/1 Accessed 24 January 2024]
- Bloom, B. S. (1956). Taxonomy of educational objectives (Vol. 1, pp. 20–24). New York: McK ay: Cognitive domain.
- Carlson, Jake R., Michael Fosmire, Chris Miller, & Megan R. Sapp Nelson (2011). Determinin g Data Information Literacy Needs: A Study of Students and Research Faculty, Libraries Facult y and Staff Scholarship and Research. Paper 23. http://docs.lib.purdue.edu/lib_fsdocs/23
- Carlson, J., & Johnston, L. R. (2015). Data information literacy: Librarians, data, and the educ ation of a new generations of researchers. West Lafayette, Indiana: Purdue University Press.
- CSTA & ISTE (2011). Computational Thinking in K-12 Education – teacher resources 2nd ed ition.
- Davy Tsz Kit Ng, Jac Ka Lok Leung, Samuel Kai Wah Chu, Maggie Shen Qiao (2021). Concep tualizing AI literacy: An exploratory review. Computers and Education: Artificial Intelligence 2, 1-11.
- Deahl, E. (2014). Better the Data You Know: Developing Youth Data Literacy in Schools and Informal Learning Environments. M.S. Thesis, Massachusetts Institute of Technology.
- Duri Long, Brian Magerko (2020). What is AI Literacy? Competencies and Design Considerati ons. CHI '20: Proceedings of the 2020 CHI Conference on Human Factors in Computing Syst ems, 1-16.
- Gilster, P. (1997). Digital Literacy. New York: Wiley Computer Pub.
- Gouws, L., Bradshaw, K., Wentworth, P. (2013, October). First year student performance in a test for compu\-tational thinking. In Proceedings of the South African Institute for Computer S cientists and Information Technologists Conference (pp. 271–277). ACM.
- Gretter, S., Yadav, A. (2016). Computational thinking and media & information literacy: An in tegrated approach to teaching twenty-first century skills. TechTrends, 60(5), 510–516.
- Grover, S., Pea, R. (2013). Computational thinking in K–12: A review of the state of the field.

Educational Researcher, 42(1), 38-43.

- Herzog, D. (2016). Data literacy: A user's guide. Los Angeles: SAGE.
- Huitt, W. (2011). Bloom et al.'s taxonomy of the cognitive domain (Vol. 22). Educational psychology interactive.
- JISC (2022). Building Digital Capabilities Framework – The Six Elements Defined. JISC.
- Kelly Mills, Merijke Coenraad, Pati Ruiz, Quinn Burke, and Josh Weisgrau (2021). Computational Thinking for an Inclusive World: A Resource for Educators to Learn and Lead. Digital Promise.
- Koltay, T. (2015). Data literacy: In search of a name and identity. Journal of Documentation, 71(2), 401-415. http://dx.doi.org/10.1108/JD-02-2014-0026
- Koltay, T. (2017). Data literacy for researchers and data librarians. Journal of Librarianship and Information Science, 49(1), 3-14. https://doi.org/10.1177/0961000615616450
- Lisa Floyd, Derek Tangredi (2018). Computational Thinking Framework 2018. Let's Talk Science.
- Mandinach, E. B., & Gummer, E. S. (2013). A systemic view of implementing data literacy in educator preparation. Educational Researcher, 42(1), 30-37.
- McNicholl, R. (2018). Computational thinking using code.org. Hello World, 4, 37.
- Miao, F., Holmes, W., Huang, R. and Zhang, H. (2021). AI and Education Guidance for Policy-makers. Paris, UNESCO. [Available at: https://unesdoc.unesco.org/ark:/48223/pf0000376709 Accessed 18 November 2021]
- Montoya, Silvia (2018). Defining literacy, UNESCO Institute for Statistics, http://gaml.uis.unesco.org/wp-content/uploads/sites/2/2018/12/4.6.1_07_4.6-defining-literacy.pdf
- Perry Williams et al. (2021). Essential Elements of Comprehensive Data Literacy. ncsi.
- Roscoe, J. F., Fearn, S., & Posey, E. (2014, October). Teaching computational thinking by playing games and building robots. In 2014 International Conference on Interactive Technologies and Games (pp. 9-12). IEEE.
- Qin, J., & D'lgnazio, J. (2010). The central role of metadata in a science data literacy course. Journal of Library Metadata, 10(2-3), 188-204. DOI: 10.1080/19386389.2010.506379
- Qualls, J. A., Grant, M. M., Sherrell, L. B. (2011). CS1 students' understanding of computational thinking concepts. Journal of Computing Sciences in Colleges, 26(5), 62-71.

- Ridsdale, Chantel, James Rothwell, Mike Smit, Hossam Ali-Hassan, Michael Bliemel, Dean Irv ine, Daniel Kelley, Stan Matwin, & Brad Wuetherick (2015a). Strategies and Best Practices for Data Literacy Education Knowledge Synthesis Report, Technical Report, Dalhousie Universit y, DOI: 10.13140/RG.2.1.1922.5044 https://www.researchgate.net/publication/284029915_ Strategies_and_Best_Practices_for_Data_Literacy_Education_Knowledge_Synthesis_Report
- Ridsdale, C., Rothwell, J., Smit, M., Ali-Hassan, H., Bliemel, M., Irvine, D., ... & Wuetherick, B. (2015b). Strategies and best practices for data literacy education. Dalhousie university.
- Riina Vuorikari, Stefano Kluzer, Yves Punie (2022). DigComp 2.2 The Digital Competence Fr amework for Citizens – With new examples of knowledge, skills and attitudes. Joint Research C entre.
- Schield, Milo (2004). Information Literacy, Statistical Literacy and Data Literacy, the Internati onal Association for Social Science Information Services and Technology: IASSIST Quarterly, Summer/Fall, https://iassistquarterly.com/public/pdfs/iqvol282_3shields.pdf
- Sibel Kılıçrslan Cansu, Fatih Kürşat Cansu (2019). An Overview of Computational Thinking. International Journal of Computer Science Education in Schools, 3(1), 1-11.
- Soleimani, A., Green, K. E., Herro, D., Walker, I. D. (2016, June). A Tangible, Story-Construc tion Process Employing Spatial, Computational-Thinking. In Proceedings of the The 15th Inte rnational Conference on Interaction Design and Children (pp. 157–166). ACM.
- Stephenson, E., & Caravello, P. S. (2007). Incorporating data literacy into undergraduate infor mation literacy programs in the social sciences: A pilot project. Reference Service Review, 35(4), 525-540. http://dx.doi.org/10.1108/00907320710838354
- Swan, K., Vahey, P. J., Rafanan, K., & Stanford, T. (2009). Challenges to Cross-Disciplinary C urricula: Data Literacy and Divergent Disciplinary Perspectives. TWD AERA paper draft. Retri ved from https://www.sri.com/sites/default/files/publications/aera_2009_twd.pdf
- Tauno PALTS, Margus PEDASTE (2020). A Model for Developing Computational Thinking Skills. Informatics in Education, 2020, Vol. 19, No. 1, 113–128.
- UNESCO (2018). A Global Framework of Reference on Digital Literacy Skills for Indicator 4. 4.2. UNESCO Institue for Statistics, Information Paper No. 51.
- UNESCO (2022). K-12 AI Curricula – A mapping of government-endorsed AI curricula
- Vahey, P., Yarnall, L., Patton, C., Zalles, D., & Swan, K. (2006). Mathematizing middle schoo l: Results from a cross-disciplinary study of data literacy. In Annual Meeting of the American E

ducational Research Association, San Francisco, CA.

- Wing, J. M. (2006). Computational Thinking. Communications of the ACM, 49(3), 33-35.

CHAPTER

# 3

# (디지털) 정보윤리 속의 인공지능윤리와 로봇윤리

### 단원목표

- (디지털) 정보윤리 개념을 비교 · 이해할 수 있다.
- 인공지능윤리 개념을 이해하고, 교육 사례를 알아본다.
- 로봇윤리의 개념을 이해하고, 교육 사례를 알아본다.

---

### 단원목차

디지털 기술의 발전으로 인해 우리 사회의 많은 부분이 디지털화되고 있으며, 다양한 디지털 권리가 침해되는 윤리 문제들이 발생하고 있습니다. 이에 따라 전 세계는 디지털 사회에서 인간의 기본권을 보호하기 위한 규범의 필요성이 높아져가자, 다음 그림 3.1과 같이 다양한 디지털 규범을 논의하고 있다.

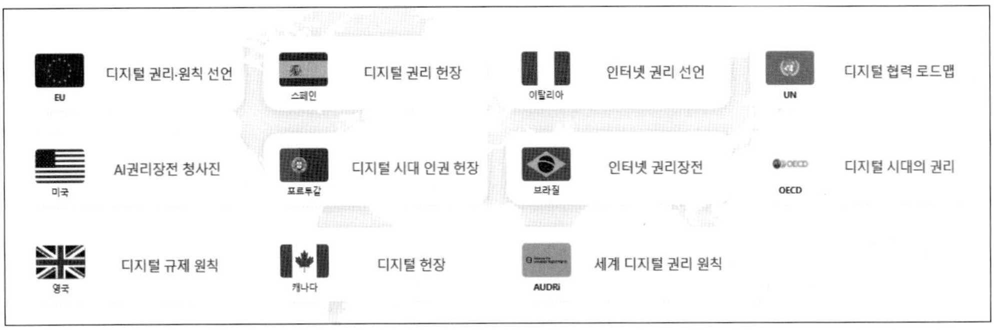


▲ **그림 3.1** 글로벌 디지털 규범 논의 동향

출처 : 이영주 외 (2021)



우리나라의 인공지능과 로봇기술의 세계 경쟁력은 최상위권이다. MIT Technology Review(2023)에 의하면 세계 인공지능 국가경쟁력 순위에서 미국, 중국, 영국, 캐나다에 이어 5위를 차지했고, ICT 기술수준조사 보고서(정보통신기획평가원, 2022)에 따르면, 인공지능 기술 수준은 미국 다음으로 세계 2위 수준으로 평가되었다. 또한 국제로봇연맹(IFR)에 따르면 2022년 세계 로봇밀도(인구 1만명당 로봇 수) 순위에서 우리나라는 932대로 세계 1위를 차지했다.

이에 우리 정부도 디지털 공동번영사회의 가치와 원칙에 관한 헌장인 '디지털 권리장전'을 제정하기 위한 논의를 이어가고 있다. 또한 인공지능 기술로 인하여 발생되는 윤리적 문제에 대하여 예방과 사회적 공감대를 형성하기 위한 인공지능윤리교육도 중요하게 대두되고 있다. 뿐만 아니라 초중고 교육현장에는 2025년부터 '인공지능 디지털 교과서'를 도입을 예정하고 있으므로, 국가적 디지털 정보윤리교육이 매우 중요하게 되었다.

Han (2022)와 한정혜(2023)는 컴퓨터윤리, 인터넷윤리, 사이버윤리, 정보윤리, 인공지능윤리, 로봇윤리 등의 용어, 개념 및 영역간 경계의 모호성을 없애기 위하여 정보윤리 프레임워크 기반 교육을 주장하였다. 이에 이 장에서는 (디지털)정보윤리 프레임워크를 기반을 먼저 살펴보고, 인공지능윤리교육과 로봇윤리교육을 다루고자 한다.

SECTION

# 3.1 (디지털) 정보윤리 프레임워크

정보윤리와 함께 쓰이는 용어들로 정보통신윤리, 컴퓨터윤리, 인터넷윤리, 사이버윤리, 인공지능윤리, 로봇윤리 등이 있다. 이 용어들은 어떤 개념이며 상호 간 어떤 차이가 있을지 알아보도록 하자.

구글 엔그램뷰어를 통하여 1970년~2019년까지 전 세계의 서적에 나온 각 용어의 빈도는 그림 3.2와 같이, 컴퓨터윤리는 점차 줄어들고 정보윤리가 가장 많이 책에 사용되고 있으며, 로봇 윤리 뒤를 잇고 있는 인공지능 윤리가 2014년부터 급격하게 증가하고 있다.

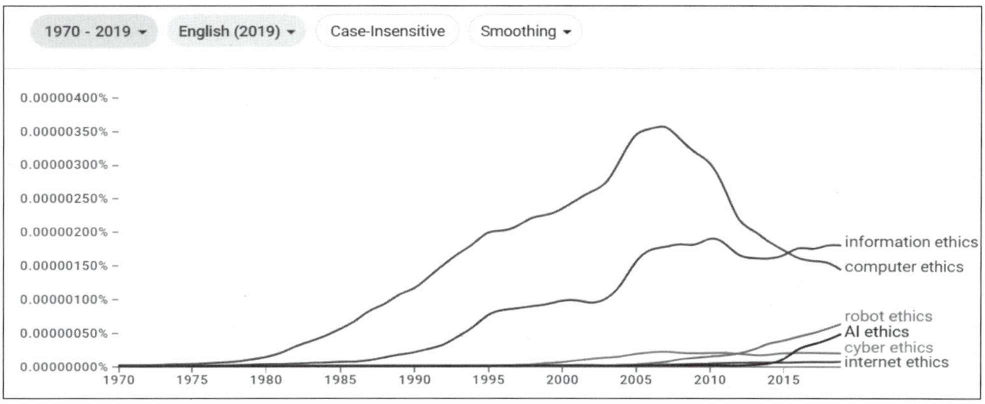


▲그림 3.2 세계 서적의 {정보,컴퓨터,인터넷,사이버,AI}윤리 용어 빈도 (한정혜,2023)

전 세계의 서적에서 컴퓨터 윤리용어는 2015년을 기점으로 정보윤리에 추월당했으며, 인터넷 윤리는 거의 사용되지 않고 있다. 따라서 세계적으로 정보윤리는 관련 용어들 중에 가장 빈번히 사용되는 용어가 되었고, 다른 용어들을 아우르는 개념으로 사용되고 있는 것으로 추정된다. 엔그램뷰어가 2019년까지의 결과인데, 2022년 11월 ChatGPT 3.5의 등장으로 인공지능윤리와 로봇윤리가 상당히 주목을 받고 있기 때문에 정보윤리에 상당만큼 따라왔을 것으로 추정은 하는데 아직은 정확한 데이터가 없다.

우리나라의 경우 2007, 2009 그리고 2015 개정 교육과정까지 초등 도덕 교과서의 정보윤리 단원의 학습활동 주제어는 컴퓨터윤리, 인터넷 윤리, 정보통신윤리, 사이버 윤리로 구성되었다. 주로 다루는 내용도 게임이나 SNS 중독, 사이버 왕따 등 네티켓이 많았다(남미주 외 3인, 2021). 그러나 2015 개정 교육과정부터는 (디지털) 정보사회에서 필요한 규범체계라고 정의할 수 있는 정보윤리가 많이 사용되고 있으며, 2022 교육과정 개정에 따라 인공지능융합교육의 요소로서 인공지능윤리가 포함되면서 정보윤리보다는 인공지능윤리만 강조하고 있는 상황이다. 이와 같이 컴퓨터윤리, 정보윤리, 인터넷윤리, 사이버윤리에 이어 인공지능윤리, 로봇윤리까지 등장하자, Han (2022)는 이러한 용어, 개념 및 영역 간 경계의 모호성으로 인해 교사와 학생이 혼동할 수 있고 이는 정보기술 관련 윤리 교육의 효율성을 감소시킬 수 있다고 주장하였다.

따라서 이 장에서는 정보윤리와 함께 쓰이는 용어들로 정보(통신)윤리, 컴퓨터윤리, 인터넷윤리, 사이버윤리, 인공지능윤리, 로봇윤리 등에 대해서, 용어들은 어떤 개념을 가지고 있으며 상호 간 어떤 관계를 가지고 있는지 알아보도록 하자.



교사, 학생과 같은 일반인들의 생활 속에서 활용 할 수 있는 개념을 위해서 인간-컴퓨터 상호작용(Human Computer Interaction)을 정보 플랫폼을 기준으로 나누는 것을 생각해보자.

(a)의 예로 아래한글, 은행 앱과 같은 전통적인 프로그램을 사용하는 경우
(b)의 예로 줌, 카카오톡, 메타버스와 같은 사이버 공간에서 소통하는 경우
(c)의 예로 ChatGPT, 인공지능 스피커, 게임 속 소프트봇 등을 사용하는 경우
(d)의 예로 테슬라의 휴머노이드 옵티머스, 자율주행차를 사용하는 경우

위의 4가지(전통 프로그램, 사이버공간, 소프트봇, 인공지능 로봇) 플랫폼별 상호작용을 다음 그림 3.3과 같이 구분할 수 있다. 이때 로봇은 현실공간에서 상호작용하므로 회색으로 구분되었다.

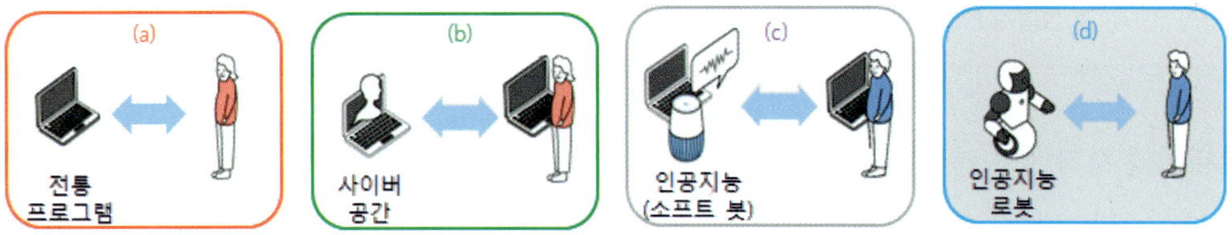


▲ **그림 3.3** 인간과 컴퓨터 상호작용의 4가지 플랫폼 (Han, 2022)

위의 4가지 종류의 인간과 컴퓨터가 상호작용을 할 경우 발생할 수 있는 윤리적 문제나 침해 사건 사례를 고려해보자.

(a)의 침해 예로 은행 앱을 해킹하여 은행거래 정보를 빼내는 경우
(b)의 침해 예로는 카카오톡에서 상대 명예훼손이나 욕설을 하는 경우
(c)의 침해 예로 ChatGPT가 사실무근인 환각성 답변을 하는 경우
(d)의 침해 예로 테슬라의 자율주행차가 신호를 위반하는 경우

위와 같이 플랫폼별로 구분한 각 경우의 윤리적 규범체계를 다음 그림 3.4와 같이 컴퓨터(인터넷)윤리, 사이버 윤리, 인공지능윤리로 분류할 수 있다.

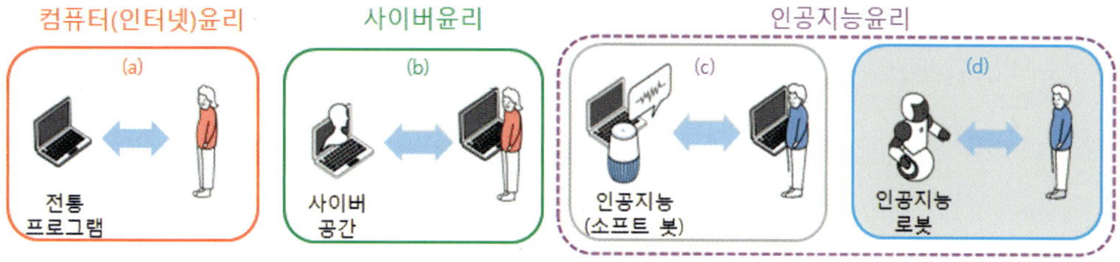


▲ 그림 3.4 컴퓨터(인터넷)윤리, 사이버윤리, 인공지능윤리 영역(Han, 2022)

이때 컴퓨터윤리와 인터넷윤리를 컴퓨터(인터넷)윤리로 동일하게 취급한 이유는 현재 대부분의 프로그램은 인터넷과 분리될 수 없기 때문이다(Onyancha, 2015). 또한 인공지능윤리에는 (d) 인공지능이 탑재되어 현실공간에서 작동하는 로봇뿐만 아니라 (c)의 인공지능 소프트봇(에이전트)을 모두 포함하였다. 물리적 환경은 회색배경으로 구분하였다.

그런데 로봇은 인공지능 로봇뿐만 아니라, 산업용 로봇이나 일반적인 자동기계도 있다. 따라서 다음 그림 3.5의 (d) 현실공간에서 이루어지는 인공지능 로봇뿐만 아니라 (e) 산업로봇 등과의 상호작용 영역도 로봇윤리에 해당된다고 할 수 있다.

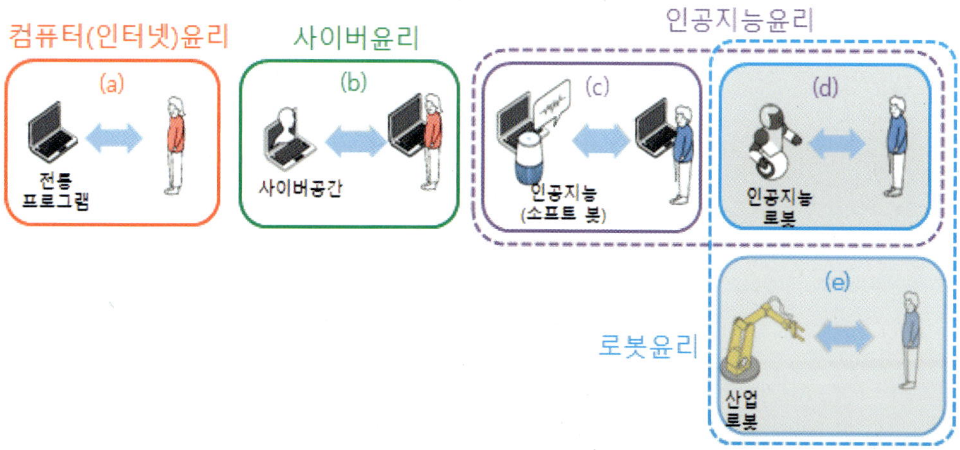


▲ 그림 3.5 컴퓨터윤리, 사이버윤리, 인공지능윤리, 로봇윤리 영역(한정혜,2023)

그런데 대부분의 앱이나 로봇은 그림 3.5의 플랫폼 영역들은 중첩되는 관계를 가질 수 있기 때문에, 이를 고려한 정보윤리 프레임워크는 다음 그림 3.6과 같다.

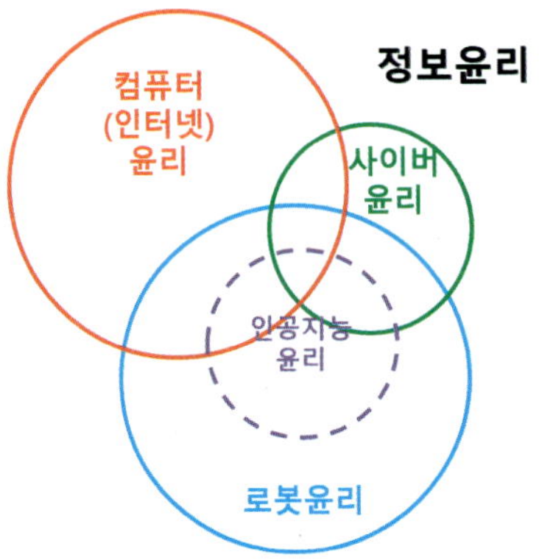


▲ **그림 3.6** 정보윤리 프레임워크 (Han, 2022)

즉 컴퓨터(인터넷)윤리, 사이버윤리, 로봇윤리의 관계는 서로 겹칠 수 있는 개념으로 표기할 수 있으며, 인공지능윤리는 정보윤리 프레임워크의 가장 핵심으로 중앙의 보라색 점선 영역에 해당하는 규범이라고 할수 있다. 이때 로봇의 개념에서는 ChatGPT와 같은 소프트(에이전트)봇도 포함되었다.

따라서 이 정보윤리 프레임워크를 기반으로 컴퓨터윤리, 인터넷윤리, 사이버 윤리, 인공지능윤리, 로봇윤리를 구분하여 이해할 수 있을 것이다. 인공지능윤리는 이러한 개념적 위치 때문에 다른 컴퓨터(인터넷)윤리, 사이버윤리, 로봇윤리 등과 가치와 원칙들이 겹치는 부분이 많다고 할 수 있다.

SECTION

# 3.2 인공지능윤리교육의 실제

## 1. 인공지능윤리

2022 개정 교육과정에서는 SW·AI 시수가 확대되고 인공지능윤리교육도 포함되어 중요성이 강조되고 있다. 그러나 다음 그림과 같이 2007 개정, 2009 개정, 2015개정 교육과정에서의 정보윤리 관련 주제어는 주로 컴퓨터윤리, 인터넷윤리, 사이버윤리에 치중하고 있었다(남미주 외, 2021).

▲ **그림 3.7** 초등 도덕 교과서의 정보윤리단원 학습활동의 주제어 변화 (남미주 외, 2021)

앞 절에서 다룬 정보윤리 프레임워크를 기반으로, 인공지능윤리를 조금 구체적으로 살펴보면 다음 그림 3.8의 중앙에 있는 보라색 점선과 같다. 소프트웨어 측면에서의 인공지능 윤리는 컴퓨터(인터넷)공간과 사이버 공간에 한정되므로, 빗금영역(왼쪽)과 점선영역(오른쪽)에 해당한다고 할 수 있다.

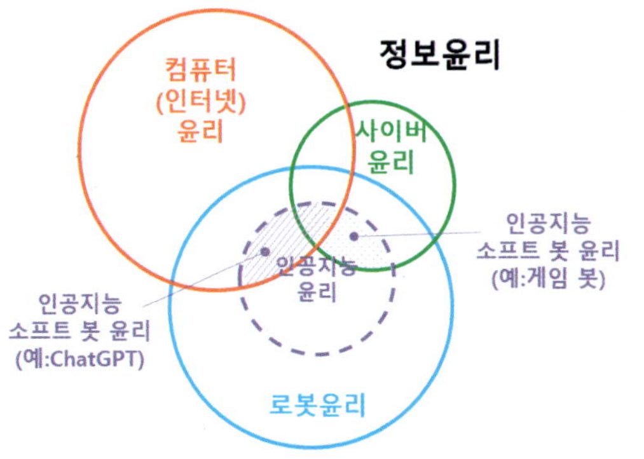


▲그림 3.8 소프트웨어로서의 인공지능윤리 (한정혜, 2023)

즉, 소프트봇과 관련된 인공지능윤리는 보라색 점선 영역 중 컴퓨터공간(빗금영역)과 사이버공간(산점영역)에서 지켜야할 규범이라고 할 수 있다. 보라색 점선의 왼쪽 상단의 빗금영역은 컴퓨터 공간에 설치된 ChatGPT와 같이 일대일로 인공지능 소프트봇(에이전트)과 상호작용하는 영역이다. 그리고 보라색 점선의 오른쪽 상단의 산점영역은 사이버 공간(게임, 메타버스 등) 속에서 인공지능봇이나 메타버스의 NPC(Non player character), 그리고 네트워크로 연결된 다른 사람들과 상호작용하는 영역이다.

다음 표 3.1에서 제시된 규범을 벗어나는 사례들에 대해 컴퓨터(인터넷)윤리, 사이버윤리, 인공지능윤리영역 어디에 속하는지 생각해보고 확인해보자.

〈표 3.1〉 도덕적으로 옳지 않은 사례의 {컴퓨터, 사이버, 인공지능}윤리 영역

| 사례 | 해당 윤리영역 |
|---|---|
| 해킹 프로그램을 이용하여 개인정보를 빼내는 경우 | 컴퓨터(인터넷) |
| 구글 AI가 흑인을 고릴라로 인식하는 경우 | 인공지능 |
| 페이스북에 저작권이 없는 저작물을 게시하는 경우 | 사이버 |
| 챗봇 '이루다'의 여성과 장애인 혐오발언 | 인공지능 |
| 카카오 단톡에 남을 험담하거나 욕설을 하는 경우 | 사이버 |
| ChatGPT를 이용해서 작문 과제로 제출하는 경우 | 인공지능 |
| 메타버스에서 타인을 쫒아다니며 불쾌한 말을 하는 경우 | 사이버 |
| 딥페이크로 가짜 나체사진과 영상을 만들어 공유하는 경우 | 인공지능 |
| 공공장소 컴퓨터 사용 후 로그아웃하지 않고 떠나는 경우 | 컴퓨터 |
| 넷플릭스의 콘텐츠를 불법으로 다운하여 공유하는 경우 | 컴퓨터(인터넷) |
| 클로바X와 대화 중에 같은 반 친구들 전화번호를 말한 경우 | 인공지능 |
| 게임에 중독되어 정상적인 학업이나 생활이 어려운 경우 | 사이버 |
| 인공지능 채용 지원 프로그램이 여성에게 불리한 경우 | 인공지능 |

## 2. 인공지능윤리기준

인공지능을 올바로 제작하고 활용하기 위한 포괄적인 기준을 인공지능윤리기준이라고 한다. 인공지능윤리와 윤리기준에 대한 관심과 연구는 꾸준히 이루어지고 있었으나, 최근 ChatGPT와 같은 생성형 인공지능의 놀라운 성능 때문에 전 세계는 인공지능 윤리에 대한 법안이나 기준과 관련된 정책 활동을 빠르게 수행하고 있다.

유럽연합(EU)은 생성형 인공지능을 포함한 인공지능 시스템의 전체 수명 주기에 걸쳐 기본권을 보호하고 투명성을 증진하기 위하여 개발자가 따라야 할 일련의 의무를 설명하는 인공 지능법(AI Act) 초안에 합의했다('23년 12월). 미국은 백악관 AI 안전 신뢰성에 관한 행정명령을 발표했고('23년 10월), 상원에서 '연방 AI 위험관리법' 발의했다('23년 11월). 일본은 'AI 국제행동 강령' 합의했고('23년 12월), 영국도 안전한 AI 시스템 개발을 위한 가이드라인을 발표했으며('23년11월), 중국도 '생성형 인공지능 서비스 관리 잠정 방법'을 제정했다('23년 7월).

한국도 과기부를 중심으로 인공지능윤리기준을 수립하여 발표하였다('20년). 다음 그림 3.9는 '인간성을 위한 인공지능(AI for Humanity)'을 위한 3대 원칙으로서 ❶ 인간의 존엄성 원칙, ❷ 사회의 공공선 원칙, ❸ 기술의 합목적성 원칙과 이를 실천하기 위한 10대 핵심 요건이다.

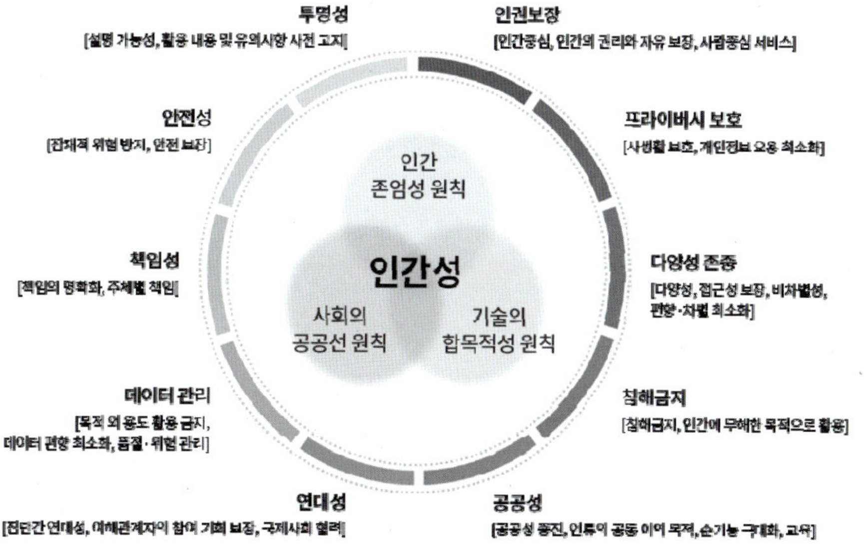


▲그림 3.9 인공지능윤리기준

출처 : 정보통신정책연구원 인공지능윤리 소통 채널

① 인권보장

- 인공지능의 개발과 활용은 모든 인간에게 동등하게 부여된 권리를 존중하고, 다양한 민주적 가치와 국제 인권법 등에 명시된 권리를 보장하여야 한다.
- 인공지능의 개발과 활용은 인간의 권리와 자유를 침해해서는 안 된다.

② 프라이버시 보호

- 인공지능을 개발하고 활용하는 전 과정에서 개인의 프라이버시를 보호해야 한다.
- 인공지능 전 생애주기에 걸쳐 개인 정보의 오용을 최소화하도록 노력해야 한다.

③ 다양성 존중

- 인공지능 개발 및 활용 전 단계에서 사용자의 다양성과 대표성을 반영해야 하며, 성별·연령·장애·지역·인종·종교·국가 등 개인 특성에 따른 편향과 차별을 최소화하고, 상용화된 인공지능은 모든 사람에게 공정하게 적용되어야 한다.
- 사회적 약자 및 취약 계층의 인공지능 기술 및 서비스에 대한 접근성을 보장하고, 인공지능이 주는 혜택은 특정 집단이 아닌 모든 사람에게 골고루 분배되도록 노력해야 한다.

④ 침해금지

- 인공지능을 인간에게 직간접적인 해를 입히는 목적으로 활용해서는 안 된다.
- 인공지능이 야기할 수 있는 위험과 부정적 결과에 대응 방안을 마련하도록 노력해야 한다.

⑤ 공공성

- 인공지능은 개인적 행복 추구 뿐만 아니라 사회적 공공성 증진과 인류의 공동 이익을 위해 활용해야 한다.
- 인공지능은 긍정적 사회변화를 이끄는 방향으로 활용되어야 한다.
- 인공지능의 순기능을 극대화하고 역기능을 최소화하기 위한 교육을 다방면으로 시행하여야 한다.

⑥ 연대성

- 다양한 집단 간의 관계 연대성을 유지하고, 미래세대를 충분히 배려하여 인공지능을 활용해야 한다.
- 인공지능 전 주기에 걸쳐 다양한 주체들의 공정한 참여 기회를 보장하여야 한다.
- 윤리적 인공지능의 개발 및 활용에 국제사회가 협력하도록 노력해야 한다.

⑦ 데이터 관리

- 개인정보 등 각각의 데이터를 그 목적에 부합하도록 활용하고, 목적 외 용도로 활용하지 않아야 한다.
- 데이터 수집과 활용의 전 과정에서 데이터 편향성이 최소화되도록 데이터 품질과 위험을 관리해야 한다.

⑧ 책임성

- 인공지능 개발 및 활용과정에서 책임주체를 설정함으로써 발생할 수 있는 피해를 최소화하도록 노력해야 한다.
- 인공지능 설계 및 개발자, 서비스 제공자, 사용자 간의 책임소재를 명확히 해야 한다.

⑨ 안전성

- 인공지능 개발 및 활용 전 과정에 걸쳐 잠재적 위험을 방지하고 안전을 보장할 수 있도록 노력해야 한다.
- 인공지능 활용 과정에서 명백한 오류 또는 침해가 발생할 때 사용자가 그 작동을 제어할 수 있는 기능을 갖추도록 노력해야 한다.

⑩ 투명성

- 사회적 신뢰 형성을 위해 타 원칙과의 상충관계를 고려하여 인공지능 활용 상황에 적합한 수준의 투명성과 설명 가능성을 높이려는 노력을 기울여야 한다.
- 인공지능기반 제품이나 서비스를 제공할 때 인공지능의 활용 내용과 활용 과정에서 발생할 수 있는 위험 등의 유의사항을 사전에 고지해야 한다.

**▲그림 3.10** 인공지능윤리기준 – 10대 핵심 원칙

출처 : 정보통신정책연구원 인공지능윤리 소통 채널

최근에는 디지털 심화 시대에 맞는 국가적 차원의 기준과 원칙을 제시하고, 보편적 디지털 질서 규범의 기본방향을 담고 있는 '디지털 공동번영사회의 가치와 원칙에 관한 헌장(디지털권리장전)'을 발표하고 AI법제정비 로드맵 2.0을 발표했다('23년 12월). 자세한 내용은 그림 3.11과 같이 '디지털권리장전 공론장' 사이트를 방문하면 잘 제시되어 있다.

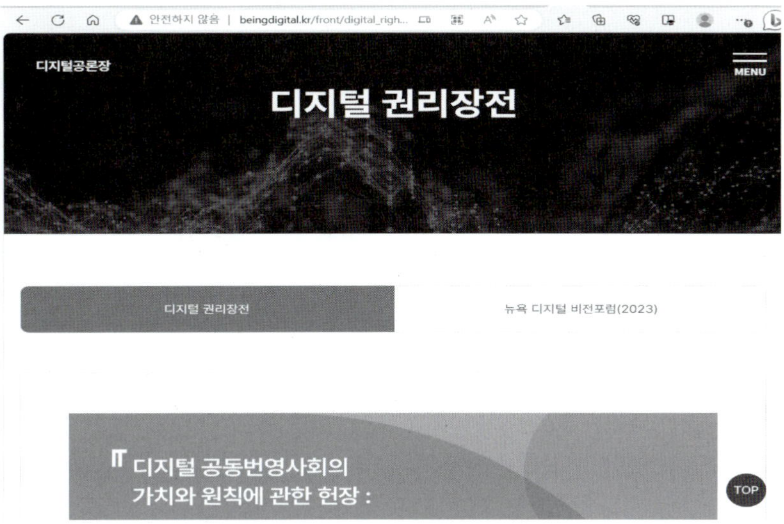


▲그림 3.11 디지털권리장전 공론장

출처 : http://beingdigital.kr/front/digital_rights.do

## 3. 생성형 인공지능 윤리 강령

생성형 인공지능의 활용이 급속도로 진행되자, 세계의 교육청, 대학 등은 이에 대한 윤리강령을 제시하고 있다. 대표적으로 뉴욕시 교육국은 2023년 1월 학교에서의 ChatGPT 접근을 금지했으나, 5월 당초 방침에서 전환했다. 뉴욕시 교육청은 교사와 학생이 생성형 AI를 배우고 탐구하는 걸 지원하는 커뮤니티를 통해 성공 사례와 교육 리소스도 제공할 예정이다.

여기 인천광역시교육청에서 제시한 'ChatGPT 이해와 교수학습 가이드'에서 ChatGPT 활용에 관한 7가지 교수학습 지침과 같이 우리나라의 교육청들도 윤리강령을 제시하고 있다.

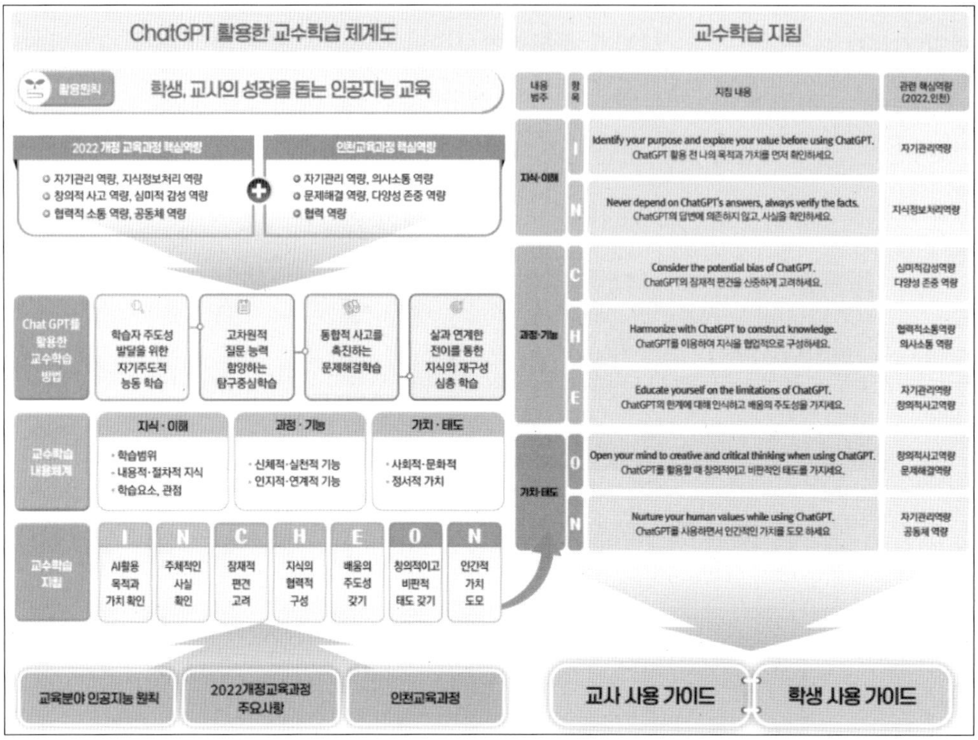


▲ **그림 3.12** ChatGPT 활용 관련 교수학습 체계 및 7개 지침

출처 : 인천광역시교육청

각 서비스는 제공하는 회사의 방침 및 활용 목적이 저마다 다르고, 이에 따라 수집하는 정보, 로그인 유무, 결제 필요성 등에서 차이가 있다. 수업을 진행하는 교수자와 이에 참여하는 학습자의 접근성, 그리고 활용 목적에 따라 활용할 필요가 있는데, 이는 다음의 순서를 따라 확인하는 것이 좋다(김영훈 외, 2024).

〈표 3.2〉 생성형 인공지능 서비스 선택 및 활용 가이드

| 구분 | 내용 |
|---|---|
| 1. 서비스 검토 | 다양한 생성형 AI 서비스가 존재하다 보니 각 서비스별로 요금이 부과되거나 피싱사이트가 존재하기도 하므로, 해당 서비스가 실제로 어떻게 운영되는지 검토할 필요가 있음<br>1) 해당 생성형 AI 서비스의 명칭, 사이트 주소 검토<br>2) 서비스 운영 주체, 수집 데이터 확인 |
| 2. 기능 · 특징 이해 | 같은 이미지 생성 AI 서비스라도 기존 이미지를 참조할 수 있는 곳이 있는가 하면, 텍스트 기반 이미지 생성 기능만 제공되는 경우도 있어, 전체적인 서비스 기능에 대한 이해가 필요함<br>1) 해당 생성형 AI 서비스 특징 이해<br>2) 해당 생성형 AI 서비스 제공 기능 테스트 및 결과 확인 |
| 3. 활용 목적 부합성 | 생성형 AI 수업 활동 지침과 같이 해당 서비스가 실제로 수업에 필요하거나 요구되는 활동을 할 수 있는지를 명확히 따져 활용할 수 있어야 함<br>1) 해당 생성형 AI 서비스의 입 · 출력 데이터에 대한 이해<br>2) 생성형 AI 서비스 활용 목적에 맞게 사용 및 사용 환경 모니터링 |
| 4. 계정 · 개인정보 수집 | 무료 생성형 AI 서비스라고 해도 해당 서비스를 활용하기 위해 개인 계정 생성 등을 통해 개인정보를 요구하는 경우가 있음. 관련 개인정보들 가운데 민감정보가 제공되는지 검토하여 개인정보 침해 문제 발생을 최소화해야 함<br>1) 계정 생성 필요성 확인<br>2) 개인정보 제공 시점 및 범위 확인 |
| 5. 유료 여부 | 유료인 경우 실제 교육현장에서의 접근 · 활용성이 떨어짐. 필요한 경우 유료로 사용하여 보다 쾌적한 접근 환경을 제공하거나 다양한 기능을 사용하는 것이 좋지만, 부득이하지 않다면 가능한 무료 기능 위주로 사용하는 것을 추천함<br>1) 유 · 무료 서비스별 차이(제공 기능, 범위 등) 확인<br>2) 가급적 무료 서비스 위주로 사용 |

출처 : 김영훈 외, 2024

또한 전체적인 가이드 외에도 학습자 측면에서 학습자의 생성형 AI의 수업 사용 시 준수해야 할 윤리 기준을 제시하였는데, 다음 표와 같이 기본 태도, 정보 검증 의무, 인용 방식 준수, 결과물 책임의 4개 분야로 나누어 제시하였다.

〈표 3.3〉 학습자의 생성형 AI 수업 활용 관련 윤리 기준

| 1. 기본 윤리 태도 |
|---|
| • 나는 수업에서 생성형 AI를 사용하면서 다음의 내용을 준수하기 위해 노력합니다.<br>• 나는 수업 탐구 내용과 교사의 지도에 따른 범위 내에서 생성형 AI를 사용합니다.<br>• 나는 법적으로 금지되었거나 위배되는 행동을 위해 생성형 AI를 사용하지 않습니다.<br>• 나는 생성형 AI를 학습 파트너 또는 효율적인 학습 도구로 생각하고 활용합니다.<br>• 나는 생성형 AI 사용 시 반드시 교사의 허락과 안내를 받아 사용합니다.<br>• 나는 생성형 AI의 사용 연령 제한을 준수하고, 개인정보를 함부로 사용하지 않습니다.<br>• 나는 AI의 최신 동향 및 원리를 파악하고, 적절하게 생성형 AI를 사용합니다.<br>• 나는 생성형 AI를 맹목적으로 신뢰하거나 무조건 거부하지 않습니다.<br>• 나는 생성형 AI의 창의적이고 새로운 활용 방식을 끊임없이 고민하고 시도합니다. |
| **2. 정보 검증 의무** |
| • 나는 정보에 대한 비판적 시각을 가지고, 생성형 AI의 답변을 확인합니다.<br>• 나는 생성형 AI의 답변을, 구글링 등을 통해 원문 또는 출처를 확인한 후 사용합니다.<br>• 나는 생성형 AI의 답변에 대해 다시 질문하여 해당 답변이 진실인지 늘 검토합니다.<br>• 나는 판단하기 어려운 AI 답변 내용에 대해 항상 교사의 지도를 받은 후 사용합니다.<br>• 나는 주관적인 답변은 편향적이거나 정치적일 수 있음을 이해하고, 항상 검토합니다. |
| **3. 인용 방식 준수** |
| • 나는 생성형 AI 결과 제출시 출처를 명시하고, 사용한 프롬프트를 함께 제출합니다.<br>• 나는 생성형 AI 활용 결과물은 반드시 교사의 안내를 받아 제출합니다.<br>• 나는 생성형 AI 결과의 인용 또는 표기 방식이 있는지 살피고 이에 따라 제출합니다.<br>• 나는 출처를 명확히 할 수 없는 AI 결과물에 대해, 교사의 지시에 따라 사용합니다. |
| **4. 결과물 책임** |
| • 나는 결과물 제출시 생성형 AI 사용 여부를 속이면 부정행위로 간주, 불리한 평가를 받을 수 있음을 인정합니다.<br>• 나는 Garbage in Garbage out을 항상 생각하며, 신중하게 생성형 AI를 사용합니다.<br>• 나는 생성형 AI를 활용한 결과물이 누군가의 저작권 또는 지적재산권 등을 침해할 수 있음을 이해하고, 결과물 사용에 항상 주의합니다.<br>• 나는 생성형 AI 결과물이 편향 · 편파적일 수 있음을 이해하고, 필요시 주의 문구를 함께 표기합니다.<br>• 나는 일부 민감정보가 포함된 생성형 AI 결과물에 대해 항상 주의 문구를 표기하고, 해당 민감정보의 출처 기관 또는 개인에게 활용하였음을 알립니다.<br>• 나는 생성형 AI의 결과물은 본인의 학습 성취나 본인의 아이디어를 토대로 최종 결과물을 만들기 위한 중도 작업물이라 생각하고, 사용이 끝나면 이후 교사의 안내에 따라 처분 또는 보관합니다. |



## 4. 인공지능윤리교육 모델

교사들은 그동안 컴퓨터윤리, 인터넷 윤리, 사이버 윤리 등과 관련된 중독 예방과 진단 등의 교육을 주로 많이 해왔다. 그러면 어떻게 인공지능 윤리를 교육할 것인가? 국가별 다양한 인공지능윤리교육 현황을 보면, 사례 중심으로 공학이 내재된 형태로 윤리교육을 구성하고 있다.

임의 표집된 214명의 초중고 교사를 대상으로 조사한 한정혜(2023)의 연구결과에 의하면, 그동안 대부분의 교사들은 수업 중에 정보윤리, 인터넷윤리, 사이버 윤리를 많이 경험했다고 응답했

다. 뿐만 아니라 인터넷윤리, 사이버 윤리, 정보윤리와 컴퓨터윤리, 로봇윤리, 인공지능윤리 용어들의 차이점 인식에 대해서는 용어 간의 차이를 알지 못한다는 64%, 두 개 정도 용어만 안다는 경우가 25%였으며, 용어 간 차이를 이해한다는 6%로 나타났다.

또한 윤리적 문제는 이해 당사자에 따라 문제의식, 해결방법 등이 달라질 수 있기 때문에 윤리 매트릭스를 활용하고 있다. 따라서 인공지능윤리교육을 위한 교수학습 모형으로 다음 그림 3.13을 제시한다. 이때 도덕적 판단 측정·비교해보기는 생략할 수 있는 단계이고, 자세한 것은 한정혜(2021)의 133~134쪽을 참고하면 된다.

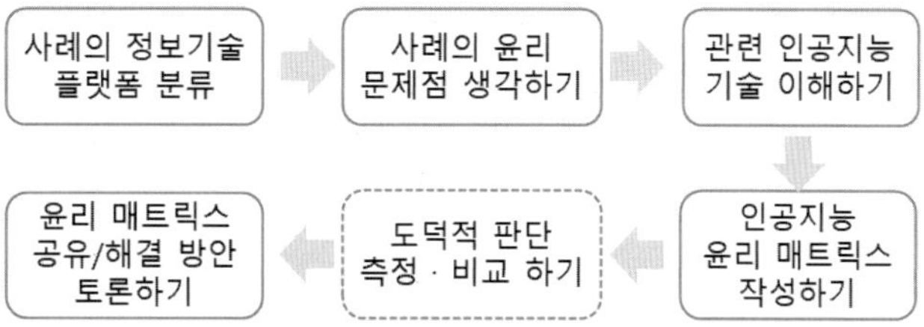


▲ **그림 3.13** 인공지능윤리교육을 위한 교수학습모형

- 제시된 사례가 어떤 정보기술 플랫폼에 해당하는지 분류하기
- 제시된 사례에 대해서 어떠한 윤리적 문제가 있는지 생각해보기
- 제시된 사례 속에 어떠한 인공지능 기술이 연관되었는지 조사하고 개념을 이해해보기
- 제시된 사례에 대하여 각 이해 관계자별로 가치를 고려한 윤리 매트릭스를 작성해보기
- 각자 판단한 결과를 공유하고 해결 방안을 토론하기

4번째 단계에서 사용하는 인공지능 윤리 매트릭스는 다음 표 3.3과 같이 행은 해당 인공지능 사례의 알고리즘과 관련 있는 이해 관계자(제작자/서비스자, 직접 사용자, (간접) 참여자)를 나열하고, 열에는 여기서의 인공지능 기술이 관련된 목적이나 윤리적 가치를 넣어 구성한다. 이때 추구하는 목적이나 윤리적 가치는 교육 대상의 연령, 사회, 국가별로 다양해질 수 있을 것이다. 윤리 매트릭스가 구성이 되면 주어진 사례의 인공지능을 개발/서비스/이용하기 위하여, 각 이해 관계자가 고려해야할 가치가 있다면 해당하는 칸에 그 내용을 적음으로써 윤리적 이슈를 매칭할 수 있다.

〈표 3.3〉 인공지능윤리 매트릭스

| 이해관계자 \ 가치 | 인간존엄성, 행복, 공공선 | 책무 | · · · | 정보보호 |
|---|---|---|---|---|
| 제작/서비스자 | | | | |
| 직접 사용자 | | | | |
| (간접) 참여자 | | | | |

한편, 한정혜 외(2024)에서는 정보윤리를 위한 교육 모델로 가치 갈등 해결 수업 모형과 가상 체험 모형(Simulation model)을 기반으로 한 교수 · 학습모형을 제안하였다.

〈표 3.4〉 AI 윤리교육을 위한 수업 모델 (한정혜 외, 2024)

| | |
|---|---|
| Presentation | 문제 상황 제시 및 상황의 구체적 이해 |
| ↓ | |
| Simulation | 시뮬레이션 |
| ↓ | |
| Verification | AI 윤리 가치 규범 확인 |
| ↓ | |
| Anticipation | AI 윤리 가치 선택 결과 예상 |
| ↓ | |
| Selection / Justification | 입장 선택과 정당화 |

첫 번째 단계인 'Presentation'에서는 학생들에게 구체적인 문제 상황을 제시하고, 이를 통해 상황에 대한 깊은 이해를 돕는다. 여기서는 사례 연구, 뉴스 클립 또는 가상 시나리오를 통해 상황을 소개하고, 관련된 인물, 기술적 요소, 그리고 발생 가능한 윤리적 이슈들을 상세히 설명한다. 이어지는 'Simulation' 단계에서는 역할극, 인터랙티브 시뮬레이션 소프트웨어, 또는 그룹 워크숍 등을 통해 학생들이 상황을 직접 경험하고 다양한 결과를 탐색할 수 있도록 한다. 세 번째 단계인 'Verification'에서는 학생들이 자신의 결정이나 시나리오 결과가 AI 윤리 가치 규범에 부합하는지 검증하며, 이를 위해 윤리적 가치와 규범을 분석한다. 'Anticipation' 단계에서는 선택한 윤리 가치에 따른 장기적 결과를 예측하고 평가하며, 각 선택의 잠재적 결과를 추론해본다. 마지막으로 'Selection / Justification' 단계에서는 학생들이 자신의 최종 결정을 선택하고 이를 정당화하는 능력을 발휘하도록 한다(한정혜 외, 2024).

## 5. 인공지능윤리교육 사례

여기서는 윤리적 이슈와 관련된 인공지능 원리와 함께 탐구하고 문제를 해결하기 위한 다양한 활동을 넣은 프로젝트 기반 교육 실제를 제시하고자 한다. 앞에서 제시한 교수학습 모형의 절차에 따라 딥페이크 기술을 이용한 영상, 음성합성의 사례를 탐색해보고, 딥페이크 기술 속의 인공지능 원리와 모델을 탐구한다. 직접 딥페이크 작품을 만들어보고, 긍정적인 활용 방안과 부정적인 활용 가능성에 대해서 토론한다. 그리고 인공지능 윤리 메트릭스를 만들어 각 이해관계자들 간에 어떠한 가치상의 문제가 생길지 다양하게 적어보고 이를 해결하기 위한 방법을 논의하고 공유한다.

- **사례의 정보기술 플랫폼 분류:** 윤리적으로 이슈가 되는 다양한 사례를 사이트, 뉴스 등을 통해서 골라보고, 그 사례가 컴퓨터(인터넷)윤리, 사이버윤리, 인공지능윤리, 로봇윤리 등 어떤 플랫폼에 해당하는지 분류한다.

### 1 딥보이스 사례

▲ **그림 3.14** 딥페이크 범죄실험! 우리 엄마는 입금할까?

출처 : 유튜브 그알 PICK) https://youtu.be/ldD2Kus7KpA?si=iieSPswuodKAFwl

### 2 딥페이크 사례 : 트럼프 대통령의 영상에 배우 알렉 볼드윈의 얼굴을 합성

▲그림 3.15 트럼프 대통령을 딥페이크 합성

출처 : https://www.youtube.com/watch?v=hoc2RISoLWU



### 3 인간존엄성 관련 사례 : 삼성전자가 만든 인공지능 '보이스 포에버' 홍보 영상으로 희귀 질환인 MND(Motor Neuron Disease, 운동신경원 질환)을 앓고 있는 엄마의 목소리를 인공지능으로 구현해 엄마와 딸이 계속 소통, 교감

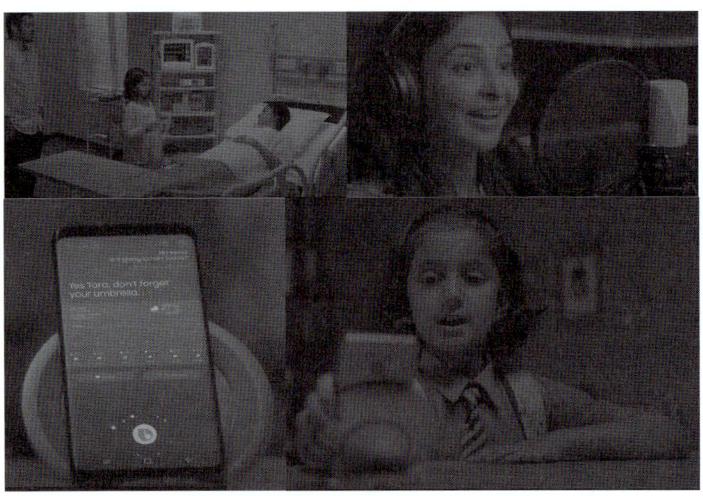


▲그림 3.16 음성 딥페이크 기법으로 아픈 엄마를 대신하는 인공지능 앱

출처 : 유튜브 Samsung Bixby Voice Assistant-MND mother helps daughter with #VoiceForever

● 사례의 윤리적 문제점 생각하기:

조사한 사례에 대하여 이미 발생한 윤리적 문제는 물론 다른 윤리적 문제가 있을 소지가 있는지 생각해본다.

만약 트럼프의 딥페이크 기술 활용한 사례의 경우 이 기술을 사용하여 (미 의회 난입사건 등과 같이) 정치적으로 민감한 내용으로 가짜 영상으로 만들어 유튜브에 게시된다면 트럼프 대통령 본인은 물론 미국 국민에게 어떤 일이 발생할 수 있을까? 음성합성 기술을 이용한 따뜻한 가족애를 구현한 이 기술이 만약 보이스 피싱 등 금융범죄나 납치에 활용될 가능성은 없을까?

● 관련 인공지능 기술 이해하기:

조사한 사례에 관련된 인공지능 기술의 기본개념이나 원리를 조사하고 이해해본다.

딥페이크는 온라인에 공개된 무료 소스코드와 머신러닝 알고리즘으로 제작 가능한데, Fake 앱 중국의 'Zao'과 미국의 'Mug Life', 'REFACE', 'Morphin', 'Avenge Them' 등을 활용하면 쉽게 일반인도 합성영상을 만들 수 있다. 또한 캐나다 인공지능 스타트업인 라이어버드(Lyrebird.ai)는 20분 가량의 샘플을 필요로 하는 어도비의 '프로젝트 보코'보다 뛰어나서, 약 60초 분량의 음성 샘플 데이터만으로 인간의 목소리를 흉내 내는 음성 합성 기술을 개발하였다. 최근에는 HeyGen - AI Video Generator라는 사이트에는 짧은 영상을 올리면 인공지능 아바타를 생성하여 텍스터에 따라 다국어로 입모양까지 싱크를 맞추는 영상을 생성할 수 있다. 딥페이크 기술의 현황을 알아보고 이에 사용되거나 관련된 인공지능 기술 개념을 이해하고 정리한다.

● 인공지능윤리 매트릭스를 작성하기:

윤리 메트릭스를 이해관계자들(제작자/서비스자, 직접 사용자, (간접) 참여자)과 각각이 의도하는 가치 또는 문제로 구성되는 3×3~3×5 메트릭스로 구성한다. 즉, 가치는 다른 가치로 열에 추가하거나 변경할 수 있다.

메트릭스의 각 셀에 내가 음성합성과 영상합성 인공지능 시스템의 해당 이해관계자라고 가정하고, 그 이해관계자가 어떤 목적의 알고리즘을 원하는지 팀으로 토론하며 가능한 다양하게 적어본다. 예를 들어, 제작/서비스자는 죽음이 예정된 환자 가족의 행복과 환자를 돕는 기술 개발이라는 공공의 선을 위해서 음성합성을 한다는 목적이 있을 수 있고, 직접 사용자인 남은 가족은 환자의 음성으로 영원히 상호작용하여 추억을 간직할 수 있고, (간접) 참여자인 환자는 자신이 떠난 후에도 가족에게 자신을 추억할 수 있도록 하는 목적이 있을 수 있다.

〈표 3.5〉 딥보이스 윤리 매트릭스

| 가치 / 이해관계자 | 인간존엄성, 행복, 공공선 | 책무 | · · · | 정보보호 |
|---|---|---|---|---|
| 제작/서비스자 | 환자의 행복, 존엄<br>가족의 행복 | 가족 한정 | | 개인정보 |
| 직접 사용자 | 엄마를 추억 | 가정용 | | – |
| (간접) 참여자 | 동료를 추억 | – | | – |



### 윤리 메트릭스 공유하기

각자 작성한 윤리 매트릭스의 가치나 목적을 공유하고 어떤 윤리적 문제가 발생할 수 있는지도 공유하고 토론해본다.

이 두 사례 외에도 영상합성과 음성합성에서 발생할 수 있는 다양한 문제들을 적어보고, 짝과 토론을 하여 정리하도록 한다. 딥페이크 앱을 활용하여 영상을 합성하거나 음성을 합성하는 이해관계자들에 대하여 생각해본 각자의 윤리 메트릭스를 공유하고, 미처 생각하지 못했던 것들에 대해서 토론하여 수정 정리한다.

### 프로젝트 보고서 작성하기

다양한 윤리 가치와 문제들을 공유한 후, 이를 정리한 프로젝트 보고서를 작성한다.

소트프봇으로서 챗봇을 통한 인공지능윤리교육을 위하여, 갈등 해결 수업 모형과 가치 체험 모형을 혼합한 초등 교수학습안 사례는 다음과 같다(한정혜외, 2024).

| 성취기준 | [6도02-03] 인간과 인공지능 로봇 간의 다양한 관계를 파악하고 도덕에 기반을 둔 관계 형성의 필요성을 탐구한다.<br>[6실05-05] 인공지능이 만들어지는 과정을 체험하고, 인공지능이 사회에 미치는 영향을 탐색한다. | |
|---|---|---|
| 배움주제 | 챗봇의 활용과 위험 | |
| 배움단계 | 수 업 흐 름 | 지도상의 유의점 |
| Presentation | ◎ 수업 안내<br>– 챗봇이 실생활에 사용되는 사례 살펴보기<br>– 챗봇과 관련된 자연어처리 기술에 대해 이해하기<br>◎ 문제 상황 소개<br>– 챗봇이 사용되는 다양한 분야(서비스, 교육, 의료 등)의 사례 탐구하기<br>– 챗봇이 갖는 편의성과 잠재적 위험성 살펴보기<br>– 챗봇이 사람들과의 사회적 상호작용, 개인정보 보호, 직업 시장 등에 미치는 영향에 대해 생각해보기 | ※ 기술에 대한 안내는 심화된 수준이 아닌 초등학생이 이해할 수 있는 범위에서 기초적인 수준으로 안내한다 |
| Simulation | ◎ 역할 분담<br>– 학생들을 의 챗봇 개발자, 사용자, 데이터 보호 전문가, 사업자 등의 관점으로 나누어 역할 정하기<br>◎ 가상 체험<br>– 챗봇에 대한 긍정적인 상황 및 부정적인 상황이 발생한 결과를 시뮬레이션하며 발생할 수 있는 다양한 문제와 그에 대한 해결책을 역할별로 토의하기<br>◎ 결과 공유<br>– 각 역할 그룹은 자신들이 생각하는 결정과 문제 해결과정, 그리고 예상되는 결과를 반 전체와 공유하기 | ※ 학생들이 각자의 역할에 몰입할 수 있도록 환경을 조성한다.<br><br>※ 시뮬레이션 활동 시 각 역할에 대한 정답은 없다는 점을 인지시키고, 상대방의 판단에 대해 존중하는 모습을 갖도록 한다. |
| Verification | ◎ 가치 규범 소개<br>– 챗봇과 관련된 AI 윤리 규범 및 법률 살펴보기<br>◎ 규범 대조<br>– 각 역할이 결정한 시뮬레이션의 결정 및 결과를 윤리적 가치 규범과 비교하여 분석하고, 윤리적 적합성 검토하기<br>◎ 결정 수정<br>– 규범에 맞지 않는 결정 사항을 찾아내고 개선 방법 토론하기 | ※ 너무 다양한 AI 윤리 규범을 모두 설명하기보다는 학습자들의 현재 수준에 맞추어 적합한 윤리 규범을 선정하여 제시한다. |
| Anticipation | ◎ 결과 예측<br>– 결정한 내용들을 바탕으로 챗봇 기술의 발전이 사회, 경제, 문화에 어떤 장기적인 변화를 가져올지 토론하기<br>◎ 시나리오 확장<br>– 장기적인 시나리오를 기반으로 학생들이 선택한 방향이 어떤 결과를 가져올지 생각해보기 | ※ 기술의 발전이 단기적으로 끝나는 것이 아니라 장기간 영향을 끼칠 수 있다는 점을 이해하고 향후의 사회 변화 모습까지 고려할 수 있도록 유도한다. |
| Selection / Justification | ◎ 최종 선택<br>– 챗봇을 활용하는데에 중요하다고 생각하는 윤리적 가치와 규범 선택하기<br>◎ 자기 의견 발표<br>– 자신의 선택을 근거로 정책 제안이나 해결책 마련해보기<br>– 친구들에게 발표하기<br>◎ 정리하기<br>– 친구들의 발표와 의견을 듣고 자신의 생각 정리하기 | ※ 하나의 입장에서 생각해보는 것이 아닌 최대한 다양한 구성원들의 의견을 살펴봐야 하는 이유에 대해 충분히 점검할 수 있도록 한다. |

| 영역 | 과정중심평가 | 평가단계 | 평가방법 |
|---|---|---|---|
| 지식 | 챗봇 기술에 대해 이해하고, 관련된 개념을 설명할 수 있다. | ◎, ○, △ | 지필평가 |
| 기능 | 챗봇과 관련된 윤리적인 가치 판단을 할 수 있다. | ◎, ○, △ | 지필평가 |
| 태도 | 챗봇을 올바르게 사용하기 위해 노력할 수 있다. | ◎, ○, △ | 관찰평가 |

## 6. 인공지능윤리교육에 유용한 사이트

여기서는 인공지능윤리교육에 유용한 사이트를 소개하고자 한다. 우선 최근 발생되고 있는 인공지능에 관련된 사고들을 데이터베이스화하여 쉽게 검색할 수 있는 AI Incident Database사이트가 있다. 얼마 전 인공지능 사건 데이터베이스 사이트에 따르면, 미국 배우 톰 행크스의 모습으로 AI 광고에 도용당했다고 공개하기도 했다. 최근 사례를 검색하여 교육자료로 활용할 수 있다.

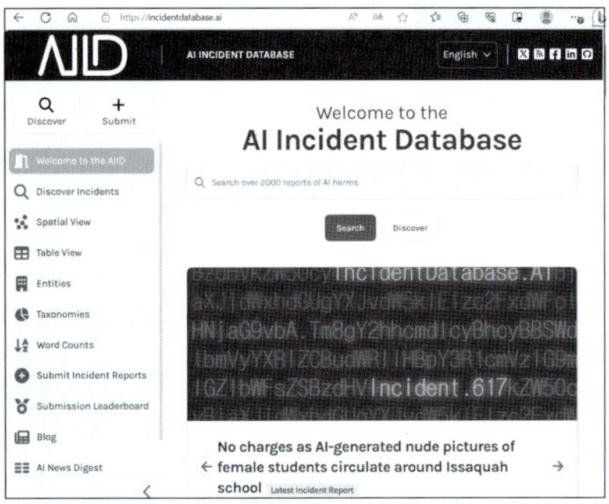


▲ 그림 3.17 인공지능 사건 데이터베이스(https://incidentdatabase.ai/)

해양 쓰레기를 구분하는 인공지능을 학습시켜 봄으로써, 데이터의 질에 따른 인공지능의 편견 가능성을 체험해 봅시다. https://studio.code.org/catalog로 들어가면, 데이터편향성을 체험할 수 있는 [바다를 위한 AI]를 선택하여 과정을 이수할 수 있다.

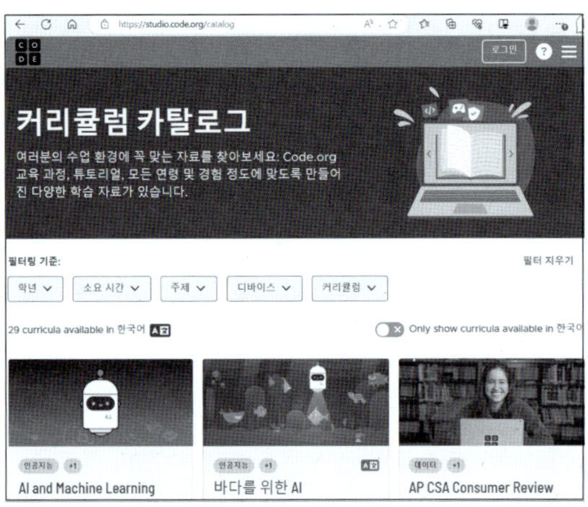


▲ 그림 3.18 인공지능 데이터 편향성 교육용 바다를 위한 AI

SECTION 3.3

# 로봇윤리교육의 실제

## 1. 로봇과 로봇윤리

로봇이란 친근성과 용도가 인간과 기계의 중간에 있는 것으로, 자동 작업기계, 사람과 유사한 모습이거나 기능을 가진 기계, 외부환경을 인식하고 자율적 판단하여 동작하는 기계를 말한다. 예를 들어 자동 기계장치, 산업용 로봇, 자율주행차, 휴머노이드, 안드로이드, 드론 등이 있다.

▲그림 3.19 기계집단-로봇집단-인간동물집단

출처 : NEC

## 2. 로봇윤리

로봇은 현실세계에 물리적으로 상호작용을 하는 기계로서, 로봇을 제작과 사용에 필요한 규범을 로봇윤리라고 할 수 있다.

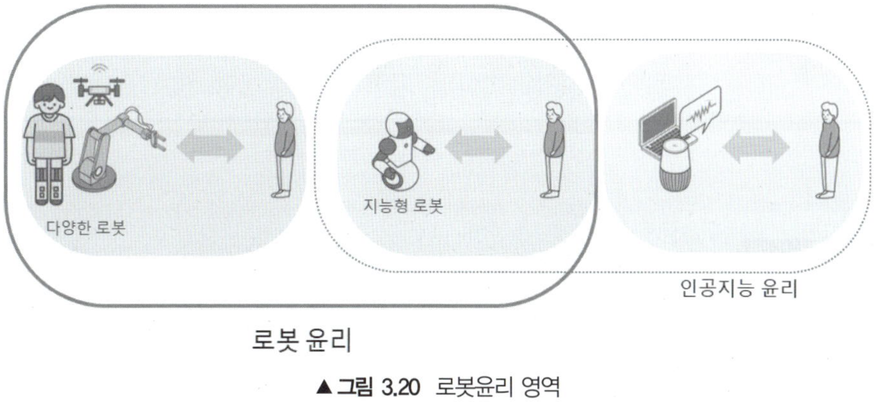


▲그림 3.20 로봇윤리 영역

위 로봇윤리를 3.2절의 그림 3.8을 기반으로 정보윤리 프레임워크에서 본다면, 파란 원 영역에 해당한다. 특히 로봇윤리 중앙의 보라색 점선 아래 회색 영역(파란 점선)은 현실세계에서 동작하는 인공지능이 탑재된 로봇 등이 해당하는 영역이다.

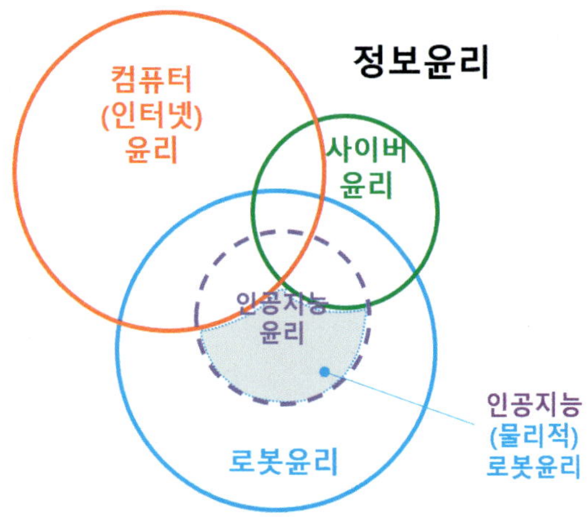


▲ **그림 3.21** 정보윤리속의 로봇윤리 (한정혜, 2023)

아시모프의 로봇 3원칙과 인류를 위한 0원칙은 다음 표와 같다.

〈표 3.6〉 로봇 원칙 [그림: 마대성 외, 2023]

| 제0원칙 | 제1원칙 | 제2원칙 | 제3원칙 |
|---|---|---|---|
| 로봇은 인류에게 해를 입혀서는 안되며, 해를 입게 두어서도 안된다. | 로봇은 인간에게 해를 입혀서는 안되며, 해를 입게 두어서도 안된다. | 제1원칙에 위배되지 않는 한 로봇은 인간의 명령에 복종해야 한다. | 제2원칙에 위배되지 않는 한 로봇은 자신을 보호해야 한다. |
|  |  |  | 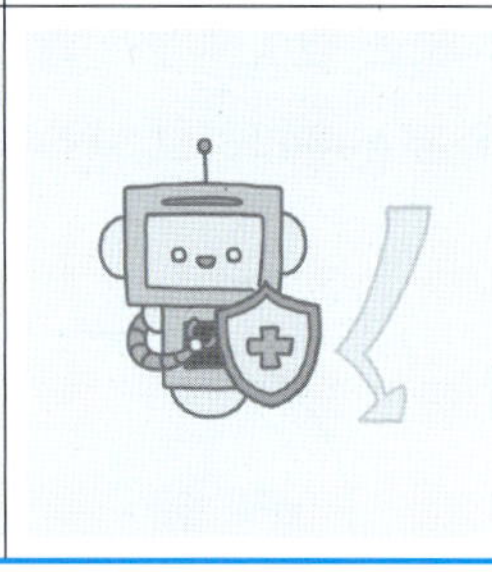 |

## 3. 로봇윤리헌장

로봇산업진흥원과 로봇학회 로봇윤리연구회는 인간의 더 나은 삶은 위한 로봇의 제작, 생산, 사용을 위한 3대 기본 가치와 6대 윤리원칙으로 구성된 로봇윤리헌장안을 그림 3.22와 같이 제시했다. 로봇의 경우 물리적 상호작용에 의한 사건, 사고가 발생할 수 있으므로, 침해금지와 안전이 가장 우선되어야 한다. 또한 로봇의 외형이 동일하지 않도록 구분할 수 있도록 해야 한다.

▲ **그림 3.22** 2023 로봇윤리헌장 3대 가치와 6대 원칙(로봇윤리연구회, 2024)

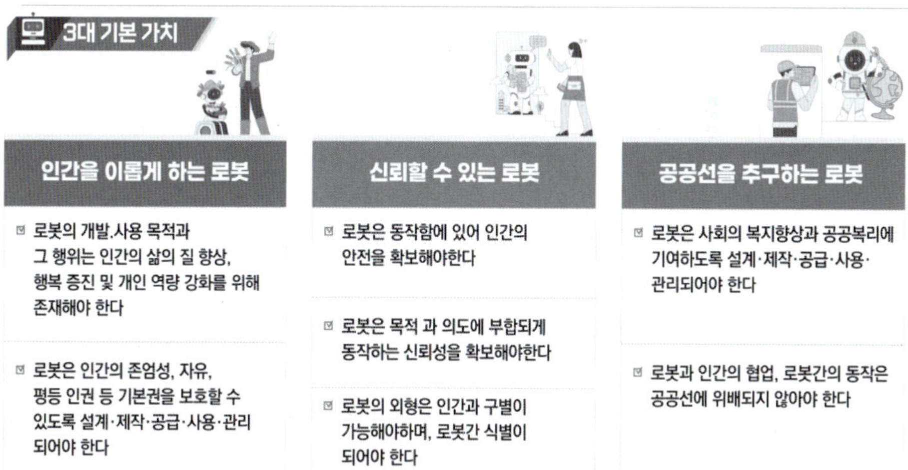


▲ **그림 3.23** 2023 로봇윤리헌장 3대 가치 세부 내용(로봇윤리연구회, 2024)

### 01 침해금지

- 로봇은 원칙적으로 인간의 신체·정신에 위해를 가하는 목적으로 개발되거나 사용되어서는 안된다
- 로봇을 이용하여 타인의 사생활을 침해하거나 본래의 용도와 관련이 없는 데이터를 수집하지 않도록 해야 한다
- 인간·동물·자연·사회에 대해 직·간접적인 해를 입히는 목적으로 로봇을 개발·제조·사용 등이 되지 않도록 노력해야 한다

### 02 안전성

- 로봇의 설계·제작·공급·사용·관리 과정에서 발생할 수 있는 잠재적 위험의 예방과 인간의 안전을 최우선으로 보장하도록 노력해야 한다
- 로봇은 안전상의 이유로 스스로 작동을 중지하거나 외부에서 중지할 수 있는 제어기능 등이 있어야 한다

### 03 투명성

- 로봇이 인식·판단·동작하는 과정에 발생한 결과는 설명될 수 있어야 한다
- 로봇 사용 시 예상되거나 발생할 수 있는 위험에 대해 충분한 정보를 제공할 필요가 있다

### 04 책임성

- 로봇은 외형으로 개별 구분과 관리가 되어야 한다
- 누구나 로봇의 설계·제작·공급·사용·관리 과정에서 발생할 수 있는 윤리적·법적 의무와 책임을 준수해야 한다
- 로봇은 파손과 분실 등에 대비한 보호모드를 가질 수 있다

### 05 공정성

- 로봇의 설계·제작·공급·사용·관리 과정에서 사용자 집단의 다양성과 공정성을 고려해야 하며, 성별·연령·장애·종교 등에 대한 편향을 최소화해야 한다
- 로봇에 대한 사회적 약자 및 취약계층의 접근성을 보장하도록 노력해야 한다

### 06 지속가능성

- 국가 및 공공기관은 로봇산업 생태계의 지속가능한 성장과 발전을 위하여 대책을 마련하고 장려해야 한다
- 로봇에 대한 안전교육, 사용법 교육, 윤리교육이 사회 구성원에게 이루어져야 한다
- 로봇의 설계·제작·공급·사용·관리·폐기 또는 재활용 과정에서 사회 안정, 환경과 생태, 기후체계에 미치는 부정적 영향과 피해를 최소화해야 한다

▲ **그림 3.24** 2023 로봇윤리헌장 6대 원칙 세부 (로봇윤리연구회, 2024)

## 4. 로봇윤리교육 사례

로봇윤리에서 가장 많이 이슈가 되는 것이 자율주행차에 따른 생명과 안전 문제일 것이다. 인공지능로봇윤리로서 많이 인용되는 것이 트롤리의 딜레마이다. 자율주행 알고리즘이 사고의 위험에 있을 때 탑승자를 우선으로 보호할지, 보행자를 보호할지, 보행자의 나이나 외모 등에 따라 어떤 의사결정을 할지 등 인명에 직접 영향을 끼칠 때의 판단 기준을 매우 중요한 문제이다.

따라서 자율주행차의 트롤리 딜레마를 사회구성원의 의견수렴을 통한 합의로 해결하고자 MIT의 라환 교수는 그림 3.25와 같이 웹기반 '모럴 머신(Moral Machine)'이라는 플랫폼을 개발했다. 탑승자와 보행자의 연령, 성별, 인종 및 행동의 변화 등 다양한 변수를 집어넣어 다양한 국가의 400만 명을 대상으로 모랄 머신 테스트를 진행하여 '탑승자보다 보행자의 안전이 우선'과 '성인보다는 어린이를 보호해야 한다'는 것으로 조사되었는데, 로봇윤리교육을 위해 가장 흔하게 활용될 수 있는 플랫폼이다.

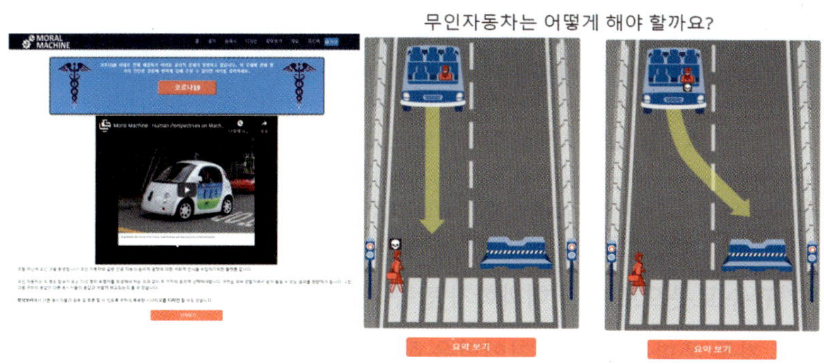


▲ **그림 3.25** 모랄 머신 체험 사이트(https://www.moralmachine.net/)

다음 표 3.7과 같은 다양한 사례들을 고려해보고, 이러한 로봇과 상호작용하는 사회에서의 도로교통법, 생활 안전수칙, 사용법 교육 등이 어떻게 이루어져야할지 서로 토론하도록 한다.

〈표 3.7〉 로봇윤리로서 고려될 수 있는 문제들

<table>
<tr><th>사례</th><th>토론</th></tr>
<tr><td>반려 로봇이 가족의 생체정보를 빼내는 경우</td><td rowspan="6">제조자<br>서비스자<br>사용자<br>간접사용자별<br><br>문제방지<br>문제해결</td></tr>
<tr><td>바리스타 로봇이 오작동하여 뜨거운 커피를 쏟는 경우</td></tr>
<tr><td>드론을 통하여 사생활을 침해하는 경우</td></tr>
<tr><td>자율주행차가 오작동 하여 사상 사고가 생긴 경우</td></tr>
<tr><td>음식 배달하는 식당 서빙로봇이 손님 대화를 녹음하는 경우</td></tr>
<tr><td>경비 로봇이 아이와 충돌하여 상해를 입히는 경우</td></tr>
</table>

또한 좀 더 간단한 윤리 메트릭스를 직접 채우고 작성하는 사례도 가능하다. 다음 사례는 마대성 외(2023)에 나오는 표의 일부로써, 실외이동 로봇의 사례를 통하여 윤리 매트릭스를 통해 각 이해관계자가 고려해야할 사건·사고 상황이나 윤리적 문제들을 따라 적어보고, 스스로의 생각을 채우는 활동 사례이다.

| 기준 \ 이해관계자 | 제작자 · 운영자 | 사용자 · 간접사용자 |
|---|---|---|
| 안전성 | • 보행자와 충돌을 피해야 한다.<br>• 보행자와 충돌하지 않도록 사전 안내, 소리 등을 제공해야 한다.<br>•<br>• | • 함부로 ________________<br>•<br>• |
| 책임성 | • 로봇이 작업수행 중 과실로 사고가 발생한 경우 책임을 진다.<br>•<br>• | • 불법적이거나 해를 끼치는 명령을 시키지 않는다.<br>•<br>• |
| 투명성 | • 로봇행위의 원인과 결과를 설명 가능해야 한다.<br>•<br>• | • 허가 없이 로봇을 개조, 변형할 수 없다. |
| 공공성 | • 모든 사용자에게 해를 끼치거나 불쾌한 행동을 하지 않도록 한다. | 우리, 주변인 모두에게 해를 끼치거나 불쾌한 명령을 시키지 않는다. |
| 개인정보 보호 · 보안 | • 사용자의 개인정보를 처리하는 경우 동의를 구해야 한다.<br>• | •<br>• |
| 합목적 협력성 | •<br>• | • 여러 로봇을<br>• |

## 요약

- 정보윤리는 (디지털) 정보사회에서 필요한 규범체계
- 컴퓨터윤리는 인터넷에 연결된 컴퓨터 프로그램 제작과 사용에 관한 규범
- 사이버윤리는 사이버공간에서 타인과 소통하는 예절과 규범
- 인공지능윤리는 컴퓨터(인터넷)윤리, 사이버윤리, 로봇윤리의 공통 영역에 해당하는 규범. 인공지능 에이전트(소프트봇)와 인공지능탑재 로봇에 대해 설계, 제작, 서비스운영자, 최종사용자와 간접사용자가 지켜야할 규범.
- 로봇윤리는 자동기계, 산업로봇, 인공지능 로봇 등의 제작과 사용에 관한 규범
- 인공지능윤리기준: '인간성을 위한 인공지능(AI for Humanity)'을 위한 3대 원칙·10대 요건
  - (3대 기본원칙) '인간성(Humanity)'을 구현하기 위해 인공지능의 개발 및 활용 과정에서 ❶ 인간의 존엄성 원칙, ❷ 사회의 공공선 원칙, ❸ 기술의 합목적성 원칙을 지켜야 한다.
  - (10대 핵심요건) 3대 기본원칙을 실천하고 이행할 수 있도록 인공지능 개발~활용 전 과정에서 ① 인권 보장, ② 프라이버시 보호, ③ 다양성 존중, ④ 침해금지, ⑤ 공공성, ⑥ 연대성, ⑦ 데이터 관리, ⑧ 책임성, ⑨ 안전성, ⑩ 투명성의 요건이 충족되어야 한다.
- 생성형 인공지능윤리 강령: 사용 가능 연령이여야하며, 기능과 특징을 이해하여 활용 목적에 맞으며 개인정보와 저작권을 보호하며 활용해야 한다.
- 아시모프 로봇원칙: ❶ 인간을 해치지 않는 로봇, ❷ 1원칙 하 인간에게 복종하는 로봇, ❸ 2원칙 하 자신을 보호하는 로봇
- 로봇윤리헌장: 인간의 더 나은 삶을 위한 3대 원칙과 6대 요건
  - (3대 기본원칙) ❶ 인간을 이롭게 하는 로봇, ❷ 신뢰할 수 있는 로봇, ❸ 공공선을 추구하는 로봇
  - (6대 핵심요건) ① 침해금지, ② 안전성, ③ 투명성, ④ 책임성, ⑤ 공정성, ⑥ 지속가능성

## 객관식 문제

**1.** 사이버윤리에 해당하는 것은?

① 드론으로 고층 아파트 남의 사생활 영상으로 엿보기
② 온라인 게임을 할 때 상대 게이머들에게 욕설을 하는 행위

**2.** 컴퓨터(인터넷)윤리에 해당하는 것이 아닌 것은?

① 도서관 같은 공공장소에서 공용 PC에서 자신의 계정으로 로그인 한 후 로그아웃하지 않고 자리를 뜸
② 넷플릭스 영화를 불법으로 다운로드
③ 컴퓨터 해킹을 통하여, 계좌정보와 개인정보를 빼내는 행위
④ 자율주행차의 오작동으로 발생한 사고



**3.** 인공지능윤리에 해당하는 것이 아닌 것은?

① 이미지 생성 인공지능으로 그린 그림으로 대회에 출품하기
② 프로그램 불법 다운로드 및 사용
③ HeyGen, SeamlessExpressive와 같은 AI Video Generator의 딥페이크로 영상 만들기
④ 메타버스에서 타인을 쫒아다니기

**4.** 생성형 인공지능에 대해 옳은 것이 아닌 것은?

① 텍스트와 이미지를 함께 입력할 수 있다.
② 입력하는 명령을 프롬프트라고 한다.
③ 학습한 데이터에 따라 문화, 국가적 차별성을 가진다.
④ 우리나라의 경우 초등학생도 활용이 가능하다.

**5.** 로봇원칙에 속하는 것이 아닌 것은?

① 인간의 명령에 복종해야 한다.
② 인간에게 해를 입히지 않아야 한다.
③ 로봇자신을 보호해야 한다.
④ 인류를 위해서 복종해야 한다.

## 주관식 문제

1. 정보윤리 프레임워크는 어떤 윤리들로, 어떤 관계로 구성되었는지 다이어그램을 그려 설명하시오.

2. 과학기술부가 제시한 인공지능윤리기준을 적고, 설명하시오.

3. 학습자로서 생성형 인공지능 활용 가이드의 항목을 생각나는대로 적어보시오.

4. '바다를 위한 AI'를 활용하는 초등 저학년 인공지능윤리 교수학습안을 작성해 보시오.

5. 우리 생활 속에 이미 들어온 인공지능윤리 문제와 로봇윤리 문제를 각각 한 가지씩 적어보시오.

6. '모랄머신-자율주행차', '푸드테크 서빙 로봇'를 활용하는 초등 저학년을 위한 인공지능윤리 교수학습안을 작성해 보시오.

## 참고문헌


- 그알 PICK(2024.4.22.), 딥페이크 범죄실험! 우리 엄마는 입금할까?, https://youtu.be/ldD2Kus7KpA?si=iieSPswuodKAFwl3
- 김영훈, 신수범, 한정혜, 김귀훈. (2024). 교사양성대학의 학생과 교수를 위한 생성형 인공지능 활용 가이드, 교사양성대학 공동연구 보고서
- 남미주, 김정효, 황은경 and JIN CHUNLAN. (2021). 초등 도덕과 정보윤리 교육과정 및 교과서 변천. 학습자중심교과교육연구, 21(3), 661-690.
- 뉴스A(2020.12.1.), 잔혹했던 이란 핵 과학자 암살…이스라엘 모사드 의심, https://youtu.be/7WvOv7rmsqM?si=X25IaHjEbHWR9Byn
- 뉴스A(2023.11.8.), 사람을 상자로 오인…로봇 오작동에 참변, https://youtu.be/5EOwOo5M0H0?si=3hj78tc2ndOnaq7N
- 마대성, 신수범, 박남제 & 한정혜. (2023). 초중고 디지털 새싹을 위한 인공지능윤리. 연두에디션.
- 엠비엔뉴스(2023.6.8.). 드론 날려 고층 건물 여성 촬영…입주민들 '불안', https://youtu.be/f0Xk_6XcK34?si=BzR75ZjKriB-sUVL
- 이재호, 김홍래, 박남제, 박선주, 성영훈, 이광호, 이용배, 전우천, 조정희, 한규정, 한정혜(2021), 머신러닝포키즈와 함께 하는 인공지능교육, 도서출판 홍릉.
- 인천시교육청(2020), 인천 인공지능교육 표준안-착한인공지능교육 가이드라인, 인천시 교육청 보고서
- 정보통신정책연구원, 인공지능윤리 소통 채널, https://ai.kisdi.re.kr/aieth/ main/contents.do?menuNo=400029 2024년 1월 접속
- 정보통신정책연구원, 디지털권리장전 공론장, http://beingdigital.kr/front/ digital_rights.do 2024년 1월 접속
- 한정혜. (2021). 제4장 인공지능윤리교육-머신러닝포키즈와 함께 하는 인공지능교육, 홍릉출판사.
- 한정혜. (2023). 인공지능윤리 교사교육을 위한 정보윤리체계에 대한 인식, 정보교육학회 논문지, 27(4), 433-442.
- 한정혜, 김종욱. (2021). 인공지능스피커의 교육적 활용에서의 윤리적 딜레마. 창의정보문화연구지, 7(1), 11-19.
- 한정혜, 이시훈, 양유수, 김현석. (2024). 국내 AI융합교육 운영현황 및 사례분석 연구-인공지능윤리, 로봇윤리를 중심으로-, AI융합교육연구지원센터 이슈페이퍼 보고서

- 한국로봇학회 로봇윤리연구회. (2024). 로봇윤리헌장과 세 분야 윤리가이드라인. 한국로봇산업진흥원.
- 한국정보방송통신대연합(2023), 디지털 권리장전, http://beingdigital.kr/.
- AI Incident Database. https://incidentdatabase.ai/ 2024년 1월 접속.
- Deepfakes(2018.2.20), Trump, Deepfakes replacement, https://www.youtube.com/watch?v=hoc2RISoLWU
- Han, J. (2022). An information ethics framework based on ICT platforms. *Information*, 13(9), 440.
- Onyancha, O. B. (2015). An informetrics view of the relaʊtionship between internet ethics, computer ethics and cyberethics. Library Hi Tec
- Samsung(2018.9.14.). Bixby Voice Assistant-MND mother helps daughter with #VoiceForever https://youtu.be/jbVnQF0bt3Y?si= 03Lt8BdPgiw6nBtr
- Winfield(2019), Ethical standards in robotics and AI, Nature Electronics 2:46-48 https://www.nature.com/articles/s41928-019 -0213-6

CHAPTER

# 4

# 에듀테크의 이해와 수업 적용

## 단원목표

- 에듀테크의 개념 및 유형을 이해하여 설명할 수 있다.
- 에듀테크 동향을 알고, 향후 에듀테크의 역할을 예상할 수 있다.
- 에듀테크의 유형별로 필요한 수업에 적용할 수 있다.

## 단원목차

SECTION

# 4.1 에듀테크의 개념 및 유형



부촌에 사는 어느 초등학생과 깊은 시골에 사는 초등학생이 동일한 교육을 받을 수 있을까? 한 나라 안에서도 어렵지만 부유한 국가와 빈국에 사는 초등학생의 경우라 생각해보자. 과연 쉽게 발생할 수 있는 일일까? 사실 몇십 년 전까지만 해도 이런 일은 거의 불가능했다. 하지만 기술이 발전한 지금 우리는 아주 부유한 국가의 초등학생과 빈국에 사는 초등학생이 같은 교수자에게 같은 내용을 배울 수 있게 되었다. 심지어 어느 방면에서는 더욱 양질의 교육을 받을 수도 있다. 이러한 일들은 어떻게 가능케 된 것일까? 이 일의 중심에는 특별한 도구인 '기술'이 있다. 전 영국 총리이자 UN 글로벌 교육 특사인 고든 브라운(Gordon Brown)이 위원장을 맡고 있는 Education Commission(2016)에 따르면, 2030년까지 청년들이 새로운 경제를 위해 필요한 새로운 지식과 기술을 갖추기 위해서는 첨단 혁신이 필요하며, 수백만 명의 아이들에게 효과적이고 효율적으로 교육을 제공하고, 새로운 기술과 아이들의 학습 방식에 대한 새로운 이해를 활용하는 것이 필요하다고 한다. 본 고에서는 교육과 기술이 합쳐진 에듀테크와 유사 개념들을 알아보고 그것의 특징과 유형을 구분해본다.

## 1. 에듀테크의 개념과 유사 개념

에듀테크는 기본적으로 교육(Education)과 기술(Technology)이 결합된 합성어이다. 에듀테크는 여러 연구자에 의해 다양하게 정의된다. 표 4.1은 국내에서의 에듀테크에 대한 다양한 개념 정의를 보여준다.

〈표 4.1〉 에듀테크의 다양한 개념(국내)

| 구분 | 정의 |
|---|---|
| 교육부(2023) | 다양한 디지털 기술을 활용하여 교육의 효과성을 높이는 제품 및 서비스를 총칭함 |
| 산업통상자원부(2018) | 전통적 교육 서비스가 빅데이터, VR(가상현실)/ AR(증강현실), AI(인공지능) 등 ICT(정보통신기술)와 합하여 기존과 다른 새로운 학습 경험을 제공하는 혁신 분야 |
| 한국기술교육대학교 교육직업능력개발센터(2021) | 교육에 기술이 결합하여 학습을 일으키고 학습효과를 높이는 도구나 장치로서, 목표한 교육을 잘 이루어지도록 지원하는 기술을 통칭함 |
| 한국전자통신연구원(ETRI)(2021) | 기술을 통해 교육을 혁신하는 것을 의미하며, 교육에 ICT를 융합적으로 활용하는 하이브리드 교육으로 인공지능, 빅데이터 등의 기술을 기반으로 학습자에 대한 분석을 수행하고 정보를 종합해 교육 효과를 높이기 위한 학습 과정을 제공하는 것 |
| 한국교육학술정보원(KERIS)(2023) | 인간의 성장과 발달을 위해 온 · 오프라인 교육에 활용하는 신기술과 그것을 적용한 교육 방법 |

이를 종합해보면, 국내에서는 에듀테크를 다양한 디지털 기술을 활용하여 교육의 효과성을 높이는 제품 및 서비스를 포함하며, 전통적 교육 서비스에 ICT를 결합하여 새로운 학습 경험을 제공하는 혁신적 분야로 인식하고 있다. 또한, 학습자에 대한 분석을 통해 교육 효과를 극대화하는 학습 과정을 제공하며, 온라인 및 오프라인 교육에 적용되는 신기술과 교육 방법을 통해 인간의 성장과 발달을 촉진하는 기술이자, 도구이자, 방안이라 여긴다.

그렇다면 해외에서는 에듀테크를 어떻게 바라보고 있을까? 표 4.2에서 국외에서 정의한 에듀테크의 정의를 알아보자.

〈표 4.2〉 에듀테크의 다양한 개념(국외)

| 구분 | 정의 |
|---|---|
| 영국 교육부(2019) | 교수 · 학습과 교육기관 운영 등을 지원하기 위한 기술 활용을 의미하며, 하드웨어, 디지털 자원, SW 및 서비스를 포함 |
| 미국 교육 커뮤니케이션 기술 협회(2008) | 적절한 기술 프로세스와 자원을 생성, 사용 및 관리함으로써 학습을 촉진하고 성과를 향상시키는 연구이자 윤리적 실천 |
| UNESCO(1974) | 특정 목표 측면에서 학습 및 교육의 전체 과정을 설계, 수행 및 평가하고 보다 효과적인 교육을 제공하기 위해 인적 및 기술적 자원을 결합하는 체계적인 방법 |

국외에서는 에듀테크를 교육 및 학습 지원을 위해 기술을 활용하여 촉진하고 성과를 향상시키는 연구와 윤리적 실천으로 바라보며, 이를 위해 목표에 맞는 교육 과정을 체계적으로 설계, 인적과 기술적 자원을 결합하여 효과적인 교육을 제공하는 것을 의미한다고 여긴다. 즉, 이들은 에듀테크에 대한 정의보다는 그것의 실천에 더욱 초점을 맞추고 있다.

에듀테크는 성격이 유사한 여러 개념과 혼동되어 사용되기도 한다. 표 4.3에서 이러한 유사 개념들을 살펴보자.

〈표 4.3〉 에듀테크의 유사 개념

| 구분 | 정의 |
|---|---|
| 이러닝<br>(e-Learning) | 전자적 수단, 정보통신 및 전파 · 방송 기술을 활용하여 이루어지는 학습 |
| 스마트러닝<br>(Smart Learning) | 스마트폰, 태블릿PC, e-book 단말기 등 스마트 디바이스와 이러닝 신기술이 융합된 개념 |
| 디지털 학습<br>(Digital Learning) | 특정 목표 측면에서 학습 및 교육의 전체 과정을 설계, 수행 및 평가하고 보다 효과적인 교육을 제공하기 위해 인적 및 기술적 자원을 결합하는 체계적인 방법 |
| 교육에서의 기술<br>(Technology in Education) | 시간, 장소, 경로 및/또는 속도에 대한 일부 제어 요소를 제공하는 기술을 통해 촉진되는 학습 |



에듀테크와 이러한 유사 개념들의 차이점을 살펴보자면, 이러닝은 인터넷과 컴퓨터에 교육이 결합된 온라인 교육이며, 스마트러닝은 스마트기기가 학습에 활용된 교육을 말한다. 결국 이러닝과 스마트러닝은 인터넷이 연결된 컴퓨터나 스마트기기를 포함하는 학습 수단에 중점이 있다. 또한 기존 이러닝이 온라인에서 더 많은 사람에게 교육을 전하는 효율을 추구하였다면, 에듀테크는 교육의 효과에 초점이 있다. 이에 더하여 데이터 기반의 분석 기술을 더하면 에듀테크는 교육 대상의 학습 효과와 진행 과정, 새로운 학습 방식의 완전 학습을 희망한다. 한편 디지털 학습은 학습 과정과 전개되는 교육의 전 과정 중 디지털 기술의 활용을 의미하고, 교육에서의 기술은 기술을 통해 교육에 이점을 가져오고자 한다. 즉 여기에서도 디지털 기술을 포함하는 기술이 교육에 어떠한 역할을 하느냐에 초점이 있다. 그러나 에듀테크는 교육에 ICT를 접목하여 기존 서비스를 개선하거나 새로운 서비스를 제공함에 있어 데이터와 소프트웨어(SW) 활용을 중시한다는 데 차이가 있다.

## 2. 에듀테크의 장단점과 특징

에듀테크를 활용하면 학습자 중심 교육, 수준별 교육, 흥미를 고려한 교육, 진로 탐색과 설계를 위한 교육의 기초를 마련할 수 있다는 긍정적 효과가 있다. 이를 통해 학습자의 자기주도적 학습을 유도하여 문제해결력을 기를 수 있다. 그러나, 한편으로는 에듀테크에 부정적 시선도 있다. 디지털 기기를 활용하는 에듀테크는 학습자 수준에 맞는 맞춤형 학습자료를 풍부하게 제공하는 데에는 탁월하지만 학생들의 디지털 기기 중독과 주의산만을 유도할 수 있다. 『The Knowledge Gap(지식격차)』의 저자 나탈리 웩슬러(Natalie Wexler)는 기술의 사용이 교사와 학습자, 학습자 간 상호작용을 저해하며 맞춤형 지식 전달 자체가 결과적으로 부정적 효과를 낳았다고 주장했다. 하지만 무턱대고 교실에서 디지털 기기의 사용을 막는 것이 답은 아니다. 디지털 네이티브

(Digital Native)인 아이들에게 디지털 기술을 금지하면 일상생활이 무너지고 학습이 불가해지기 쉽다.

몇 가지 단점에도 불구하고 에듀테크는 지리적, 경제적, 신체적 제약이 있는 사람에게 공평한 교육 기회를 제공할 수 있으며, 학습자가 자신의 학습에 대한 신속한 피드백을 받을 수 있고, 학습자는 지속적으로 원하는 시간에 제약 없이 학습을 유지할 수 있다는 여러 장점이 있기에 많은 사람이 에듀테크의 중요성을 인정하고 있다.

전북교육정책연구소 연구위원 양경화(2023)는 에듀테크의 특징을 다음과 같이 네 가지로 구분하여 설명했다. 표 4.4는 각 특징에 대한 주요 내용을 보여준다.

〈표 4.4〉 에듀테크의 특징

| 구분 | 주요내용 |
|---|---|
| 실감화(Realization) | • AR, VR 등의 실감 · 체험형 교육<br>• 콘텐츠의 물리적 제약 해소 |
| 연결화(Connection) | • IoT, 클라우드와 같은 초연결 기반 플랫폼 활용<br>• 실시간 피드백 제공<br>• 학생-부모-교사 간의 네트워크 형성 |
| 지능화(Intellectualization) | • AI와 빅데이터 활용<br>• 학습자 맞춤형 교육 제공<br>• AI 활용 수업과 평가 가능 |
| 융합화(Convergence) | • 교육과 산업의 확장<br>• 다학제 융합 연구 및 산업 창출 |

영국 교육부(2023)에서는 에듀테크 상품 설계의 품질 요소를 분석하며 에듀테크 제품의 품질 특징을 다음과 같이 네 가지로 제시했다.

1. 에듀테크 제품은 사용자의 필요를 만족시켜야 한다.
2. 에듀테크 제품은 디지털 교육을 지원하고 가능케 해야 한다.
3. 에듀테크 제품은 학습자와 교사 모두의 디지털 역량을 향상시켜야 한다.
4. 에듀테크 제품은 증거에 기반한 접근 방식을 채택해야 한다.

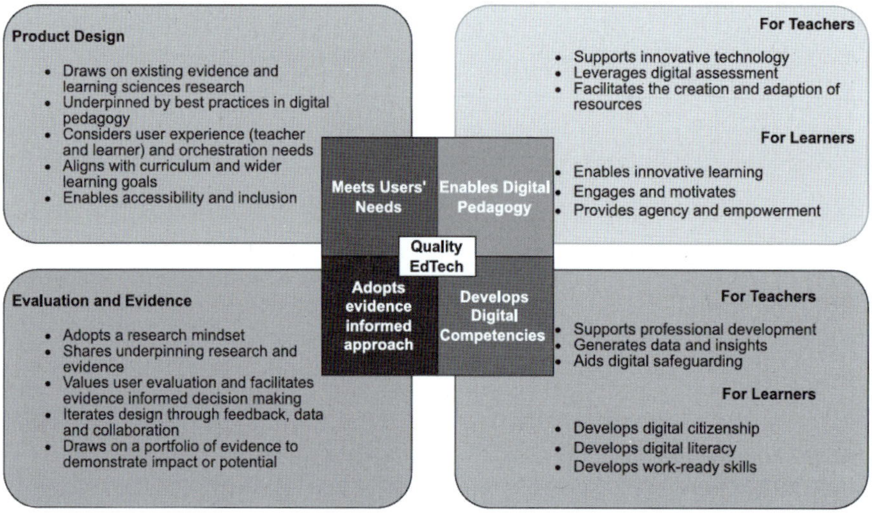


▲ 그림 4.1 에듀테크 제품 설계의 품질 특징 및 구성요소

출처 : 영국교육부



그림 4.1은 에듀테크 제품의 품질 특징에 따른 주요 특징과 그 구성요소들을 소개하고 있다. 이 그림은 에듀테크 개발자들이 이러한 특성을 수용하도록 장려하는 것이며 학교가 에듀테크를 평가하고 선택할 때 고려해야 할 특징들을 나타낸다. 간단히 살펴보면, 첫째, 사용자의 요구를 만족시키기 위해 제품 설계에서는 과학적 연구와 디지털 교육의 실천에 기반을 두어야 한다. 둘째, 디지털 교육을 가능케 하기 위해 교사를 위해서는 혁신적인 기술을 지원하며 디지털 평가를 활용할 수 있어야 한다. 학습자를 위해서는 혁신적인 학습을 가능케 하고 동기를 부여하도록 설계되어야 한다. 셋째, 디지털 역량 향상 방면에서 교사를 위해 그들의 전문적 발전과 디지털 안전을 지원해야 한다. 학습자를 위해서는 디지털 시민성, 디지털 리터러시, 실무 기술을 익힐 수 있도록 해야 한다. 마지막으로 평가와 증거에서는 연구 마인드셋을 채택해야 하며 사용자의 평가를 중요시하고 증거에 기반한 의사결정을 촉진하는 것이 필요하다는 것을 의미한다.

## 3. 에듀테크의 유형 구분

에듀테크의 유형은 여러 기관의 특성과 분류 목적에 따라 다르게 구분되곤 한다. 정보통신산업진흥원(nipa)(2021)은 에듀테크 산업을 콘텐츠(Contents), 플랫폼(Platform), 네트워크(Network), 디바이스(Device), 서비스(Service)로 구분한다. 본래 CPND(콘텐츠·플랫폼·네트워크·디바이스)는 일반적인 ICT 산업에 적용되는 순환 구조이지만 에듀테크 분야는 명확하게 구분되지 않는 특성이 있어 서비스를 별도의 분야로 분류하였다. 표 4.5는 CPNDS에 따른 에듀테크 유형을 나타낸다.

〈표 4.5〉 CPNDS에 따른 에듀테크 유형(정보통신산업진흥원)

| 대분류 | 중분류 | 주요 내용 |
|---|---|---|
| 콘텐츠 (Contents) | 멀티미디어 | 오디오/동영상, 디지털 출판 |
| | AR · VR | AR · VR, 시뮬레이션 콘텐츠, 게임 기반 콘텐츠 |
| 플랫폼 (Platform) | 교육관리시스템 | 학습관리시스템(SMS · LMS · e-Class), 비교과관리, 콘텐츠관리 시스템(LCMS · CMDS 등) |
| | 수업지원도구 | 협업, 커뮤니케이션, 교수학습, 저작, 콘텐츠, 학습운영, 평가 등 |
| 네트워크 (Network) | 클라우드 | 클라우드(상용, G클라우드) |
| | 네트워크 관리 | 클라우드 관리 서비스(MSP), 디지털 권리 관리(DRM), 콘텐츠 전송 네트워크(CDN) |
| 디바이스 (Device) | 교육기관용 | 통합 시스템, 강의실 기자재, 시뮬레이터 |
| | 개인용 | 개인 학습용 디바이스, 착용형 디바이스, 실습용 교구 |
| 서비스 (Service) | 교육서비스 | 온라인 교육, 온라인 훈련, 혼합교육, 상담서비스 |
| | 학습지원서비스 | 교육기관 관리서비스, 튜터링/Q&A/ 커뮤니티, 학점 · 학위 연계 등 |
| | 강사양성 | 교원연수, 강사연수 |

KERIS(2022)에서는 학교 현장에 필요한 에듀테크 수요를 조사하기 위해 에듀테크 활용 용도를 기준으로 교과수업, 학생지원, 학급/학교 관리로 에듀테크를 구분하였다. 표 4.6은 이 세 가지 유형에 따른 하위 유형을 보여준다.

〈표 4.6〉 에듀테크 활용 용도를 기준으로 한 에듀테크 분류(KERIS)

| 구분 | 주요 내용 |
|---|---|
| 교과수업 (방과후, 돌봄교실 포함) | • 원격 수업 도구<br>• 수업자료(콘텐츠 등) 제작/공유<br>• 콘텐츠 제작 도구<br>• 과제 제시 및 평가 피드백 도구<br>• 협업 도구<br>• 학습 이력 관리 |
| 학생 지원 | • 학습관리(생활계획, 학습계획 관리)<br>• 학습도구(마인드맵, 온라인 노트)<br>• 진로/상담 |
| 학교/학급 관리 | • 교무 행정 업무(학급 관리, 생활기록부 작성 등)<br>• 학부모 상담 관리<br>• 학생 안전 관리 |

한편, 교육부와 KERIS(2022)는 학교 현장에서 에듀테크를 활용하여 교육 효과를 높이려는 시도를 돕기 위한 아이디어 제공 및 수업 적용 방안을 제시하기 위해 에듀테크 수업 활용 가이드북을 제작했다. 이들은 에듀테크를 크게 학습콘텐츠, 소통, 창작, 관리의 유형으로 분류했다. 에듀테크의 유형을 대, 중, 소로 구분한 것을 표 4.7에서 확인할 수 있다.

〈표 4.7〉 에듀테크 유형(교육부&KERIS)

| 대분류 | 중분류 | 소분류 |
|---|---|---|
| 학습 콘텐츠 | 교수학습지원자료 | • 수업지원<br>• 학습지원 |
| | 자기주도학습 | • 실감형 콘텐츠<br>• SW교육<br>• AI교육 |
| 소통 | 영상 활용 | • 화상수업 |
| | 텍스트 활용 | • 마인드맵<br>• 실시간 협업 |
| 창작 | 자료 | • 저작도구 |
| | 영상 | • 영상 제작 |
| 관리 | 학급운영 | • 과제 관리<br>• 일정 관리<br>• 구성원 관리 |
| | 평가 | • 교사 피드백<br>• AI 피드백 |



좀 더 자세히 살펴보면, 우선 학습 콘텐츠를 위한 에듀테크는 수업 상황에서 필요한 학습 콘텐츠라면 교수·학습 지원 콘텐츠로, 학생의 스스로 학습에 필요한 콘텐츠는 자기주도학습 콘텐츠로 구분했다. 두 번째로 소통을 위한 에듀테크는 소통을 하는 매개체에 따라 영상과 텍스트로 나누었다. 세 번째로 창작을 위한 에듀테크는 수업 자료 제작을 위한 저작도구와 영상을 제작하기 위한 도구로 구분했다. 마지막 관리를 위한 에듀테크는 학생의 학교생활과 학급 일정 등을 관리하는 학급 운영과 교사나 인공지능이 피드백을 해줄 수 있는 평가로 나누었다.

교육부와 KERIS(2022)의 분류는 에듀테크를 교사들이 학교 현장에서 쉽게 수업에 적용할 수 있도록 구분한 것을 알 수 있다. 이에, 본 고에서는 3절에서 다룰 유형별 에듀테크 실습 및 적용에 교육부와 KERIS(2022)에서 제시한 에듀테크 유형을 기반하여 여러 에듀테크를 활용할 수 있는 방안을 소개하고자 한다.

SECTION

# 4.2 국내외 에듀테크 산업 동향

에듀테크 시장은 그동안 성장이 더딘 듯 보이다 코로나-19라는 시점을 기준으로 비대면 교육이라는 피할 수 없는 과제를 마주하게 되며 폭발적으로 성장하고 있다. 한국과학기술정보연구원(KISTI)(2022)에서 제시한 보고서에 따르면, 에듀테크와 관련된 산업군으로는 교육 서비스의 SW패키지 산업으로 비대면 출결체크 솔루션, 학업 성취도 평가 솔루션, 실시간 질의응답 솔루션 등을 들 수 있다. 더불어, 후방산업으로 ICT 기반 산업, 인프라 구축 사업, 교육 콘텐츠 제작 산업, 개인정보 보안 산업, 교구용 디바이스 제조업 등이 있다. 전방산업으로는 교육 콘텐츠 제작용 디바이스 및 공간 대여 산업, 학업성취도 및 흥미, 성과 분석 등의 데이터를 활용한 파생 서비스 산업이 될 것으로 예상하고 있다. 본 절에서는 국내외 에듀테크의 시장 규모와 현황을 알아보고 앞으로의 에듀테크의 방향을 예측해보기를 바란다.

## 1. 에듀테크 글로벌 시장 현황

앞서 언급했던 것처럼 코로나-19의 위기는 에듀테크 기업들에는 기회로 작용했는데, 글로벌 교육시장 조사기관인 Holon IQ에 따르면 2020년 전체적인 글로벌 교육과 훈련에 대한 지출 감소에도 불구하고 에듀테크 분야에 대한 지출이 증가한 것으로 나타났다. 코로나-19 이전 에듀테크에 대한 글로벌 지출이 1,630억 달러에서 2025년 3,410억 달러로 13.1%의 연평균 성장률을 보일 것으로 전망하였으나, 코로나-19 이후 2025년 4,040억 달러에 이르러 16.3%의 성장률을 보일 것으로 전망했다. 그림 4.2에서 Holon IQ 자료를 바탕으로 KOTRA 실리콘밸리 무역관이 재구성한 글로벌 에듀테크 지출 전망을 확인할 수 있다. 단위는 10억 달러이다.

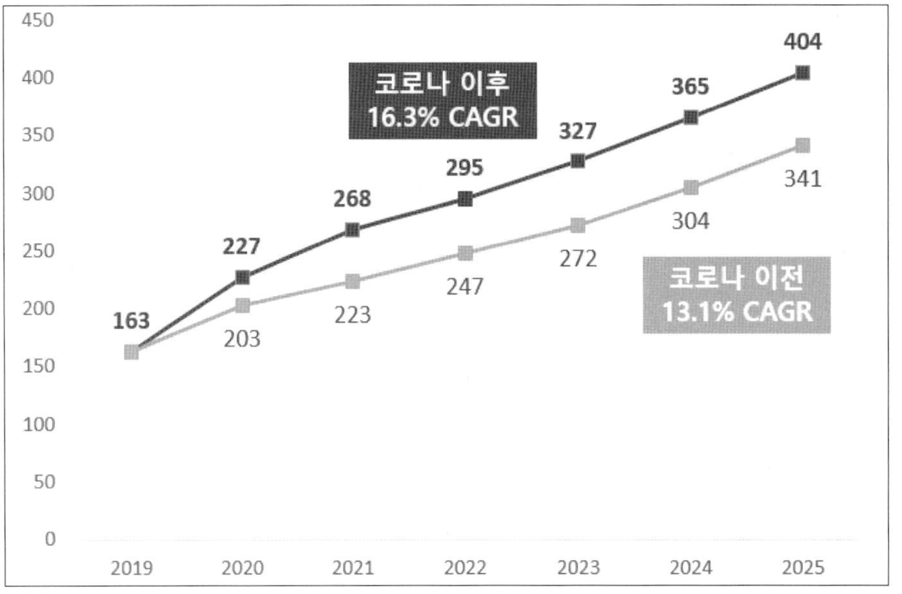


▲ 그림 4.2 글로벌 에듀테크 지출 전망

출처 : KOTRA 실리콘밸리 무역관

교육 분야에서 사용되는 주요 기술들은 그림 4.3에서 확인할 수 있듯이 AR/VR, AI, 로보틱스, 블록체인으로 크게 나눌 수 있다. 기술별로 좌측 그래프는 2018년의 현황이며, 우측의 그래프는 2025년 시장 규모에 대한 전망이다. 학습자에게 실제와 유사한 사용자 경험을 제공하는 실감형 교육을 가능케 하는 AR과 VR은 글로벌 에듀테크 시장에서 가장 높은 성장률을 보일 것으로 전망되었는데, 2018년 18억 달러에서 2025년 126억 달러로 약 7배의 성장률을 나타낼 것으로 예상되었다. 그 뒤를 잇는 것은 빅데이터를 활용하여 맞춤형 교육과 학습관리 자동화를 지원하는 AI로, 2018년에는 시장 규모가 다른 영역에 비해 그다지 크지 않은 8억 달러에 불과하였다면 2025년에는 61억 달러로 약 7배 이상 성장할 것으로 전망되었다. 교사를 보조하는 로봇과 로봇 통합 교육 등을 포괄하는 로보틱스 분야는 2018년 13억 달러에서 2025년 31억 달러로 다소 소극적으로 성장할 것으로 예상되었다. 마지막으로 디지털 배지, 개인정보보호 등에 활용되는 블록체인은 2018년 1억 달러 규모의 시장에서 2025년 6억 달러의 시장을 형성하며 약 6배 성장할 것으로 예상되지만 다른 기술에 비해 작은 규모가 될 것으로 보았다.

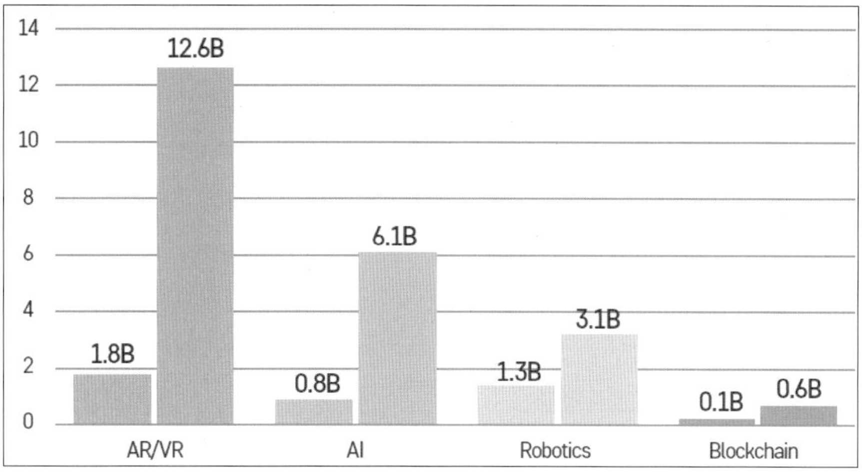


▲그림 4.3 글로벌 에듀테크 주요 기술 시장 전망

유니콘(Unicorn) 기업이란 기업 가치가 10억 달러가 넘는 것으로 평가되는 비상장 스타트업 기업을 의미한다. 2024년 1월 기준 Holon IQ에서 제공하는 에듀테크 유니콘 기업은 그림 4.4와 같다.

| Company | Country | Cluster | Unicorn Y... | Last Round | Type | Valuation |
|---|---|---|---|---|---|---|
| BetterUp | US United States | Capability Dev | 2021 | Oct 2021 | $300M Series E | $4.7B |
| Guild Education | US United States | UpSkilling | 2019 | Jun 2022 | $175M Series F | $4.4B |
| Handshake | US United States | Career Planning | 2021 | Jan 2022 | $200M Series F | $3.5B |
| GoStudent | AT Austria | Tutoring | 2021 | Aug 2023 | $95M VC Top Up | $3.4B |
| ApplyBoard | CA Canada | International Study | 2020 | Aug 2021 | $300M Series D | $3.2B |
| Emeritus | IN India | OPMs | 2021 | Mar 2022 | $350M Debt Round | $3.2B |
| Age of Learning | US United States | Curriculum | 2016 | Jun 2021 | $300M Series C | $3.0B |
| upGrad | IN India | OPMs | 2021 | Mar 2023 | $36.4M VC Top Up | $2.3B |
| Go1 | AU Australia | UpSkilling | 2021 | Mar 2023 | $30M VC Top Up | $2.0B |
| Kajabi | US United States | Learning Environment | 2021 | May 2021 | $550M PE Round | $2.0B |
| Multiverse | GB United Kingdom | Apprenticeships | 2022 | Jun 2022 | $220M Series D | $1.7B |
| Degreed | US United States | Skills Verification | 2021 | Feb 2022 | $50.9M VC Top Up | $1.4B |

▲그림 4.4 글로벌 에듀테크 유니콘 기업

출처 : Holon IQ

이들 기업 중 대부분은 미국 기업이며 오스트리아에서는 GoStudent 1개 기업, 캐나다에서는 ApplyBoard 1개 기업, 인도에서는 Emeritus와 upGrad 2개 기업, 영국에서는 Multiverse 1개 기업이 유니콘 기업으로 평가되었다. 몇 개 기업을 소개해보자면, 3억 달러의 시리즈 E 투자를 유치한 미국의 BetterUp은 개인 코칭 서비스를 제공하는 디지털 플랫폼이다. 캐나다의 ApplyBoard는 학생의 성적과 조건 등을 입력하면 AI가 조건에 맞는 해외대학 리스트나 등록금 정보를 제공하는 플랫폼이다. 인도의 Emeritus는 인도의 최고의 대학과 기관들의 전문 교육 과정을 제공하는 온라인 교육 플랫폼이다. 영국의 Multiverse는 기업과 견습생을 연결하는 서비스를 제공하고 있다.

## 2. 에듀테크 국내 시장 현황



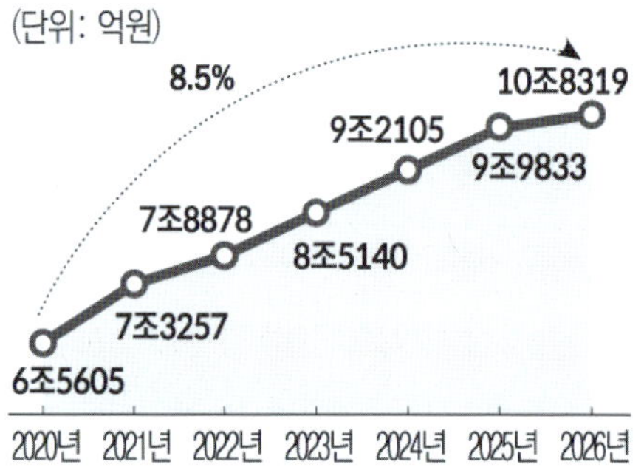


▲ 그림 4.5 국내 에듀테크 산업 시장 전망

출처 : 이투데이

국내 에듀테크 시장도 날이 갈수록 커지고 있다. 산업통상자원부, nipa, 소프트웨어정책연구소(SPRi)에서 2022년 실시한 이러닝산업실태조사에 따르면, 2020년 6조 원 규모였던 에듀테크 산업시장은 2026년 10조 원 이상으로 성장할 것으로 전망되고 있다. 연평균 성장률은 8.5%로 예상된다. 그림 4.5에서 2020년부터 2026년까지의 구체적인 국내 에듀테크 산업 시장의 성장 규모를 확인할 수 있다.

1절에서 언급했던 에듀테크의 유형인 CPNDS를 기준으로 2020년 국내 에듀테크 기업수와 매출액을 살펴보면 그림 4.6과 같다. 기업수를 보자면, 서비스가 가장 많은 비중을 차지하며, 플랫폼, 콘텐츠, 디바이스, 네트워크 순으로 나타난다. 매출액은 역시 서비스가 가장 큰 비중을 차지하지만, 그 뒤로는 콘텐츠, 디바이스, 플랫폼, 네트워크 순이다. 종합적으로 서비스가 기업수와 매출액 부문에서 가장 높은 비중을 차지하고 그 비중은 다섯 영역 중 압도적으로 크다. 기업수에서 두 번째로 높은 비중을 차지한 플랫폼은 매출액 면에서는 네 번째 순위를 기록했고, 그 자리는 콘텐츠가 대신했다.

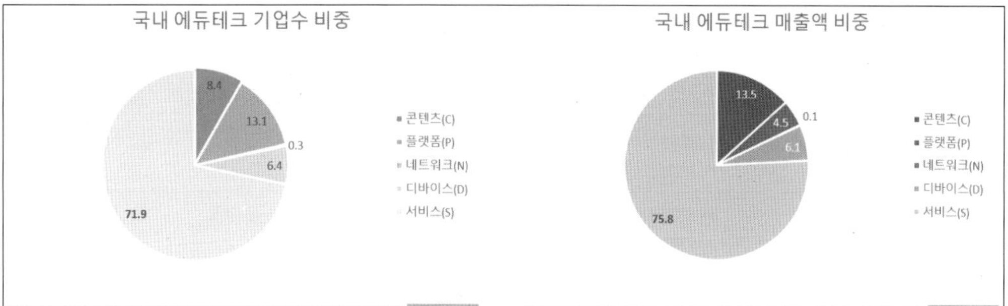


| | 콘텐츠(C) | 플랫폼(P) | 네트워크(N) | 디바이스(D) | 서비스(S) |
|---|---|---|---|---|---|
| 기업수(%) | 8.4 | 13.1 | 0.3 | 6.4 | 71.9 |
| 매출액(%) | 13.5 | 4.5 | 0.1 | 6.1 | 75.8 |

**▲그림 4.6** 국내 에듀테크 기업수 및 매출액 비중

출처 : 자체제작

국내 에듀테크 산업은 CPNDS 분야별로 특화되기보다는 기업 내에서 상품 개발에서 서비스 제공 모두를 수행하는 기업이 많은 것을 알 수 있는데, 교육부(2023)에서는 이는 공교육과 결합하지 못하고 기업이 교육을 직접 수행하고 서비스하는 산업 구조에서 기인하였으며, 기업 간 협업이 잘 이루어지지 않고 데이터 유통을 통한 분야간 융합과 복합 활성화에 한계가 있다고 여긴다.

국내 에듀테크 관련 주요 연구조직은 표 4.8과 같다. 한국과학기술원(KAIST)는 양방향 상호작용을 지원하는 체감형 가상 과학관 플랫폼을 구축하고 있으며 실시간 양방향 교육 시스템을 운영한다. 한국전자기술연구원(KEIT)도 가상·혼합현실 기술을 연구하고 있다. 또한, ETRI는 비대면 실감형 텔레프레즌스(Telepresence) 및 가상 플랫폼 기술을 개발하고 있다. 실사를 기반하는 실감 영상을 제공하는 광시야각 영상서비스에 필요한 핵심기술을 제공하고 기존의 제한된 디스플레이 환경에서 다양한 형태의 디바이스에서 인터랙티브(Interactive)하게 체험하는 환경으로 변화를 유도한다. 더불어, 스마트 디바이스에 탑재되는 AI 서비스를 쉽고 간편하게 자동 생성하고 개발하는 SW 플랫폼을 개발하고 있다. 한국문화기술연구소는 디지털 예술 및 전시 기술을 연구하고 미디어 디스플레이 기술과 디지털 기술을 사용하여 여러 플랫폼에서 이야기를 전달하는 트랜스미디어 스토리텔링 기술을 연구한다.

〈표 4.8〉 국내 에듀테크 주요 연구조직 현황

| 기관 | 연구 분야 | |
|---|---|---|
| KAIST | • 가상 · 혼합현실 기술 | • 융합서비스 플랫폼 기술 |
| ETRI | • 클라우드 데이터센터<br>• 서비스 융합 클라우드 기술 | • 차세대 컴퓨팅 인프라 구조 및 SW |
| KEIT | • 빅데이터 플랫폼<br>• 가상 · 혼합현실 기술 | • 크로스 플랫폼<br>• 저작도구 |
| 한국문화기술연구소 | • Digital Art&Exhibition Technology<br>• Media Display Technology | • Trans-Media Storytelling |



## 3. 에듀테크 활성화 정책

에듀테크 정책은 국가에서 수립된 정책에 큰 영향을 받는다. 많은 사람에게 공평하게 교육이 제공될 수 있도록 정책이 수립되어야 하기 때문이다. 이에 교육정책의 차이는 에듀테크 산업 성장 속도에 영향을 미치기도 한다. 국외 주요국들은 국가 수준으로 에듀테크 정책을 수립하고 이를 토대로 민관 연계를 활성화하는 방안으로 교육 혁신을 단계적으로 추진중이다. 표 4.9에서 KERIS(2020)에서 정리한 세계 주요 국가의 에듀테크 정책과 내용을 확인할 수 있다.

〈표 4.9〉 국가별 에듀테크 정책

| 국가 | 주요 정책 | 주요 내용 |
|---|---|---|
| 미국 | 국가 에듀테크 계획안(2017) | • 다섯 가지 영역(학습, 가르침, 리더십, 평가, 인프라)으로 나누어 국가 에듀테크 정책과 비전 수립 |
| 영국 | 에듀테크 프레임워크(2019) | • 1단계: 에듀테크 사용을 위한 행정, 평가, 수업, 지속적 경력 개발 영역의 비전 수립<br>• 2단계: 디지털 인프라 구축, 능력 · 기술 개발 및 효과적 조달, 디지털 보안 촉진 영역 정책 방안의 분야별 기존 문제 상황과 해결 및 정책 추진 동향 설정<br>• 3단계: 1, 2단계 기반 실행, 통합, 반복, 혁신 추구 |
| | Realising the Potential of technology in education(2019) | • 교사 업무 경감 및 교수 효율성과 교육 성취도 향상을 목표로 하는 일곱 가지의 에듀테크 실행 전략 발표<br>• 에듀테크 활용 개선, 민간 에듀테크 기업 지원, 산업육성이 핵심 |
| EU | 디지털교육 행동 계획(2017) | • 모든 교육기관의 디지털 역량과 혁신 향상 및 교육 체제 개방<br>• 교수 · 학습, 디지털 역량 및 기술 개발, 데이터 분석 영역의 정책 방안 모색 |
| 중국 | 교육정보화 2.0 행동 계획(2018) | • ICT와 교육의 결합을 위한 적극 노력<br>• 스마트 러닝 공간인 '지혜교육 시범구역' 10개 이상 설립<br>• 모든 고등교육과정에 블록체인, 빅데이터 등을 활용한 학습방식 적용 모색 |
| | 제3기 교육진흥기본계획(2018) | • ICT 활용을 위한 정비의 네 가지 세부 목표로 정보활용능력, 교과지도에서의 ICT 활용, 교무 ICT화, ICT 환경 정비 촉진 설정 |
| 일본 | 학교 첨단기술 활용 실증사업 로드맵(2020) | • 2019년(1년차) 기획구상 · 도입 단계, 2020년(2년차) 도입 · 실증 단계, 2021년(3년차) 충실 · 보급 단계로 3년차 로드맵 구상 |

다음 표 4.10에서는 해외의 주목할 만한 에듀테크 기업과 기업에서 제공하는 서비스를 알아본다.

〈표 4.10〉 국가별 에듀테크 기업 및 제공 서비스

| 국가 | 기업 | 제공 서비스 |
|---|---|---|
| 미국 | Voxy | • 개인, 기업, 교육기관 대상 영어교육 플랫폼<br>• 사용자가 설정한 성취 목표에 따라 알고리즘을 이용해 맞춤형 커리큘럼을 구성<br>• 학습자의 학습 과정이 기록되며, 기록을 분석하여 약점을 보완할 수 있는 학습 방향을 제시 |
| | Schoology | • 학생과 교사가 함께 사용하는 학습관리 시스템<br>• K-12, 대학, 기업 등에서 이 시스템을 채택<br>• 학생 개개인의 학업 성취도 데이터 수집 및 분석, 맞춤형 학습계획 수립, 교사와 학생이 함께 공유<br>• 교사와 학생 간 상호 작용, 학습자료 제공, 평가 관리 등이 가능 |
| 영국 | LendED | • 교육부 지원으로 개발된 비상업적 웹사이트<br>• 학교가 각 학교의 상황에 맞는 에듀테크 서비스를 선택할 수 있도록 영국 내 에듀테크 제품을 나열<br>• 최종 구매 전 일정 기간 제품을 무료로 사용 가능 |
| | Pi-top | • 기초 코딩부터 고급 AI까지 컴퓨터 과학 및 로봇 공학을 가르치기 위한 강의, 학습 플랫폼, 하드웨어를 제공<br>• 교사들이 컴퓨터 공학을 쉽고 재미있게 가르칠 수 있도록 교실에서 활용할 수 있는 휴대용 코딩/프로그래밍 장치인 pi-top에 더하여 조명, 센서, 버튼 등을 포함하는 전자키트, 로봇 제작을 위한 로봇 공학 키트 등을 개발 |
| 중국 | THE ONE<br>(小叶子) | • 스마트러닝 기술을 활용한 세계 최초의 스마트피아노<br>• 영상 강의와 악보를 따라 건반의 LED가 점등되며, 전용 앱을 활용해 스마트폰이나 태블릿PC를 연결하여 재미있게 피아노 학습 가능 |
| | 위안푸다오<br>(猿辅导) | • K-12 대상 온라인 일대일 과외 플랫폼<br>• AI 활용 음성 인식, 필기 인식 기술 개발<br>• 영어 작문 스마트 검토, 고시문 도우미 등 프로그램 출시 |
| 일본 | 미래의 교실<br>(未来の教室) | • 일본 경제산업성(経済産業省)이 운영하는 에듀테크 포털 사이트<br>• 코로나-19 이전에는 주로 프로그래밍 학습을 위한 수업 보조자료를 제공<br>• 코로나-19 이후에는 화상회의 서비스를 이용한 실시간 온라인 수업 플랫폼으로 사용 |
| | Kocri | • 전자칠판 제작회사인 사카와(サカワ)와 함께 개발한 칠판 앱<br>• 기존 아날로그 칠판에 교사의 스마트기기 화면을 띄워 사용 |

우리나라는 교육부가 2023년 에듀테크 진흥방안을 내놓으면서 국가 차원의 전략을 제시하고 에듀테크를 체계적으로 활성화하고자 노력하고 있다. 정부는 공교육과 에듀테크 산업이 상생하는 생태계 조성을 목표로 에듀테크 진흥 생태계 조성을 위한 정책을 지원하겠다고 발표했다. 추진 전략은 세 가지로 학교 현장의 에듀테크 활용 활성화, 공교육과 결합한 에듀테크 산업 육성, K-에듀테크 수출 활성화로 나눠진다. 교육부는 과기정통부, 산업부, 중기부 등 부처들과 협력하여 이를 추진해 나갈 계획이다. 표 4.11에서는 교육부가 국내 에듀테크 활성화로 공교육의 질을 높이기 위한 계획의 주요 내용을 보여준다.

〈표 4.11〉 국내 에듀테크 활성화를 위한 계획의 주요 내용

| 구분 | 주요내용 |
|---|---|
| 학교 현장의 에듀테크 활용 활성화 | • 교사 대상 수준별 디지털 역량 강화 연수 제공<br>• TOUCH 교사단(선도교사 그룹)이 동료 교사 연수 실시, 학교 내 디지털 코칭 제공으로 연수 내용 고도화<br>• 학교 관리자, 행정직 등 학교 구성원 대상 연수 및 가이드 제공<br>• 에듀테크 구매 전 정보 검색 및 무료 체험을 위한 '에듀테크 정보 플랫폼' 구축<br>• 학교 조달시스템에 '에듀테크 전용몰'을 설계하고, 학교 재정시스템에서 상품 세부정보를 조회할 수 있도록 정보 연계 강화<br>• 아날로그 기반의 제도 및 규정을 디지털 친화적으로 정비하기 위한 디지털 교육 제도 개선팀 운영, 예산, 계약, 물품 관리 등 분야별 개선 사항 발굴, 관련 기관과 함께 제도 개선 추진<br>• 2025년까지 1인 1디바이스 환경 조성, 문제 발생시 신속 대응을 할 수 있는 기술전문가 서비스를 활성화하여 학교 내 디지털 인프라 보강 |
| 공교육과 결합한 에듀테크 산업 육성 | • 2025년 도입되는 AI 디지털교과서를 매개체로 다양한 디지털 기술, 콘텐츠가 공교육 서비스와 결합할 수 있는 생태계 조성<br>• 에듀테크 기업 간 결합을 촉질할 수 있는 API 공모전 개최, 한국 검인정교과서협회와 연계한 '디지털 콘텐츠 마켓' 구축 추진<br>• 교원 업무경감, 특수교육 등 민간 에듀테크 개발이 저조한 분야를 위해 교사와 기업이 팀을 이뤄 에듀테크를 개발 · 도입하는 '교육현안 해결형 에듀테크 프로젝트' 실시<br>• 기업에게 교육학과 기술을 결합한 페다고지 연수 제공<br>• 과기정통부가 클라우드 SW 개발(K-클라우드 사업), 교육용 인공지능 고도화(인공지능 학습데이터 구축 사업) 등 에듀테크 기업의 기술 역량 강화 지원<br>• 학교와 에듀테크 기업을 연결하는 에듀테크 소프트랩 운영 확대, 소프트랩이 제공하는 실증 프로그램 고도화, 현장 적합성이 높고 검증된 에듀테크가 공교육으로 진입할 수 있도록 도움<br>• 에듀테크의 교육적 효과 분석을 위한 프레임워크를 마련하고 지속적인 영향 분석 실시 |
| K-에듀테크 수출 활성화 | • 우리나라의 디지털 교육 모델을 기반으로 K-에듀 브랜드를 개발, 기업 지원(브랜드 K), 한류 마켓팅(한류박람회 등)과 연계해 홍보를 강화<br>• '에듀테크 코리아 페어'에 참여하는 기업 규모를 확대하고 글로벌 세션의 비중을 높여 아시아 최대 에듀테크 박람회로 육성<br>• 디지털 교육 관련 대외원조개발(ODA) 예산은 올해 40억 원에서 내년 65억 원으로 대폭 확대하고 기업의 참여를 촉진<br>• 국제 정책 교류 때 에듀테크 기업이 동행하는 '디지털 교육 사절단' 운영 |



교육부는 2025년을 디지털 대전환 시대 공교육 혁신의 골든 타임(golden time)이라고 예상하고 있다. 2022 개정 교육과정, 성취평가제, 고교학점제, AI 디지털 교과서 등이 맞물려 공교육의 혁신적 변화가 일어날 것이라 본다. 특히, 수업이 바뀌어야 공교육의 실질적 변화가 일어나며, 교사의 자율적이고 주도적인 수업혁신을 위해 체계적으로 지원하겠다고 밝혔다. 수업혁신을 지원하는 도구로는 AI와 디지털 기술을 적극 활용할 것을 권장했는데, 학생별 맞춤 학습을 통해 학습 참여도와 학습자 주도성을 신장시키는 도구로 AI 디지털교과서를 활용하되, 교사가 설계하는 수업에 따라 AI 디지털교과서를 주도적으로 재구성하여 활용할 것을 제안했다. 더불어, 개념 기반 탐구학습(프로젝트 학습, 토론, 거꾸로 수업, 인터내셔널 바칼로레아(International Baccalaureate)

수업방식 등의 학생 참여형 수업)에 필요한 에듀테크를 필요에 따라 선택하여 수업에 효과적으로 활용할 것을 강조했다. 그림 4.7은 TOUCH교사단 및 디지털 기반 선도학교 등의 수업사례와 인터뷰 중 일부를 발췌하여 재구성한 것으로 초등학교 4학년 영어 수업에서 AI를 활용하여 수업을 설계한 실제 사례를 보여준다.

**영어** **아이들과 선생님이 말하는 우리 수업은**

| | 이랬던 수업이 | 이렇게 바뀌니까 | 이런 점이 좋아요 |
|---|---|---|---|
| | 말하기 발표를 안 해봤고, 계속 쓰기만 했는데 | 내 발음과 억양을 AI가 듣고 정확하게 말하도록 연습하게 되니까 | 영어실력이 레벨업 돼서 좋아요. |
| | 평소에 영어 말하기 발표를 하지 않던 아이인데 | 자신의 학습속도에 맞춰 학습이 진행되니까, 직접 말하기 횟수가 자그마치 492회가 돼요. | 더 많은 아이들이 영어 말하기에 자신감이 붙는 수업을 설계할 수 있어 좋아요. |

※AI 등 활용
① 개별 맞춤 연습(학생별 발음, 강세, 억양 등의 정확도 판단),
② 학생별 보충·심화 과제 제시

- 학습 주제: 좋아하는 과목을 묻고 답하는 표현 말하기
- 수업 설계: 학생별 특성을 고려하여 "개별 맞춤학습" 설계
  - 찬찬히 배우는 학생은 AI가 추천한 학습경로에 성공경험을 느낄 수 있는 작은 도전과제를 추가하고, 해냈을 경우 즉시 피드백하는 과정을 반복
- 수업 실행
  - **도입** 1주일 시간표를 보며 과목을 영어로 바꿔 말하기 활동 안내
  - **개별활동** 맞춤형 개별활동(단어 연습, 문장 연습, 문장 녹음, 영작) 수행
  
  ※ 찬찬히 배우는 학습자: 학생의 학습 속도와 깊이에 맞춘 학습 추천 및 코칭
  - **모둠활동** 좋아하는 과목을 묻고 답하는 대화 나누기
  - **마무리** 학생별 보충·심화 과제 제시 및 피드백
- 수업 성찰
  - 동학년 교사들과 찬찬히 배우는 학습자 위한 코칭 사례 나누고, 개선점 협의

▲그림 4.7 AI 활용 수업 설계 사례

출처 : 교육부

국내에서도 여러 기업이 에듀테크 기업으로 주목받고 있다. 그중에서도 데이원컴퍼니, 뤼이드, 프리윌린, 럭스로보, 매스프레소, 데이터 뱅크는 2024 타임지 선정 세계 최고 에듀테크 기업(TIME World's Top EdTech Companies of 2024) 240개사 안에 선정되었다. 이 중 대부분의 기업은 생성형 AI를 접목한 서비스를 선보이고 있다. 표 4.12에서 국내의 주요 에듀테크 기업과 서비스를 알아보자.

〈표 4.12〉 국내 에듀테크 기업 및 제공 서비스

| 기업 | 제공 서비스 |
|---|---|
| 데이원 컴퍼니 | • 온라인 원격 교육 플랫폼 '패스트캠퍼스'를 운영<br>• 성인 대상 교육 콘텐츠 제공<br>• 영어 학습 콘텐츠 추천 알고리즘 특허 취득 |
| 뤼이드 | • AI 영어 교육 모바일 앱 '산타' 운영<br>• 딥러닝 기술 활용 일대일 맞춤 학습 솔루션 제공<br>• 생성형 AI 서비스 '퀴지움' 출시<br>• 퀴지움은 동영상 콘텐츠에서 중요한 정보를 식별, 이를 기반으로 사용자 이해도를 체크할 수 있는 교육 문제 자동으로 생성. 학습자는 자신의 학습 정도를 파악해 추가 학습을 진행 |
| 프리윌린 | • 수학문제은행 서비스 '매쓰플랫' 운영<br>• 수업과 학생의 자기 주도형 학습 코칭을 결합한 초개인화 학습 솔루션 '매쓰플랫 프리미엄 서비스' 출시<br>• 시중에 판매되는 교재, 교과서 데이터, 학생별 학습데이터를 바탕으로 맞춤화된 단계별 학습지 생성 |
| 럭스로보 | • 코딩 교육 솔루션 전문 업체<br>• 코딩 교육용 모듈형 로봇 '모디' 개발<br>• 전자설계자동화(EDA) 분야 회로 개발 통합 올인원(all-in-one) 플랫폼 '모디 팩토리' 운영<br>• 모디 팩토리에서는 ChatGPT를 접목해 사용자와의 채팅을 기반으로 필요한 회로 부품을 추천 |
| 데이터뱅크 | • 딥러닝 기반 토플 자동채점기 '토플뱅크' 운영<br>• AI 기반 실전 모의고사 서비스 '테스트클라이드' 운영<br>• AI 활용 토플, 아이엘츠 모의고사, AI 채점, 첨삭 서비스 제공 |
| 매스프레소 | • AI 기반 K-12 학습 플랫폼<br>• 모르는 문제의 사진을 찍으면 질문, 답변, 풀이 검색이 가능한 콴다(QUANDA) 운영<br>• 생성형 AI 기술 기반 문제 풀이 튜터 '폴리'는 광학문자판독(Optical character recognition, OCR) 기술에 대규모 언어 모델(Large Language Model, LLM) 기술을 접목하여 교사가 옆에서 설명해주는 것처럼 기술이 구현됨 |
| 엘리스 | • 올인원(all-in-one) 디지털 교육 플랫폼<br>• 코딩 학습 보조 AI 챗봇, 'AI 헬피' 출시<br>• 코드 정리, 타 프로그래밍 언어 번역 지원, 코드 실시간 교정, 에러 메시지 해석 등 코딩 학습 전반에 생성형 AI 활용 목표 |
| 클라썸 | • 소통 중심의 교육 및 지식 공유 플랫폼<br>• 사내용 ChatGPT인 'AI 도트 2.0' 출시<br>• 생성형 AI를 활용하여 사내 축적된 데이터를 바탕으로 유사 질문 추천부터 답변까지 지원 |

그림 4.8에서 2023년 3월 기준 국내 교육업계가 생성형 AI 도입을 추진하고 있는 현황을 살펴볼 수 있다.

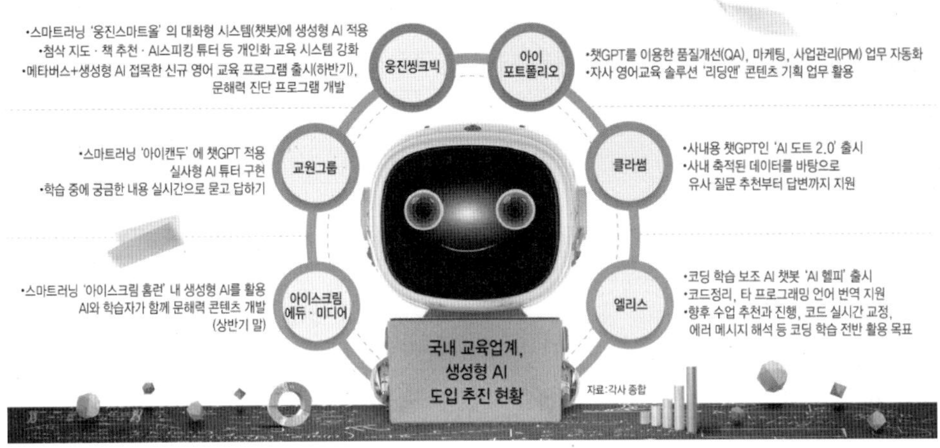

▲ **그림 4.8** 국내 에듀테크 기업 생성형 AI 도입 현황

출처 : 전자신문

SECTION 4.3

# 유형별 에듀테크 실습 및 적용

## 1. 학생의 집중력을 높이는 학습콘텐츠 저작 도구

<table>
<tr><th colspan="2">XELF</th></tr>
<tr><td>특징</td><td>#콘텐츠 저작 #드래그앤드롭 #클라우드 #상호작용 #디지털 사이니지</td></tr>
<tr><td>사용 Tip</td><td>1. XELF 저작도구는 크롬 브라우저만을 지원하나 XELF 뷰어는 크롬, 익스플로러 8 이상, 사파리 등에서 실행 가능<br>2. 일반회원은 프로젝트를 비공개로 설정할 수 없으며, 비밀번호를 설정하여 공유 대상자에게 공개하는 기능은 추후 개발 예정</td></tr>
<tr><td>사용 방법</td><td>1. 홈페이지(https://xelf.io/)에 접속하여 콘텐츠 만들기를 클릭한다.

2. 기본정보(프로젝트 이름, 카테고리, 프리셋), 저작권 및 부가정보 (설명, 썸네일 이미지, 태그 등), 뷰어(뷰어 스킨 등), 디자인 환경 (그리드, 배경색상 등) 설정 후 생성하기를 클릭한다.

3. 페이지 하나에 텍스트와 이미지를 추가하여 콘텐츠를 만든다.

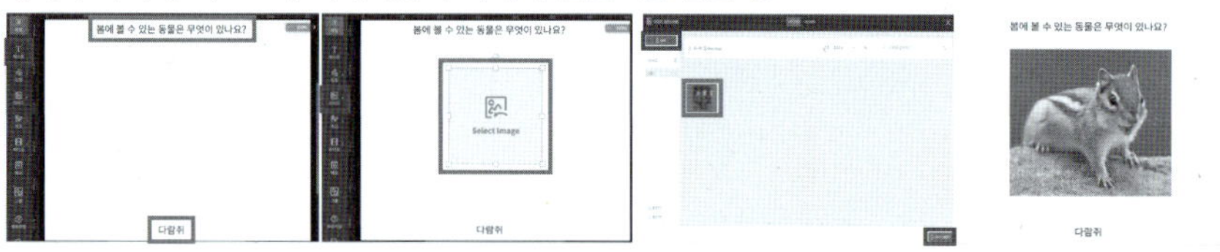

4. 페이지를 추가하여 퀴즈를 제작하고 내보내기로 사용한다.

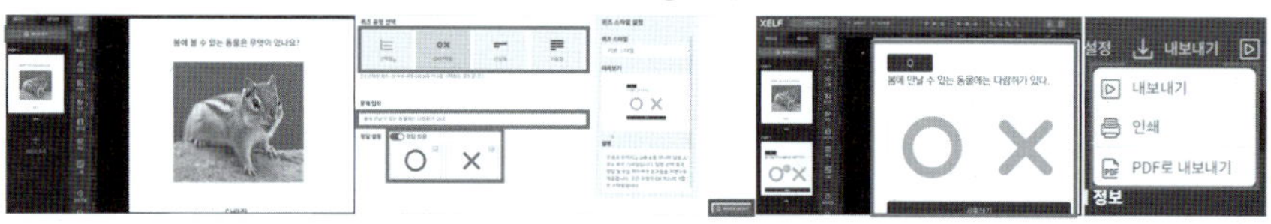


※ 자세한 사용 방법은 홈페이지(https://xelf.io/) 참고</td></tr>
</table>

| 교과명 | 슬기로운 생활 | 성취기준 | [2슬02-03] 봄이 되어 볼 수 있는 다양한 동식물을 찾아본다. |
|---|---|---|---|
| 학습목표 | 봄에 만날 수 있는 동물들을 설명할 수 있다. | | |
| 준비물 | 태블릿PC/노트북/스마트폰/크롬북(택1) | | |
| 수업흐름 | 좋아하는 동물 말하기 (1단계) ≫ 봄에 만날 수 있는 동물 학습 및 탐색하기 (2단계) ≫ 동물 그리고 색칠하기 (3단계) ≫ 봄에 만날 수 있는 곤충 탐색하기 (심화학습) ≫ 동료 및 자기 평가하기 (4단계) | | |
| 수업적용 | 도입 | • [동기유발] 내가 좋아하는 동물 말해보기<br>• [학습목표 안내] 봄에 만날 수 있는 동물들을 설명할 수 있다. | |
| | 전개 | • [핵심내용 이해] 교사가 공유한 수업 콘텐츠를 디지털 기기로 학습하기<br>예시 <br>• [모둠활동] 조별로 디지털 기기를 사용하여 봄에 만날 수 있는 다른 동물들 찾아보기<br>• [모둠활동] 조별로 봄에 만나고 싶은 동물 하나를 선택하여 함께 그리고 색칠하기<br>예시 <br>출처 : 주니토니<br>• [심화활동] 디지털 기기로 봄에 만날 수 있는 곤충 탐색하기 | |
| | 정리 | • [동료평가] 학급 동료들이 모둠활동에 잘 참여했는지 평가하기<br>• [자기평가] XELF 퀴즈를 통해 학습한 내용 복습하기 | |

## 2. 학생과 교사의 소통을 돕는 디지털 도구

### 다했니?

**특징**

#쉬운 소통 #과제 부여 #보상 #피드백 #알림장 #교사용

**사용 Tip**

1. 다했니?는 교사용으로 웹 기반임
2. 과제 제출 전 학생은 노랑, 제출한 학생은 분홍, 교사 확인 후 회색

**사용 방법**

1. 홈페이지(https://dahandin.com/)에 접속하여 로그인한다. 카카오톡으로 로그인하거나 회원가입하여 로그인한다.
2. 내 학급 목록의 플러스 버튼을 눌러 학급을 개설한다. 개설한 반을 클릭한 후 학생별 보기를 클릭하여 플러스 버튼을 클릭하고 학생의 이름과 번호를 입력하여 모든 학생의 정보를 입력한다.

3. 학급 페이지에서 우측 상단 학생관리를 클릭하고 학생코드 일괄 내려받기를 통해 학생들에게 코드를 전달한다.

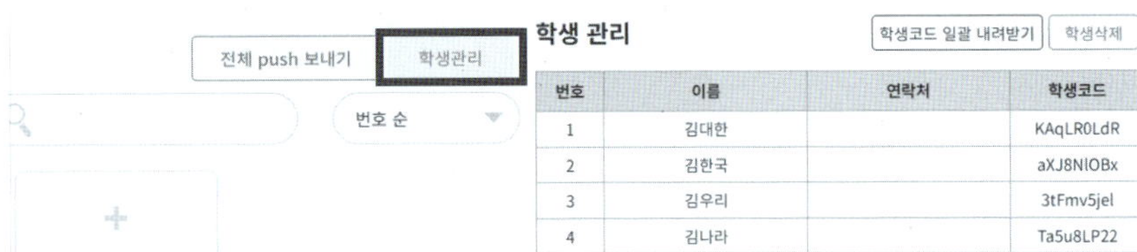


4. 과제별 보기를 클릭하고 플러스 버튼을 누른 뒤 과제 이름과 설명을 입력하여 과제를 생성한다.(자동으로 학생들에게 과제가 부여됨)

5. 학생들의 상태를 체크하여 과제에 대한 피드백을 하거나, 보상을 주거나, 반려하거나, 제출을 독려할 수 있다.

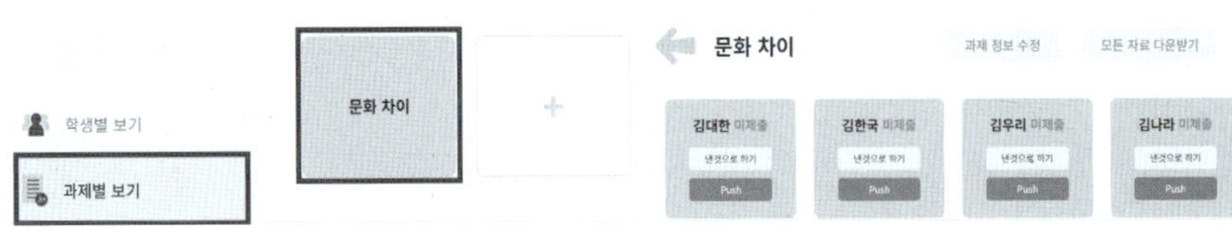


※ 자세한 사용 방법은 홈페이지(https://dahandin.com/) 참고

<table>
<tr><th colspan="2">다했어요!</th></tr>
<tr><td>특징</td><td>#쉬운 소통 #과제 부여 #보상 #피드백 #알림장 #학생용</td></tr>
<tr><td>사용<br>Tip</td><td>1. 다했어요!는 학생용으로 앱 기반임<br>2. 과제 제출 전 학생은 노랑, 제출한 학생은 분홍, 교사 확인 후 회색</td></tr>
<tr><td>사용<br>방법</td><td>

1. 구글 플레이스토어나 앱스토어에서 다했어요!를 다운 받는다.

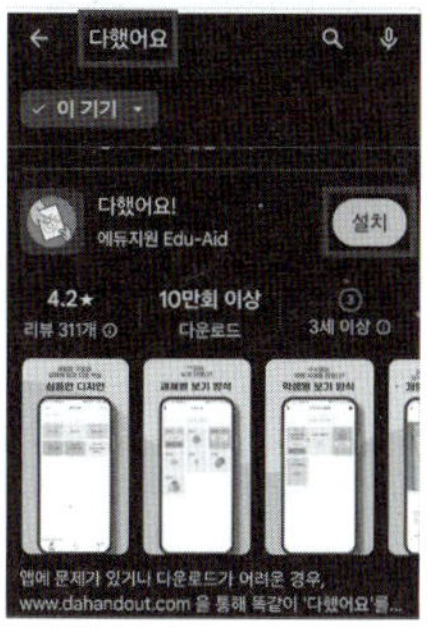


2. 교사가 보낸 참여코드를 입력하면 로그인된다.

3. 내 학급 목록에서 해당하는 반을 클릭하면 교사가 생성한 과제가 보인다. 과제를 클릭하고 숙제 제출하기 아래에 숙제에 대한 답을 적거나 카메라, 사진/영상 첨부, 파일 첨부를 통해 파일을 올릴 수도 있다. 작성이 끝나면 다 했어요! 버튼을 클릭한다.

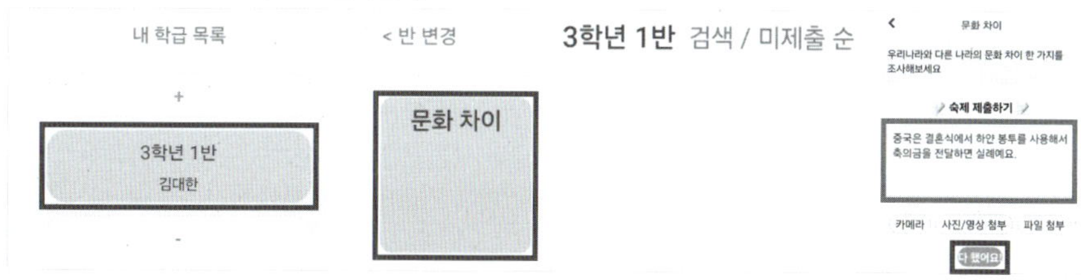


4. 교사가 확인 전에는 확인중 이라고 뜨지만 교사가 확인하고 나면 교사가 보낸 쿠키가 보인다. 이를 클릭하여 학생은 교사의 피드백을 확인할 수 있다.

</td></tr>
</table>

<table>
<tr><th>교과명</th><th>사회</th><th>성취 기준</th><th colspan="2">[4사04-06] 우리 사회에 다양한 문화가 확산되면서 생기는 문제(편견, 차별 등) 및 해결방안을 탐구하고, 다른 문화를 존중하는 태도를 기른다.</th></tr>
<tr><td>학습목표</td><td colspan="4">다른 나라의 문화는 우리와 다른 것을 알고 그들을 존중하는 마음을 가질 수 있다.</td></tr>
<tr><td>준비물</td><td colspan="4">교사: PC/노트북, 학생: 스마트폰</td></tr>
<tr><td>수업흐름</td><td colspan="4">편견 피해자 영상 보기 (1단계) › 인종차별과 사회적 편견 이해하기 (2단계) › 다른 문화 조사하기 (3단계) › 인종차별 주제로 연극하기 (4단계) › 과제 확인 후 동료 및 자기 평가하기 (5단계) ›</td></tr>
<tr><td rowspan="3">수업적용</td><td>도입</td><td colspan="3">• [동기유발] 편견으로 인해 생겨난 피해자들의 영상을 본다.<br>• [학습목표 안내] 다른 나라의 문화는 우리와 다른 것을 알고 그들을 존중하는 마음을 가질 수 있다.</td></tr>
<tr><td>전개</td><td colspan="3">• [핵심내용 이해] 인종차별과 사회적 편견이 무엇인지, 어떻게 발생하는지 교사의 강의를 통해 이해하기<br>• [개인활동] 다했어요!에서 교사가 배포한 과제를 확인하고 우리나라와 다른 문화에 관해 조사하기<br>• [모둠활동] 인종차별을 주제로 10분 연극하기<br>– 스크립트 작성<br>– 배역 설정<br>– 연극 대사 연습<br>– 연극 수행<br>예시:  <br>출처 : 광주드림, 한겨레</td></tr>
<tr><td>정리</td><td colspan="3">• [과제확인] 교사가 학생이 제출한 내용을 확인하고 보낸 피드백을 살펴보기<br>• [동료평가] 학급 동료들이 모둠활동에 잘 참여했는지 평가하기<br>• [자기평가] 다했어요!를 통해 학습한 내용 복습하기</td></tr>
</table>

## 3. 창의력 쑥쑥! 나만의 자료를 만드는 창작 도구

<table>
<tr><th colspan="2">퀴버</th></tr>
<tr><td>특징</td><td>#AR #3D 페인팅 #에듀 게임 #체험형 학습</td></tr>
<tr><td>사용 Tip</td><td>1. 교사가 홈페이지(https://quivervision.com/)에 미리 접속해 도안을 다운받아 출력해서 준비해야 한다.<br>2. Free라고 되어 있는 그림만 무료이다.</td></tr>
<tr><td>사용 방법</td><td>1. 홈페이지(https://quivervision.com/)에 접속하고 상단 메뉴 중 Services에 커서를 갖다 댄 후 ARColoring을 클릭한다.

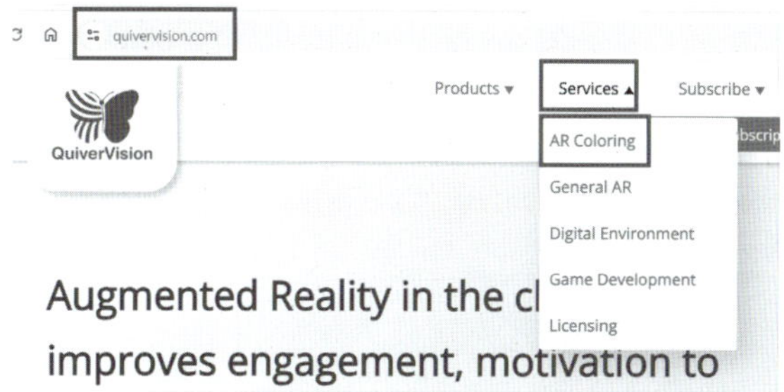


2. Free를 선택하면 세 가지의 도안이 나오는데 그 중 원하는 그림 하단의 View를 클릭하고 다음 페이지에서 View & Download를 클릭해서 도안을 다운받고 출력한다. 이것을 학생들에게 나눠준다.

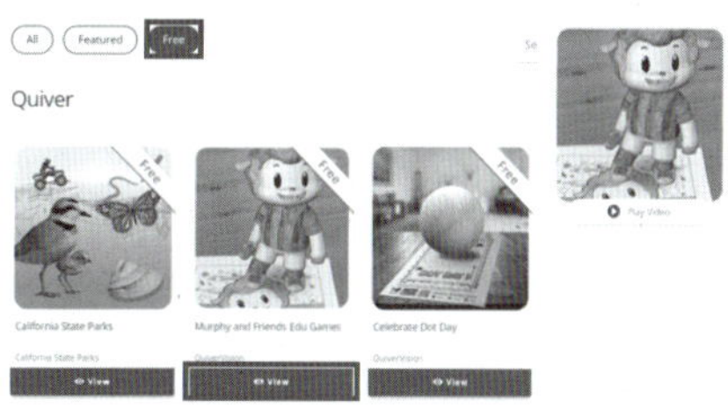

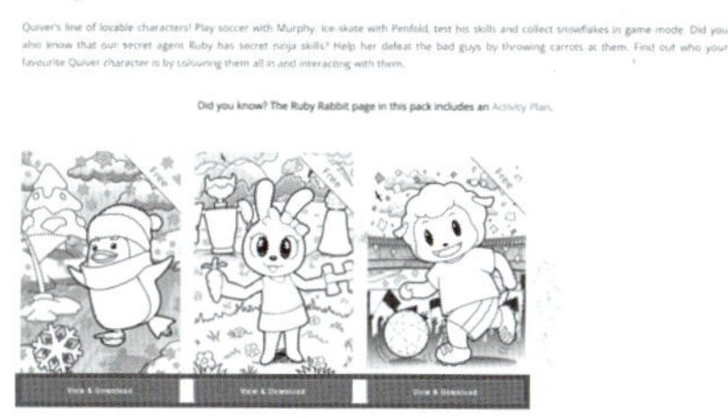

3. 구글 플레이스토어나 앱스토어에서 Quiver를 다운받고 가운데 카메라 버튼을 누른 뒤 학생들이 색칠한 도안 위에 스마트폰을 올리면 그림들이 살아난다.

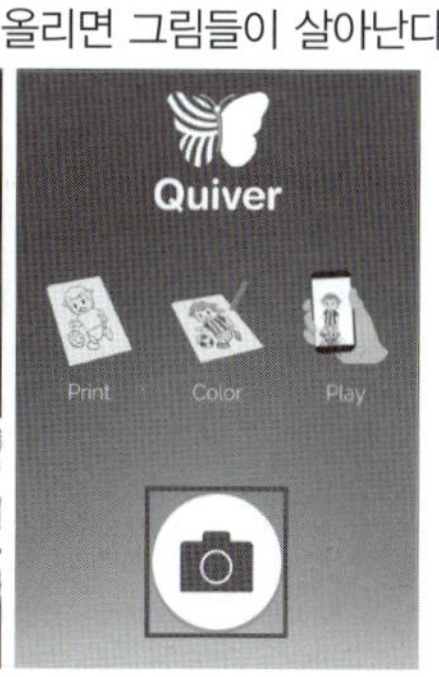


※ 자세한 사용 방법은 홈페이지(https://quivervision.com/) 참고</td></tr>
</table>

<table>
<tr><th>교과명</th><th>국어</th><th>성취<br>기준</th><th colspan="2">[2국05-04] 자신의 생각이나 겪은 일을 시나 노래, 이야기 등으로 표현한다.</th></tr>
<tr><td>학습목표</td><td colspan="4">상상력을 동원하여 등장인물만을 보고 이야기를 만들 수 있다.</td></tr>
<tr><td>준비물</td><td colspan="4">교사: PC/노트북, 미리 다운받은 도안, 학생: 스마트폰</td></tr>
<tr><td>수업흐름</td><td colspan="4">직업탐구 하기 -작가 (1단계) ❯ 소설 3요소 학습하기 (2단계) ❯ 도안 색칠 및 AR 체험 (3단계) ❯ 조별 이야기 만들기 (4단계) ❯ 동료 및 자기 평가하기 (5단계)</td></tr>
<tr><td rowspan="3">수업적용</td><td>도입</td><td colspan="3">• [동기유발] 작가는 무엇을 하는 직업인지 생각해본다.<br>• [학습목표 안내] 상상력을 동원하여 등장인물만을 보고 이야기를 만들 수 있다.</td></tr>
<tr><td>전개</td><td colspan="3">• [핵심내용 이해] 간단하게 소설의 3요소인 인물, 사건, 배경이 무엇인지 교사의 강의를 통해 이해하기<br>• [개인활동] 교사가 배포한 도안을 색칠한 후 퀴버 앱을 켜고 색칠한 도안을 스캔하여 AR 동작하고 게임 해보기<br>예시 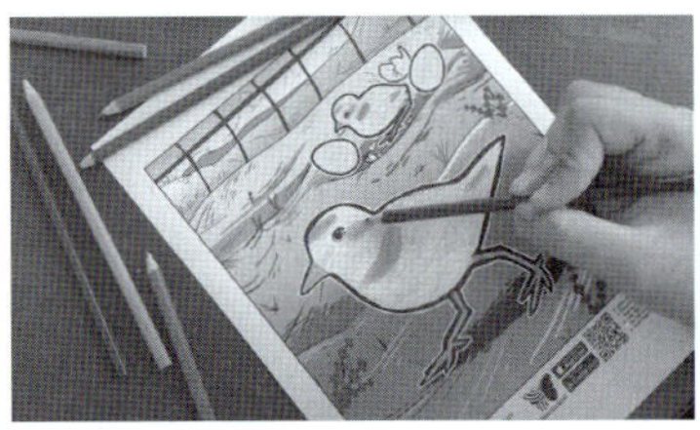 <br>출처 : 퀴버<br>• [모둠활동] 조별로 색칠한 캐릭터들에 상상력을 더해 하나의 이야기를 만들고 발표하기<br>예시  <br>출처 : 세계로컬타임즈, 전남교육통</td></tr>
<tr><td>정리</td><td colspan="3">• [동료평가] 학급 동료들이 모둠활동에 잘 참여했는지 평가하기<br>• [자기평가] 자신이 충실히 수업에 참여했는지 돌아보기</td></tr>
</table>

## 4. 학급 관리를 돕는 학급운영과 평가 도구

<table>
<tr><th colspan="2">플리커스</th></tr>
<tr><td>특징</td><td>#동료평가 # #형성 평가 #설문조사 #자동 분석</td></tr>
<tr><td>사용<br>Tip</td><td>1. 수업을 시작하기 전 플리커스 카드를 학생 수만큼 출력해서 배포하는 것이 좋다.<br>2. 교사만 인터넷이 연결된 스마트폰이 필요하고 학생들은 디지털 기기가 없어도 된다.</td></tr>
<tr><td>사용<br>방법</td><td>1. 홈페이지(https://get.plickers.com/)에 접속하고 중간에 있는 Sign up for free를 클릭하여 회원가입을 진행한다. 구글이나 애플 계정으로 가입하거나 새롭게 가입해도 좋다.

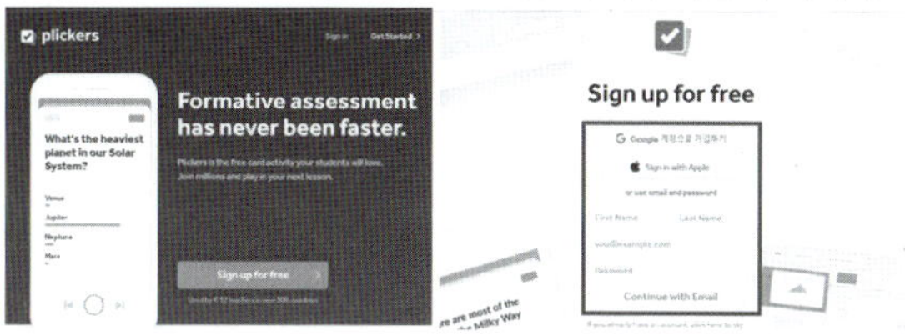


2. 자동 팝업이 뜨면 Get the cards 아래 Download를 클릭하여 플리커스 카드를 내려받는다. 학생 수만큼 카드를 출력하여 배포한다

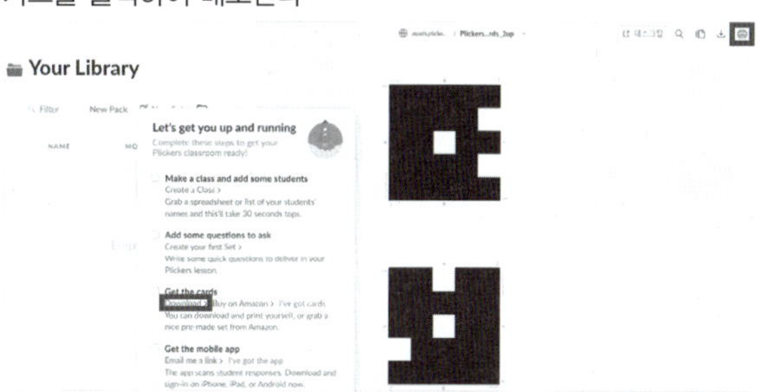


3. New set을 클릭하고 A, B, C, D에 보기를 입력한 후 위쪽 질문 부분에 문제를 입력한다. 예) 모둠활동 때 나라가 적극적으로 참여했나요? 1부터 4까지로 표현해요 클릭하기 전 답이 없는 문제는 Survey로, 답이 있는 문제는 Graded로 설정한다. A:4점, B:3점, C:2점, D:1점

※ 자세한 사용 방법은 홈페이지(https://get.plickers.com/) 참고</td></tr>
</table>

<table>
<tr><th>교과명</th><th>도덕</th><th>성취기준</th><th>[6도01-03] 정직의 의미와 정직하게 살아가는 것의 중요성을 탐구하고, 정직과 관련된 갈등 상황에서 정직하게 판단하고 실천하는 방법을 배운다.</th></tr>
<tr><td>학습목표</td><td colspan="3">어떠한 상황에서도 정직하게 판단하고 행동하는 태도를 기를 수 있다.</td></tr>
<tr><td>준비물</td><td colspan="3">교사: 스마트폰</td></tr>
<tr><td>수업흐름</td><td colspan="3">
</td></tr>
<tr><td rowspan="3">수업적용</td><td>도입</td><td colspan="2">• [동기유발] '정직'하면 무엇이 떠오르는지 단어를 말해본다.<br>• [학습목표 안내] 어떠한 상황에서도 정직하게 판단하고 행동하는 태도를 기를 수 있다.</td></tr>
<tr><td>전개</td><td colspan="2">• [핵심내용 이해] 강의를 통해 정직과 비슷한 단어들 학습하기<br>• [개인활동] 교사가 제시하는 문제 상황들에서 정직을 택하려면 어떻게 해야 하는지 플리커스 카드로 표현하기<br>
<table><tr><td>예시</td><td>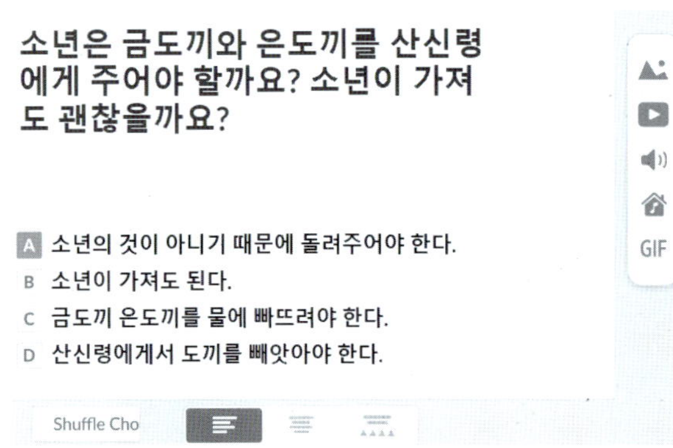
<br>출처 : 퀴버</td></tr></table>
• [모둠활동] 정직을 택하면 따라올 미래 일들에 관해 모둠별로 예상해보고 토론해보기</td></tr>
<tr><td>정리</td><td colspan="2">• [동료평가] 학급 동료들이 모둠활동에 잘 참여했는지 플리커스 카드로 평가하기<br>• [자기평가] 자신이 충실히 수업에 참여했는지 돌아보기</td></tr>
</table>

## 요약

에듀테크는 교육과 기술이 결합한 단어로 국내에서는 전통적 교육 서비스에 ICT 기술을 결합하여 새로운 학습 경험을 제공하는 혁신적 분야로 인식하고 있다. 반면 해외에서는 에듀테크를 교육 및 학습 지원을 위해 기술을 활용하여 촉진하고 성과를 향상시키는 연구와 윤리적 실천으로 바라본다.

에듀테크는 이러닝, 스마트러닝, 디지털 학습, 교육에서의 기술 등 여러 유사 개념이 있다. 이러한 유사 개념들과는 달리 에듀테크는 데이터와 SW 활용을 중시한다는 데 차이가 있다.

에듀테크는 실감화, 연결화, 지능화, 융합화라는 네 가지 특징을 가지고 있으며, 기관과 분류 목적에 따라 에듀테크는 여러 유형으로 분류된다. 학교 현장에서 쉽게 에듀테크를 적용할 수 있도록 학습 콘텐츠, 소통, 창작, 관리 네 영역으로 구분된다.

코로나-19로 인해 기회를 얻게 된 글로벌 에듀테크 업계는 2019년에서 2025년까지 연평균 성장률 16.3%에 달할 것으로 전망되었으며, 국내 시장도 2020년부터 2026년까지 8.5%의 연평균 성장률로 시장이 커질 것이라 예상되었다. 국내에서는 KAIST, ETRI, KEIT, 한국문화기술연구소 등에서 에듀테크를 활발히 연구하고 있다.

국외 주요국들은 국가 수준으로 에듀테크 정책을 수립하고 이를 토대로 민관 연계를 활성화하는 방안으로 교육 혁신을 단계적으로 추진하고 있으며, 우리나라도 2023년 에듀테크 진흥방안을 발표하며 체계적으로 에듀테크 산업을 활성화하고자 노력하고 있다.

본고에서는 학습콘텐츠 저작 도구로 XELF라는 콘텐츠 저작 도구를 제시한다. 이 도구로 교사는 슬기로운 생활 수업 중 봄에 만날 수 있는 동물 탐색 수업에 적용할 수 있다. 더불어 소통 도구로는 교사용 다했니?와 학생용 다했어요!를 제안한다. 이를 활용해 사회 수업에서 과제를 배포하고 피드백하는 과정을 소개한다. 창작 도구로는 퀴버라는 AR 체험형 학습 도구를 소개한다. 그림을 색칠하고 스마트폰을 갖다 대면 그림이 살아 움직이고 게임까지 할 수 있다. 이를 활용하여 상상력을 동원해 이야기를 만드는 국어 수업에 적용하는 방안을 제공한다. 마지막으로 평가 도구로는 동료평가를 쉽게 할 수 있는 플리커스를 소개한다. 이를 활용해 도덕 수업에서 토론의 도구로 활용할 수도 있으며 학생들의 동료평가에도 사용할 수 있다. 최대한 학교 현장에서 쉽게 활용할 수 있고 무료로 배포된 에듀테크 도구 및 서비스를 제안하고자 하였다.

## 객관식 문제



**1. 다음 중 에듀테크의 특징과 주요 내용의 연결이 가장 먼 것은?**

① 실감화 - AR, VR 등의 실감 · 체험형 교육
② 연결화 - IoT, 클라우드와 같은 초연결 기반 플랫폼 활용
③ 융합화 - 교육과 산업의 확장
④ 지능화 - 다학제 융합 연구 및 산업 창출

**2. 다음은 어느 나라의 에듀테크 정책인가요?**

| 에듀테크 프레임워크 (2019) | • 1단계: 에듀테크 사용을 위한 행정, 평가, 수업, 지속적 경력 개발 영역의 비전 수립<br>• 2단계: 디지털 인프라 구축, 능력·기술 개발 및 효과적 조달, 디지털 보안 촉진 영역 정책 방안의 분야별 기존 문제 상황과 해결 및 정책 추진 동향 설정<br>• 3단계: 1, 2단계 기반 실행, 통합, 반복, 혁신 추구 |
|---|---|

① 영국　② 미국
③ 중국　④ 캐나다

## 주관식 문제

1. 에듀테크의 개념에 대해 설명하시오.

2. 교육부와 KERIS가 2022년 에듀테크 수업 활용 가이드북에서 분류한 에듀테크 유형의 대분류 네 가지를 서술하시오.

3. 우리나라의 에듀테크 진흥방안의 추진 전략에 대해 설명하시오.

## 참고문헌




- 공영일. (2020). 에듀테크 산업 동향 및 시사점. MONTHLY SOFTWARE ORIENTED SOCIETY, 70, SPRi.
- 김상운 외. (2022). 에듀테크 수업 활용 가이드북. 교육자료 TL 2022-07, 교육부, KERIS.
- 김상운, 이윤정, 이애숙 (2022). 학교 현장의 에듀테크 활용 및 수요 분석 -에듀테크 설문조사 결과를 중심으로-. 기타자료 RS 2022-01, KERIS.
- 김명희. (2023). [스페셜리포트]생성형 AI시대, 교육이 달라진다. 전자신문.
- 김성희. (2021). 디지털 빅데이터 교실에서 스마트교육의 실제와 활용 : 에듀테크를 활용한 학습자 중심 교육. 한국엔터테인먼트산업학회논문지, 15(4), 279-286.
- 교육부. (2023). 에듀테크 진흥방안. 보도자료.
- 교육부. (2023). 에듀테크 키워 공교육 질 높이고 'K-에듀' 수출 활성화한다. 대한민국 정책브리핑.
- 교육부. (2024). 교사가 이끄는 교실혁명을 위한 디지털 기반 교육혁신 역량 강화 지원방안. 보도자료.
- 구영덕. (2022). 에듀테크(Edutech) 산업 동향 및 전망. ASTI MARKET INSIGHT 2022-087, KISTI.
- 로이. (2023). 생성형 AI를 활용한 에듀테크 기업 사례 소개. 브런치스토리.
- 박성우. (2020). 코로나19 이후 떠오르는 미국 에듀테크 시장. KOTRA & KOTRA 해외시장뉴스.
- 산업통상자원부, nipa, SPRi. (2023). 2022년 이러닝산업 실태조사. SPRi
- 양경화. (2023). 국내·외 에듀테크 정책 및 활용 사례. 전북교육정책 오늘 3월호, 교육동향분석 4호.
- 임경화, 신정민, 김주리, 정문기. (2021). 에듀테크 기반 직업능력개발 선도사업 모델 연구. 연구보고서 2021-01, 한국기술교육대학교 고용직업능력개발센터.
- 윤일영. (2017). 교육과 ICT기술의 융합, 에듀테크(EduTech). 융합 Weekly TIP, 91, 융합연구정책센터.
- 주로스앤젤레스 대한민국 총영사관. (2017). 미국 교육시장, 에듀테크를 주목하라. 미 서부지역 산업정보.
- 전형배, 정훈, 강병옥, 이윤경. (2021). AI 기반 교육 현황과 기술 동향. 전자통신동향분석, 36

(1), 71-80.

- 정보통신산업진흥원. (2020). 해외 에듀테크 주요기업 분석 보고서. 글로벌 에듀테크 산업 동향 분석.
- 정보통신산업진흥원. (2021). 에듀테크 산업생태계 기획조사 종합보고서.
- 중소벤처기업부.(2023). 중소기업 기술로드맵(2022-2024) - 전략품목 현황분석 비대면 교육 플랫폼 -. 중소벤처기업부.
- 한국콘텐츠진흥원 일본비즈니스센터. (2020). 일본 에듀테크 산업 및 최신 콘텐츠 동향. 일본 20-7호, 한국콘텐츠진흥원.
- Dina Foster et al. (2023). EdTech Quality Frameworks and Standards Review. DfE Quality Characteristics Project (ref: PQFFSR), Department for Education(U.K.).
- The Education Commission. (2016). The Learning Generation, International Commission on Financing Global Education Opportunity. 18.
- KERIS. (2022). 포스트 COVID-19 대응 미래교육체제 전환을 위한 에듀테크 동향 분석. KERIS.
- KOTRA. (2023). 중국 에듀테크 시장동향: 온라인 소양교육을 중심으로. kotra 해외시장뉴스.

CHAPTER

# 5

# AI 교육의 이해와 실제

## 단원목표

- AI의 개념 및 원리를 이해할 수 있다.
- AI 교육에 대한 개념을 이해할 수 있다.
- AI 교육 사례를 탐색할 수 있다.

---

## 단원목차

SECTION
# 5.1 AI의 개념 및 원리

‘인공지능’이라는 용어는 미국 아이비리그 대학인 다트머스 대학에서 열린 1956년 워크숍에서 “지능적인 기계, 특히 지능적인 컴퓨터 프로그램을 만드는 과학 공학”이라는 뜻으로 처음 사용되었다(McCarthy 외. 2006).

이후 수십 년 동안, AI는 산발적으로 발전했고, AI 겨울(침체기)과 맞물려 빠르게 발전했다(Russell, Norvig. 2016).

## 1. AI의 개념과 역사

AI에 대한 정의는 계속해서 증가하고 확장되어왔으며, ‘지능’이란 무엇인지, 과연 기계가 ‘지능’이 될 수 있는지에 대한 철학적 의문과 얽히게 되었다. 단적인 예로, Zhong은 AI를 다음과 같이 정의한다.

> 인공지능은 인간 지능의 비밀을 탐구하는 것과 인간의 지능을 기계에 최대한 이식하는 것을 목표로 하는 현대 과학기술의 한 분야이다(Zhong. 2006).

실질적으로 AI는 우리가 보통 인간만이 지녔다고 여기는 능력을 통해 세상과 상호작용하도록 설계된 컴퓨터 시스템으로 정의할 수 있다(Luckin 외. 2016). 유네스코 산하의 세계과학기술윤리위원회(World Commission of Scientific Knowledge and Technology, COMEST)는 AI에 대해 다음과 같이 정의를 내린다.

> AI는 지각, 학습, 추론, 문제해결, 언어 상호작용, 심지어 창의적 작품 제작과 같은 인간 지능의 특정 기능을 모방할 수 있는 기계이다(COMEST. 2019).

우리는 이름하여 AI 르네상스 시대를 살아가고 있다. 머신러닝으로 알려진 AI 기술을 도입하는 분야는 점점 더 늘어나고 있다. AI 시스템은 엄청난 양의 데이터를 분석한다. 이는 데이터의 기하급수적인 증가(IBM은 인터넷 및 관련 기술로 인해 매일 2.5억 바이트 이상의 데이터가 생성된다고 추산함)와 컴퓨터 처리 능력의 기하급수적인 증가(무어의 법칙 덕분에 오늘날의 휴대전화는 40년 전 슈퍼컴퓨터 만큼의 기능을 갖게 됨)라는 두 가지 중요한 개발의 산물이다. 빅데이터와 강력한 컴퓨팅 기술은 머신러닝의 알고리즘이 수백만 개의 데이터 포인트를 처리하는 데 필수적인 요소이다.

흥미롭게도, 가장 큰 화제가 되고 있는 머신러닝 알고리즘인 '딥러닝'과 '신경 네트워크'는 40년 이상 존재해 왔다. 따라서, 최근 AI의 극적인 성과와 파괴적인 잠재력은 새로운 패러다임이라기보다는 알고리즘의 정교한 개선과 '서비스로서의 이용'이 용이해짐에 따라 생겨났다. 다시 말해, 현재 우리는 '구현의 시대'에 살고 있는 것이다.

> 지금까지 무수한 어렵고 추상적인 AI 연구가 수행되어 왔다. 구현의 시대는 우리가 마침내 실세계에 AI의 적용을 목격하게 될 것을 의미한다(Lee. 2018).





여행자를 식별하고 범죄자를 추적하는 데 사용되는 언어 간 자동 번역과 자동 안면 인식, 스마트폰 및 기타 장치의 자율주행 차량 및 개인 비서에 이르기까지 AI는 점점 더 일상에 획기적으로 적용되고 있다. 특히 주목할 부분은 의료 분야이다. 최근의 혁신적인 사례로는 많은 종류의 항생제 내성 박테리아를 죽일 수 있는 새로운 약을 개발하기 위해 AI를 적용한 것이다 (Trafton, 2020). 또 태아 뇌 스캔을 통해 이상 징후를 조기 진단하고, 망막 스캔을 통해 당뇨를 진단하고, 종양 탐지를 개선하기 위한 X-ray를 포함한 의료 영상 분석을 위해 AI를 적용한 사례도 있다. 이러한 사례들을 통해 AI와 인간은 공생관계에 있음을 알 수 있다.

> AI 기반 영상 기술을 통해 방사선 전문의를 지원했을 때, 우리가 알아낸 사실은 AI 기술과 방사선 전문의의 결합이 AI나 방사선 전문의 단독 판독보다 우월하다는 점이다.(Michael Brady 옥스포드 대학 종양학 교수. MIT Technology Review 및 GE Healthcare 인용)

다음의 논평은 AI 기술의 적용이 실제로 의료의 '재인간화'를 실현할 수 있음을 시사한다.

> AI와 자동화된 프로세스의 성장은 종종 의료 서비스 제공 과정에서 인력의 활용이 감소할 것이라는 우려를 낳는다. 그러나 업계에서는 그 반대의 경우가 점점 더 현실화되고 있다. AI는 의료 전문가의 과로를 줄이고 자원과 기능을 지원함으로써 프로세스를 크게 개선할 수 있다(MIT Technology Review 및 GE Healthcare. 2019).

〈표 5.1〉 사회에 긍정적으로 기여하는 AI 접목 분야

| AI 접목 분야 | 내용 |
|---|---|
| 자동 저널리즘 (Auto-journalism) | AI 기반의 글로벌 뉴스 모니터링 및 주요 정보 추출, 간단한 기사 자동 작성 등 |
| AI 법률 서비스 (AI legal services) | 판례 및 법규 자동 검색 및 조사 서비스, 법적 실사 수행 등 |
| AI 기상 예측 (AI weather forecasting) | 방대한 양의 과거 기상 데이터 마이닝을 통해 기상 예측 수행 등 |
| AI 범죄 행각 탐지 (AI fraud detection) | 신용카드 사용 현황을 자동으로 모니터링하여 패턴 및 이상 징후 파악 (잠재적 부정 거래 탐지) 등 |
| AI 기반 비즈니스 프로세스 (AI-driven business processes) | 제조 자동화, 시장 분석, 주식 거래, 포트폴리오 관리 등 |
| 스마트시티(Smart cities) | AI와 사물인터넷(IoT)을 활용하여 도시환경에서 생활하고 일하는 사람들의 효율성과 지속가능성 향상 |
| AI 로봇(AI robots) | 머신 비전, 강화학습 등 AI 기술을 활용해 세상과 소통하는 물리적 머신 |



위에 제시된 사례들은 AI는 사회에 긍정적으로 기여하는 점을 보여 주고 있지만, AI의 접목이 논란을 불러일으킨다는 사실 또한 간과해서는 안 된다. AI 악용 사례는 다음과 같다.

〈표 5.2〉 AI의 악용 사례

| AI 접목 분야 | 내용 |
|---|---|
| 자동화된 전투전 (Autonomous warfare) | 인간의 개입 없이 작동하는 무기, 드론 및 기타 군사 장비 |
| 딥페이크 (Deep-fakes) | 가짜뉴스의 자동 생성, 동영상 속 얼굴 교체로 정치인과 연예인들이 하지도 않은 말을 하거나 하는 것처럼 보이게 하는 것 |

또한, 일부 AI 기업이나 언론의 극적인 주장을 접할 때도 신중해야 한다. 결론부터 말하자면, AI 기술이 텍스트 읽기, 이미지 식별과 같은 작업에서 인간보다 더 낫다는 언론 보도 헤드라인은 이러한 성공이 제한된 상황에서만 사실이라는 점을 주지할 필요가 있다. 예를 들어, 텍스트가 짧고 추론이 불필요할 만큼 필요한 충분한 정보를 포함하고 있을 때 말이다. 현재의 AI 기술은 매우 취약할 수 있다. 데이터가 미묘하게 변경된 경우, 예컨대 영상에 일부 무작위 노이즈가 겹치는 경우 AI의 기능은 현저히 떨어질 수 있다(Marcus, Davis. 2019).

## 1 인공지능의 탄생(1943-1956)

1940년대 후반과 1950년대 초반에 이르러서 수학, 철학, 공학, 경제 등 다양한 영역의 과학자들에게서 인공적인 두뇌의 가능성이 논의되었다. 1956년에 이르러서, 인공지능이 학문 분야로 들어섰다.

#인공두뇌학과 초기 신경 네트워크 #튜링 테스트 #게임 인공지능
#상징 추론과 논리 이론 #다트머스 컨퍼런스 1956년(AI의 탄생)

▲**그림 5.1** 1956년 다트머스 회의(AI 탄생의 아버지들)

출처 : https://indiaai.gov.in

## 2 황금기(1956~1974년)

다트머스 컨퍼런스 이후에, AI라는 새로운 영역은 발전의 땅을 질주하기 시작했다. 이 기간에 만들어진 프로그램은 많은 사람들을 "놀랍게(astonishing)"만들었는데, 프로그램은 대수학 문제를 풀었고 기하학의 정리를 증명했으며 영어를 학습했다. 몇 사람들은 이와 같은 기계의 "지능적" 행동을 보고 AI로 모든 것이 가능할 것이라 믿었다. 연구가들은 개인의 의견 또는 출판물들을 통해 낙관론을 펼쳤고, 완전한 지능을 갖춘 기계가 20년 안에 탄생할 것이라고 예측했다. ARPA(Advanced Research Projects Agency)같은 정부 기관은 이 새로운 분야에 돈을 쏟아부었다.

#작업들 #탐색 추리 #자연어 처리 #마이크로월드 #낙관론 #자금

## 3 AI의 첫 번째 암흑기(1974–1980)

70년대에 이르자, AI는 비판의 대상이 되었고 재정적 위기가 닥쳤다. AI 연구가들은 그들의 눈앞에 있는 복잡한 문제를 해결하는데 실패했다. 연구가들의 엄청난 낙관론은 연구에 대한 기대를 매우 높여놓았고, 그들이 약속했던 결과를 보여주지 못하자, AI에 대한 자금 투자는 사라져버

렸다. 동시에, Connectionism 또는 뉴럴망은 지난 10년동안 마빈 민스키의 퍼셉트론(시각과 뇌의 기능을 모델화한 학습 기계)에 대한 파괴적인 비판에 의해 완전히 중지되었다. 그러나 70년대 후반의 AI에 대한 좋지 않은 대중의 인식에도 불구하고, 논리 프로그래밍, 상징 추론과 많은 여러 영역에서의 새로운 아이디어가 나타났다.

#문제 #컴퓨터 능력의 한계 #폭발적인 조합 수와 비용이성
#상징적 지식과 추론 #모라벡의 패러독스 #프레임 문제, 자격 문제
#자금 지원의 중단 #캠퍼스 전역의 비판들 #퍼셉트론과 연결망의 어두운 시대
#깔끔이 : 논리, 프롤로그와 전문가 시스템 #지저분이 : 프레임과 스크립트



## 4 AI붐(1980–1987)

1980년대에는 전 세계적으로 사용된 '전문가 시스템'이라고 일컫는 인공지능 프로그램의 형태였고 인공지능 검색에 초점이 맞춰졌다. 같은 시기에 일본 정부는 자신들의 5세대 컴퓨터 프로젝트와 인공지능에 적극적으로 투자하였다. 1980년대에 존 홉필드와 데이비드 루멜하트의 신경망 이론의 복원이라는 또 다른 사건이 있었다.

#전문가 시스템의 발전 #지식 혁명 #돈은 되돌아온다 : 5세대 프로젝트
#신경망 이론의 복귀

## 5 AI의 두 번째 암흑기(1987–1993)

AI와 비즈니스 커뮤니티의 매력은 상실했고 경제 거품이라는 고전적 형태의 1980년대에 빠졌다. 붕괴는 정부기관과 투자자들의 '해당 분야는 계속해서 비판에도 불구하고 진보해왔다.'는 인식에 비롯된 것이었다. 로봇 공학 분야에 관련 된 연구원인 Rodney Brooks 와 Hans Moravec는 인공지능에 대한 완전히 새로운 접근 방식을 주장하였다.

#인공지능의 겨울 #몸통을 갖는 것의 중요성: Nouvellle AI and embodied reason

## 5 AI(1993–현재)

지금보다 반세기는 더 오래된 AI의 분야는 마침내 가장 오래된 목표 중 몇 가지를 달성했다. 이것은 비록 뒷받침해주는 역할이었지만 기술 산업에 걸쳐 성공적으로 사용되었다. 몇 가지 성공은 컴퓨터의 성능이 증가했기 때문이고 또 다른 몇 가지는 고립된 문제들에 대해 집중하였고 높은 과학적 의무감으로 해 나갔기 때문에 해결되었다. 적어도 비즈니스 분야에서의 AI의 평판은 여전혀 처음 같지 않다. 이 분야 내에서는 1960년대 세계의 상상이던 인간 수준의 지능의 꿈을 실현하는 것이 실패로 돌아갔다는 이유로 몇 가지 합의를 하였다. 하위 파트에서 AI의 일부분을 도와주던 모든 요소들은 특정 문제나 접근 방식에 초점이 맞추어졌다. 그 후, AI는 여태 해왔던 것보다 더욱 신중해졌고 더욱 성공적이였다. 또한 보안이 중요한 이슈로 떠올랐다. 인공지능의 보안이슈로는 학습된 인공지능을 속일 수 있는 공격형태인 Poisoning Attack, Evasion Attack, 인공지능 모델 자체를 탈취할 수 있는 Model Extraction Attack, 학습된 모델에서 데이터를 추출해내는 Inversion Attack 등이 있다.

| #성공 사례와 무어의 법칙 #지능형 에이전트 #깔끔함의 승리 #조용한 발전<br>#HAL 9000은 어디에 있는가? #인공지능과 4차 산업혁명 #실험적인 AI 연구 |
|---|





## 2. AI의 원리 이해

각 분야에서 AI의 적용은 복잡한 기술의 범위에 따라 달라지는데, AI 엔지니어에게는 코딩뿐만 아니라 상위 수준의 수학, 통계 및 기타 데이터 사이언스 기법이 요구된다.

### 1 전통적 AI(Classical AI)

'기호 AI', '룰 기반 AI', '전통적 AI(GOFAI, Good-Old-Fashioned AI) 등으로 알려진 훨씬 초기의 '전통적인 AI'는 IF.-THEN 연산 규칙에 따라 컴퓨터가 작업을 완료하기 위해 실행해야 할 기타 조건부 논리 규칙과 단계를 수행한다. 수십 년 동안 룰 기반의 AI '전문가 시스템'은 의학 진단, 신용 등급, 제조 등 다양한 분야에의 접목을 위해 개발되어왔다. 이 전문가 시스템은 '지식 엔지니어링'이라고 알려진 접근방식에 기초한다. 지식 엔지니어링은 특정 영역의 전문가 지식을 도출하고 모델링하는 과정이 포함되며, 복잡하지 않은 자원 집약적 작업이 수반된다. 전문가 시스템에는 수백 개의 규칙이 적용되지만 그 논리를 따르는 것은 어렵지 않다. 그러나 규칙 간의 상호작용이 증가하고 복잡해진다면 전문가 시스템의 개선이나 강화는 어려워진다.

### 2 머신러닝(Machine learning)

자연어 처리, 얼굴 인식, 자율주행차를 포함한 최근의 눈부신 AI 발전은 머신러닝 기반의 접근법으로 가능해진 것이다. 머신러닝(ML)은 규칙을 부여하는 대신 대량의 데이터를 분석하여 패턴을 식별하고 미래 가치를 예측하는 데 사용되는 모델을 구축한다. 이러한 의미에서 알고리즘을 사전 프로그래밍이 아니라 '학습(Learning)'으로 지칭한다.

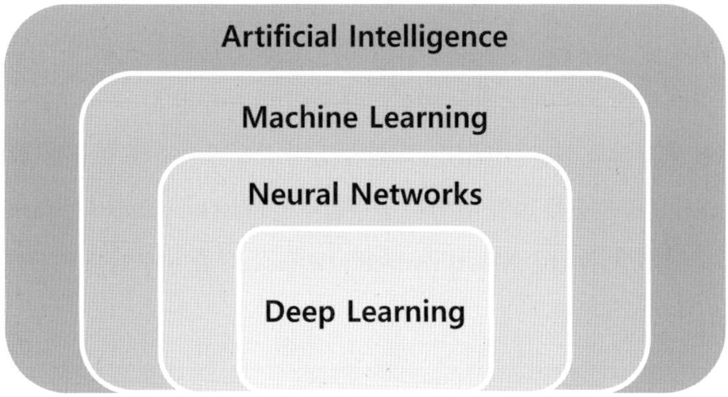


▲ **그림 5.2** 인공지능, 머신러닝, 신경망, 딥러닝 관계도



머신러닝 접근 방식은 크게 지도 학습, 비지도 학습, 강화 학습 세 가지로 구분된다. 지도 학습에는 인간에 의해 라벨링된 수천 장의 사진 등 이미 라벨링된 데이터가 필요하다. 지도 학습은 데이터를 라벨링과 연관 지어 유사한 데이터에 적용할 수 있는 모델을 구축한다. 예를 들어 사람으로 라벨링된 사진 데이터를 활용하여 새로운 사진에서 사람을 자동으로 식별한다. 비지도 학습에서는 AI에 더 많은 양의 데이터가 제공되지만 데이터를 분류하거나 라벨링하여 제공하지 않는다. 비지도 학습은 새로운 데이터를 분류하는 데 사용할 수 있는 데이터, 즉 군집(Cluster)의 숨겨진 패턴을 찾아내는 것을 목표로 한다. 예를 들어, 수천 개의 데이터에서 패턴을 찾아 글씨체의 문자와 숫자를 자동으로 식별할 수 있다.

지도 학습과 비지도 학습 둘 다 데이터로부터 파생된 모델이므로 데이터가 변경되면 분석을 다시 수행해야 한다. 그러나 세 번째 머신러닝 접근 방식인 강화 학습은 피드백을 바탕으로 모델을 지속적으로 개선해야 한다. 이것은 학습이 계속해서 진행 중이라는 의미에서 머신 러닝으로 불린다. 모델을 도출하기 위해 초기 데이터가 제공되는데, 이 데이터는 정확하거나 부정확한 것으로 평가되고 그에 따라 보상 또는 처벌된다. AI는 이 보상책을 통해 모델을 계속적으로 개선한 뒤 반복적으로 발전(학습 및 진화)한다. 예를 들어, 자율 주행 자동차가 충돌을 피할 경우, 이를 가능하게 한 모델은 보상(강화)을 받고 향후 충돌을 피할 수 있는 능력을 더욱 강화하게 된다.

오늘날 머신러닝은 매우 널리 알려진 개념으로 때로는 AI와 동의어로 여겨지지만 실제로는 AI의 하위 집합으로 분류된다. 여전히 머신러닝 알고리즘이 적용되지 않은 많은 AI 모델이 있고, 머신러닝이 적용되었다하더라도 항상 룰기반, 기호 AI인 전통적 AI(GOFAI)를 기반으로 한다. 예를 들어, 일반적인 챗봇은 예상 질문에 응답하는 방법에 대해 인간이 정의한 규칙을 사용하여 사전 프로그래밍된다. 이는 사실, 이전의 전문가 시스템과 마찬가지이다.

아울러, 머신러닝은 인간의 학습 측면에서 보면 실제로 학습하지는 않는다. 독립적으로 학습하지도 않는다. 대신 머신러닝은 전적으로 인간에게 의존한다: 즉, 데이터를 선택, 정리 및 지정하고, AI 알고리즘을 설계 및 훈련하며, 출력값을 선별, 해석, 판단한다. 예를 들어, 획기적인 개체 인식 도구는 이미지 데이터베이스에서 고양이의 사진을 식별할 수 있다고 하지만, 실제로 그 도구는 유사해 보이는 개체만 함께 묶기만 했을 뿐이고 그중 한 세트는 사람이 직접 식별해야 했다. 마찬가지로, 자율 주행 차량에 사용되는 머신러닝은 전적으로 사람에 의해 라벨링된 거리 장면의 수백만 개 이미지에 의존한다.

실리콘밸리에서도 Amazon Mechanical Turk와 같은 시스템을 사용하는 전 세계 사람들과 인도, 케냐, 필리핀 및 우크라이나와 같은 국가의 회사에게 라벨링 작업을 아웃소싱했다. 데이터 라벨링이라는 새로운 경제 구조의 노동자는 차량, 도로 표지판, 보행자 등 각 프레임의 각 물체(머신러닝 알고리즘이 분석하는 데이터)에 직접 라벨을 붙이는 작업을 수행한다.





> 오늘날 우리가 마주하는 거의 모든 AI 제품에는 인간이 직접 삽입한 콘텐츠가 필요하다. AI가 자연어 처리를 수행하는 경우 언어학자나 음성학자에게서 얻은 전문 지식일 수 있으며, 의학 분야에 적용되는 경우 의사로부터, 자율 주행에 접목되는 경우에는 도로 교통과 운전 전문가의 견해가 사용되었을 것이다. 즉, 머신러닝은 전통적 AI GOFAI)가 뒷받침되지 않고서는 완전한 AI를 구현할 수 없다(Säuberlich, Nikoli'c, 2018).

## 3 인공신경망(Artificial neural networks)

인공신경망(ANN, Artificial Neural Network)은 생물학적 신경망의 구조에서 영감을 받은 AI 접근법이다. 인공신경망은 입력층, 출력층, 입력층과 출력층 사이의 다수의 은닉층을 포함한 세 가지 유형의 인공 뉴런으로 구성된다. 머신러닝 프로세스를 수행하는 동안 뉴런 사이의 연결부에 부여된 가중치는 강화 학습 및 '역전파' 과정에서 조정되며, 이를 통해 인공신경망은 새 데이터에 대한 출력을 계산할 수 있다. 이 인공지능을 사용하는 유명한 사례가 바로 2016년 구글의 알파고이다.

이 은닉층들은 인공신경망의 핵심인 동시에 치명적인 단점이 있다. 인공신경망이 어떻게 해결책에 도달했는지 알아보기 위해 심층 신경망을 조사하는 것은 대개 불가능하다는 사실이다. 다시 말해 의사결정 과정의 근거를 알 수 없다는 것이다. 많은 기업들은 주어진 알고리즘이 특정 결정에 도달한 이유를 이해하기 위해 의사결정 도출 과정에 관해 연구하고 있다(Burt, 2019). 이러한 시도는 인공신경망을 비롯한 기타 머신러닝 기술을 통해 인간에게 중대한 영향을 미치는 결정(감옥 수감 기간 등)을 내릴 때 활용하기 위함이다. 그러나, 언제나 그래왔듯이 그리 간단한 문제는 아니다.

AI 의사결정에 대한 더 많은 정보를 생성하면 실질적인 이익이 창출될 수 있지만, 바꿔 말하면 새로운 위험도 창출될 수 있다(Burt, 2019).

### 3 딥러닝(Deep learning)

딥러닝은 여러 개의 중간 계층으로 구성된 인공신경망을 의미한다. 딥러닝 접근법을 통해 AI 기술은 자연어 처리, 음성인식, 컴퓨터 비전, 이미지 생성, 신약 개발, 유전체학 등 다양한 분야에서 눈부신 발전을 이루었다. 딥러닝 모델에는 입력을 필요한 출력으로 전환하는 효과적인 수학적 연산인 이른바 '심층 신경망'(DNN, Deep Neural Networks)과 데이터가 어떤 방향으로든 흐를 수 있고, 입력 시퀀스를 처리할 수 있으며, 언어 모델링 분야에 사용되는 '순환 신경망'(RNN, Recurrent Neural Networks), 3개의 2차원 영상을 사용하여 3차원 컴퓨터 비전을 가능하게 하는 것과 같이 다중 배열의 형태로 제공되는 데이터를 처리하는 '합성곱 신경망' (CNN, Convolutional Neural Networks) 등이 있다.



마지막으로, 이미지나 영상 조작에 사용되는 '생성적 대립 신경망'(GAN, Generative Adversarial Networks)' 기술에 주목할 필요가 있다. GAN에서는 두 개의 심층 신경망이 서로 경쟁한다. 즉, 한 신경망은 출력을 '생성'하고, 다른 신경망은 이러한 출력을 '식별'한다. GAN은 이렇듯 생성과 식별 두 가지 모델이 서로 경쟁하는 과정을 반복하며 데이터를 쌓는다. 예를 들어 DeepMind의 AlphaZero는 여러 보드 게임을 하고 이기는 방법을 배우기 위해 GAN 방식을 사용했다. 한편, 이미지 데이터를 학습한 GAN은 실제처럼 보이지만 존재하지 않는 사람들의 이미지를 만들어냈다. GAN 분야는 지속적인 연구 분야이다.

## 3. AI를 활용한 문제 해결

위에서 언급한 모든 AI 기법을 통해 다양한 AI 기술 발전이 이루어졌고, 이러한 기술은 '서비스로서' 제공되고 있으며, 앞서 언급한 AI 접목 분야에서 활용되고 있다. <표 5.3>에 자세히 나와 있는 AI 기술은 다음과 같다.

〈표 5.3〉 AI 기술

| 기술 | 세부내용 | 주요 AI 기법 | 현황 |
|---|---|---|---|
| 자연어 처리 | 자동텍스트 형성(자동 저널리즘) 및 텍스트 해석(법률서비스, 번역 등) | 머신러닝(딥러닝), 회귀분석, K-means | 자연어처리, 음성인식, 이미지 식별 작업은 90%의 정확도를 보인다. 그러나, 새로운 AI 패러다임이 개발되지 않는 한 더 이상의 진전은 없을 것이라는 의견도 있다. |
| 음성 인식 | 스마트폰, 개인비서, 은행 대화봇 등에 적용된 음성 자연어 처리 기술 | 머신러닝, 특히 RNN 기반의 딥러닝 (LSTM) | |
| 이미지 식별 | 얼굴 인식 (전자 여권 등), 글씨체 인식 (우편 분류), 이미지 조작 (딥페이크), 자율 주행 | 머신러닝, 특히 CNN 기반의 딥러닝 | |
| 자율적 에이전트 | 컴퓨터 게임 아바타, 악성소프트웨어봇, 가상동반자, 스마트로봇, 전쟁 자동화 등 | GOFAI, 머신러닝 | 단순한 형태의 생물에서 영감을 받은 지능, 활동, 위치, 물리적 구현에 초점을 맞추고 있다. |
| 감정 인식 | 텍스트, 얼굴, 행동 탐지를 통한 감정 분석 | 베이지안 네트워크, 머신러닝, 딥러닝 | 전 세계적으로 다양한 상용화된 제품이 개발되었으나 논쟁의 여지가 있다. |
| 예측을 위한 데이터 마이닝 | 재정 예측, 범죄 탐지, 약물 진단, 날씨 예측, 비즈니스 프로세스, 스마트 시티 등 | 머신러닝, 베이지안 네트워크, 서포트 벡터 머신 | 뇌파 신호 해석을 통한 구매 예측 등 데이터마이닝 애플리케이션이 증가하고 있다. |
| 창작 활동 | 사진, 음악, 예술작품, 소설 창조 등 | GAN, 딥러닝, 자기회귀언어모형 | AI의 최첨단에 있는 GAN은 미래의 응용 분야가 점점 더 분명해지고 있다. GPT-3로 알려진 자기회귀 언어 모델은 인간다운 텍스트를 생산할 수 있다. 그러나 출력하는 텍스트를 이해하지는 못한다. |

## 1 약(Weak) 인공지능과 강(Strong) 인공지능의 동향

AI 전문가들은 강 인공지능, 즉 인간과 유사한 수준의 인공지능을 열망하지만 최근의 AI 적용 분야는 사실 좁은 범위의 약 인공지능(Searle. 1980) 사례에 가깝다. 좁은 범위의 인공지능은 지극히 제한적이어서 다른 분야에 직접적으로 접목할 수 없다. 예를 들어, 날씨를 예측하는 데 사용되는 AI는 주식 시장의 움직임을 예측할 수 없고, 차를 운전하는 데 사용되는 AI는 종양을 진단할 수 없다. 약 인공지능은 인간만큼 '지능적'이진 않지만, 효율성과 내구성, 그리고 방대한 양의 데이터에서 중요한 패턴을 식별할 수 있는 능력을 갖추고 있다는 점에서 인간을 능가하기도 한다.

AI 기술이 성공을 거둔 사례들도 많지만 아직은 걸음마 단계에 있다는 점을 확실히 짚고 넘어가고자 한다. 실제로 스마트폰이나 인공지능 기반의 디바이스의 비서와 실제로 대화를 하는 것은 불가능하다. AI는 특정 명령에만 반응하며 이조차 매번 정확하게 작동하지는 않는다. 즉, 어떤 기능(데이터에서 패턴 식별)은 인간을 능가할지라도, 심도 있는 대화와 같은 기능은 2세 미만의 수준에 그친다. AI에 관한 과장된 예측과는 정반대로 AI 기술에 대한 열기가 식을 것이라는 징조가 보이기도 한다. AI 침체기가 도래한 것은 아니지만 잠재력은 손에 잡힐 듯 잡히지 않는다(Lucas. 2018). AI의 진보는 더 이상 이루어지지 않을지도 모른다는 예측도 있다(Marcus, Davis. 2019). 이탈리아의 팔레르모 지역이나 인도의 델리 거리를 안전하게 주행할 수 있는 자율 주행 차량은 수십 년째 제자리걸음이고 이미지 인식 앱도 여전히 부정확하다(Mitchell. 2019).

## 2 AI의 능력과 한계에 관한 비판적 시각

AI의 기술의 실효성은 세 가지 관점으로 구분할 수 있다.

- 인식(의료 진단, 음성 텍스트 변환(STT), 딥페이크 등)을 중심으로 "실제로 빠르게 발전"한 AI 기술(Narayanan, 2019)
- 판단 자동화(스팸 및 혐오 발언 감지, 콘텐츠 추천 포함) 등 "완벽하지는 않지만 개선"되고 있는 AI 기술(ibid.)
- 주로 사회적 성과(범죄 재발, 업무 성과 등)를 예측하는 데 중점을 둔 "효과가 미미한" AI 기술(ibid.)



핵심은 AI 기술이 심층 신경망 기법을 통해 괄목할만한 성과를 이루었지만, 여전히 성과를 거두지 못하고 있는 분야가 많으며, 순수하게 지능적인 어떤 일도 하고 있지 못하다는 것이다.

> AI는 단지 통계를 통해 패턴을 도출할 뿐이다. 이렇게 도출된 패턴은 아무리 통찰력이 있고 자동화되어 있어 더 복잡한 통계 현상을 표현할 수 있고, 결과가 아무리 훌륭하더라도, 여전히 지능적인 실체가 아닌 수학적 산물일 뿐이다 (Leetaru. 2018).

또한, 수천 개의 데이터 변수나 기능을 지니고 있어 컴퓨팅에 많은 리소스와 에너지가 필요한 머신러닝 기법보다 훨씬 단순한 선형 회귀 분석이 낫다는 연구 결과도 있다(Narayanan, 2019).

그럼에도 불구하고 오늘날의 AI가 이전의 기술혁명과 구별되는 것은 발전 속도가 매우 빨라 거의 매일 새로운 기술과 혁신적 접근법이 등장하고, 일상생활 전반에 영향을 미친다는 점이다. 단적인 예로, 최근 의료진을 능가하는 딥러닝 네트워크 기반의 유방암 예측 진단 시스템이 개발되었다(McKinney et al., 2020).

어쨌거나 머신러닝의 성공에는 거품이 있고, 발전은 한계에 다다르고 있다. 예를 들어, 머신러닝이 사진 속의 개체를 식별하는 데 있어 인간만큼 정확하다는 주장은 두 가지 한계를 지닌다. (1) 어린아이가 동일한 수준의 정확도에 도달하기 위해서는 몇 개의 이미지만 학습하면 되지만, 머신러닝 알고리즘은 수백만 개의 라벨링 이미지가 필요하고, (2) 정확도에 대한 평가 기준이 매우 느슨하다는 점이다. (가장 널리 알려진 머신 비전 테스트 중 하나는 AI가 도출한 결론 5가지 중

하나라도 정확하다면 성공한 것으로 간주한다(Mitchell. 2019).) 또한, 현재 AI의 주요 발전을 가속화하고 있는 모든 기술은 수십 년 전에 개발되었다. 다시 말해, 기존 기술을 활용한 새로운 분야의 접목과 개선은 반복되고 있다. 이제는 새로운 돌파구가 나타날 때이다.

일부 전문가들은 AI 기술의 혁신은 전통적 AI, 즉 GOFAI의 기호적 또는 룰 기반의 기술과 데이터 중심 기술이 결합될 때에만 일어날 것이라고 주장한다. 자율주행 차량에서는 이미 그 결합이 일어나고 있다.

> 현재 딥러닝이 그다지 능숙하지 않은 분야에서 지능형 에이전트가 해야 할 것들이 있다. 딥러닝은 추상적인 추론에 능숙하지 않다. 또한 이전에 보지 못한 상황과 상대적으로 불완전한 정보를 처리하지도 못한다. 따라서 다른 도구로 딥러닝을 보완해야 한다. 내 생각에, 전통적인 AI와 딥러닝은 결합되어야 한다. 너무 오랫동안 두 가지는 따로 취급되어 왔다(Marcus interviewed by Ford. 2018).

## 3 인간-기계 간의 협력 지능

AI는 인간의 사고 과정을 시뮬레이션하고 기계화하려는 시도로부터 시작되었다(Turing. 1950). 이후 AI는 인간들과 불편한 관계 속에서 존재해 왔다. AI의 눈부신 발전(경쟁에서 인간을 능가하는 데에서 인간보다 더 정확한 망막 스캔이 가능하기까지)에 우리가 익숙해져가는 동안, 흥미롭게도 현재의 AI 접근법은 점점 한계에 다다르고 있다. 사실, AI는 인간에게는 어려울 수 있는 과정(패턴 발견, 통계 추론 등)에는 능숙하지만, 인간에게는 상대적으로 쉬운 다른 과정(자기주도학습, 상식, 가치 판단 등)에는 약하다. 이 현상을 모라벡의 역설 (Moravec's paradox)이라 일컫는다.

> 지능검사나 체커 게임에서 성인 수준의 성능을 발휘하게 하기는 비교적 쉬우나, 인식과 이동성의 측면에서 한 살짜리 아기 수준의 기술을 습득시키는 것은 어렵거나 불가능하다(Moravec. 1988).

또한, 앞서 언급했듯 AI의 성공에 있어 인간의 작업이 필요하다는 사실은 종종 간과되고 있다. AI를 구현하는 대부분의 경우, 인간이 스스로 직접 문제를 프레임화하고, 질문을 만들고, 데이터를 선택, 정리 및 표시하고, 알고리즘을 설계하거나 선택하고, 조각들이 어떻게 조화를 이루는지 결정하고, 결론을 도출하고 가치에 따라 판단해야 한다. 그리고 그 외에도 훨씬 더 많은 작업을 인간이 직접 수행해야 한다. 따라서 AI를 통해 많은 작업을 자동화할 수 있지만, 인간이 수행해야 할 주요 역할은 여전히 존재하며 이에 대한 대책이 필요하다 (Holmes 외. 2019). 사실, 인간과 AI의 점점 더 복잡하고 미묘해지는 관계는 AI를 '증강지능(augmented intelligence)'으로 재구성하고 이미지를 쇄신해야 한다는 요구로 이어졌다(Zheng. 2017). 예를 들어, 컴퓨터가 체스에서 인간을 쉽게 이길 수 있는 반면, 컴퓨터와 인간이 함께 협력하면 각각 따로 작업한 성과보다 훨씬 더 강력하다. 대회에서는 AI를 활용한 아마추어 체스 선수들이 컴퓨터나 체스 챔피언 모두 이길 수 있었다(Brynjolfsson, McAfee. 2014).

이 접근법에서 AI는 인간의 능력을 찬탈하기보다는 향상시키고자 활용된다. 증강지능으로의 전환은 인간의 인식을 보완하고 확장하는 AI 기술 개발에 중점을 두고 인간과 AI가 보다 효과적으로 협력할 수 있는 방법을 제시하고, 인간과 기계가 어떻게 나뉘어야 하는지 고찰하며, 인공지능과 집단 지능을 적절히 조합하여 세계의 문제를 해결할 수 있는 실마리를 제공한다(Mulgan. 2018).

SECTION

# 5.2 AI 교육의 이해

교육 분야에 AI가 도입된 시기는 1970년대로 거슬러 올라가야 한다. 당시 연구원들은 컴퓨터로 일대일 개인 지도를 대체할 방법을 연구했다. 교사의 일대일 지도는 학습자에게 가장 효과적인 접근법이지만, 모든 교사와 학습자 간의 일대일 지도란 불가능한 일이기 때문이다(Bloom. 1984). 따라서 룰 기반의 AI 기술을 활용하여 적응형 학습 및 개인화 학습을 자동으로 구현하고자 하는 노력이 이루어졌다(Carbonell. 1970; Self. 1974). 이러한 시도로부터 교육 분야에서 AI의 적용은 학생 대상 AI(학습 및 평가 지원 도구)와 시스템 대상 AI(교육 관리 지원)를 포함하여 여러 방향으로 발전해 왔다(Baker 외. 2019). AI와 교육 간의 상호작용은 단순히 교실에서 AI를 학습에 활용하는 수준을 넘어 시민들이 AI 시대에 살 수 있도록 대비시키는 것을 의미한다. 또한 교육 분야에서 AI는 교육학 측면뿐 아니라 사회구조, 접근성, 윤리, 형평성, 지속가능성 등의 이슈에서도 빛을 발하고 있다. AI를 활용하여 무언가를 자동화하기 위해서는 먼저 철저한 이해가 선행되어야 하기 때문이다.



## 1. AI 교육의 정의와 필요성

### 1 AI 교육의 정의

AI 교육은 인공지능(AI, Artificial Intelligence)의 혜택을 누리기 위해 필요한 지식과 기능을 배우고 인공지능과 함께 살아가기 위해 필요한 가치와 삶의 방식을 배우는 교육이다. 2020년 5월 교육부와 과학기술정보통신부에서 발간한 인공지능 교육 길라잡이에서는 아래와 같이 AI 교육을 3가지 유형으로 분류하였다.

(1) AI의 개념을 이해하고 그 원리를 SW로 구현하여 문제 해결 역량을 기르는 교육

(2) 완성된 AI를 실생활의 문제 해결에 활용할 수 있도록 활용 능력을 기르는 교육

(3) AI 기술이 교육 도구로 활용될 수 있도록 교육과 AI가 결합된 교육

한선관(2020)은 인공지능 교육의 유형을 이해교육, 활용교육, 가치교육으로 나누어 제시하였고 이러한 3가지 유형의 교육이 독립적이기보다는 상호보완적으로, 통합적으로 구성되어 적용되어야 효과적이라고 제안하였다.

(1) **인공지능 이해교육** : AI의 용어, 지식, 개념, 원리, 법칙, 알고리즘 등의 이론과 실습을 통해 AI

의 지식과 기능을 갖추는 데 중점을 두고 지도

(2) **인공지능 활용교육** : 자신 또는 생활에서 주어진 문제를 해결하기 위해 AI를 활용하는 내용과 방법을 다루는 것으로 이론적 지식의 형성보다는 산업 융합, 교과 융합, 교육 정책 활용 등 AI 활용 능력과 AI 기술의 개발, 융합 서비스와 창의적 아이디어 산출 등 기능적이고 실용적인 내용을 중점으로 지도

(3) **인공지능 가치교육** : AI에 의해 나타나는 사회적 영향과 윤리적 이슈를 다룬다. 개인적인 삶과 직업, 사회적인 변화와 윤리적 영향 그리고 인류가 처하게 될 이슈를 태도와 실천의 관점을 중심으로 지도



인공지능 교육은 소프트웨어 교육의 연장선상 위에 있으며, 실제로 인공지능 모델은 일반적인 소프트웨어 안에서 사용되고 있다. 그림 5.3을 보면서 다음 목욕탕의 예를 살펴보자. 어느 동네 목욕탕 주인은 입장하는 손님에게 입장료를 받고 여자이면 여탕, 남자이면 남탕으로 안내하고 감시하는 역할을 한다. 약간의 머리를 쓰는 단순 반복 작업이니 소프트웨어라는 자동화 기계를 만들어 그 단순반복 노동을 대신하려고 한다고 해보자. 돈을 받고 거스름돈을 계산하는 것은 단순한 작업이고, 남자이면 남탕으로 가도록 안내하고 반대로 가지 않는지를 확인만 하는 것이라서, 그 과정을 알고리즘으로 만들어 소프트웨어로 만드는 것은 어려운 일이 아니다. 하지만, 여기서 가장 어려운 일은 저 사람이 남자인지 혹은 여자인지를 인식해 내는 것이다. 우리 인간에게는 쉽지만, 그것을 어떻게 명시적인 형태의 알고리즘으로 만들어 낼 것인가, 그것은 지금도 어려운 일이며, 그래서 그러한 소프트웨어가 등장하기가 힘들었던 것이다. 하지만 최근 등장한 딥러닝을 이용한 얼굴 인식 기법은 수 많은 훈련 이미지 데이터를 통하여 얼굴 인식 모델을 만들어 낼 수 있다. 그러며 그 모델을 아까의 그 소프트웨어에서 가져다가 사용하면 되며, 그 소프트웨어는 또 다시 로봇과 같은 하드웨어에 들어갈 수 있게 된다. 이렇게 인공지능 기술은 소프트웨어와 하드웨어의 결합으로 다양한 지능형 시스템을 만들어낸다. 따라서 인공지능 교육은 소프트웨어 교육의 연장선상에서 이루어지는 것이며, 소프트웨어 교육에서 인공지능의 도입은 컴퓨팅 사고력, 문제해결력, 혁신적 사고, 창의융합적 사고를 한 차원 크게 확장시킨다.

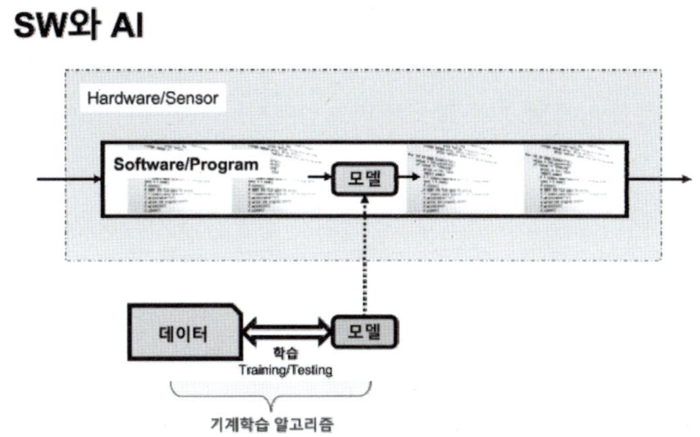


▲ **그림 5.3** AI, SW, HW의 관계

출처 : 교육부 외 2021

2022년 한국과학창의재단의 초·중등 인공지능(AI) 교육 학교 적용 방안 연구에서는 현장 교원 대상 워크숍, 2차례의 전문가 델파이를 통해 인공지능 교육 관련 정의와 키워드를 다음과 같이 제시하였다.

〈표 5.4〉 인공지능 교육 관련 정의

| | |
|---|---|
| **인공지능 교육** | 인공지능의 개념과 원리를 이해하고 인공지능을 교수-학습에 활용하며 실제적/실생활 문제를 해결하는 교육 |
| **인공지능 원리 교육** | 인공지능의 개념을 이해하고 문제와 탐색, 지식과 추론, 데이터와 학습의 원리에 대한 인공지능 알고리즘의 기본을 이해 교육으로, 올바른 윤리 의식을 바탕으로 실생활 및 다양한 분야의 문제를 창의적이고 올바르게 해결하는 능력을 함양하는 교육 |
| **인공지능 활용 교육** | 인공지능을 도구적으로 활용한 교육으로, 인공지능 기술을 이용하여 학생 개별 특성을 고려한 개별화된 학습 기회를 제공하는 교육은 물론 인공지능을 활용하여 실생활 및 다양한 분야의 문제를 창의적이고 올바르게 해결하는 능력을 함양하기 위한 교육 |
| **인공지능 융합 교육** | 인공지능 기술, 인공지능에 대한 원리와 핵심 개념 이해를 기반으로 다양한 학문(교과) 간 및 산업 분야를 융합하여 창의적인 해결책을 제시하는 교육으로 인문학적인 상상력과 과학적인 지식(STEAM)을 갖추어 새로운 지식을 창조할 때 인공지능을 융합하여 새로운 가치를 창출하는 것을 가르치는 것과 융합 태도를 함양하는 교육 |

〈표 5.5〉 인공지능 교육 관련 키워드

| | |
|---|---|
| **인공지능 교육 키워드** | 인공지능, 인공지능 원리(교육), 인공지능 활용(교육), 인공지능 융합(교육), 인공지능 윤리(교육), 융합적 사고, 인공지능 개념과 원리, 컴퓨팅 사고, 인공지능과 함께 살아감 |
| **인공지능 원리 교육 키워드** | 기계학습, 머신러닝 교육, 인공지능 역사와 개념, 문제와 탐색, 지식과 추론, 데이터와 학습, 인공지능 개념과 원리, 인공지능 모델(알고리즘) |
| **인공지능 활용 교육 키워드** | 실생활 문제해결, 활용 능력, 인공지능 활용, 학습 효율 개선, 인공지능 기반 학습 |
| **인공지능 융합 교육 키워드** | 인공지능 적용, 융합, 교과 간, 인공지능 문제해결, 인공지능과 교과(학문)간 융합, 문제의 창의적이고 올바른 해결 능력 함양 |

## 2 AI 교육의 필요성

인공지능 기술의 발전으로 인해 사회 전반에 혁명적 변화가 일어나고 있다. 기업에서는 AI 기술이 탑재된 AI 로봇, 분석 시스템 등을 활용하고 농업에서도 드론이나 스마트팜(Smart Farm) 같은 AI 기술을 사용하고 있다. 가정에서는 AI 스피커가 가정 내 기기들과 연결되어 가족들의 행동 패턴을 분석하는 등 편리성을 도모하고 있다. 사회가 인공지능 기술과 가까워짐에 따라 인공지능을 통해 변화된 사회를 인식하고 본인의 분야에서 인공지능 기술을 활용할 수 있도록 인공지능 기본 사항을 이해하는 것이 중요하다. 이러한 변화에 대응하기 위해서는 모든 학생이 기초 소양으로서 인공지능에 대한 기본적인 지식과 역량을 갖추고 다양한 환경과 상황에 적용할 수 있는 능력을 기르는 것이중요하다. 모든 학생이 인공지능 기초 소양 함양의 기회를 공평하게 누리기 위해서는 공교육에서 인공지능 교육을 제공해야 한다.



제4차 산업혁명 그리고 디지털 대전환(digital transformation) 시대에서는 디지털 역량의 중요성이 특별히 강조된다. 이것은 단순히 소비자용 디지털 기기 사용법을 능숙하게 익히는 수준이 아니라, 디지털 세계를 이해하고 그 위에서 새로운 사회경제를 설계할 수 있는 '사고력' 차원의 역량을 요구한다.

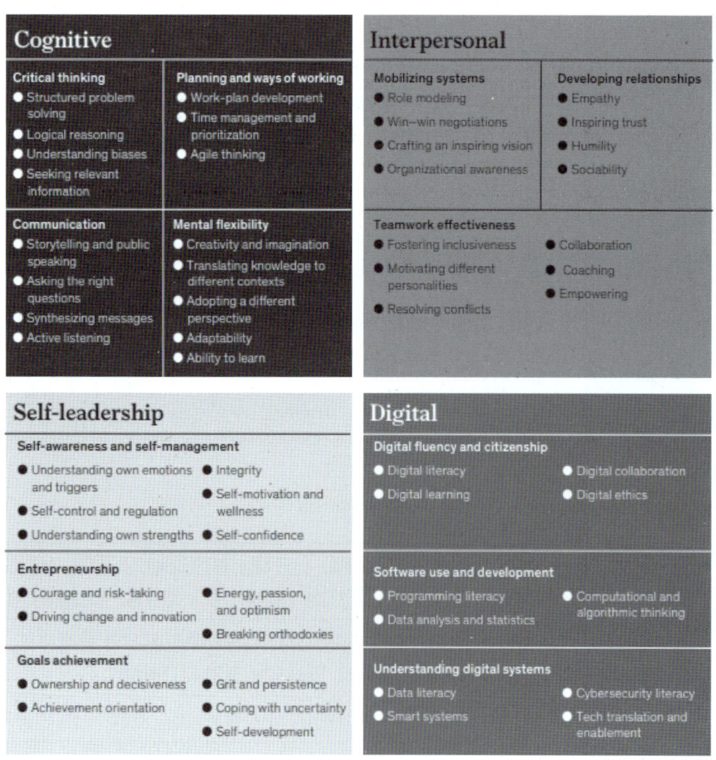


▲그림 5.4 미래 일자리에 필요한 4개 그룹 56가지 역량

2021년 6월 맥켄지에서 나온 보고서 '일반 시민이 미래 일자리에서 요구되는 스킬에 대한 정의(Defining the skills citizen will need in the future world of work)'에서는 그림 5.4와 같이 미래 일자리에서 요구되는 기본 역량 56가지를 조사하여 정의하고 있다. 그리고 그 56가지 역량을 다시 4개의 큰 그룹으로 정의하고 있는데 그것은 아래와 같다.

(1) 인지적 역량 : 비판적 사고, 창의적 사고 등
(2) 대인 관계 : 협업, 팀워크, 관계 형성, 협상 등
(3) 자기 리더십 : 자존감, 자신감, 기업가 정신 등
(4) 디지털 역량
  * 디지털 유창성과 시민성 : 디지털 소양, 디지털 협업, 디지털 학습, 디지털 윤리
  * 소프트웨어 사용과 개발 : 프로그램 소양, 컴퓨팅 사고력, 알고리즘 사고력, 데이터 분석
  * 디지털 시스템의 이해 : 데이터 소양, 사이버 보안 소양, 스마트 시스템, 기술의 이해

### 3 AI 활용 교육 관련 OECD 논의 동향

AI를 교육 분야에 도입하는 가장 큰 이유는 AI가 그간 해결하기 어려웠던 개인 맞춤형 교수·학습·평가를 실현해 줄 수 있는 유용한 도구이기 때문이다. 구체적으로 첫째, 교수(teaching)의 관점에서 AI는 교사가 개별 학습자의 특성에 초점을 맞추고 교과서를 뛰어넘어 시공간의 제약이 없는 다양한 방식으로 교육할 수 있도록 지원한다. 교사는 무언가를 가르칠 뿐 아니라 학생들의 학습 방식, 관심 분야, 문제에 대한 인식을 관찰해 학습 내용을 조정하고 속도를 조절하면서 수업 흥미도를 높일 수 있다.

둘째, 학습(learning)의 관점에서는 간단한 개념 습득, 암기, 사실 회상 및 닫힌 질문 등에는 AI 보조교사 등을 활용하고, 학생은 교사와 함께 창의적·비판적 사고력 함양을 위한 고차원의 이해와 더 까다로운 대화에 집중할 수 있다. 한 예로 '거꾸로 학습(flipped learning)' 방식은 수업 전 온라인 교육 자료 등을 학생이 개별 학습하고 교실에서는 실전 연습, 토론 등에 집중하는 것이다.

셋째, 평가(assessment)의 관점에서 AI는 학습결과에 대한 일회성의 동시(all at once) 평가 중심에서 벗어나 진단평가와 과정평가, 상시 및 개별화 평가가 활성화할 수 있는 계기를 마련해 준다. 또한 AI는 단순 암기가 아닌 문제해결 역량을 평가할 수 있는 훌륭한 수단이 된다. 예를 들어 디지털 게임 상황에서 문제를 해결해 나가는 과정을 학생 모르게 평가하는 '스텔스 평가(stealth assessment)'는 평가의 긴장도를 없앤 상태에서 문제해결 역량을 진단하고 개별화된 피드백을 하는 방식이다.

한편 AI는 교사 업무를 경감하고 학교 관리의 효율화를 지원한다. 행정관리, 채점, 표절감지 등의

작업을 AI가 수행해 교사가 교육활동 자체에 더 집중할 수 있게 해준다. 특히 한 명의 교사가 성취 수준이 다양한 학생들을 적절하게 교육하기 어려운 상황에서 AI는 교사를 보조해 성취도가 낮은 학생들을 집중 지원할 수 있다. 아울러 AI는 교육행정정보시스템을 기반으로 학교의 자원을 관리하고 교수·학습의 효과성을 개선하기 위한 데이터를 제공해 보다 효과적인 정책 수립을 지원한다.

AI가 교육 분야에 기여할 수 있는 또 다른 가치는 협업과 형평성이다. OECD는 교사들이 다른 교실을 더 많이 관찰하고 동료 교사들과 전문성 개발 활동에 함께할수록 자신을 더 효과적인 교사로 인식한다고 분석하고 있다. AI가 도입되면 디지털 공간의 개방성과 구성원들의 참여·협력을 결합해 집단적 경험과 전문성을 공유할 수 있는 학생 간, 교사 간, 학교 간 협업 시스템을 구축할 수 있다.



끝으로, AI를 활용해 특수한 교육적 요구를 지닌 장애 학생, 이민자 학생, 영재, 학습 부진 학생, 소수 인종 등 다양한 학생들의 학습수요에 효과적으로 대응할 수 있게 된다. 또한 디지털 교육시스템으로 한 명의 교사가 대규모 학생들의 학습을 담당하는 것이 가능해지고, 튜터링 시스템이 보조교사의 역할을 해 특정 과목과 지역의 교사 부족 현상을 완화함으로써 교육 격차를 줄이는 데 기여할 수 있다.

그러나 AI를 활용한 교육에 우려도 있다. OECD는 학내 컴퓨터 사용 시간이 일정 수준을 넘어가면 국제학업성취도(PISA) 평가의 읽기 점수가 오히려 낮아진다는 결과를 제시했다. 특히 AI 기기를 활용한 개별학습으로 학생 간 상호작용은 줄고, 기계가 더 많은 결정을 내리며, 자동화하기 쉬운 단순 지식 쌓기에 오히려 집중하게 되면 자기조절능력, 메타인지, 비판적 사고 등 고차원 역량을 함양할 기회가 오히려 박탈될 우려가 있다는 것이다.

사회적·경제적 배경에 따른 학생들 간 디지털 격차가 존재하는 상황에서 교육 분야 내 AI 활용이 확대되는 것이 학습 격차를 심화할 우려도 있다. OECD는 기기와 기술에 대한 지식이 많은 사람일수록 유리할 가능성이 높다고 보는데, 일반적으로 사회적·경제적 배경이 좋은 경우 최신 기기와 지식에의 접근 가능성이 크다. 또한 AI를 활용한 수업은 교사의 열정과 전문성에 크게 좌우되므로 교실, 학교, 지역 간 격차가 발생할 수 있으며, AI의 맞춤형 피드백으로 일부 학생의 학습 속도를 높이고 다른 학생의 속도를 늦추는 과정에서 오히려 성취 격차가 벌어질 우려도 제기된다.

아울러 AI 기술의 단순한 확대는 알고리즘 편향에 대한 우려를 불러일으킨다. 인간의 특정 편향이 포함된 데이터를 학습하는 경우 AI 알고리즘이 일부 계층에 편향된 관행을 재현하고 증폭할 가능성이 있기 때문이다. 대표적으로 2020년 영국 고교 졸업시험(A-level test)의 사례가 있다. 당시 정부는 코로나19로 인해 실제 시험 대신 알고리즘 시스템 기반으로 학생들의 성적을 산출했는데, 개인 학업성취도와 교사 예상점수 외에 소속 학교의 과거 대입 실적까지 반영했다. 그 결과

노동자 층과 소외계층 학생은 지나치게 낮은 점수를, 사립학교 학생은 지나치게 높은 점수를 받았으며, 학생의 약 40%가 교사 예상점수보다 낮은 점수를 받았다. 이에 대한 반발이 극심해지면서 교사들의 예상점수와 알고리즘 산출점수 중 더 높은 점수가 인정된 바 있다.

한편 AI 알고리즘이 부적절하거나 빈약한 데이터에 기반한 정보 또는 의도적으로 생성된 가짜 정보들을 학습해 교육에 활용하거나 학생들이 이러한 정보를 무비판적으로 수용할 우려도 제기된다. 2018년 PISA 평가에서 가짜 뉴스를 식별하거나 다양한 정보의 출처를 탐색해 조정하는 학습능력을 갖춘 학생의 비율이 절반 이상인 국가·지역은 싱가포르(62%), 한국(62%), 중국 북경·상해·장쑤성·절강성(61%), 홍콩(59%), 대만(52%)에 그쳤다. 최근에는 ChatGPT 등 생성형 AI가 크게 활성화하면서 과제 수행 및 논문 작성 과정에서 AI로 대필하는 사례가 나타나 학술 윤리 문제 역시 대두되고 있다.

마지막으로, 학교 구성원들이 사용하는 시스템의 개인정보 보호 및 데이터 보안 문제가 있다. 대규모 데이터가 축적되다 보니 데이터 수집·선택·활용 과정의 투명성 확보와 수집 목적에 부합한 데이터 활용이 잘 이뤄지고 있는지에 대한 우려가 존재한다.



## 2. AI 교육의 목표와 내용

2022년 한국과학창의재단의 초·중등 인공지능(AI) 교육 학교 적용 방안 연구에서 1차, 2차 델파이를 통해 최종 수렴된 대안적 역량 중 전문가의 합의가 된 인공지능 교육 교사 핵심역량, 학생 핵심역량 그리고 교과역량을 정리 최종 대안적 역량을 제안하고 제안된 역량에 대해 조작적 정의를 하였다.

〈표 5.6〉 인공지능 교육 교사 핵심역량 제안

| 핵심역량 | 역량 정의 | 세부역량 |
|---|---|---|
| 인공지능 수업 설계 역량 | 인공지능 수업 설계 역량은 교과를 연계하는 AI 융합은 물론, AI기반 수업분석 기술, AI 기반 실생활 문제해결과 프로젝트 활동 기획력, 인공지능 수업 모델 기획력, 데이터 기반 피드백 설계능력, 교육과정 이해력 등을 포괄하는 교수 설계 종합 역량 | 교과연계 인공지능 융합<br>인공지능 기반 수업 분석<br>실생활의 문제해결과 프로젝트 활동 기획<br>데이터 기반 피드백 설계<br>수업 모델 기획<br>교육과정 이해 |
| 인공지능 식 · 이해, 기술 구현 역량 | 인공지능 지식, 이해, 기술 구현 역량은 인공지능 수업을 위해 교사가 발휘하는 인공지능 지식과 이해 그리고 인공지능 기술 구사 역량 | 인공지능 지식 적용<br>인공지능 도구 활용<br>인공지능 리터러시<br>인공지능 활용 데이터 해석<br>컴퓨팅 사고력<br>융합적 문제 해결력 |

〈표 5.7〉 인공지능 교육 학생 핵심역량 제안

| 핵심역량 | 역량 정의 | 세부역량 |
|---|---|---|
| 인공지능 학습기술 역량 | 인공지능 학습기술역량은 인공지능에 대한 기초 기본 소양을 바탕으로 지식 정보를 능동적으로 처리하는 역량 | 인공지능 리터러시<br>지식정보처리 |
| 인공지능 인지 역량 | 인공지능 인지역량은 인공지능 개념, 원리 이해를 바탕으로 컴퓨팅 사고, 비판적 사고, 논리적 사고 기반의 문제해결 역량 | 인공지능 개념, 원리 이해<br>비판적 사고<br>논리적 사고<br>컴퓨팅 사고 |
| 인공지능 비인지 역량 | 인공지능 비인지역량은 인내, 공유, 협업 그리고 의사소통하는 역량으로 인지 역량을 지속하고, 발전시키는 정서적 역량 | 의사소통, 협업<br>인내, 공유 |
| 인공지능 창의융합 역량 | 인공지능 창의융합 역량은 인공지능을 활용하거나 인공지능을 융합하는 학습경험을 통해 창의적 사고 또는 융합적 사고 기반으로 문제를 해결 역량 | 융합적 사고 기반 문제해결<br>창의적 사고 기반 문제해결 |
| 인공지능 활용 역량 | 인공지능 활용 역량은 인공지능을 학습목적이나 학습자의 개인적인 요구를 해결하기 인공지능을 활용하는 역량, 인공지능 활용 역량은 인공지능을 활용하여 자기주도학습을 하거나 능동적으로 문제를 해결하거나 또는 데이터 해석을 하는 역량 | 인공지능 활용 자기주도적 학습<br>인공지능 활용 문제해결<br>인공지능 활용 데이터 해석 |



〈표 5.8〉 인공지능 교과역량 제안

| 핵심역량 | 역량 정의 | 세부역량 |
|---|---|---|
| 인공지능 소양 역량 | 인공지능 소양 역량은 인공지능 개념, 원리, 활용에 대한 기초 기본 능력은 물론 인공지능의 윤리적 가치에 대한 이해와 실천 그리고 인공지능의 사회적 영향력을 파악하고 실천하는 역량 | 인공지능 리터러시<br>인공지능 가치 (윤리)<br>인공지능 사회적 영향력 |
| 컴퓨팅 사고 기반 인공지능 설계 및 구현 역량 | 컴퓨팅 사고 기반 인공지능 설계 및 구현 역량은 인공지능 활용은 물론 컴퓨팅 사고를 기반으로 인공지능 알고리즘을 설계하고 알고리즘에 기초한 인공지능 프로그램을 구현하는 역량 | 인공지능 활용 프로그래밍(소프트웨어) 인공지능의 원리 및 방법<br>인공지능 개념 및 원리<br>인공지능 알고리즘<br>인공지능 지식, 분석<br>컴퓨팅 사고력<br>데이터(처리)<br>프로그래밍 |
| 인공지능 문제해결 역량 | 인공지능 문제해결 역량은 인공지능을 설계하고 구현하는 데 필요한 수학적 사고, 논리적 사고, 창의적 사고, 융합적 사고, 협력적 사고를 기반으로 문제를 해결하는 역량 | 수학적 사고와 문제해결<br>논리적 사고와 문제해결<br>창의적 사고와 문제해결<br>융합적 사고와 문제해결<br>협력적 사고와 문제해결 |

AI의 개념을 이해하고 그 원리를 SW로 구현하여 문제 해결 역량을 기르는 교육은 인공지능에

대하여 가르치고 배우는 교육이 주를 이룬다. 교육부가 지난 2021년 2월에 배부한 '학교에서 만나는 인공지능 수업' 교재에 수록된 인공지능 교육의 내용 요소를 살펴보면 인공지능의 무엇에 대하여 교육하고 어떠한 문제를 해결해야 하는지 그 해답을 대략적으로 찾을 수 있다. 그림 9.5와 같이 교육부가 제시한 인공지능 교육 내용 요소는 인공지능의 이해, 인공지능 원리와 활용, 인공지능의 사회적 영향이라는 3가지 영역으로 이루어져있고 세부 영역으로는 인공지능과 에이전트, 데이터, 인식, 분류, 탐색, 추론, 기계학습, 인공지능 윤리 등으로 이루어져 있어 인공지능 교육을 처음 접하는 교사들에게 교육 내용에 대한 연구가 요구되기도 한다.

| 영역 | 세부영역 | 내용 요소 | | | | |
|---|---|---|---|---|---|---|
| | | 초등학교 1~4학년 | 초등학교 5~6학년 | 중학교 | 고등학교 기초(인공지능 기초 과목) | 고등학교 심화 |
| 인공지능의 이해 | 인공지능과 사회 | • 인공지능과의 첫 만남 | • 인공지능의 다양한 활용<br>• 약인공지능과 강인공지능 | • 인공지능 발전 과정<br>• 튜링 테스트 | • 인공지능의 개념과 특성<br>• 인공지능 기술의 발전과 사회변화 | • 인공지능 기술의 적용 분야<br>• 인공지능 융·복합 |
| | 인공지능과 에이전트 | | | | • 지능 에이전트의 개념과 역할 | • 지능 에이전트 분석 |
| 인공지능 원리와 활용 | 데이터 | • 여러 가지 데이터<br>• 수치 데이터 시각화 | • 데이터의 중요성<br>• 문자 데이터 시각화<br>• 데이터 경향성 | • 데이터 수집<br>• 데이터 전처리<br>• 데이터 예측 | • 데이터의 속성<br>• 정형 데이터와 비정형 데이터 | • 데이터 속성 분석<br>• 빅데이터 |
| | 인식 | • 컴퓨터와 사람의 인식 | • 컴퓨터의 인식 방법 | • 사물인식 | • 센서와 인식<br>• 컴퓨터 비전<br>• 음성 인식과 언어 이해 | • 컴퓨터 비전 응용<br>• 음성 인식 응용<br>• 자연어 처리 |
| | 분류, 탐색, 추론 | • 특징에 따라 분류하기 | • 인공지능 분류 방법<br>• 지식 그래프 | • 인공지능 탐색 방법<br>• 규칙 기반 추론 | • 문제 해결과 탐색<br>• 표현과 추론 | • 휴리스틱 탐색<br>• 논리적 추론 |
| | 기계학습과 딥러닝 | • 인공지능 학습 놀이 활동 | • 기계학습 원리 체험 | • 지도학습<br>• 비지도학습 | • 기계학습의 개념과 활용<br>• 딥러닝의 개념과 활용<br>• 분류 모델<br>• 기계학습 모델 구현 | • 기계 학습<br>• 강화 학습 원리<br>• 퍼셉트론과 신경망<br>• 심층 신경망 |
| 인공지능의 사회적 영향 | 인공지능 영향력 | • 우리에게 도움을 주는 인공지능 | • 인공지능과 함께하는 삶 | • 인공지능과 나의 직업 | • 사회적 문제 해결<br>• 데이터 편향성 | • 인공지능과의 공존<br>• 알고리즘 편향성 |
| | 인공지능 윤리 | | • 인공지능의 올바른 사용 | • 인공지능의 오남용 예방 | • 윤리적 딜레마<br>• 사회적 책임과 공정성 | • 인공지능 개발자 윤리<br>• 인공지능 도입자 윤리 |

▲ **그림 5.5** 초 · 중등 인공지능 교육 내용 요소(학교에서 만나는 인공지능 수업)

## 3. AI 교육의 방향성

인공지능은 매우 다양한 관점에서 볼 수 있으며, 대학의 인공지능 교육에서 요구하는 역량은 초등학교 인공지능 교육에서 요구하는 역량과는 다르다. 대학은 전문지식을 습득하여 전문 직업을 갖게 하는 것을 목표로 하고 있지만, 국민공통교육과정인 초1~고1까지의 교육은 기본 소양과 역량 교육을 목표로 하고 있다. 그 관점에서 인공지능 교육의 목표를 그림 5.6과 같이 구분할 수 있다.

그림을 왼쪽부터 보면, 새로운 알고리즘을 개발하고, 그것을 이해하고 구현하여 다양한 분야에 융합하여 새로운 기법을 만들어 낼 수가 있다. 그러한 기법은 플랫폼과 라이브러리를 통하여 다른 2차 개발연구자들이 사용할 수 있게 제공이 되고, 그것을 이용하여 일반 산업에서는 소비자용 서비스나 제품을 사용하여 그들의 작업, 업무 혹은 생활에서의 편리와 효율 그리고 새로운 가치를 만들어내는 일을 할 수 있게 된다.



왼쪽 부분은 대학과 대학원에서 전문 학습이 필요한 부분이겠지만, 오른쪽 부분은 인공지능 소양에 해당하는 부분이다. 초·중등 학교에서의 교육은 소양 뿐만 아니라 인공지능의 지식, 창의 융합적 사고, 혁신적 문제해결, 컴퓨팅 사고력을 포함하여야 하며, 그 범위는 그림 5.6과 같이 표현할 수 있다.

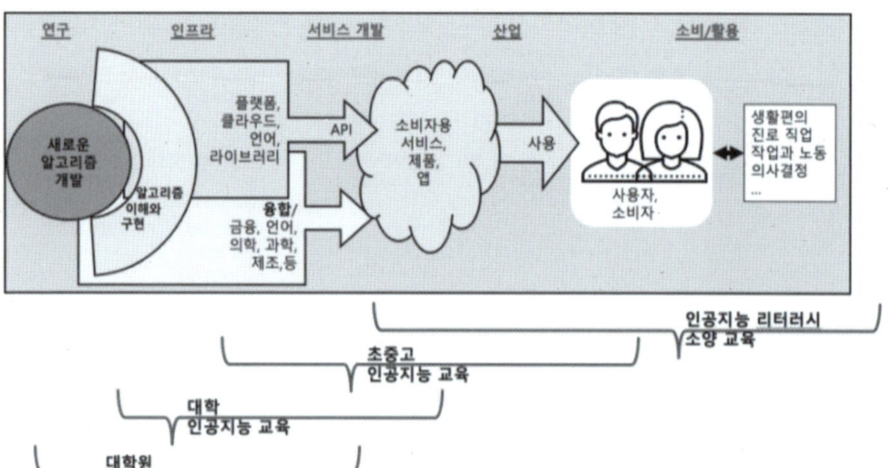


▲ 그림 5.6 인공지능 교육의 목표 역량(김현철, 2019)

초·중등 인공지능 교육은 소프트웨어(SW) 교육을 기반으로 이루어진다. 소프트웨어 교육에서의 컴퓨팅 사고력과 소프트웨어 소양이 인공지능 교육에서 필요하기 때문이다. 소프트웨어·컴퓨팅 교육과 비교할 때 인공지능 교육의 새로운 점은 다음과 같다. 데이터 중심의 사고가 필요하게 되며, 데이터의 가치와 역할, 그리고 윤리에 대해 이해하고 이를 활용하여 새로운 창의적인 일을 할 수 있게 된다. 프로그래밍 이외에 모델을 만들어 가는 과정을 알게 된다. 다양한 모델의 의미와 역할을 이해하여 활용할 수 있게 된다. 이미지 인식, 자동 분류, 음성 인식 등을 할 수 있게 된다. 초·중등 인공지능 교육에서는, 인공지능 리터러시(AI literacy)를 갖추고 현재의 컴퓨팅 사고력과 소프트웨어 교육 역량을 기반으로 인공지능의 기능을 적용하여 창의적인 산출물(Artifact)을 만들어 낼 수 있는 역량을 주요 목표로 한다. 이것은 다른 분야와의 융합을 스스로 끌어낼 수 있는 기본 역량이 될 수 있다.

SECTION

# 5.3 AI 교육의 실제

AI 수업은 인공지능의 개념과 원리를 학습할 수 있는 시간이다. AI 수업을 효과적으로 할 수 있는 방법은 정보 과목 수업을 재구성하거나, 선택과목, 창의적 체험활동, 자유학년제 등을 통해 다양한 교과와 융합하여 인공지능이 사회에 미치는 영향을 다각도로 생각해볼 수 있다. 여러 교과 선생님들이 함께 모여 학년별 교육과정을 재구성해서 코티칭하는 것도 인공지능 수업의 좋은 방법이다.



인공지능 기술이 가져올 사회 변화는 지금까지 경험해 보지 못한 새로운 삶을 예고하기 때문에 지식 전달 수업보다는 자기 주도적으로 문제를 발견하여 끈기를 가지고 해결 방법을 모색할 수 있도록 이끌어 주어야 한다. 또한 미래의 문제는 혼자 해결하기 어려운 크고 복잡한 문제가 많기 때문에 초등학교부터 협업 능력을 기를 수 있도록 프로젝트 수업을 권장한다. 이러한 수업 형태를 효과적으로 실현하기 위해서는 교실 환경의 변화도 필요하다. 모둠으로 둘러앉아 토론·토의하고, 작업은 개별적으로 집중하고 결과물을 공유할 수 있는 교육 환경을 추천한다. 또한 인공지능 수업을 위하여 높은 사양의 스마트기기가 필요한 것이 아니라, 학생들을 위해 웹상에 무료로 개방되어 있는 다양한 교육용 플랫폼을 활용하거나 인공지능 알고리즘과 원리를 이해할 수 있는 언플러그드 활동으로 수업을 운영할 수 있다. 따라서 인공지능 수업은 전통적인 강의식 수업을 최소화하고, 몰입과 협업이 가능한 수업 형태를 추천한다.

## 1. AI 교육의 교수-학습 방법

2022년 한국과학창의재단의 초·중등 인공지능(AI) 교육 학교 적용 방안 연구에서 인공지능 교육과 관련된 수업설계모형 선행 연구 분석 결과를 바탕으로 제안한 인공지능 교육 수업설계방안은 그림 5.7과 같다. 분석(A) 단계에서는 요구분석, 교육내용 및 교육과정 분석, 학습자 및 학습환경을 분석한다.

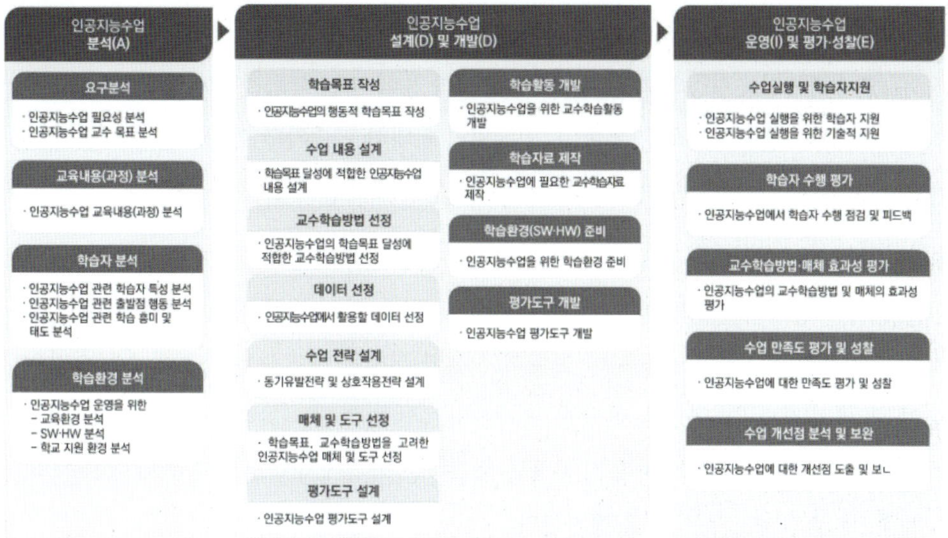


▲ 그림 5.7 인공지능교육 수업설계모형

설계(D) 및 개발(D) 단계에서는 학습 목표를 작성하고 수업 내용을 설계하면서 적합한 교수학습방법을 선정한다. 그리고 인공지능 수업에서 활용할 데이터를 선정하고 동기유발 및 상호작용 관련 수업 전략을 설계한다. 학습목표, 교수학습 방법을 고려하여 인공지능 수업 매체 및 도구를 선정한 후 평가 도구까지 설계한다. 일련의 설계 과정 중에서 학습활동, 학습자료, 평가도구를 개발하고 인공지능 수업을 위한 학습환경을 준비한다.

운영(I) 및 평가·성찰(E) 단계에서는 인공지능수업 실행을 위해 필요한 학습자 지원 및 기술적 지원에 대해 알아본다. 인공지능수업에서 학습자 수행을 점검하여 피드백을 하고 교수학습방법 및 매체의 효과성을 평가한다. 인공지능수업에 대한 만족도를 평가 및 성찰하여 수업 개선점을 분석하고 보완하여 추후 인공지능수업 설계시 반영하도록 한다.

## 2. AI 교육의 평가 방법

인공지능 교육은 인공지능의 개념과 원리를 이해하고, 인공지능을 교수-학습에 활용하며, 실제적/실생활 문제를 해결할 수 있는 능력을 기르는 것을 목표로 한다. 따라서 인공지능 교육을 평가할 때에는 이러한 목표를 달성하기 위한 학습자의 학습 과정과 결과를 종합적으로 평가하는 것이 중요하다.

인공지능 교육 평가의 방법은 크게 다음과 같이 세 가지로 나눌 수 있다.

**지식 평가:** 지식 평가는 인공지능의 개념과 원리, 인공지능의 활용 방법 등에 대한 학습자의 지식을 평가하는 방법이다. 주로 서술형, 단답형, 객관식 등의 문제를 통해 평가한다.

* 서술형 문제: 인공지능의 개념, 원리, 알고리즘 등에 대한 학습자의 이해도를 평가한다.
* 단답형 문제: 인공지능의 기본 개념이나 원리에 대한 학습자의 이해도를 평가한다.
* 객관식 문제: 인공지능의 개념, 원리, 알고리즘 등에 대한 학습자의 이해도를 평가한다.

**문제 해결 능력 평가:** 문제 해결 능력 평가는 인공지능을 활용하여 실제적/실생활 문제를 해결할 수 있는 능력을 평가하는 방법이다. 주로 프로젝트, 과제, 실험 등의 활동을 통해 평가한다.

* 프로젝트: 인공지능을 활용하여 실제적/실생활 문제를 해결하는 과정에서 학습자의 창의력, 문제 해결 능력, 협업 능력 등을 평가한다.
* 과제: 인공지능을 활용하여 특정 문제를 해결하는 과정에서 학습자의 문제 해결 능력, 분석 능력, 논리적 사고 능력 등을 평가한다.
* 실험: 인공지능을 활용하여 실험을 수행하는 과정에서 학습자의 실험 능력, 데이터 분석 능력, 추론 능력 등을 평가한다.



**창의적 사고 능력 평가 :** 창의적 사고 능력 평가는 인공지능을 활용하여 새로운 아이디어를 도출하고, 이를 실현할 수 있는 능력을 평가하는 방법이다. 주로 포트폴리오, 창의적 보고서, 아이디어 발표 등의 활동을 통해 평가한다.

**포트폴리오:** 학습자의 인공지능 관련 활동이나 프로젝트를 종합적으로 평가한다.

**창의적 보고서:** 인공지능을 활용하여 새로운 아이디어를 도출하고, 이를 보고서로 작성하는 과정을 평가한다.

**아이디어 발표:** 인공지능을 활용하여 새로운 아이디어를 도출하고, 이를 발표하는 과정을 평가한다.

이러한 평가 방법은 개별적으로 사용될 수도 있지만, 서로를 보완하여 활용하는 것이 효과적이다. 예를 들어, 지식 평가를 통해 학습자의 기초적인 지식을 확인하고, 문제 해결 능력 평가를 통해 실질적인 문제 해결 능력을 평가하며, 창의적 사고 능력 평가를 통해 미래 지향적인 역량을 평가할 수 있다.

인공지능 교육 평가를 할 때에는 다음과 같은 사항에 유의해야 한다. 첫째 평가의 목적과 목표를 명확히 한다. 둘째 평가의 방법과 도구를 적절하게 선택한다. 셋째 평가의 결과를 종합적으로 해석하고 활용한다. 인공지능 교육 평가는 인공지능 교육의 효과를 높이고, 학습자의 학습 성과를 향상시키기 위한 중요한 과정이다. 따라서 인공지능 교육의 목표와 특성을 고려하여 적절한 평가 방법을 선택하고, 평가 결과를 효과적으로 활용하는 것이 중요하다.

## 3. 국내 및 해외 AI 교육 사례

### 1 국내 사례

#### (1) 교과간 AI 융합 교육 프로그램

이영호(2021)은 인공지능의 기술적 측면에 대한 교육과 함께 인공지능의 사회적 영향 및 윤리에 대한 교육을 융합적으로 실시하기 위해 탈학문적 통합방식으로 교육프로그램을 개발하였다. 그 프로그램은 크게 인공지능과 사회, 인공지능 기술, 인공지능 윤리과 같이 3주제를 다룬다. 인공지능과 사회 부분은 인공지능으로 변하는 사회에 대한 이해, 인공지능과 직업의 변화, 인공지능의 발전사 및 인공지능과 우리의 삶이라는 주제로 구성하였다. 다음으로 인공지능과 기술 부분은 인공지능과 데이터, 인공지능의 학습 방식, 인공지능의 기술의 체험, 인공지능프로그램 개발 및 활용이라는 주제로 구성하였다. 마지막으로 인공지능과 윤리 부분은 인공지능과 공정성, 인공지능과 책임, 사람과 인공지능의 관계라는 주제로 구성하였다.

#### (2) 초등 과학교과에서 인공지능 융합 모델

초등 과학교과에서 학생들의 탐구 능력을 향상시키기 위한 목적으로 머신러닝을 적용한 연구가 있다(신원섭, 2020). 이 연구에서는 초등 생물 분류 학습에서 인공지능 융합교육의 가능성을 탐색하기 위해 각 단원이'성취기준을 학습하는데 머신러닝과 같은 인공지능을 융합하는 것이 가능한가?'와 '현재 초등학생들이 머신러닝을 학습하는데 사용할 수 있는 자료의 유형은 무엇인가?'의 두가지 기준으로 분석되었다. 인공지능 융합교육의 가능성이 높은 성취기준을 대상으로 머신러닝을 적용하기 위해 생물 분류부분을 선정하여 인공지능 생물 분류 교육 프로그램을 개발하였다. 이 AIBC 교육 프로그램은 인공지능 융합과학 교육 모델인데 경험학습을 바탕으로 각 학습단계에서 분류과정이 반복적으로 일어나게 함으로써 학생들의 분류 탐구 기능을 향상하고 분류지식이나 기준을 생성하는데 도움이 되도록 하였다. AIBC 교수학습 모델은 크게 해보기(Doing), 생각하기(Thinking), 만들기(Making), 공유하기(Sharing) 4단계로 구성이 된다.

#### (3) 로봇 활용 인공지능 교육 프로그램

초등학생들을 대상으로 한 언플러그드 정보 교육의 경우 원리의 학습에 유용하지만 실생활의 복잡한 문제들을 실제적으로 해결하는 데는 한계가 있기 때문에 로봇과 같은 피지컬 컴퓨팅 도구를 활용한 인공지능 학습 방법이 대안이 될 수 있다. 이러한 관점에서 접근한 연구로 학생들이 보다 많은 흥미와 관심을 가지고 인공지능 학습을 할 수 있도록 실생활에서의 쓰레기 분류 문제 해결을 위해 인공지능과 로봇을 적용한 연구가 수행되었다(유인환, 2020). 그들의 연구에서는 인공지능 로봇 활용 프로그램 개발을 위해 코디로키 로봇을 적용, 개발하였다. 인공지능 교육을 위해 기존 프로그래밍 방식으로 해결이 곤란한 문제 상황을 설정하여 학생들에게 인공지능의 필요성을 인지 할 수 있도록 하였다. 또한, 문제를 해결하는 과정에서 데이터를 수집, 선별, 가공하는 과정을 통해 머신러닝의 지도학습을 배우고 적용할 수 있도록 하였다. 그 예로 쓰레기 분리수거 로봇을 만들 때 버튼 입력이나 센서 활용만으로는 학습되지 않은 데이터의 처리의 어려움을 인지하고 머신러닝을 활용할 필요가 있음을 알게 하였다. 이를 위하여 지도학습 기반 머신러닝 이미지 모델을 만들어 쓰레기 이미지를 인식하고 자동으로 분류하는 시스템을 구축하였다. 그리하여 로봇이 쓰레기를 종류별로 구분하여 해당 쓰레기통까지 자동으로 운반하는 분리수거 시스템을 개발하도록 하였다.



### (4) 인공지능 음성 인식을 이용한 국어과 활용

인천의 인문계 고등학교에서 진행된 융합 프로그램 프로젝트로 기술교사와 국어교사의 협력을 통해 음성학습을 이용한 TTS를 개발하여 활용한 사례이다(장병철 외, 2020). 음성학습 시스템은 인공지능 기술인 딥러닝 모델을 이용하여 개발되었다. 이 시스템은 학생들이 자신들의 목소리를 학습시켜 그들이 읽지 않은 문장도 텍스트로 입력하면 자신의 목소리로 자연스럽게 읽어주는 프로그램이다. 이 프로그램을 제대로 이해하고 구성하기 위해서는 형태소 분석, 구문분석 등의 언어적 지식이 필요한데 이것은 국어시간에 문장구성에 대한 학습을 통해 이루어지고 실제 딥러닝 모델을 이용하여 텍스트를 음성으로 만드는 작업을 통해 보다 국어 학습뿐만 아니라 학생들의 인공지능 융합에 대한 관심을 이끌 수 있다

## 2 해외 사례

### (1) 컴퓨터교과와 타교과 교사들과의 협동작업을 통한 인공지능 통합 수업 설계(미국)

인공지능에 대한 개념과 원리에 대한 충분한 이해를 바탕으로 타 교과와 통합 혹은 융합할 수 있기 때문에 인공지능 통합 교육과정 설계는 인공지능 교육 경험이 없는 교사들에게 쉽지 않은 작업이 될 수 있다. 이에 따라 교사 워크숍을 통해 인공지능 통합 교육과정을 설계한 사례가 미국에서 발표되었다(Brummelen & Lin, 2020). 공동 워크숍에서 컴퓨터교과 교사들과 타교과 교사들과의 협동 작업을 통해 인공지능 개념이 타교과에 통합되도록 수업 설계를 하였다. 그들은 인공지능과 타교과를 3가지 방법으로 연결시켰다. 첫째, 타교과에 인공지능 도구나 개념을 관련시키는 경우로, 인공지능 도구(예를 들면 Arbitrary Style Transfer)를 역사과목에 적용하여 어떤 이미지를 그 도구에 입력하여 과거 스타일의 이미지로 변경하여 역사적 이해를 돕도록 하는 것이다. 둘째, 타교과의 내용을 인공지능에 연결시키는 경우로 학생들의 3D 프린팅 프로젝트 중의 하나

에서 도출된 물리학 데이터를 인공지능 비행 예측 알고리즘에 연결한 예가 있다. 셋째, 인공지능과 타교과의 중복 개념을 파악하는 경우로, 빅 인공지능 개념들과 관련하여 사회적 함의, 표현, 추론의 개념들이 사회 연구에서 중요 개념임을 연결시킨다.

### (2) 게임기반 학습과 문제기반 학습을 이용한 인공지능 융합 협동 탐구 학습(미국)

게임기반 학습을 이용하여 초등학교 고학년 과학 수업에 인공지능을 융합하기 위한 프로젝트가 미국에서 시도되었다(Lee et al., 2021). 그 프로젝트는 협동기반 탐구학습모델을 지원하고 있으며, 학생들이 생명과학 문제해결에 인공지능 적용 경험을 얻을 수 있도록 인공지능 주입 탐구 학습을 특징으로 하는 게임 기반 학습 환경인 PRIMARY AI가 설계되었다. 특히 학생들에게 매력적인 학습 경험을 제공하기 위해 게임기반 학습과 문제 기반 학습을 통합하여 설계되었다. 학생들이 탐구 기반 과학 모험의 맥락에서 인공지능 도구를 사용하여 과학 문제를 해결함으로써 인공지능에 대해 배울 수 있도록 설계되었다. PRIMARY AI 게임 기반 학습 환경에서 학생들은 뉴질랜드 남섬에서 최근 감소하고 있는 노란눈 펭귄 개체수를 조사하는 생태학자의 역할을 맡게 된다. 최근에 섬의 노란눈 펭귄의 토착 개체수가 감소한 원인이 무엇인지 초기 가설을 생성하고 이미 알고 있는 것과 배워야 할 사항에 대해 메모한 후, 학생들은 게임 내 가상 캐릭터를 통해 지역 펭귄 개체수에 대한 데이터 수집을 시작하게 된다. PRIMARY AI의 학습활동 절차는 크게 1) 학생의 소규모 그룹활동 2) 게임 환경내 시나리오 접합 3) 시나리오에서 나타나는 문제를 탐구하고 이에 대한 과학적 접근을 위해 가설 설정 4) 인공지능에 기반한 자료수집 및 모델링 혹은 시뮬레이션 진행 5) 소규모 그룹토론 6) 그룹 내 조사결과 평가 7) 각 그룹의 문제해결 발표 및 공유로 이루어진다. 해당 학습 활동에는 인공지능 계획 수립, 기계학습, 컴퓨터 비젼, AI윤리 등의 AI 기술이 접목되었다.

### (3) 인도의 인공지능 통합 교육

최근 인도의 중등 교육 중앙 위원회(CSBE: Center Board of Secondary Education)는 미래 시대를 살아갈 학생들에게 인공지능 교육이 매우 필요하다는 판단 하에 인공지능을 K-12 교육에 포함시키려는 시도를 하였다. 그러한 시도로 각 교과에 인공지능을 통합하기 위한 인공지능 교육과정을 준비하고 그것을 확산하기 위한 핸드북을 개발하였다(CBSE, 2020). 인공지능이 지능을 구축하는 도구를 제공하는 인지과학 분야 중의 하나라는 인식하에 이러한 인공지능 지식에 익숙해진 각 교사가 이를 활용하여 각 교과목을 보다 효과적이고 학습자 중심의 수업을 할 수 있도록 하는 것에 목적을 두고 있다.

### (4) 중국의 AI 융합교육

중국은 2017 년부터 국가적으로 인공지능 교육 계획을 수립하고 추진해오고 있다. 중국의 AI 융합교육의 대표적인 형태는 시범학교 위주로 운영되고 있는데 2019년 중국의 5개 도시(베이징, 시안, 우한, 선전, 광저우)를 AI 교육 거점 도시로 선정하여 AI 융합교육을 적극적으로 추진하고 있다(도제우, 문제웅, 2020). 또한 각 지역들도 자체 인공지능 교육 계획을 수립하여 추진하고 있다. 한 예로 광둥성에 있는 제2실험소학교는 초중등 인공지능 교육의 도입을 목표로 인공지능 교육모델을 모색하며 인공지능 교육과정을 점차 신설하고 인공지능 수업을 적극적으로 수행하고 있다. 최신의 AI기술을 융합한 수업으로 체험형식을 통해 AI 기술에 관심과 호기심을 유발하고 구체적으로 수업에서 AI 기술 지식을 알려주고, 3D 프린터와 같은 기술을 활용하여 AI 융합교육을 실시하고 있다.



AI 융합교육 시범학교 뿐만 아니라 'STEM 창의교육과정'을 도입한 학교들도 AI 융합교육을 제공하고 있는 것으로 나타난다. 그 예로 광동 벽계원학교는 AI 로봇을 활용하여 학년별 다양한 AI 융합 교육을 해오고 있다. 학년별 AI 기술 활용 STEM 수업 주제는 1학년 수업에서는 흥미를 유발하는 다양한 AI 로봇체험, 2학년 수업에서는 선로를 달리는 로봇만들기 실습, 3학년에서는 Mbot 로봇의 초음파 센서로 거리탐지 활동, 4학년 수업에서는 장애물 인지 로봇 설계, 5학년 수업에서는 AI 로봇에 인간을 어떻게 도울 수 있는지 탐구 등이 있다.

또한 중국의 경우 교과 특성을 반영한 맞춤형 AI 플랫폼 개발과 해당 플랫폼의 초중등 교육에서 활용되고 있다. 즉, 수학, 영어, 미술, 음악 등의 교과와 관련하여 해당 교과목이 가진 특성과 AI 기술을 접목시켜서 AI 플랫폼을 개발하여 교육에 활용하고 있다.

## 요약

'인공지능'이라는 용어는 미국 아이비리그 대학인 다트머스 대학에서 열린 1956년 워크숍에서 "지능적인 기계, 특히 지능적인 컴퓨터 프로그램을 만드는 과학 공학"이라는 뜻으로 처음 사용되었다. 이후 수십 년 동안, AI는 산발적으로 발전했고, AI 겨울(침체기)과 맞물려 빠르게 발전했다.

교육 분야에 AI가 도입된 시기는 1970년대로 거슬러 올라가야 한다. 당시 연구원들은 컴퓨터로 일대일 개인 지도를 대체할 방법을 연구했다. 교사의 일대일 지도는 학습자에게 가장 효과적인 접근법이지만, 모든 교사와 학습자 간의 일대일 지도란 불가능한 일이기 때문이다. 따라서 룰 기반의 AI 기술을 활용하여 적응형 학습 및 개인화 학습을 자동으로 구현하고자 하는 노력이 이루어졌다. 이러한 시도로부터 교육 분야에서 AI의 적용은 학생 대상 AI(학습 및 평가 지원 도구)와 시스템 대상 AI(교육 관리 지원)를 포함하여 여러 방향으로 발전해 왔다. AI와 교육 간의 상호작용은 단순히 교실에서 AI를 학습에 활용하는 수준을 넘어 시민들이 AI 시대에 살 수 있도록 대비시키는 것을 의미한다. 또한 교육 분야에서 AI는 교육학 측면뿐 아니라 사회구조, 접근성, 윤리, 형평성, 지속가능성 등의 이슈에서도 빛을 발하고 있다. AI를 활용하여 무언가를 자동화하기 위해서는 먼저 철저한 이해가 선행되어야 하기 때문이다.

인공지능 기술이 가져올 사회 변화는 지금까지 경험해 보지 못한 새로운 삶을 예고하기 때문에 지식 전달 수업보다는 자기 주도적으로 문제를 발견하여 끈기를 가지고 해결 방법을 모색할 수 있도록 이끌어 주어야 한다. 또한 미래의 문제는 혼자 해결하기 어려운 크고 복잡한 문제가 많기 때문에 초등학교부터 협업 능력을 기를 수 있도록 프로젝트 수업을 권장한다. 이러한 수업 형태를 효과적으로 실현하기 위해서는 교실 환경의 변화도 필요하다. 모둠으로 둘러앉아 토론·토의하고, 작업은 개별적으로 집중하고 결과물을 공유할 수 있는 교육 환경을 추천한다. 또한 인공지능 수업을 위하여 높은 사양의 스마트 기기가 필요한 것이 아니라, 학생들을 위해 웹상에 무료로 개방되어 있는 다양한 교육용 플랫폼을 활용하거나 인공지능 알고리즘과 원리를 이해할 수 있는 언플러그드 활동으로 수업을 운영할 수 있다. 따라서 인공지능 수업은 전통적인 강의식 수업을 최소화하고, 몰입과 협업이 가능한 수업 형태를 추천한다.

## 객관식 문제

**1. AI의 개념 및 원리에 대한 설명으로 옳지 않은 것은?**

① 인공지능이라는 용어는 1956년 미국 다트머스 대학 워크숍에서 처음 사용되었다.
② 1956년~1974년은 인공지능의 황금기였다.
③ 1987년~1993년은 인공지능의 두 번째 암흑기였다.
④ 인공지능, 머신러닝, 신경망, 딥러닝 중 가장 상위 개념은 딥러닝이다.

**2. 사회에 긍정적으로 기여하는 AI 접목 분야가 아닌 것은?**



① 자동 저널리즘(Auto-journalism)
② AI 법률 서비스(AI legal services)
③ 딥페이크 (Deep-fakes)
④ AI 기상 예측(AI weather forecasting)

**3. 인공지능(AI), 소프트웨어(SW), 하드웨어(HW)의 포함 관계가 올바른 것은?**

① 인공지능(AI)⊂소프트웨어(SW)⊂하드웨어(HW)
② 소프트웨어(SW)⊂하드웨어(HW)⊂인공지능(AI)
③ 하드웨어(HW)⊂인공지능(AI)⊂소프트웨어(SW)
④ 인공지능(AI)⊂하드웨어(HW)⊂소프트웨어(SW)

**4. 다음 중 디지털 역량이 아닌 것은?**

① 디지털 유창성과 시민성
② 자기 리더십
③ 소프트웨어 사용과 개발
④ 디지털 시스템의 이해

## 주관식 문제

1. AI의 개념 및 원리에 대해 설명하시오.

2. AI 교육에 대해 설명하시오.

3. AI 교육의 사례에 대하여 기술하시오.

## 참고문헌


- 교육부, 과학기술정보통신부, 한국과학창의재단(2020). 인공지능 교육 길라잡이
- 교육부, 한국교육학술정보원(2021). 2021 인공지능(AI) 기본 역량 강화 초등
- 나라경제(2023). 교육의 개별화 지향하며 형평성·포용성 높이는 AI 활용 필요. 9월호. pp51-53.
- 도제우, 문제웅 (2020). AI융합교육 해외동향 및 시사점. 교육부 이슈 페이퍼
- 위키백과:인공지능 https://ko.wikipedia.org/wiki/%EC%9D%B8%EA%B3%B5%EC%A7%80%EB%8A%A5
- 유인환, 배영권, 박대륜, 안중민, 김우열 (2020). 로봇활용 인공지능 교육 프로그램 개발과 적용에 관한 연구. 정보교육학회논문지, 24(5), 443-451.
- 신원섭 (2020). 초등 생물분류 학습에서 인공지능 융합교육의 적용 사례연구. 초등과학교육, 39(2), 284-295.
- 이영호(2021). 인공지능 융합 교육 프로그램 개발 및 효과성 분석. 정보교육학회논문지, 25(1)
- 장병철, 임종현, 김용신(2020). 융합인재 육성을 위한 AI 교육. 교육부 이슈 페이퍼.
- 한국과학창의재단(2022). 초·중등 인공지능(AI) 교육 학교 적용 방안 연구 연구 보고서(SW·AI)
- 한선관(2020). 인공지능과 교육, 무엇을 준비해야 하나. 교육정책포럼
- Baker, T., Smith, L. and Anissa, N. (2019). Educ-AI-tion Rebooted? Exploring the future of artificial intelligence in schools and colleges. London, NESTA. https://www.nesta.org.uk/report/education-rebooted
- Bloom, B. S. (1984). The 2 Sigma Problem: The search for methods of group instruction as effective as one-to-one tutoring. Educational Researcher, Vol. 13, no. 6, pp. 4-16.
- Burt, A.(2019). The AI Transparency Paradox, Harvard Business Review. https://hbr.org/2019/12/the-ai-transparency-paradox
- Brynjolfsson, E. and McAfee, A., (2014). The Second Machine Age: Work, Progress, and Prosperity in a Time of Brilliant Technologies. WW Norton & Company, New York, NY.
- Carbonell, J. R. (1970). AI in CAI: An artificial-intelligence approach to computer-assisted instruction. IEEE Transactions on ManMachine Systems, Vol. 11, No. 4, pp. 190-202.
- Holmes, W., Bialik, M. and Fadel, C. (2019). Artificial Intelligence in Education: Promises and implications for teaching and learning. Boston, MA, Center for Curriculum Redesign.
- Jessica Van Brummelen, Phoebe Lin(2020). Engaging Teachers to Co-Design Integrated AI Cu

rriculum for K-12 Classrooms, Cornell University, 3p. https://arxiv.org/abs/2009.11100

- Leetaru, K. (2018). Does AI truly learn, and why we need to stop overhyping deep learning. Forbes.https://www.forbes.com/sites/kalevleetaru/2018/12/15/does-ai-truly-learn-and-why-we-need-to-stop-overhyping-deep-learning/?sh=4992381f68c0
- Lee, K. F. (2018). AI Superpowers: China, Silicon Valley and the New World Order. Houghton Mifflin Harcourt Publishing Company.
- Lucas, L. 2018. China's artificial intelligence ambitions hit hurdles. Financial Times. https://www.ft.com/content/8620933a-e0c5-11e8-a6e5-792428919cee
- Luckin, R., Holmes, W., Griffiths, M. and Forcier, L. B. (2016). Intelligence Unleashed: An argument for AI in Education. London, Pearson. https://www.researchgate.net/publication/ 299561597_Intelligence_Unleashed_An_argument_for_AI_in_Education
- Marcus, G. and Davis, E. (2019). Rebooting AI: Building artificial intelligence we can trust. New York, Ballantine Books Inc.
- McCarthy, J., Minsky, M. L., Rochester, N. and Shannon, C. E. (2006). A proposal for the Dartmouth Summer Research Project on Artificial Intelligence, August 31, 1955. AI Magazine, Vol. 27, No. 4, pp. 12–14.
- McKinney, S. M., Sieniek, M., Godbole, V., Godwin, J., Antropova, N., Ashrafian, H., Back, T., Chesus, M., Corrado, G. C., Darzi, A., Etemadi, M., Garcia-Vicente, F., Gilbert, F. J., Halling-Brown, M., Hassabis, D., Jansen, S., Karthikesalingam, A., Kelly, C. J., King, D., Ledsam, J. R., Melnick, D., Mostofi, H., Peng, L., Reicher,J. J., Romera-Paredes, B., Sidebottom, R., Suleyman, M., Tse, D., Young, K. C., Fauw, J. D. and Shetty, S. (2020). International evaluation of an AI system for breast cancer screening. Nature, Vol. 577, No. 7788, pp. 89–94.
- Mitchell, M. (2019). Artificial Intelligence: A guide for thinking humans. London, Penguin.
- MIT Technology Review and GE Healthcare. (2019). How artificial intelligence is making health care more human. Available at: https://www.technologyreview.com/hub/ai-effect/
- Moravec, H. (1988). Mind Children: The future of robot and human intelligence. Boston, MA, Harvard University Press.
- Mulgan, G. (2018). Artificial intelligence and collective intelligence: the emergence of a new field. AI & Society, 33, 631–632.
- Narayanan, A. (2019). How to Recognize AI Snake Oil. https://www.cs.princeton.edu/~arvindn/talks/MIT-STS-AI-snakeoil.pdf

- Russell, S. and Norvig, P. (2016). Artificial Intelligence: A modern approach, 3rd edition. Bost on, MA, Pearson.
- Säuberlich, F. and Nikoli´c, D. (2018). AI without machine learning. Teradata Blog. Available at: https://www.teradata.com/Blogs/AI-without-machine-learning
- Searle, J. R. (1980). Minds, brains, and programs. Behavioral and Brain Sciences, Vol. 3, No. 3, pp. 417–424.
- Trafton, A. (2020). Artificial intelligence yields new antibiotic. MIT News | Massachusetts Insti tute of Technology. Available at: https://news.mit.edu/2020/artificial-intelligence-identifies-ne w-antibiotic-0220





- Turing, A. M. (1950). Computing machinery and intelligence. Mind, Vol. 59, No. 236, pp. 43 3–460.
- UNESCO World Commission on the Ethics of Scientific Knowledge and Technology. (2019). Preliminary Study on the Ethics of Artificial Intelligence. https://unesdoc.unesco.org/ark:/4822 3/pf0000367823.
- Zheng, N., Liu, Z., Ren, P., Ma, Y., Chen, S., Yu, S., Xue, J., Chen, B., & Wang, F. (2017). Hy brid-augmented intelligence: Collaboration and cognition. Frontiers of Information Technolog y & Electronic Engineering, 18(2), 153–179.
- Zhong, Y. X. (2006). A cognitive approach and AI research. 2006 5th IEEE International Conf erence on Cognitive Informatics, Vol. 1, pp. 90-100.

CHAPTER

# 6

# 생성형 AI와 교육

## 단원목표

- 생성형 AI의 개념을 이해할 수 있다.
- 생성형 AI의 긍정적 부정적 영향을 이해할 수 있다.
- 생성형 AI의 교육적 활용 방안을 이해할 수 있다.

## 단원목차

SECTION

# 6.1 생성형 AI의 이해

## 1. 생성형 AI 발전의 역사

### 1 기술 초기

생성형 AI의 초기 단계는 주로 1950년대와 1960년대에 걸쳐 이루어진 컴퓨터 과학의 기초 연구에서 시작되었으며, 이 시기에는 인공지능 연구의 초점이 기본적인 패턴 인식과 간단한 문제 해결 능력 개발에 맞춰져 있었다. 이 분야의 연구는 1956년 다트머스 컨퍼런스에서 AI 연구의 가능성을 처음으로 제시하며 본격적으로 시작되었다.

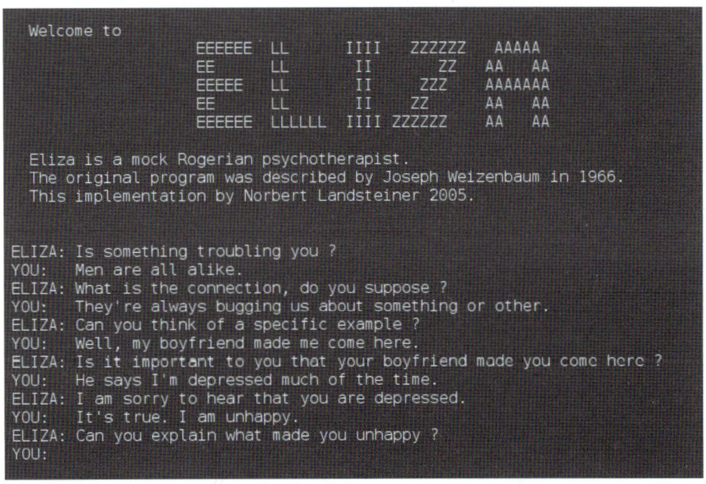


▲ **그림 6.1** ELIZA와의 대화

출처 : https://commons.wikimedia.org/wiki/File:ELIZA_conversation.png#/media/File:ELIZA_conversation.png

초기 AI 연구는 주로 논리 기반의 접근 방식에 초점을 맞췄으며, 이는 기호주의(Symbolism) 또는 규칙 기반 프로그래밍으로 알려져 있다. 이 방식은 컴퓨터에게 사람의 언어로 명령을 입력하여 특정 작업을 수행하게 하는 것을 목표로 하였다. 예를 들어, 엘리자(ELIZA)와 같은 초기 프로그램은 매우 기본적인 자연어 처리를 통해 사람과 대화를 시도했고, 이는 AI 분야에서의 중요한 초기 단계였다.

그러나 이 시기의 컴퓨터의 처리 능력과 메모리는 현대에 비해 극히 제한적이었기 때문에, 복잡한 문제 해결이나 데이터 분석은 거의 불가능했다. 또한, 초기 AI 모델들은 실제 세계의 상황을 모델링하거나 이해하는 데 필요한 추상적 사고나 학습 능력이 부족했다.

1980년대에 들어서며, 기계학습(Machine Learning)의 개념이 도입되고 연구가 활성화되기 시작했다. 이는 컴퓨터가 데이터로부터 학습하고 경험을 통해 성능을 개선하는 능력에 대해 연구하게 된 중요한 전환점이었다. 이제는 단순한 패턴 인식을 넘어 컴퓨터가 스스로 학습하고 예측하는 능력을 개발하는 데 중점을 둔 것이다.

초기 생성형 AI의 발전은 이러한 기계학습 연구의 진보와 밀접하게 연결되어 있다. 예를 들어 신경망(Neural Networks)과 같은 모델이 개발되면서, AI가 이미지, 텍스트, 음성 등 다양한 형태의 데이터를 처리하고 이해하는 능력이 향상되었다. 이러한 기술의 발전은 결국 생성형 AI가 복잡한 데이터를 분석하고, 새로운 데이터를 생성하는 기초를 마련했다.



## 2 기술 발전기

기술 발전기는 인공지능(AI) 분야에서 중대한 전환점을 마련한 시기로, 심층 학습과 신경망의 발전이 핵심적인 역할을 했다. 이 시기는 1980년대 후반부터 2000년대 초반에 걸쳐 이루어진 연구와 기술 혁신에 의해 특징지어진다. 심층 학습, 특히 다층 신경망은 컴퓨터가 스스로 데이터의 복잡한 특징을 학습하고, 이를 바탕으로 고도의 패턴 인식과 예측 능력을 개발할 수 있게 만들었다.

이 시기의 중요한 발전 중 하나는 역전파(Backpropagation) 알고리즘의 적용으로, 이는 신경망이 스스로 오류를 수정하고 최적화하는 방법을 제공했다. 역전파는 신경망 훈련에 있어서 혁명적인 개선을 이루어냈으며, AI가 복잡한 문제를 해결할 수 있는 능력의 기반을 마련했다.

생성적 적대 신경망(GANs)의 등장은 AI가 창의적인 작업을 수행할 수 있는 능력을 크게 확장시켰다. 이는 두 개의 신경망이 서로 적대적인 관계에서 학습을 진행하며 한층 더 현실적이고 세밀한 이미지, 음악, 텍스트 등을 생성할 수 있었다. 그 덕에 이 기술은 예술과 디자인 분야에서 특히 큰 영향을 끼쳤으며, 새로운 창작물 생성 방법이 되었다.

신경망의 발전은 자연어 처리(Natural Language Processing, NLP) 분야에도 혁신을 가져왔다. 단어와 문장의 의미를 이해하고, 문맥에 따라 적절한 반응을 생성할 수 있는 모델의 개발은 AI가 인간의 언어를 이해하고, 의사소통하는 능력을 대폭 향상시켰다. 따라서 AI는 기계 번역, 자동 요약, 질의응답 시스템 등 다양한 응용 프로그램으로도 이어질 수 있었다.

이 시기의 기술 발전은 AI 분야에 있어서 눈부신 성장을 이끌었으며, 이는 오늘날 우리가 겪고 있는 디지털 혁신의 기반이 되었다. 심층 학습과 신경망의 발전은 컴퓨터가 인간과 유사한 방식으로 학습하고 문제를 해결할 수 있는 길을 열었으며, AI 연구와 개발에 있어서 새로운 장을 열었다.

## 3 기술 적용기

기술 적용기는 대규모 언어 모델의 등장으로 시작되며, 이는 텍스트 생성의 가능성을 크게 확장한 시기이다. 특히 GPT(Generative Pre-trained Transformer)와 같은 모델의 출현은 사람이 작성한 것과 구분하기 어려운 텍스트를 기계도 생성할 수 있게 하였다. 이러한 모델들은 머신러닝의 최신 발전을 바탕으로 대량의 텍스트 데이터에서 패턴을 학습하여, 새로운 텍스트를 창조적으로 생성하며, 예술, 디자인, 콘텐츠 제작 등 다양한 분야에 적용되고 있다.

▲ **그림 6.2** AI가 생성한 로고, AI 생성 이미지

출처 : Adobe Firefly



예술 분야에서 AI는 새로운 형태의 예술 작품 생성에 사용되고 있다. 예를 들어 AI가 생성한 음악, 그림, 시 등은 인간 예술가와 어우러져 새로운 예술 장르를 탄생시키고 있다. 디자인 분야에서는, AI를 활용하여 웹사이트 레이아웃, 로고 디자인, 사용자 인터페이스 등을 자동으로 생성하는 도구들이 등장하고 있다. 이를 통해 디자이너들은 더욱 효율적으로 작업할 수 있게 되었다.

콘텐츠 제작 분야에서도 대규모 언어 모델의 영향은 막대하다. 기사 작성, 콘텐츠 요약, 소셜 미디어 포스트 생성 등에 AI가 활용되면서, 미디어 산업의 생산성과 효율성이 크게 향상되었다. 특히, AI가 실시간으로 대량의 정보를 처리하고, 관련 콘텐츠를 신속하게 제작할 수 있게 되며 여러 분야에서 로봇 저널리즘이 가능하게 되었다.

AI 기술의 적용은 교육 분야에서도 중요한 변화를 가져왔다. 맞춤형 학습 자료 생성, 언어 학습을 위한 대화형 챗봇, 에세이 작성 및 평가 도구 등은 학습자 개개인의 필요에 맞춰 교육 콘텐츠를 제공함으로써 교육의 질을 향상시키고 있다. 이러한 도구들은 학습자의 참여를 높이고, 교사의 부담을 경감시키며, 교육 과정의 개인화를 실현하는 데 기여한다.

이러한 AI 적용 사례들은 기술이 사회의 다양한 분야에 미치는 영향을 보여주며, 향후 기술 발전이 인간의 삶을 어떻게 변화시킬지에 대한 흥미로운 통찰을 제공한다. 대규모 언어 모델과 같은 AI 기술의 발전은 창의적인 작업뿐만 아니라 정보 처리, 의사결정 지원, 교육 등 인간의 지적 활동을 보조하고 강화하는 데 중요한 역할을 하고 있으며 앞으로도 우리의 작업이나 학습 방식, 더 나아가 예술을 창조하는 방식에도 혁신을 가져올 것이다.

## 2. 생성형 AI 원리와 작동 방식

### 1 Transformer 알고리즘

Transformer 모델은 자연어 처리(NLP)에 혁신을 가져온 구조로, 기존의 순환 신경망(RNN)이나 긴 시퀀스를 처리할 때 발생하는 문제점을 해결하기 위해 고안되었다. 전통적인 RNN 방식은 데이터를 순차적으로 처리하며 각 시점에서의 계산이 이전 시점의 출력에 의존하기 때문에, 긴 시퀀스에서는 과거의 정보가 점차 손실되는 장기 의존성 문제가 발생한다.

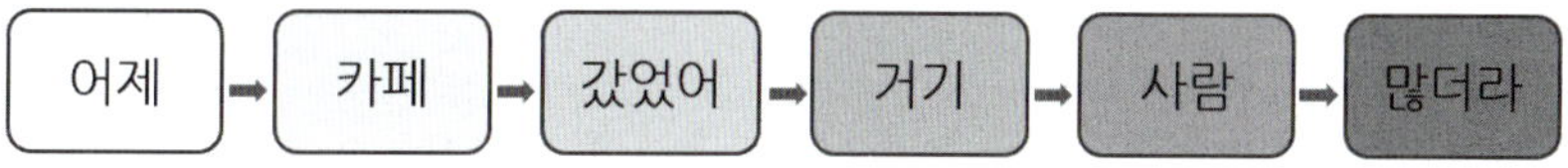


▲ 그림 6.3 RNN의 순차적 시퀀스 처리 방식

반면, Transformer는 복잡한 시퀀스 의존성을 효과적으로 학습할 수 있는 'Attention Mechanism'을 기반으로 한다. 이는 언어 처리를 할 때 중요한 요소에 더 집중하여 효율성을 올리는 기법이다. 예를 들어 '어제 카페 갔었어. 거기 사람 많더라.'라는 문장에서 '거기'가 무엇을 가리키는지 알기 위해 '카페'에 가장 많이 집중하고, '갔었어'에도 다른 요소에 비해 관련성이 있다고 계산을 하는 것이다.

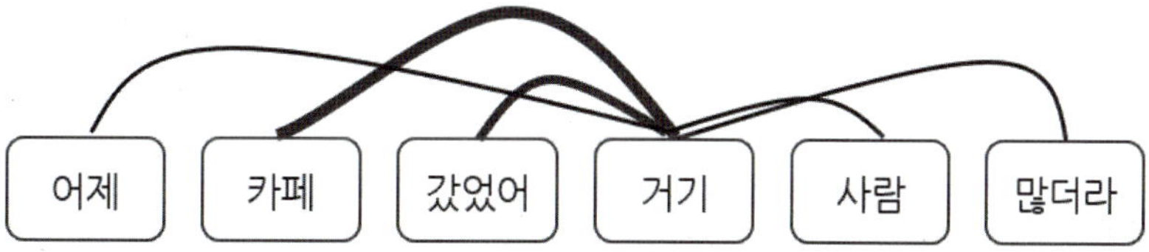


▲ 그림 6.4 Attention 기법에서 '거기'를 계산하는 방식

Transformer는 시퀀스를 순서대로 처리하지 않고 문장 내 모든 단어 간의 관계를 동시에 파악하며, 이를 통해 문장 전체의 컨텍스트를 한 번에 처리할 수 있어 속도가 빠르고 과거 정보의 손실

로부터 강하다. 이는 병렬 처리가 가능하여 훨씬 빠른 학습 속도와 높은 효율성을 보인다. 또한, Transformer는 positional encoding을 통해 단어의 순서 정보를 모델에 제공하여 순차적 처리가 없는 구조에서도 문장의 시퀀스 정보를 유지할 수 있게 한다.

Transformer는 다양한 NLP 작업에 광범위하게 적용되어 탁월한 성능을 보였으며 이후의 많은 연구와 모델 개발에 영감을 주었다. BERT, GPT와 같은 후속 모델들은 Transformer 구조를 기반으로 하여 더욱 발전된 언어 이해 및 생성 능력을 선보이며, AI 분야에서의 중요한 발전을 이루었다.

## 2 BERT 알고리즘



BERT(Bidirectional Encoder Representations from Transformers)는 텍스트의 양방향 문맥을 고려하여 단어의 의미를 파악하는 데 획기적인 변화를 가져온 알고리즘이다. Transformer 모델의 인코더 부분을 기반으로 하여 개발된 BERT는 문장 내 빈칸을 두고 앞뒤 문맥을 모두 고려하여 빈칸에 무엇이 들어갈지 예측하는 방식 (Masked Language Modeling) 으로 학습한다. 이는 기존 단방향 모델들과 달리 문맥상의 의미를 더욱 정확하게 파악할 수 있게 하여 여러 자연어 처리 (NLP) 분야에서 높은 성능을 보인다.

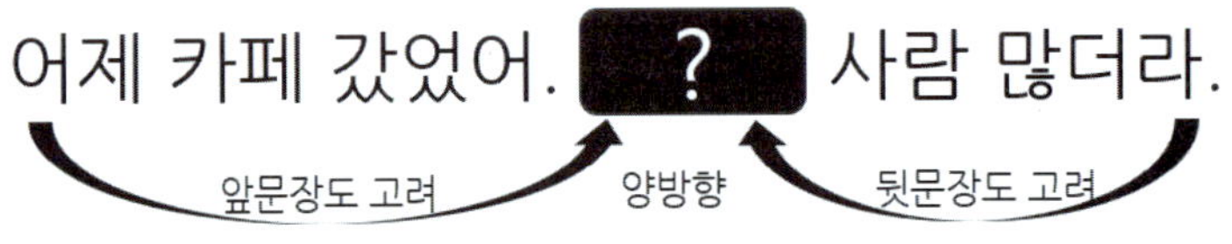


▲그림 6.5 마스크 언어 모델인 BERT 5)

BERT의 도입은 특히 질문 응답 시스템과 기계 번역의 정확도를 크게 향상시켰다. 모델이 문장의 양방향 문맥을 이해할 수 있게 됨으로써, 더 정확한 답변 생성과 텍스트 이해가 가능해졌다. 예를 들어, 글에 포함된 "The bank is open"이라는 문장에서 'bank'의 의미를 파악할 때, BERT는 'bank'가 금융 기관을 의미하는지, 아니면 강가를 의미하는지 문맥을 통해 결정할 수 있는 것이다.

BERT는 대규모 텍스트 코퍼스를 사용하여 사전 학습(pre-training)을 수행하며, 이 과정에서 언어의 깊은 이해를 위한 지식을 축적한다. 이는 뒤에 설명할 GPT가 디코더를 분리하여 개발한 것과 반대로 인코더를 분리하여 개발하였기 때문에, 창조적으로 텍스트를 만들어내는 작업보다는 입력값을 파악하고 분류 및 분석하는 작업에 특화되었다. 따라서 사전 학습된 BERT는 특정

NLP 작업에 맞게 미세 조정(fine-tuning)되어, 질문 응답, 감성 분석, 텍스트 분류 등 다양한 자연어 분석에서 뛰어난 성능을 발휘한다.

BERT의 성공 이후, 이와 유사한 아키텍처를 사용하는 다양한 모델이 등장했다. 예를 들어 RoBERTa(Robustly optimized BERT approach)는 BERT를 개선하여 더 많은 데이터와 더 긴 학습 시간을 통해 성능을 향상시켰다. 이러한 모델들은 NLP 태스크에서의 성능 기준을 새롭게 정립하며, 자연어 이해와 생성에 있어 새로운 가능성을 열어가고 있다.

### 3 GPT 알고리즘

BERT 이후에도 다양한 변형과 개선이 이루어졌다. GPT(Generative Pre-trained Transformer) 알고리즘은 자연어 처리(NLP) 분야에서 중대한 발전을 이룬 대규모 언어 모델이다. OpenAI에 의해 처음 소개된 이 알고리즘은 딥러닝 및 자연어 이해의 경계를 확장하며, 텍스트 생성에서 새로운 기준이 되었다. GPT의 핵심은 Transformer 아키텍처에 기반한 사전 학습(pre-training) 접근 방식에 있으며, 인터넷에서 수집된 방대한 양의 텍스트 데이터를 학습하여, 문맥적 이해를 바탕으로 텍스트를 생성할 수 있다.

GPT 모델의 또 다른 주요 특징은 Transformer 아키텍처의 디코더 부분만을 사용하여 텍스트를 생성한다는 점이다. 이는 모델이 주어진 입력에 대해 다음에 올 단어를 예측하며 연속적인 텍스트를 생성할 수 있게 한다. 단, BERT 모델이 문장 내 빈칸을 맞히기 위해 양방향으로 문맥을 고려한 것과 달리 GPT는 순서대로 시퀀스를 처리하기 때문에 빈칸의 앞부분만을 참고한다. Attention 메커니즘을 통해 모델은 전체 문맥을 고려하여 가장 적합한 단어를 선택하며, 이 과정을 반복함으로써 자연스러운 문장을 생성한다.

어제 카페 갔었어. 거기 ? [ ]

▲ 그림 6.6 순방향으로 시퀀스를 처리하는 GPT 5)

GPT 시리즈의 첫 번째 모델도 이미 인상적인 성능을 보였지만, GPT-3, GPT-4 같은 후속 모델들은 텍스트 생성의 질과 다양성에서 한층 더 발전을 이루었다. 특히 GPT-4는 1조 개 이상의 파라미터를 가진 것으로 추정되는 세계에서 가장 큰 언어 모델 중 하나로, 그 성능은 작문, 번역, 요약, 질문 응답 등 다양한 NLP 태스크에서 인간과 유사한 수준에 도달했다. 특히 GPT는 BERT에 비하여 텍스트를 만들어내는 작업에 특화되어 있다.

GPT나 BERT와 같은 LLM의 발전은 NLP 분야뿐만 아니라 교육, 고객 서비스, 콘텐츠 생성 등 다양한 분야에서 활용될 수 있는 새로운 기회를 열었다. LLM의 지속적인 개선은 향후 AI가 인간의 언어를 이해하고 사용하는 방식을 더욱 풍부하고 정교하게 만들 것이다.

## 3. 생성형 AI의 다양한 형태와 종류

### 1 텍스트 기반 생성형 AI

텍스트 기반 생성형 AI는 자연어 처리 기술을 활용해 인간이 작성한 것처럼 자연스러운 텍스트를 생성한다. 이 기술은 뉴스 기사 작성, 소설 생성, 챗봇 대화 등 다양한 분야에서 활용되고 있다.



2014년 3월, 미국 LA에서 발생한 지진을 20분 만에 기사로 작성한 것은 인간 기자가 아닌 Quakebot이라고 불리는 AI였다. 또한 AP 통신은 2014년부터 Wordsmith를 통해 일부 분야의 기사 작성을 자동화하였다. 이처럼 AI는 최신 데이터와 사건을 기반으로 실시간 뉴스 기사를 자동 생성할 수 있으며, 기자들은 더 복잡한 분석과 보도에 집중할 수 있게 되었다.

AI는 사용자가 설정한 플롯이나 스타일에 따라 창의적으로 소설을 만들어내기도 한다. 2017년 MIT에서 할로윈을 맞아 개발한 Shelley는 공포 소설을 작성하는 AI이며, 사용자들과 협업하여 스토리를 발전시키는 신개념 창작 활동을 선보였다.

▲그림 6.7 Shelley의 X (구 Twitter) 프로필 이미지, AI 생성 이미지

출처 : https://twitter.com/shelley_ai

기업에서 텍스트 생성형 AI를 사용하는 대표적인 방법은 챗봇이다. 현재도 수많은 챗봇이 고객 응대에 사용되고 있으나, 발전된 생성형 AI 기술을 적용한다면 인간 상담사와 대화하는듯한 자연스러운 대화형 인터페이스를 통해 고객 서비스를 제공할 수 있게 된다. 또 고객의 다양한 질문

에 정확하고 일관적인 답변을 제공할 수 있으며 영업 시간이나 통화를 위해 고객이 대기 해야하는 시간과 관계 없이 이용할 수 있다는 장점이 있다.

## 2 이미지 생성형 AI

▲그림 6.8 고흐 화풍을 학습한 AI 인 Deep Dream이 그린 그림, AI 생성 이미지

출처 : https://www.joongang.co.kr/article/19853826#home

GANs(Generative Adversarial Networks)와 같은 알고리즘을 사용하여 현실적인 이미지를 만들어내는 이미지 생성형 AI의 발전은 특히 예술 작품 생성, 가상 환경 디자인, 얼굴 변형 등의 분야에서 다양한 적용 사례들을 보인다. 예를 들어 예술 분야에서 AI가 빈센트 반 고흐나 파블로 피카소와 같은 유명 화가들의 스타일을 학습하여 그들이 살아있다면 만들었을 법한 새로운 작품들을 생성한다. 이는 예술과 기술의 경계를 허무는 혁신적인 접근 방식으로, 디지털 예술의 새로운 장을 여는 것으로 평가받고 있다.

간단한 텍스트 입력으로 게임 환경을 구현하는 AI 게임 엔진도 개발되었다. 구글 딥마인드에서 2024년 3월 공개한 Genie는 사용자가 이미지나 텍스트를 입력하면 간단한 게임을 제작해준다. 이제는 게임에 사용될 가상 환경 디자인도 text-to-image로 가능하게 된 것이다.

▲ **그림 6.9** AI가 만들어낸 얼굴 이미지, AI 생성 이미지



출처 : https://www.whichfaceisreal.com/results.php?r=1&p=1&i1=image-2019-02-17_210530.jpeg&i2=34113.jpeg

얼굴 변형 기술에서는 소셜 미디어의 사진 편집 필터나 어플리케이션을 통해 사용자의 얼굴을 다양한 방식으로 변형시키는 사례가 많다. OpenAI에서 공개한 Glow는 사람 얼굴 사진을 입력했을 때 수염, 웃는 표정, 나이, 눈 크기 등을 조절할 수 있게 하였다. 얼굴 변형 외에도 실제로 존재하지 않는 사람의 얼굴 이미지를 제공하는 웹사이트도 있는데, 실제 사람 얼굴과 AI가 만들어 낸 얼굴을 구분하기가 어려울 정도로 정교하다.

### 3 음악 및 비디오 생성형 AI

음악 및 비디오 생성형 AI는 창의적 콘텐츠 제작의 새로운 지평을 열고 있다. 음악 생성 AI는 복잡한 악보 작성부터 멜로디와 하모니 생성까지 다양한 음악적 요소를 자동으로 생성할 수 있으며, 작곡가들이 새로운 음악적 아이디어를 탐색하는 데 도움을 준다. 음악을 만들어주는 AI 서비스의 예시로는 AIVA (Artificial Intelligence Virtual Artist), Flow Machines, Amper Music 등이 있다. Suno AI는 Microsoft Copilot의 플러그인으로도 간단히 사용할 수 있으며 텍스트를 입력하면 노래를 만들어 준다.

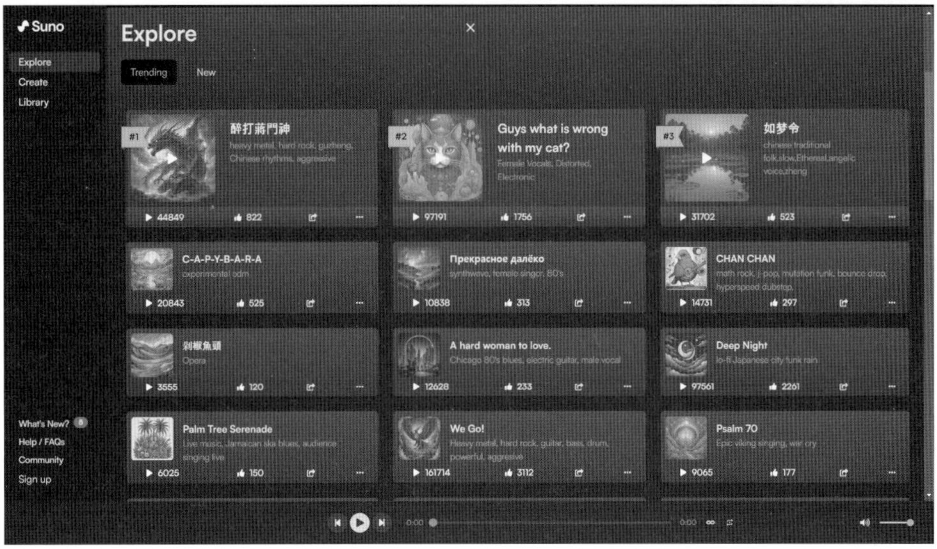


▲ **그림 6.10** Suno AI로 만든 노래

화면 캡처 출처 : https://app.suno.ai/

비디오 생성 AI는 실시간 비디오 편집, 가상 현실 콘텐츠 제작 등에 활용되어 영화 제작부터 교육용 콘텐츠까지 광범위한 분야에서 사용될 수 있다. 비디오 생성 인공지능 서비스로는 Runway ML, Synthesia 뿐만 아니라, 2023년 큰 관심을 불러일으켰던 외국 패션 브랜드 컨셉의 해리포터 영상 제작에 사용된 D-ID, 2024년 초 OpenAI에서 발표하여 매우 사실적인 영상으로 이슈가 되었던 Sora도 포함된다. 이러한 기술들은 새로운 예술 형태의 탐색과 멀티미디어 경험의 확장에 중요한 역할을 할 것이다.

▲ **그림 6.11** 생성형 AI를 활용해 만든 패션 브랜드 컨셉의 해리포터, AI 생성 이미지

영상 캡처 출처 : https://www.youtube.com/watch?v=ipuqLy87-3A

## 4. 생성형 AI 실습하기

텍스트 생성형 AI는 Microsoft의 Copilot (이미지도 생성 가능하며 플러그인을 통해 여러 서비스와 연계 가능), OpenAI의 ChatGPT, Google의 Gemini (구 Bard), Anthropic의 Claude, 이미지 생성형 AI는 OpenAI의 Dall·E, Stability AI의 Stable Diffusion, NVIDIA의 GauGAN, Midjourney 등 다양하게 존재하나, 생성형 인공지능 서비스를 제공하는 여러 웹사이트들의 UX/UI는 대체로 유사한 편이다. 이러한 여러 가지 생성형 AI 모델을 종합한 무료 AI 서비스 wrtn (뤼튼)을 직접 사용해보며 텍스트와 이미지를 생성해보고자 한다.

| | |
|---|---|
| 1. wrtn.ai에 접속한다. |  |
| 2. 우측 상단의 로그인 버튼을 누른 후 하단의 '가입하기'나 '또는 SNS로 시작하기' 버튼을 통해 회원가입을 한다. |  |

3. 가입이 완료된 후 로그인을 하면 아래와 같이 뜬다. 점선으로 둘러싸인 ① 부분에서 원하는 LLM을 선택할 수 있으며, 모델 선택 시 각 모델에 관한 간략한 설명이 제공된다. ② 부분은 생성형 AI에게 내릴 명령(Prompt)을 입력하는 공간이다. 1.5.에서 설명할 여러 가지 프롬프트 엔지니어링 전략을 사용하여 프롬프트를 구체적으로 입력할수록 원하는 답변을 얻을 확률이 높다.

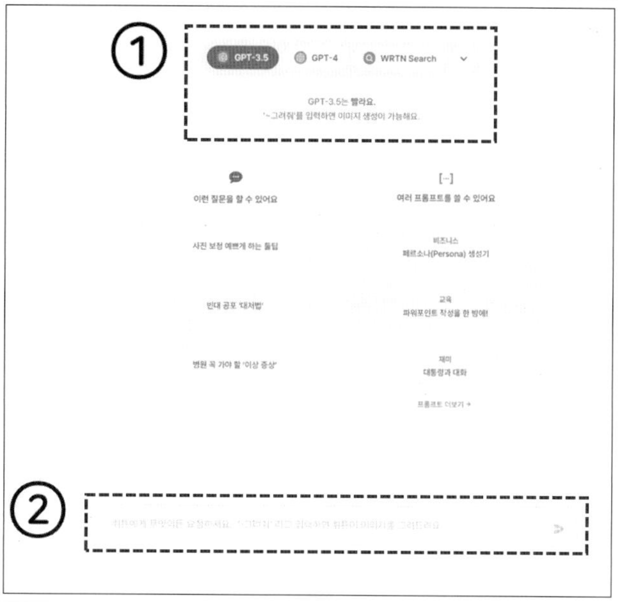


4. 프롬프트를 입력한 후 키보드 Enter 키를 누르거나 프롬프트창의 보라색 비행기 버튼을 클릭한 후 잠시 기다리면 텍스트로 답변을 한다.

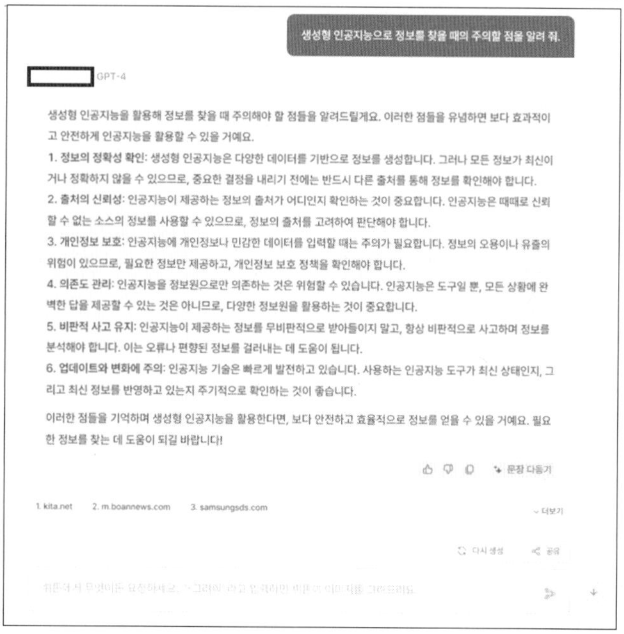

5. 추가 설명이 필요할 때 더 요청할 수 있다. 맥락을 이해할 수 있기 때문에 앞서 입력한 프롬프트를 다시 입력하지 않아도 된다.

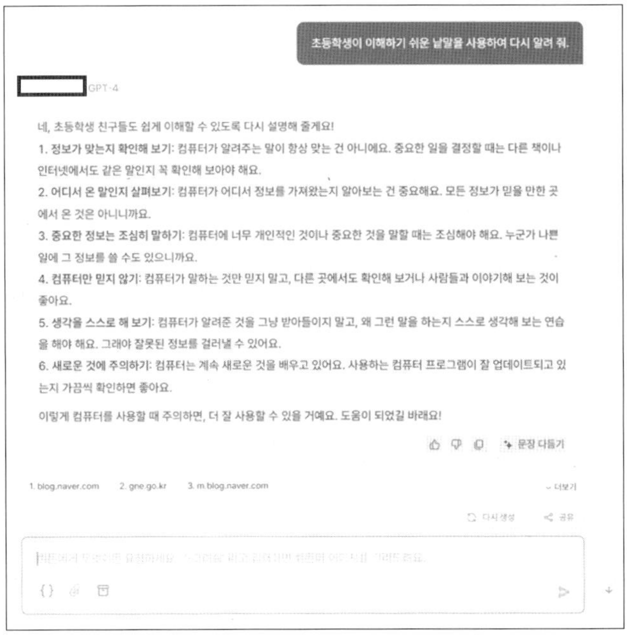


6. 이미지를 생성하고 싶을 때에는 프롬프트 문장의 끝을 '그려줘'로 적어야 한다. 이미지 생성형 인공지능도 프롬프트가 자세할수록 원하는 이미지를 얻을 확률이 높아진다.

※ 좌측에는 채팅방 목록이 있는 데, 하나의 채팅방에서는 하나의 주제를 다루는 것이 좋다. 이는 다른 텍스트 생성형 인공지능 서비스를 이용할 때에도 마찬가지이다.

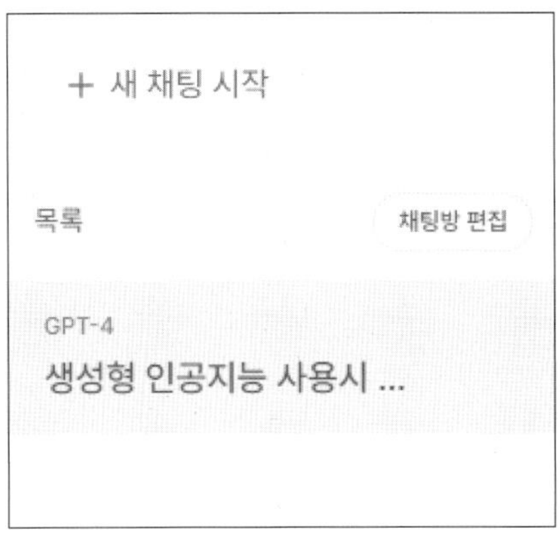

## 5. 프롬프트 엔지니어링

### 1 프롬프트

프롬프트란 쉽게 말하면 생성형 AI에게 내리는 명령, 지침이라고 할 수 있다. 척하면 척 알아듣는 인간과 달리 인공지능에게는 정확하고 구체적인 프롬프트를 제공하는 것이 필수적이다. 프롬프트를 어떻게 입력하느냐에 따라 거대언어모델(LLM)이 생성하는 답변의 수준이 좌우되기 때문이다. 이처럼 생성형 인공지능으로부터 우리가 원하는 산출물을 얻을 수 있도록 효과적인 프롬프트를 만드는 것을 프롬프트 엔지니어링이라고 한다. 이처럼 프롬프트의 질이 중요해진 만큼 프롬프트를 사고 파는 온라인 플랫폼도 생기고 있으며, 프롬프트 엔지니어가 새로운 직업으로 부상하고 있다.

### 2 프롬프트 엔지니어링 전략

유명한 프롬프트 엔지니어링 전략 중 하나는 Chain-of-thought Prompting이다. 인간이 사고하듯이 문제를 해결하는 과정을 텍스트로 풀어 적은 몇 가지 예시를 주고 문제를 해결하도록 하는 것이다. 아래의 표에서 볼 수 있듯, 문제를 해결하는 방식을 몇 단계로 나누어 답을 구하는 예를 제공한 후 문제를 풀게 하면 훨씬 자세한 답변을 얻을 수 있다.

<table>
<tr><th>기존의 프롬프트</th><th>Chain-of-thought 프롬프트</th></tr>
<tr><td>나<br>질문: 사과 20개가 있는데 그 중 2개를 먹고 3개를 더 샀다. 사과는 총 몇 개 있는가?<br>답: 21개<br><br>질문: 사과 32개가 있는데 그 중 10개를 먹고 4개를 더 샀다. 사과는 총 몇 개 있는가?<br><br>Copilot<br>답: 26개</td><td>나<br>질문: 사과 20개가 있는데 그 중 2개를 먹고 3개를 더 샀다. 사과는 총 몇 개 있는가?<br>답: 사과 20개에서 2개를 먹으면 20-2=18이므로 18개가 남는다. 거기에 3개를 더 사면 18+3=21이므로 21개이다.<br><br>질문: 사과 32개가 있는데 그 중 10개를 먹고 4개를 더 샀다. 사과는 총 몇 개 있는가?<br><br>Copilot<br>답: 사과 32개에서 10개를 먹으면 32-10=22이므로 22개가 남는다. 거기에 4개를 더 사면 22+4=26이므로 26개이다.</td></tr>
</table>

White 외(2023)는 다양한 프롬프트 엔지니어링 전략을 소개하였는데, 그 중 몇 가지를 소개하겠다. 우선, 원하는 작업을 하기 전에 사용자에게 충분히 질문을 하여 정보를 얻은 다음에 결과물을 출력하도록 하는 방법이 있다. 그 예시로 "항공사 고객 서비스 센터에 이메일을 써 줘. 이메일을 쓸 때 필요한 정보를 나에게 모두 물어본 뒤, 정보가 충분하면 그 때 이메일을 써 줘."라고 프롬프트를 입력할 수 있다. 다음으로, 웹페이지 디자이너의 입장에서 사용자가 작성한 코드를 검토하

생성하고, 작곡가와 음악가가 새로운 음악적 아이디어를 탐색하도록 도우며 다양한 장르와 스타일의 음악을 작곡하는 데 기여한다. 또한, AI 음악 생성 툴은 비전문가도 자신만의 음악을 쉽게 만들 수 있는 기회를 제공한다.

### (3) 글쓰기와 콘텐츠 생성

생성형 AI는 소설, 시, 그리고 기사 작성 등 글쓰기 분야에서도 활용되고 있다. 앞서 언급한 로봇 저널리즘 외에도, 글을 쓰는 AI는 더욱 많다. 카카오브레인의 거대언어모델(LLM)을 기반으로 시를 짓는 AI인 '시아' 는 2022년 시집을 출판하기도 했다. AI Dungeon은 사용자가 입력하는 내용에 따라 텍스트 형태로 플롯이 진행되는 게임으로, 사용자와 AI가 interactive book을 쓰는 것과 유사한 형태이다. AI를 단순 문법 검토 용도로 사용하는 것이 아닌, 새로운 콘텐츠 생성에 사용할 수 있게 된 것이다.



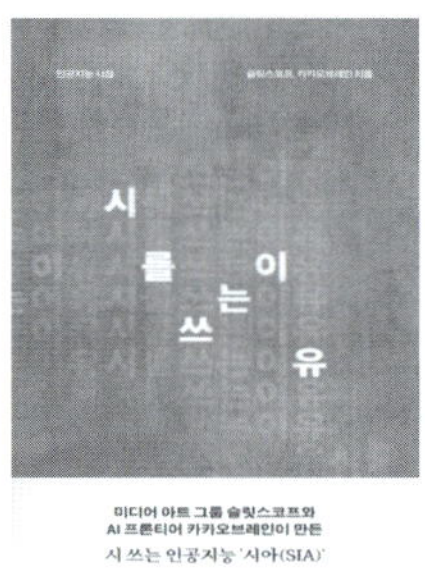


▲ **그림 6.13** 시 쓰는 인공지능 '시아'의 시집

출처 : https://www.yes24.com/Product/Goods/111153748

## 2 효율성 향상 측면

생성형 AI는 디자인, 코딩, 콘텐츠 제작 등 다양한 분야에서 반복 작업을 자동화하여 작업 시간을 단축시킨다. 따라서 업무 속도를 높이고, 인간이 더 창의적이고 전략적인 작업에 시간과 에너지를 쓸 수 있도록 한다. 아래 항목에서는 생성형 AI가 작업의 효율을 높여주는 3가지 사례를 소개하고자 한다.

### (1) 디자인 분야에서의 혁신

웹 디자이너는 AI 기반 디자인 툴을 사용함으로써 로고, 웹사이트 레이아웃, 그래픽 자료 등을 빠르게 생성하고 수정할 수 있다. 이는 디자이너가 반복적인 작업을 하는 데 걸리는 시간을 줄이고, 컨셉 개발이나 사용자 경험(UX) 설계와 같은 전략적인 일에 더 많은 시간을 할애할 수 있도록 한다.

### (2) 코딩과 소프트웨어 개발의 효율성

생성형 AI는 소프트웨어 개발 과정에서도 효율성을 크게 향상시킨다. AI가 제공하는 코드 자동 완성 기능이나 버그 수정 제안은 개발자가 더 빠르게 고품질의 코드를 작성하도록 도울 뿐 아니라, 개발자가 아닌 사람도 프로그래밍을 장시간 배우지 않아도 프롬프트를 통해 빠르게 필요한 앱 개발을 할 수 있도록 가능성을 열었다. 더욱이 데이터 분석 과정을 자동화하여 분석 결과에 기반한 유의미한 결론 도출에 더 집중할 수 있게 한다. 그 예시로 의료 분야에서 AI가 환자의 데이터를 분석한 후 1차 진단을 하고, 의사는 이 정보를 바탕으로 최종 진단과 치료 방안을 결정하는 사례가 있다.

### (3) 콘텐츠 제작의 변화

앞서 설명한 바와 같이 생성형 AI를 활용하여 뉴스 기사, 음악, 동영상, 소설, 시 등의 창작물도 빠르게 생성할 수 있다. 이는 콘텐츠 제작자가 떠올린 실험적인 아이디어를 신속하게 구현하고 발전시킬 수 있도록 한다. 뿐만 아니라 AI가 생성한 초안을 참고하여 사람이 더 깊이 있는 분석, 비판, 혹은 창의적인 해석 등을 할 수 있게 한다.

정리하자면, 생성형 AI의 활용은 인간이 창의성을 펼치기 위해 기존에 높게 느껴졌던 장벽을 넘을 수 있게 해주며 창작의 범위를 확장하였다. 또한 생성형 AI는 단순 업무의 자동화를 통해 효율성을 극대화하는 방향으로 발전하고 있다. 미래에는 AI가 복잡한 작업을 수행하는 능력이 향상됨에 따라, 인간의 역할은 전략적 사고와 결정 과정에 더 중점을 둘 것으로 예상된다.

▲ **그림 6.14** 음악을 만들고 있는 인공지능, AI 생성 이미지

출처 : Adobe Firefly

## 2. 생성형 AI의 부정적 영향

생성형 AI는 인간의 창의력 보조 및 효율성 향상 등을 위해 기여할 수 있지만, 수반되는 부정적인 영향도 있는 법이다. 생성형 AI의 부정적인 영향으로는 여러 가지가 있겠지만, 윤리 측면과 인간 고유의 역할 측면으로 나누어 살펴보자.

### 1 윤리적 측면

#### (1) 저작권 문제



생성형 AI는 데이터를 통해 학습하고 새로운 콘텐츠를 만들어내는데, 이 때 학습 시 사용되는 데이터의 창작자에게 동의를 구하지 않고 사용되는 경우에 저작권을 침해할 수 있다. 실제로 미국에서도 예술가 3명이 유명 이미지 생성형 AI 개발사에 소송을 제기하였고, 우리나라에서도 웹툰 작가들이 자신의 저작물이 AI 학습용으로 사용되지 않을 권리를 주장하며 무분별한 AI 학습에 반대를 표명하기도 했다.

#### (2) 데이터 편향 문제

생성형 AI는 특성 상 데이터에 기반한 산출물을 만들어낼 수밖에 없다. 따라서 데이터의 품질이 매우 중요한데, 편향된 데이터를 학습한 AI는 차별과 혐오를 재생산하게 된다. 일례로 Microsoft 사에서 개발한 챗봇 Tay는 대중에게 공개된 지 16시간만에 운영을 중단했다. 이유는 일부 사용자들이 악의적으로 혐오 및 차별적 발언을 반복 학습시켜 부적절한 텍스트를 출력하도록 했기 때문이다. 우리나라에서도 모 챗봇의 혐오 발언 학습과 개인정보 유출이 문제가 되어 출시 3주 만에 서비스를 중단한 사건이 있었다. 이는 생성형 AI뿐만 아니라 AI 특성 상 데이터가 성능에 큰 영향을 주기 때문이며, 따라서 편향되지 않고 고품질의 데이터를 윤리적인 목적으로 학습시켜야 함을 시사한다.

#### (3) 개인정보 유출 및 악용 문제

AI에게 데이터를 학습시킬 때에는 개인정보를 마스킹 처리하여야 하며, 이러한 개인정보가 출력되지 않도록 개발하여야 한다. 또한 AI를 악의적으로 활용하는 사례도 우려되고 있는데, 그 예로 가짜 뉴스나 딥페이크 기술의 악용 사례가 있다. 2023년 미국의 도널트 트럼프 전 대통령이 체포된 사진이 온라인 상에 유포되었는데 이는 곧 AI가 생성한 가짜 이미지임이 드러났다. 이외에도 딥페이크 기술로 정치인이 하지 않았던 말을 한 것처럼 만들어내는 악용 사례도 미국에서 문제시되고 있다. 따라서 AI가 생성한 콘텐츠에 대한 사후 검증 절차를 마련하여, 부정확하거나 오해를 불러일으킬 수 있는 정보의 확산을 방지할 필요가 있다.

▲그림 6.15 트럼프 미국 전 대통령이 체포되는 가짜 장면을 담은 이미지, AI 생성 이미지

출처 : https://www.bullfrag.com/journalist-banned-after-creating-ai-photos-of-trumps-arrest/



## 2 인간 고유의 역할 문제

### (1) 정보의 무비판적 수용

생성형 AI는 종종 없는 정보를 그럴듯하게 지어내기도 한다. 이를 Hallucination이라고 부르는데, 세종대왕 맥북 프로 사건이 그 유명한 예가 되겠다. 당연하게도 세종대왕이 맥북 프로를 던진 사건은 실제로 발생하지 않았던 일이지만, ChatGPT가 이를 실제로 있었던 일처럼 그럴듯하게 설명하여 Hallucination의 대표적인 사례가 된 답변이다. 지금은 많이 개선되었으나 여전히 Hallucination은 자주 발생하기 때문에, 무비판적으로 정보를 수용하면 안 된다. 따라서 생성형 AI가 만들어내는 정보를 비판적으로 수용하고 검증하려는 태도가 필요하다. 이를 위해서는 생성형 AI에 과의존하지 않고 스스로 사고하려는 태도가 중요하며, 이는 인간 고유의 영역이라고 할 수 있다.

### (2) 인간 일자리 대체

생성형 AI 서비스의 발전은 특정 직업군에서의 일자리 감소를 가져올 수 있다. 기사 작성, 디자인 제작, 번역 등의 작업을 AI가 인간보다 빠르고 효율적으로 수행할 수 있게 되면서 미국에서는 여러 분야에서 사무직 종사자들의 대거 해고가 발생하고 있다. 해고되지 않은 인력도 AI와 협업하기 위한 직업 훈련을 다시 받는 경우가 많다. 이제는 생성형 AI와 협업하는게 선택사항이 아니게 될 수 있다는 것이다. 이는 직업 시장에 큰 변화를 초래할 수 있으며, 특히 기술 변화에 적응하지 못하는 인력에게는 큰 도전이 될 수 있다.

장기적으로 볼 때, 생성형 AI 기술의 발전은 양날의 검이 될 수 있다. AI의 발전이 더 많은 이들에게 도움이 되는 방향으로 개발되기 위해서는 사회적 대화와 정책적 노력이 중요하다. 앞으로 생성형 AI의 활용 범위가 확대됨에 따라, 저작권 침해나 악용, 데이터 편향 등의 다양한 문제를 해결하기 위해 새로운 접근 방식이 필요하다. 이에 발맞추어 EU에서는 인공지능 관련 법을 가결했고, UN에서는 윤리적인 AI 개발을 위해 인공지능 결의안을 제출하였다. 우리나라에서는 방송통신위원회와 한국지능정보사회진흥원에서 생성형 AI 윤리 가이드북을 발표하였다. 그 외에도 우리는 인간 고유의 스스로 사고하는 능력을 잃지 않아야 한다. 생성형 AI와 살아갈 세상은 비판적 사고와 같은 고차적 사고력이 더욱 요구되는 것이다.

▲ **그림 6.16** 공장에서 인간 대신 일을 하고 있는 AI 로봇, AI 생성 이미지

출처 : Adobe Firefly

SECTION

# 6.3 생성형 AI의 교육적 도입 방안

## 1. 교육 분야에서의 도입 방안

생성형 AI의 교육적 활용 방안은 교과별로 다양하게 논의되고 있으며, 이를 종합하면 크게 3가지로 나눌 수 있다. 교수학습을 지원하는 방식, 교육 소재로서의 생성형 AI이다.

### 1 교수학습 지원 도구로서의 생성형 AI

생성형 AI를 학생들의 학습 과정을 지원하는 데 활용할 수 있다. ChatGPT가 대중에게 공개된 이래로 수많은 연구에서 지속적으로 교과별 적용 방안을 제안하고 있다. 생성형 AI가 텍스트 코딩 성능이 뛰어난 점을 반영하여 프로그래밍 교육에 활용하여 컴퓨팅 사고력을 향상한 사례, AI를 기반으로 한 과정 중심 글쓰기 활동, 글쓰기 주제 설정 시 아이디어 브레인스토밍, 영어 교육 시 학생의 글 수정 및 다문화적 이미지 생성, 지리 교육을 위한 몰입형 가상 환경 생성 또는 가상 실험, 교사의 평가 및 피드백 지원 등의 방안이 있다.

▲ 그림 6.17 교수학습 지원을 받아 학습하는 학생들, AI 생성 이미지

출처 : Adobe Firefly

### 2 교육 소재로서의 생성형 AI

생성형 AI 자체가 학습의 대상이 될 수 있다. 이미지 생성형 인공지능과 GAN에 대한 교육 사례, 생성형 AI에 대한 수업 후 교과 융합 수업을 한 사례, 생성형 AI에 필수적 요소인 프롬프트 엔지니어링에 관한 수업을 한 사례 등이 있다.

위와 같은 사례들은 생성형 AI의 교육적 활용 가능성을 보여주며, 교육 과정에 통합될 때 학생들의 학습 참여도와 동기를 높이고, 개별화된 학습 지원을 통해 학습 목표 달성에 기여할 수 있다. 그러나 생성형 AI를 교육에 활용할 때는 앞서 언급한 내용과 마찬가지로 Hallucination과 데이터 편향, 무분별한 정보 수용을 경계해야 한다. 더욱이 생성형 AI를 학생들이 직접 다루게 될 경우에는 학생들에게 생성형 AI의 사용에 대한 책임감 있는 접근 방식과 사용 시의 주의점을 가르치는 것이 동반되어야 한다. 특히나 초등 교육 분야에서 생성형 AI의 사용은 주로 교사가 수업 준비나 자료 제작에 활용하는 것을 추천하고 있다. 아이들이 직접 생성형 AI를 사용할 경우는 사고력 신장을 위해 교과별 기초 지식을 견고히 한 후에 제한적으로 하되, 교사의 지도 하에 이루어지도록 권장하는 바이다. 이렇게 생성형 AI가 교육 현장에서 안전하고 윤리적으로 이루어졌을 때 교사와 학생들에게 새로운 학습 도구와 방법이 될 뿐만 아니라, 미래 사회에서 필요한 기술적 리터러시와 비판적 사고 능력을 개발하는 데 중요한 역할을 할 것이다.



## 2. 생성형 AI의 교육적 역할

### 1 개별화된 학습 경험 제공

생성형 AI는 학생 개개인의 학습 스타일, 선호도, 그리고 필요에 맞춰 개인화된 학습 경험을 제공할 수 있다. 어려움을 겪고 있는 주제에 대해 추가적인 자료를 제공하거나, 학습 목표를 달성했을 때 새로운 도전 과제를 제시함으로써 학생들이 자신의 속도로 학습할 수 있도록 돕는다. 이러한 개별화된 접근 방식은 학생들의 학습 효율을 높이고, 학습 동기를 부여한다. 이는 AI 디지털 교과서가 지향하고 있는 바이기도 하다.

#### (1) 구체적인 구현 방법

- 학습 스타일 분석을 통한 맞춤형 콘텐츠 제작

어떤 학생은 시각적 자료를 통해 더 잘 배우는 반면, 다른 학생은 청각적 자료나 인터랙티브한 활동을 선호한다. 생성형 AI는 각 학생의 학습 스타일을 분석하고 각자에게 가장 적합한 형식의 학습 자료를 제공할 수 있다. 시각적 학습자에게는 다이어그램, 인포그래픽, 비디오 자료를, 청각적 학습자에게는 오디오북을, 인터랙티브 학습자에게는 실시간 퀴즈와 같은 활동을 제공할 수 있다.

- 실시간 학습 분석 및 적응형 학습 경로 조정

AI는 학생의 학습 진도와 성과를 실시간으로 추적하여 학습 경로를 적응적으로 조정할 수 있다.

수학의 특정 개념을 이해하는 데 어려움을 겪고 있는 학생에게 추가 설명, 연습 문제 등을 제공하여 학습을 지원하거나, 학습 내용을 빠르게 습득한 학생에게는 심화 내용이나 관련 분야로의 학습 기회를 제공하여 동기를 부여하고 지속적인 학습을 촉진할 수 있다.

- 개인별 피드백 및 학습 자극

생성형 AI는 즉각적인 개인별 피드백을 제공할 수 있다. 학생의 질문이나 성취도를 분석하여 구체적이고 개인화된 피드백을 제공함으로써 학생들의 오개념을 찾고 교정하는 데 도움을 주며, 학습 과정에서 발생하는 어려움에 대해 실시간으로 피드백을 받을 수 있기 때문에 학습에 대한 부담감이 줄어든다. 또한 학습 성취도에 따라 칭찬과 격려의 메시지를 제공하여 학습 동기를 유지하고, 정서적 지원을 할 수 있다.



### (2) 기대 효과

학생들은 자신에게 맞춤화된 학습 자료 및 경로와 피드백을 통해 학습 내용을 더 깊이 이해하고 자신의 능력을 최대한 발휘할 수 있게 된다. 더 나아가 학습 과정에서 발생하는 어려움에 대해 실시간으로 지원을 받을 수 있기 때문에 학습에 대한 부담감이 줄어들고, 학습에 대한 긍정적인 태도를 형성할 수 있다. 개별화된 학습 경험은 학생들이 자기 주도적으로 학습하는 능력을 키울 수 있게 하며, 이는 장기적으로 봤을 때 평생 학습자로 성장하는 것과 교육 기회의 불평등 및 학습 격차를 줄이는 데 긍정적인 영향을 줄 것이다.

생성형 AI의 교육적 적용은 학습의 모습뿐만이 아니라 교사의 역할에도 큰 변화를 수반한다. 채점과 진단, 단순한 피드백이나 학습 콘텐츠 생성 등을 생성형 인공지능이 대체하게 되면 교사는 보다 개별적이고 심층적인 학습 지원을 하게 된다. 이때 교사의 역할은 학생 격려를 통한 학습 촉진, 생성형 인공지능이 학생에게 제공하거나 제안하는 학습 콘텐츠 및 학습 경로의 검토, 학생의 개별적 지원 등으로 점차 변화할 것이며 생성형 AI와의 협업으로 결과적으로 수업의 효율성과 효과가 더욱 증대될 것으로 예상된다.

AI 기반의 개인화된 학습 접근 방식의 확대는 기술의 발전과 함께 더욱 정교해질 것이며 교사에게는 학생들의 성취도와 요구를 더 잘 이해하고 지원할 수 있는 새로운 방법을, 학습자에게는 맞춤형 학습 전략과 내용을 제공함으로써 더 많은 사람들에게 양질의 교육 기회를 안겨줄 것이다.

## 2 몰입형 학습 환경 조성

생성형 AI 기술이 더욱 발전하여 이미지를 생성하는 속도가 더욱 빨라지고 3D 이미지도 자유자재로 생성할 수 있게 된다면 몰입형 학습 환경을 조성도 가능하다. 특히 가상 현실(VR) 학습 환경은 역사적 사건, 과학적 현상, 또는 지리적 특징 등을 직접 경험하게 함으로써 보다 심도 있는 이해를 돕는다. 이러한 환경 속에 AI를 적용하면 학생들의 반응에 기반하여 실시간으로 콘텐츠를 조정하고, 적절한 피드백을 제공할 수도 있다.

### (1) 구체적인 구현 방법

● 가상 현실(VR)을 이용한 역사 교육

조선시대의 생활상을 생생하게 체험하거나, 일제강점기의 주요 독립운동을 가상으로 재현하는 등 학생들이 그 시대의 분위기와 사건의 중요성을 직접 느낄 수 있도록 학습용 가상 환경 생성을 할 수 있다. 또 학생들의 반응과 선택에 따라 다른 상황을 이미지로 생성하여 제공할 수 있다.

▲ 그림 6.18 가상 학습 환경을 체험하는 학생들, AI 생성 이미지

출처 : Adobe Firefly

● 인터랙티브한 과학 실험

역사 교육 외에도 과학 교과에서 가상의 과학 실험을 할 수도 있다. 학생들은 물리적, 화학적 실험을 가상으로 실행해보거나, 쉽게 보기 어려운 물질이나 천체 등을 자세히 관찰할 수 있다. AI 기술은 가상 실험 환경 속에서 학생들의 실험 과정과 결과를 분석하거나 실험 과정 중 오류가 있을 때에 즉각적으로 피드백을 제공하며 상호작용을 할 수 있다.

● 언어 학습을 위한 AI 대화 시뮬레이션

언어 학습 분야에서 생성형 AI는 학생들이 가상의 대화 상황에서 다양한 언어를 연습할 수 있도록 한다. 현재도 생성형 AI와 이미지 처리 기술을 통해 대화형 AI 캐릭터를 만들 수 있으며, 학습자는 AI와의 대화를 통해 새로운 어휘를 학습하고, 문법을 교정받으며, 실생활에서 사용할 수 있는 대화 표현을 연습한다. AI는 학습자의 발음, 어휘 사용, 문법 정확성 등을 평가하고 개선점 및 피드백을 제시한다.

### (2) 기대 효과

상호작용적이고 몰입형 학습 환경의 조성은 학습자의 참여도와 학습 동기를 크게 향상시킨다. 학생들은 자신이 직접 선택하는 과정에서 학습에 주도권을 가지게 되고 개별적인 학습을 할 수 있다. 또 가상 환경에서의 학습은 학습자에게 실패에 대한 심적인 부담을 덜어주며, 시행착오 과정과 반복적인 연습을 통해 실력 향상에도 기여를 한다.

## 참고문헌




- Weizenbaum, J. (1966). ELIZA—a computer program for the study of natural language comm unication between man and machine. Communications of the ACM, 9(1), 36-45.
- 박휴용. (2023). 인공지능 (AI) 기반 영어학습 챗봇의 원리와 기능, 그리고 영어학습에의 활용 가능성. Multimedia-Assisted Language Learning, 26(2).
- Baidoo-Anu, D., & Ansah, L. O. (2023). Education in the era of generative artificial intelligenc e (AI): Understanding the potential benefits of ChatGPT in promoting teaching and learning. J ournal of AI, 7(1), 52-62.
- Vaswani, A., Shazeer, N.M., Parmar, N., Uszkoreit, J., Jones, L., Gomez, A.N., Kaiser, L., & P olosukhin, I. (2017). Attention is All you Need. Neural Information Processing Systems.
- 이기창 (2021). Do it! BERT와 GPT로 배우는 자연어 처리. 이지스 퍼블리싱.
- Bastian, M. (2023, July 3). GPT-4 has more than a trillion parameters - report. THE DECOD ER. https://the-decoder.com/gpt-4-has-a-trillion-parameters/
- 김미화. (2016.06.06.). "로봇 기자" 출현, 미래 언론의 모습은? 월요신문. https://www.wolyo.c o.kr/news/articleView.html?idxno=38083
- MIT Media Lab. (2017). Project Overview ' Shelley: Human-ai collaborated horror stories. htt ps://www.media.mit.edu/projects/shelley/overview/
- 이기준. (2016.04.07.). AI가 그린 그림 900만원에 팔려…예술 넘보는 인공지능. 중앙일보. htt ps://www.joongang.co.kr/article/19853826#home
- Genie Team. (2024). Genie: Generative Interactive Environments. Google DeepMind. https:// sites.google.com/view/genie-2024/
- Dhariwal, P., & Kingma, D. (2018). Glow: Better reversible generative models. OpenAI Resear ch. https://openai.com/research/glow#demo
- West, J., & Bergstrom, C. (2019). Which face is real?. Which Face Is Real? https://www.whichf aceisreal.com/
- Wei, J., Wang, X., Schuurmans, D., Bosma, M., Xia, F., Chi, E. H., Le, Q. V., & Zhou, D. (20 22). Chain-of-thought prompting elicits reasoning in large language models. Advances in neura l information processing systems, 35, 24824-24837.
- White, J., Fu, Q., Hay, S., Sandborn, M., Olea, C., Gilbert, H., Elnashar, A., Spencer-Smith, J., & Schmidt, D. C. (2023) A prompt pattern catalog to enhance prompt engineering with Ch

atGPT, arXiv:2302.11382v1.

- Bsharat, S. M., Myrzakhan, A., & Shen, Z. (2023). Principled Instructions Are All You Need for Questioning LLaMA-1/2, GPT-3.5/4. arXiv preprint arXiv:2312.16171.
- 곽노필. (2022.09.05.). 인공지능 그림 "악마의 영감을 받은 느낌"…미술전 1위 논란. 한겨레신문. https://www.hani.co.kr/arti/science/technology/1057475.html
- 윤영주. (2022.08.01.). 인공지능(AI)이 쓴 시(詩), 사람들 마음 울릴까?. AI타임스. ttps://www.aitimes.com/news/articleView.html?idxno=146094
- Latitude. (2024). AI dungeon. AI Dungeon. https://play.aidungeon.com/
- 정진옥. (2023.08.08.). 단순 작업은 AI가, 창조적인 작업은 '디자이너'가. 지티티코리아. https://www.gttkorea.com/news/articleView.html?idxno=6301
- 신주은, 박판우, & 배영권. (2023). 생성형 인공지능을 활용한 교육용 애플리케이션 개발 사례 연구. 정보교육학회 여름 학술대회, 25-33.
- 전지현. (2024.01.11.) AI에게 '학습'당하지 않을 권리. 매일경제. https://www.mk.co.kr/news/columnists/10919070
- 황정우. (2016.03.25.) 인공지능 세뇌의 위험...ms 채팅봇 "테이" 차별발언으로 운영중단. 연합뉴스. https://www.yna.co.kr/view/AKR20160325010151091
- 이효석. (2021.01.11.). 성희롱·혐오논란에 3주만에 멈춘 "이루다"...ai윤리 숙제 남기다. 연합뉴스. https://www.yna.co.kr/view/AKR20210111155153017
- 김도형. (2023.02.23.). "세종대왕 맥북 던짐 사건 알려줘" 밈이 된 챗GPT 엉뚱 답변. 한국일보. https://m.hankookilbo.com/News/Read/A2023022215200000727
- Yilmaz, R., & Yilmaz, F. G. K. (2023). The effect of generative artificial intelligence (AI)-based tool use on students' computational thinking skills, programming self-efficacy and motivation. Computers and Education: Artificial Intelligence, 100147.
- 권태현, & 박찬흥. (2023). 인공지능 시대의 글쓰기와 작문 교육의 방향 탐색-생성형 인공지능을 활용한 작문 교육 방안을 중심으로. 개신어문학회 학술대회, 37-60.
- 주민재. (2023). 생성형 인공지능의 출현과 글쓰기 교육 관계 고찰-ChatGPT 상용화가 글쓰기 능력에 대한 인식에 미치는 영향을 중심으로. 한국문예비평연구, 79, 243-272.
- 황요한. (2023). PROMPT 리터러시 시대의 도래에 관한 고찰: 영어교육을 위한 ChatGPT 와 DALL· E 의 활용을 중심으로. 영어교과교육, 22(2), 263-288.
- Chang, C. H., & Kidman, G. (2023). The rise of generative artificial intelligence (AI) language

models-challenges and opportunities for geographical and environmental education. International Research in Geographical and Environmental Education, 32(2), 85-89.

- Kasneci, E., Seßler, K., Küchemann, S., Bannert, M., Dementieva, D., Fischer, F., ... & Kasneci, G. (2023). ChatGPT for good? On opportunities and challenges of large language models for education. Learning and Individual Differences, 103, 102274.
- Ali, S., DiPaola, D., Lee, I., Hong, J., & Breazeal, C. (2021). Exploring Generative Models with Middle School Students. May Conference on Human Factors in Computing Systems, 1-13.
- 최고 & 박정호. (2023). 초등학교에서 생성형 인공지능 ChatGPT 활용 사례 연구. 정보교육학회 여름 학술대회, 71-77.
- 신주은, 박판우, & 배영권. (2023). 프롬프트 엔지니어링 교육이 초등학생의 인공지능 관련 태도에 미치는 영향. 정보교육학회논문지, 27(5), 635-644.
- Bozkurt, A., Sharma, R. C. (2023). Challenging the Status Quo and Exploring the New Boundaries in the Age of Algorithms: Reimagining the Role of Generative AI in Distance Education and Online Learning, Asian Journal of Distance Education, 18(1), i-viii.

CHAPTER

# 7

# AI 디지털교과서의 이해

## 단원목표

- AI 디지털교과서의 개념을 이해하고 설명할 수 있다.
- AI 디지털교과서의 서비스를 이해하고 활용할 수 있다.
- AI 디지털교과서의 검정과 품질 관리 체계를 이해할 수 있다.

## 단원목차

SECTION

# 7.1 AI 디지털교과서의 개념

디지털교과서는 2007년부터 정부의 "디지털교과서 상용화 방안('07.03)"에 따라 시범적으로 추진되다가 2009 개정 교육과정 시기에 초등학교 3학년부터고등학교 1학년까지 영어, 사회, 과학 교과의 디지털교과서가 교과용 도서로 지위를 확보하였다. 이후 2022 개정 교육과정에서는 영어, 수학, 정보 교과가 인공지능 기술을 이용한 디지털교과서가 개발되고 있다.



## 1. 디지털교과서의 개념과 속성

디지털교과서 상용화 계획에 따라 시작된 디지털교과서 원형 개발 사업은 2011년까지 초등학교 5-6학년 국어, 사회, 과학, 수학, 음악, 영어 등 6개 과목과 중학교 1학년 영어 과목을 중심으로 개발되고 시범 운영되었다. 이러한 디지털교과서의 개념과 속성, 기능, 서책 교과서와의 차이점을 살펴보자.

### 1 디지털교과서의 개념

디지털교과서는 [그림 7.1]과 같이 기존 교과 내용(서책교과서)에 용어사전, 멀티미디어 자료, 평가 문항, 보충·심화 학습 내용 등 풍부한 학습 자료와 학습 지원 및 관리 기능이 추가되고, 교육용 콘텐츠 오픈마켓 등 외부 자료와의 연계가 가능한 학생용 교재를 의미한다(교육과학기술부, 2012).

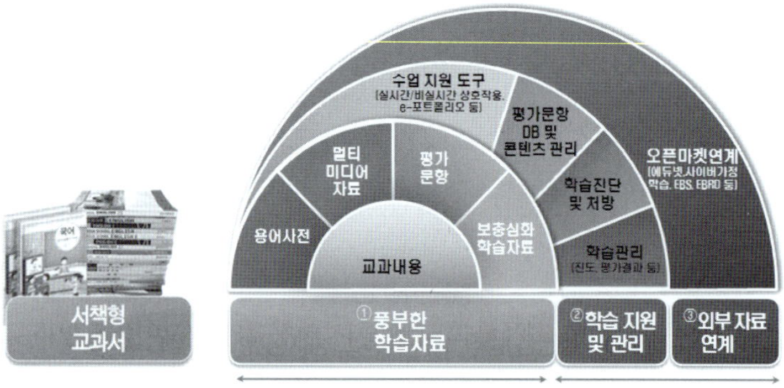


▲ 그림 7.1 디지털교과서의 개념도

출처 : 교육과학기술부(2012)

즉, 디지털교과서는 기존의 서책교과서의 교과 내용뿐만 아니라 사진, 동영상, 애니메이션 등 멀티미디어 자료와 평가 문항, 보충·심화 자료, 용어 사전 등 다양하고 풍부한 학습 자료를 포함하고, 평가 문항 DB 관리, 학습 진단, 학습 관리 및 처방 등의 다양한 학습 관리 기능 등이 추가된 맞춤형 교수·학습을 제공하는 교과서를 의미한다.

## 2 디지털교과서와 유사 개념의 비교

디지털교과서는 기존의 멀티미디어 교재나 e-book과는 달리 교사와 학생이 클라우드 환경 기반의 스마트교육 플랫폼에 접속하여 일반 PC는 물론 스마트 폰, 스마트패드, 스마트 TV와 같이 다양한 스마트 기기에서 언제, 어디서나 디지털교과서를 활용한 학습이 가능하다. 디지털교과서와 유사한 개념을 자료 형태, 교육과정 반영 여부, 교수 설계, 상호작용 유형, 법적 근거 등으로 구분하면 <표 7.1>과 같다(정영식 외, 2008).

〈표 7.1〉 디지털교과서와 유사 개념 비교

| 구분 | 전자책 | 전자교과서 | 디지털콘텐츠 | 디지털교과서 |
|---|---|---|---|---|
| 자료 형태 | 텍스트.이미지 | 텍스트.이미지 | 멀티미디어 | 멀티미디어 |
| 교육과정 반영 여부 | 미반영(무관) | 반영(디지털화) | 반영(리소스) | 반영(재구성) |
| 교수 설계 | 무관 | 탈 모형 | 특정 모형 | 다양한 모형 |
| 상호작용 유형 | 없음 | 없음 | 개인적 | 사회적 |
| 법적 근거 | 없음 | 국정.검정.인정 | 없음 | 국정.검정.인정 |

출처 : 정영식 외(2008)

첫째, 전자책은 디지털교과서와 달리 교육과정과 상관없는 도서를 디지털화한 것으로 주로 텍스트와 이미지 중심으로 구성되어 있으므로, 교수학습 모형이나 학생과 교사와의 상호작용도 존재하지 않으며 교과용 도서로서의 법적 근거도 없다.

둘째, 전자교과서는 디지털교과서와 마찬가지로 교육과정을 반영하여 국정, 검정, 인정 등의 과정을 거친 서책교과서를 그대로 디지털화한 것이므로 교수설계 과정이 필요 없으며, 주로 텍스트와 이미지로 구성되어 있어 교사와 학생 간의 상호작용을 별도로 제공하지 않는다.

셋째, 디지털콘텐츠는 서책교과서를 기반으로 다양한 멀티미디어 자료를 활용하여 학생과 콘텐츠 간의 개인적 상호작용을 제공하고 있으나, 콘텐츠를 설계할 때 정해진 교수·학습 모형에 따라 제작됨으로써 교사의 교수학습 모형에 대한 선택권이 제약되고, 교과용 도서로서의 법적 근거를 갖지 못한다.

넷째, 디지털교과서는 다양한 멀티미디어 자료를 이용하여 교육과정에서 제시한 내용을 표현하고, 특정 교수·학습 모형에 종속되지 않으며, 교사와 학생 간의 다양한 상호작용을 제공함과 동시에 교과서로서의 법적 지위를 갖는다.

## 3 디지털교과서와 서책교과서의 비교

디지털교과서와 서책교과서를 교수 설계, 자료 형태, 자료 관리, 자료 접근, 상호작용성, 독자 관계, 저작권과 비용 등을 비교하면 <표 7.2>와 같다(정영식 외, 2008).



〈표 7.2〉 서책교과서와 디지털교과서의 비교

| 분류 | 서책교과서 | 디지털교과서 |
|---|---|---|
| 교수 설계 | • 직선형 설계<br>• 지식 전달 위주인 단방향 학습<br>• 단일 교재에 의한 일제식 수업 | • 직선형, 분지형, 하이퍼링크형 설계<br>• 쌍방향 개별 학습 가능<br>• 능력에 따른 단계별 학습 가능 |
| 자료 형태 | • 텍스트와 이미지 위주, 인쇄 기반<br>• 직접 손에 넣거나 넘기고 운반함<br>• 책의 형태로 보존되고 관리함<br>• 최신의 정보 제공이 어려움 | • 멀티미디어 위주, 인터넷 기반<br>• 모니터를 통한 시청각만 가능함<br>• 버전별 관리, 시스템 관리 필요함<br>• 최신의 정보와 연결 가능함 |
| 자료 관리 | • 기록된 내용의 편집이 불가능함<br>• 많은 양의 정보 보관이 어려움<br>• 보급 시간과 비용이 많이 소요됨 | • 내용 편집 및 변환이 용이함<br>• 많은 양의 정보 보관이 가능함<br>• 보급 절차가 간편하고 재고 없음 |
| 자료 접근 | • 읽기 쉽고, 별도 장비가 필요 없음<br>• 한 명이 한 곳에서만 활용함<br>• 특정 장치와의 호환성이 상관없음<br>• 타 교과 연동을 위해 별도 구입함 | • 별도의 H/W, S/W 등이 필요함<br>• 다수가 여러 곳에서 접속 가능함<br>• H/W와 S/W의 호환이 중요함<br>• 타 교과와 연동 학습이 가능함 |
| 상호작용성 | • 원하는 정보를 볼 수만 있음<br>• 의사소통의 역할이 불가능함 | • 정보 검색 및 피드백이 빠름<br>• 다양한 의사소통 기능을 제공함 |
| 독자 관계 | • 장애인에 맞는 서책을 별도 개발함<br>• 저자와 독자가 뚜렷이 구분함 | • 보조공학장치로 그대로 활용함<br>• 독자도 저자가 될 수 있음 |
| 저작권과 비용 | • 저작권에 대한 규정이 명확함<br>• 학생 수가 증가할수록 비용 증가 | • 저작권의 범위가 다소 모호함<br>• 학생 수가 증가할수록 저렴함 |

출처 : 정영식 외(2008)

첫째, 교과서의 내용을 단순히 디지털화하여 표현하는 것이 아니라 학습 내용을 동적·입체적으로 제시하여 학습자들과 다양한 학습 자원들과 상호작용할 수 있도록 지원한다. 더불어 사용자들이 정보와 아이디어를 공유하고 교환하는 가상공간에서 학습자들은 동료 학습교사 및 외부 전문가와 실시간 또는 비동시적으로 상호작용하여 폭넓은 관점과 정보를 접할 수 있다.

둘째, 디지털교과서는 학습자들이 지식을 의미 있게 구성하는 과정에서 학습자의 인지적 사고 과정을 촉진하는 사고의 도구로 사용될 수 있다. 즉, 학습자들이 필요한 정보를 찾아가며 탐구하는 가운데 자신의 학습 방식, 능력, 요구, 흥미, 선수 지식 등에 따라 개별적인 학습 목표를 달성할 수 있도록 해 주는 유용한 도구가 된다.

셋째, 누구나 언제 어디서나 쉽게 접근할 수 있게 함으로써 학습자의 능력, 수준, 선호도에 따라 수준별, 단계별, 개별적인 학습이 가능하여 개인 간, 학교 간, 지역 간 학습 격차를 해소할 수 있다.

넷째, 디지털교과서는 교사들의 변화를 가져온다. 교사들은 동료 교사들과 수업과 관련한 아이디어와 자료를 공유하고 의견을 교환할 수 있을 뿐 아니라, 그들의 업무도 효율적으로 처리할 수 있게 된다.

다섯째, 디지털교과서는 학습자들에게 지식을 새로운 맥락에 전이시킬 수 있도록 설계적인 과제를 제공한다. 학습자들은 다른 또래 학습자나 전문가들과 공동으로 프로젝트를 수행케 함으로써 협동심이나 의견교환 방법 등 사회구성원이 되는데 자질을 자연스럽게 갖추어 나갈 수 있게 하여 학습의 능동적인 주체가 될 수 있게 한다.



## 4 디지털교과서의 속성

디지털교과서는 서책교과서와 같이 교과용 도서로의 법적 지위를 갖추어야 하므로 다음과 같이 보편성(普遍性), 타당성(妥當性), 현실성(現實性), 다양성(多樣性), 통섭성(統攝性) 등 5가지 속성을 갖는다(정영식 외, 2008).

첫째, 디지털교과서는 공통의 견해와 사고방식, 학교 교육 내용의 표준을 제시하고, 교육 공동체의 철학을 반영하고, 국가의 교육 이념과 목적을 구현하는 등 보편성을 갖춰야 한다.

둘째, 디지털교과서는 지식과 경험의 체계에 타당해야 하며, 사회의 요구와 현행 교육과정에 부합하고, 교수·학습의 원리에 부합하는 등 타당성을 갖춰야 한다.

셋째, 디지털교과서는 실세계와 밀접하고, 활용 가치가 있는 자료를 제시하며, 현재의 사회상을 선택적으로 즉시 반영할 수 있어야 하고, 학습자의 실생활과 경험에 직결되며, 학교 변화에 따라 적응하도록 실제성을 갖춰야 한다.

넷째, 디지털교과서는 자기 주도적 학습 능력을 고려하여 다양한 학습 방법과 정보, 멀티미디어 자료를 제공하고, 학습자의 능력뿐만 아니라 지역 간의 격차 등을 고려하여 다양한 수준의 교과 내용을 제시할 수 있도록 다양성을 갖춰야 한다.

다섯째, 통섭성을 갖는다. 디지털교과서는 교과 간 통합, 내용과 평가의 통합을 제공하며, 이는 단순히 통합하는 데 목적이 있는 것이 아니라 통합을 통해 지식 간의 융합을 목적으로 하는 통섭성을 갖춰야 한다.

## 5 디지털교과서의 기능

2015 개어 교육과정까지 개발된 디지털교과서의 주요 기능을 정리하면 [그림 7.2와 같이 교수·학습 기능, 자원 연계 기능, 상호작용 기능, 학습 관리 기능, 학습 보조 기능 등으로 구분할 수 있다(정영식 외, 2008).

▲그림 7.2 디지털교과서의 기능

출처 : 정영식 외(2008)



첫째, 디지털교과서가 교과서로서의 기능을 다할 수 있도록 도와주는 가장 기본적인 교수 학습 기능을 제공하는 데, 이는 동기 유발, 학습 내용 제시, 학습 자료 제시, 교수학습 방법 제시, 평가 및 정착 활동 제시 등이 포함된다.

둘째, 교육과정에 제시한 학습 내용을 중심으로 관련된 자료에 대한 하이퍼링크를 제공하고, 자료 탐색 및 색인을 제공하며, 학습 자료와 외부 자원과 연결시키는 자원 연계 기능을 제공한다.

셋째, 학습자 자신에 대한 피드백뿐만 아니라 학습자와 교과서 간, 학습자와 학습자 간, 학습자와 교수자 간의 다양한 의사소통 기능을 제공하는 상호작용 기능을 제공한다.

넷째, 학습 진도 관리뿐만 아니라 학습 평가 등이 가능하며, 학습자의 성적 관리와 함께 진도 관리, 학습 참여율 분석 등의 다양한 통계 기능을 제공하는학습 관리 기능을 제공한다.

다섯째, 문서 작성 및 편집, 그래픽, 작곡 등 특정 교과에서 제공하는 기능 이외에도 페이지 이동 및 보기 기능, 각종 사전 기능 등 교과 공통적인 기능으로서 학습 보조 기능을 제공한다.

## 2. AI 디지털교과서의 개념과 목표

AI 디지털교과서는 기존 디지털교과서와 달리 단순한 지식 전달의 도구를 넘어서 학습자 개인의 특성과 필요를 반영하는 학습 경험을 제공함으로써 단순히 학습 방식을 변화시키는 것뿐만 아니라 학교 체제를 맞춤형 교육 체제로 전환하는 전반적인 교육 시스템의 변화를 이끌어낼 것이다.

### 1 AI 디지털교과서의 개념

AI 디지털교과서는 기존의 디지털교과서와 달리 학생들에게 맞춤형 학습 경험을 제공하기 위해 인공지능과 같은 지능정보기술을 활용하는 소프트웨어를 의미한다(교육부 외, 2023). AI 디지털교과서는 다음과 같이 학습 분석(Learning Analytics), 적응형 학습(Adaptive Learning), 인간중심 설계(Human-Centered Design) 등의 특징을 갖춰야 한다.

- AI에 의한 학습 진단과 분석 : AI 기술을 활용하여 학생의 학습 진도와 이해도를 분석하고 진단하고 각 학생의 학습 상태를 정확히 파악할 수 있다.
- 개인별 학습 수준과 속도를 반영한 맞춤형 학습 : 학생들 각각의 학습 능력과 속도에 맞춘 맞춤형 학습이 가능하고, 이를 통해 학생들은 자신의 수준에 맞는 학습을 경험할 수 있다.
- 학생 관점에서 설계된 학습 코스웨어 : 학습 콘텐츠는 학생의 관점에서 설계되어, 학생들이 더욱 효과적으로 학습할 수 있는 환경을 조성할 수 있다.

### 2 AI 디지털교과서의 목표

2022년 개정된 교육과정에 따라 AI 디지털교과서는 학습 분석 결과에 기반하여 학생들에게 보충학습과 심화학습의 기회를 제공한다. 이는 학생들의 학습 속도와 능력에 따라 개인화된 교육 경험을 제공함으로써, 모든 학습자에게 균등한 교육 기회를 보장하는 것을 목표로 한다(교육부 외, 2023).

첫째, 학습자 맞춤형 학습 지원 : 2022 개정 교육과정에 근거하여 학습분석 결과에 따라 느린 학습자를 위한 보충학습, 빠른 학습자를 위한 심화학습을 제공한다. 즉, 느린 학습자에게는 학생의 학습 수준에 맞는 기본 개념 중심 콘텐츠를 추천하고, 필요한 경우 학습 결손을 해소할 수 있는 학습 자료를 제공하고, 학습 분석 결과 등을 교사에게 제공하여 기초학력 보장을 지원한다. 해당 교육과정의 기본 학습 내용을 충분히 소화한 빠른 학습자에게는 학생에게는 토론, 논술 과제 등 심화학습 콘텐츠를 제공한다.

둘째, 사용자 친화적인 기능 및 UI/UX 설계를 한다. 모두를 위한 맞춤 교육 실현을 목표로 모든 사용자가 쉽고 편리하게 사용할 수 있도록 기능 및 UI/UX를 설계한다. 특히 특수교육 대상 학생·장애 교원 등의 접근성이 충분히 확보될 수 있도록 보편적 학습 설계(UDL, Universal Design for Learning)를 적용한다.

셋째, 데이터 기반의 교육을 위한 의사결정을 지원한다. 학생, 교사, 학부모, 정책 입안자 등 교육 주체가 학습에 대한 데이터 기반의 의사결정을 내릴 수 있도록 사용자, 학교, 국가 차원의 학습분석을 통해 교육 시스템의 지속적인 개선을 위한 기반을 제공한다. 학생, 교사, 학부모가 데이터를 기반으로 학생의 학습 과정에 대해 더 깊이 이해할 수 있도록 지원하고, 나아가 국가적 차원에서 데이터 기반의 교육 의사결정을 가능하게 하는 플랫폼의 기능을 충족함으로써 전체적인 교육의 질 향상에 기여할 수 있다.



## 3. AI 디지털교과서의 기능

AI 디지털교과서는 학생 개인의 능력과 수준에 맞춘 맞춤형 학습 기회를 제공하기 위한 교과서로, 인공지능 기술을 활용해 교사, 학생, 학부모 각각의 역할을 확장하고 개별 학습자의 요구를 더욱 정확하게 파악할 수 있도록 돕는 교과서이다. 즉, 학생은 최적화된 맞춤학습 콘텐츠로 배우고, 교사는 데이터 기반으로 수업을 디자인하며, 학부모는 자녀의 학습 활동 정보를 풍부하게 제공받을 수 있다(교육부 외, 2023).

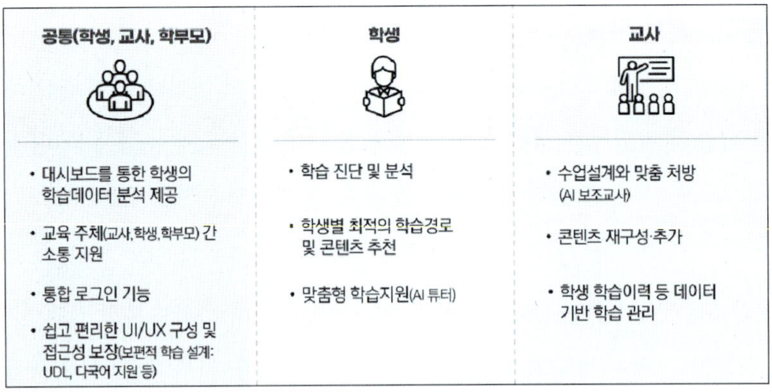


▲그림 7.3 AI 디지털교과서의 주요 기능

출처 : 교육부 외(2023)

### 1 교사를 위한 기능

교사는 AI 디지털교과서를 통해 학생 개별의 학습 경로와 지식 수준을 이해하고, 데이터 기반의 참여형 수업(토론, 협력, 프로젝트 학습 등)을 설계할 수 있다. 또한 AI 보조교사의 활동 분석을 통해 학생들의 학습 성취를 평가하고, 개별 학습 계획을 제공함으로써 학생들의 성장을 지원한다.

- AI 보조교사 기능을 제공한다. 교사의 맞춤형 수업 설계 및 처방을 위해 인공지능을 활용한 보조교사 기능과 학습자의 학습 활동 상태 및 학습 데이터를 수집하고 분석하여 개인별 맞춤형 서비스를 구성한다.
- 수업 진행을 위한 콘텐츠 재구성·추가 기능을 제공한다. 교과별 수업 진행을 위해 AI 디지털교과서 서비스에서 제공되는 학습 콘텐츠를 수업별로 재구성하고 추가할 수 있는 기능과 서책형 교과서와의 차별점을 위해 내용 재구성 및 추가 기능을 제공한다.
- 학생 학습이력 등 데이터를 기반으로 한 학습 관리 방안을 제공한다. 학습자의 학습 상황 및 학업 정서 모니터링 등 교사를 위한 학습 관리 기능을 제공하고, 학생별 학습데이터를 체계적으로 누적하고 관리할 수 있는 방안을 제공한다.



## 2 학생을 위한 기능

학생은 한 최적화된 학습 환경에서 자신의 속도에 맞게 학습하며, 성공적인 학습 경험을 통해 내재적 학습 동기와 자아 존중감을 향상시킬 수 있다. 가정과 학교에서의 지지와 이해는 학생들이 자신의 학습 경로를 탐색하고 성장하는 데 기여한다.

- AI 등 첨단기술을 활용하여 개별 학습 진단과 분석을 제공한다. AI 기술 활용 개별 학생의 강·약점, 학습 태도, 이해도 등을 다각도로 진단하여 분석 결과를 제공하고, 학습자 수준 진단을 기반으로 학습 이력 및 결과 분석을 수행하고 개인별 학습 결과를 제공한다.
- 학생별 최적의 학습경로와 콘텐츠를 추천한다. 학생들의 학습 이해도와 특성 분석을 기반으로 개인의 능력, 목표에 맞춤 맞춤형 학습 경로 제시하고, 학습 목표를 설정하여 현재 수준을 진단하고 적절한 학습 콘텐츠 추천 및 경로를 제시한다.
- 학생들의 학습 패턴(관심사, 선호도 등) 및 수준 등을 종합적으로 분석하여 학습자에 적합한 콘텐츠를 추천한다. 학습 패턴 분석 후 관심, 선호하는 주제를 식별하여 적절한 학습 콘텐츠를 제시한다.
- AI 튜터 등의 기능을 제공하여 학생 맞춤형 학습을 지원한다. 학생의 개념 이해도를 높이고, 적시 학습을 지원하기 위한 AI 튜터 기능을 제공한다. 문항 풀이 중심의 처방이 아닌 개념의 이해를 도울 수 있는 설명 등을 제시한다.
- 학습 데이터 수집·분석을 통한 맞춤형 서비스를 제공한다. 학습패턴 및 활동 분석으로 추가 학습 요소와 질의응답 등 기능을 제공한다.

### 3 학부모를 위한 기능

학부모는 자녀의 학습 활동 정보를 풍부하게 제공받음으로써 자녀의 학습 과정에서 겪는 어려움, 강점 및 약점을 파악할 수 있다. 이를 통해 진로 탐색과 설계에 있어 다양한 활동 정보를 참고하며, 자녀에 대한 깊이 있는 이해를 바탕으로 정서적 지지와 격려를 제공할 수 있다. 자녀의 개별 학습 진단과 분석 결과를 살펴볼 수 있는 대시보드 기능과 소통 채널을 제공한다.

SECTION
# 7.2 AI 디지털교과서의 서비스

AI 디지털교과서는 학습 진단과 분석을 통해 학습 과정을 지속적으로 모니터링하는 기능을 기본으로 개별 학생의 어려움을 빠르게 인식하고 학습자에게 맞춤화된 서비스를 지원하는 데 AI 기술을 활용한다. 이러한 AI 디지털교과서의 서비스는 [그림 7.4]와 같이 공공이 제공하는 AI 디지털교과서 포털 서비스와 민간이 제공하는 교과별 AI 디지털교과서 서비스로 구성된다(계보경, 2023).

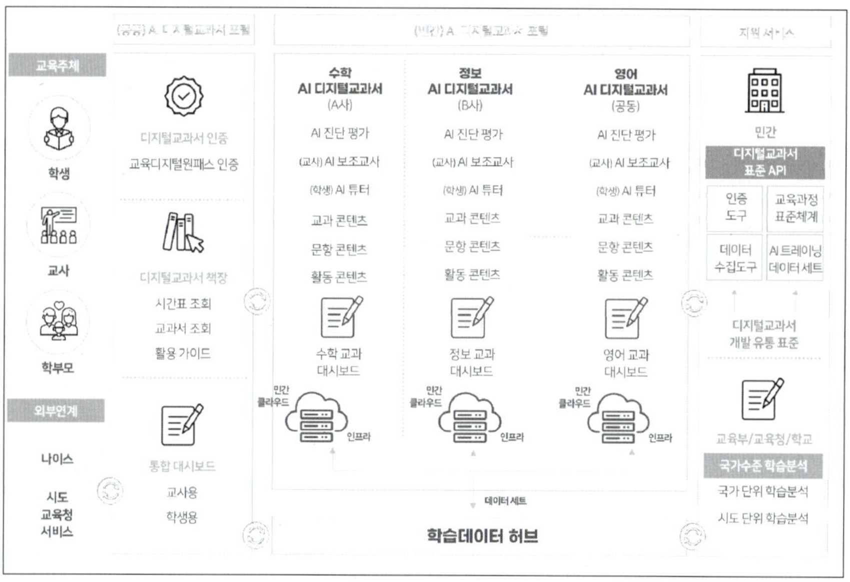


**▲ 그림 7.4** AI 디지털교과서의 서비스 구성도

출처 : 교육부 외(2023)

첫째, 공공에서는 AI 디지털교과서 포털 구축 및 학습 데이터 허브 플랫폼을 운영한다. 포털 서비스는 AI 디지털교과서 포털을 구축하여 통합 인증, 책장, 통합 대시보드 등 통합 게이트웨이의 역할을 수행하고, 학습 데이터 허브는 학습 과정에서 발생하는 데이터를 통합 관리하고, 국가 수준의 학습 분석, 학습 이력 데이터 관리 등을 수행. 교사와 학생들의 학습 진행 상황과 성과를통합적이고 심층적으로 분석하고 이해할 수 있도록 지원한다.

둘째, 민간에서는 교과별 맞춤학습 지원을 위한 AI 디지털교과서 서비스 기획, 개발 및 운영한다. AI 기능과 다양한 콘텐츠를 기반으로 학생들의 개별적인 학습 요구와 선호를 반영하여 맞춤화된 서비스를 제공한다.

## 1. 통합 인증

AI 디지털교과서 포털에서 제공하는 통합인증체계는 여러 발행사의 디지털교과서와 서비스를 하나의 아이디와 인증 절차를 적용하여 안전한 인증 환경을 보장하면서 동시에 효율적인 인증 관리, 사용자 정보 제공 등을 수행한다. 통합인증체계는 교육디지털원패스와 나이스(NEIS) 플러스의 사용자 정보와 부가 정보를 수집한다. AI 디지털교과서 발행사는 통합인증체계와의 연계를 통해 나이스의 사용자 정보를 제공받게 되며, 이를 통해 AI 디지털교과서 서비스에서 사용자별 맞춤형 서비스를 준비할 수 있다.



AI 디지털교과서는 하나의 계정으로 AI 디지털교과서 포털과 각 발행사의 AI 디지털교과서를 손쉽게 이용할 수 있는 통합 인증 체계가 적용된다. 교육 디지털 원패스를 활용하여 통합 로그인을 하게 되면 [그림 7.5]와 같이 한 번의 로그인으로 선택한 과목의 교과서를 편리하게 활용할 수 있다.

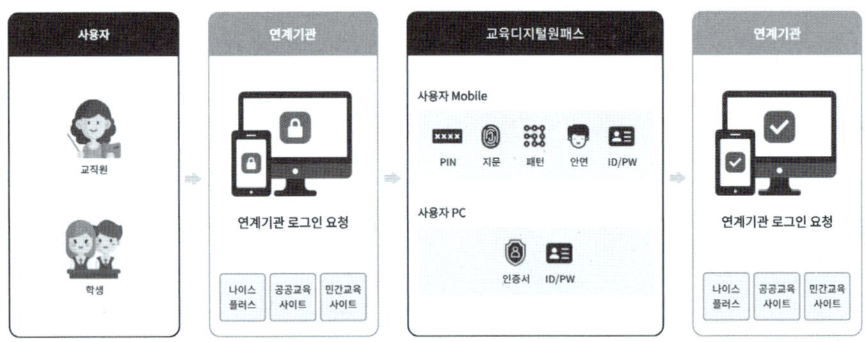


▲그림 7.5 교육 분야 디지털 원패스

출처 : 교육부 외(2023)

- 교직원 및 학생이 하나의 아이디로 교육디지털원패스와 연계된 교육관련 사이트를 이용할 수 있는 다양한 인증수단을 제공한다.
- 간편 로그인 기능을 제공하여 교육관련 사이트 회원가입 편리성을 제공하고, 온라인 학생 신분 확인 및 정확한 학생 정보를 제공한다.
- 교육디지털원패스를 활용하여 인증할 수 있도록 제공하고, 각 발행사의 디지털교과서와 연계할 수 있는 통합인증체계를 제공한다.

- 인증된 사용자의 소속정보 및 부가정보를 수집하여 발행사에게 제공하며, 발행사의 맞춤형 서비스 제공을 위한 기반을 제공한다.
- 통합인증체계 연계를 통해 제공받게 될 개인정보는 정보 주체의 동의를 받아야 하며, 수집된 개인정보는 관련법에 따라 관리해야 한다.

## 2. 교육과정 연계

AI 디지털교과서는 교육과정 표준체계 관리 시스템을 사용하여 교육과정 표준체계를 조회하고 AI 디지털교과서의 교육과정 체계를 등록할 수 있다. 발행사별 교육과정 체계와 교육과정 표준체계를 내용적으로 연계한 뒤, 각 내용 요소에 해당하는 교육과정 표준체계의 고유한 식별 코드를 활용하여 교육과정의 요소를 식별할 수 있도록 분류하되, 교육과정 표준체계와 발행사별 교육과정 체계의 내용적 연계는 각 교과 내용 전문가에 의해 교육 자료 연계, 학습 데이터 연계, 성취기준 연계 등으로 수행된다.

- 교육 자료 연계 : 발행사는 교육과정 표준체계의 식별 코드와 발행사의 교육 자료를 연계하여 교육 자료를 내용 요소별로 체계적으로 관리한다.
- 학습 데이터 연계 : 학생의 학습 결과 데이터를 수집할 때에는 학습한 내용 요소에 해당하는 교육과정 표준체계의 코드를 덧붙여 학습 내용을 식별할 수 있다. 발행사가 공공데이터 허브에 학습 데이터 셋을 전송할 시, 해당 데이터의 내용 요소에 해당하는 교육과정 표준체계 코드를 담아 전송한다.
- 성취기준 연계 : 교육과정 표준체계의 성취 기준과 평가 기준을 발행사 자체의 성취 기준 및 평가 기준과 연계한다.

AI 디지털교과서의 학습맵은 기초 작업(내용 요소, 연관관계, 루브릭), 추상화(그래프로 시각화), 디지털화(DB 구축), 알고리즘 적용(AI 모델링) 등의 과정을 거쳐 개발된다. AI 모델링 초기에는 학습 이력(활동) 데이터가 없기 때문에 데이터가 축적될 때까지 규칙 기반의 알고리즘을 적용하면서 빅데이터 운용을 통해 최적의 결과를 도출하도록 개선한다. 학습맵을 설계 및 제작할 때에는 내용 요소 간의 연관 및 위계 관계가 필요한 교과서 기반 학습 서비스를 개발할 때에 교육과정 표준체계를 활용한다. 이러한 학습맵은 [그림 7.6]과 같이 학습자의 성취수준 진단 시, 학습자의 현재 학습 위치와 취약 내용 요소의 선후행 내용 요소를 파악하고 학습자 수준에 맞는 교육자료를 추천하는 데에 활용할 수 있다.

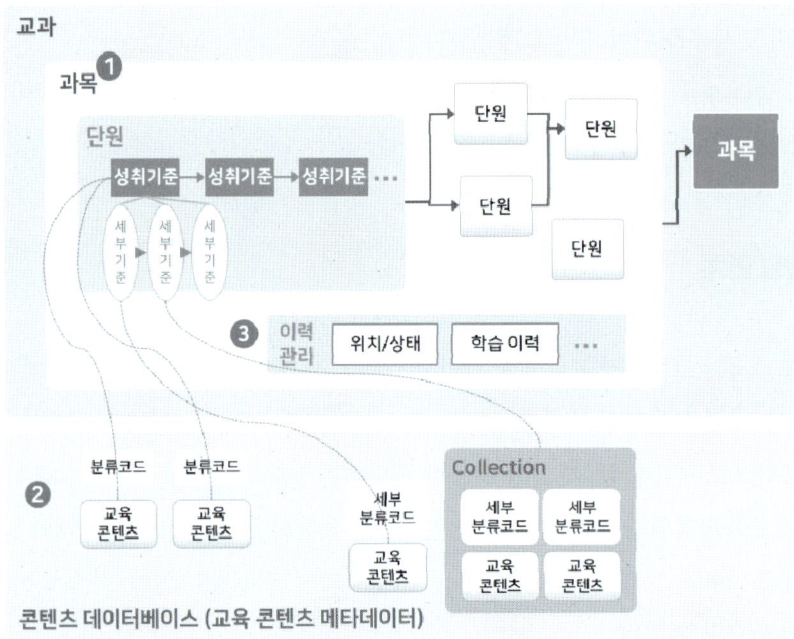


▲ **그림 7.6** 학습맵 구성 개념도

출처 : 교육부 외(2023)

## 3. 학습 분석 및 진단

AI 디지털교과서는 [그림 7.7]과 같이 학생의 성취 수준, 역량(강점, 약점), 학습 패턴 등을 진단하여, 개인화된 맞춤 학습 경로나 콘텐츠(학습 콘텐츠, 문항 등) 추천 기능을 제공하고, 학습 진단 및 추천을 위한 문항 기반 평가, 학습활동 수집·분석, AI 알고리즘 등의 다양한 기술을 활용한다.

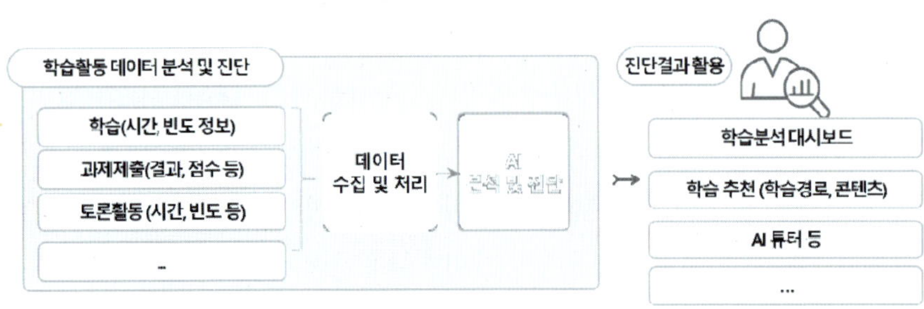


▲ **그림 7.7** 데이터 기반 학습 진단 및 추천

출처 : 교육부 외(2023)

학습 분석 및 진단의 목적은 AI 기술을 활용하여 개별 학생의 강·약점, 학습 태도, 이해도, 학생 성장 등을 다각도로 진단하여 분석 결과를 학생과 교사, 학부모에게 제공하는 데 있으며, 학습자 수준 진단 및 이력 분석, 진단 결과 분석, 개인별 분석 결과 제공 및 추천 등의 과정을 거쳐 활용된다. 학생의 적응형 학습 지원을 위한 평가 유형은 <표 7.3>과 같이 진단평가, 형성평가, 총괄평가 등으로 구분할 수 있다.

〈표 7.3〉 학습 진단 및 평가 유형

| 구분 | 평가 시기 | 평가 내용 | 평가 도구 |
|---|---|---|---|
| 진단평가 | • 학습 시작 전<br>• 학습 단원, 학기, 학년 초 | • 학습 전 성취 수준<br>• 사전 지식 및 생각<br>• 학습 곤란의 원인 진단 | • 시험<br>• 퀴즈<br>• 자가진단 |
| 형성평가 | • 학습 과정 중<br>• 학습 단원, 학습 차시 | • 학습 이해도 및 진행 상황 진단<br>• 교수 · 학습 과정에서의 다각적인 정보 확인을 위한 평가 | • 시험<br>• 퀴즈 |
| 총괄평가 | • 학습 종료 후<br>• 학습 단원, 학기, 학년 말 | • 학습 목표 달성 여부<br>• 학습 성과 확인 | • 시험 |

출처 : 교육부 외(2023)

## 4. 학습 추천

AI 디지털교과서는 학습자에 대한 진단을 바탕으로 맞춤화된 학습 처방을 지원한다. 개별 학습자의 학습 수준, 학습패턴, 강점과 약점을 고려한 학습 내용을 제공한다. 기존 모든 학생에게 진도에 따른 동일한 내용을 제시하는 일반적인 교과서와 달리, 개별 학생에게 필요한 내용과 난이도를 조절하여 제시하고, 학생들이 스스로의 진도와 학습 요구에 맞게 학습을 추천하여 효과적으로 학습할 수 있도록 돕는다.

학습 추천은 학생의 학습 필요성과 학습 동기 부여, 성취도 향상 등을 위해, 해당 학습 수준에 가장 적합한 학습 경로, 콘텐츠, 문항 등 제공하는 것을 의미하며, 학습 패턴 분석 및 수준 진단, 결과에 따라 학습 경로, 콘텐츠, 문항 등을 추천한다. 학습 추천은 효율적인 학습 환경을 조성하고, 학습 효과를 높이기 위한 학생 중심의 개인화된 추천이 되어야 한다.

학습을 추천할 때에는 학생에게 가장 적합한 교과 콘텐츠, 학습 활동, 문항 등을 제안하는 과정이며, 학습 진단의 분석 결과를 바탕으로 추천하고, 학습 진단 결과를 기반으로 학습 효과를 높이기 위한 학생 중심의 개인화된 학습 지원해야 한다. '

학습 추천은 교과 진도 범위와 학생의 성취 수준을 종합적으로 고려하여 보충 학습 및 반복 학습,

심화 학습으로 등으로 구성할 수 있으며, 상이한 학습 속도를 가진 학습자를 위하여 학습 콘텐츠, 문항의 난이도를 다양화하여 제공되어야 한다. 아울러, 학생의 학습 과정과 학습 전략을 개선하려면 효율적이고 지속적인 학습 추천과 피드백을 제공하여야 하며, 선행 학습이 되지 않도록 유의해야 한다.



## 1 학습 경로 추천

학습 경로 추천은 학생의 성취 수준과 약점을 진단하고 학습 속도, 이해도, 학습 스타일 등을 고려하여 학습의 순서를 추천한다. 학습에서 어려움을 겪고 있는 세부 주제나 영역을 진단·예측하여 학생 수준에 적합한 보충학습으로 유도하여 이해도 향상을 지원하고, 필요 시 이전 학년, 학기 내용을 활용하여 학습 결손 해소를 지원할 수 있다. 보충학습은 학습 내용 이해를 높이기 위한 기본 개념 중심의 학습을 제시하고, 반복 학습은 학습 내용 이해력과 기억력 향상 등 사용자 요구에 따라 필요한 부분을 반복하여 제시한다. 심화학습은 학습 내용을 충분히 소화한 경우 토론, 논술, 과제 등 학습을 제시한다.

학습 경로 추천 절차는 [그림 7.8]과 같이 현재 교과 진도 달성 수준 및 이해도를 진단하고, 보충/반복/심화학습 등 적합한 학습 경로를 제시한다.

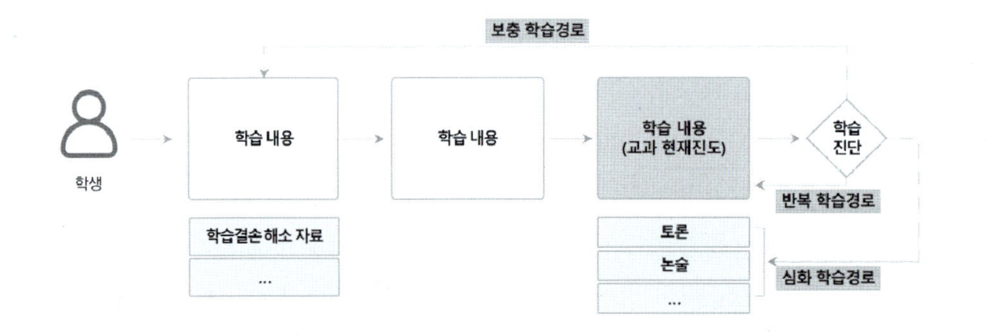


▲그림 7.8 학습 경로 추천 절차

출처 : 교육부 외(2023)

## 2 콘텐츠 추천

학생의 개선 사항을 식별하여 이에 대한 추가 콘텐츠를 제공하거나, 불필요한 반복 학습을 최소화함으로써 학습의 효율성을 향상시킬 수 있다. 학습 수준 및 진도 등을 분석하여 학습자에게 적합한 콘텐츠를 제공하고, 학생이 지속적으로 몰입할 수 있도록 선호하는 개별적 특성에 맞는 콘텐츠를 추천한다. 콘텐츠 추천은 평가와 분석을 통해 발견된 학습자의 취약점을 교육과정 기반으로 면밀하게 분석하고 취약점 개선을 위한 교육 콘텐츠를 제공하고, 교과별 관심 주제로 해석할 수 있는 학습 체류시간, 키워드 분석 등을 통해 추가 학습 콘텐츠 추천 또는 유사 학습자 그룹의 인기 콘텐츠를 추천할 수 있다.

콘텐츠 추천 절차는 [그림 7.9]와 같이 학생 성취 수준 및 개별적 특성 분석을 통해 취약점, 관심/선호 주제를 식별한 후 적절한 콘텐츠를 제시하게 된다.

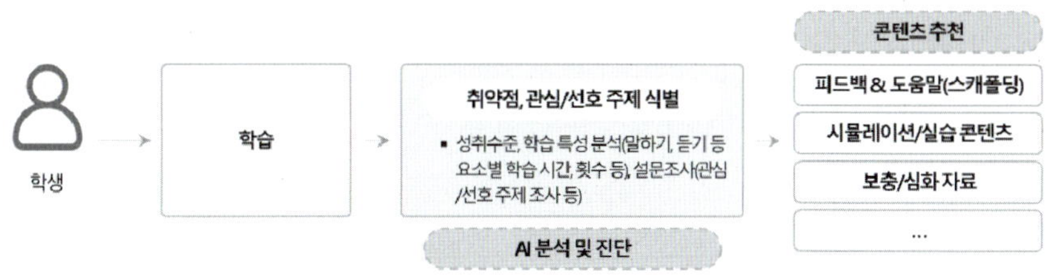


▲ 그림 7.9 학습 콘텐츠 추천 절차

출처 : 교육부 외(2023)

## 3 문항 추천

학생이 어려워하는 개념이나, 학습 성과 향상을 위한 목적의 맞춤 문항을 제공하여 학습 동기부여 및 성장에 도움을 준다. 학습 내용에 대한 이해도를 점검한 후 그 결과에 따른 피드백으로서 처방 문항을 제시한다.

문항 추천 절차는 [그림 7.10]과 같이 학습 내용 이해도를 진단(평가 문항 제시)하고, 그 결과에 따라 유사 문항 혹은 난이도 조정 후 문항을 제시한 후 결과에 따라 문항 풀이 및 추가 문항을 제시한다.

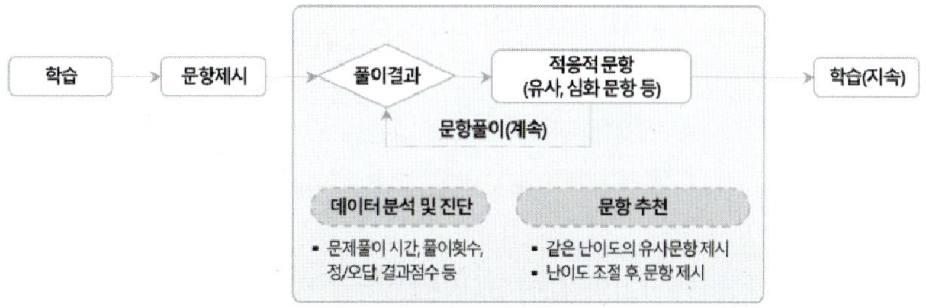


▲ 그림 7.10 문항 추천 절차

출처 : 교육부 외(2023)

## 5. 대시보드

AI 디지털교과서의 대시보드는 대상자별 특정 목표 달성을 위해 필요한 정보를 시각적으로 분석하여 학생, 교사, 학부모 등 대상별로 차별화된 정보를 제공한다. 단순히 시각적 표현을 넘어, 학생의 행동을 분석하여 정보를 제공하는 것 외에도 실패를 예측하거나 칭찬하고 독려하는 등 정서적 영역에 대한 피드백을 제공하는 데 목적이 있다.

### 1 학생용 대시보드



학생용 대시보드에서는 [그림 7.11]과 같이 교과별로 학습 이력, 학습 성취, 학습 처치 등의 정보를 파악할 수 있도록 구성하며, 부가적으로 발행사별로 나만의 노트, 자동 요약, 도서 추천 등의 기능을 선택적으로 연계하여 제시한다. 로그인한 후 학생의 정서 정보를 판단하거나, 다국어 지원, 음성 지원, 검색 등의 기능을 제공한다.

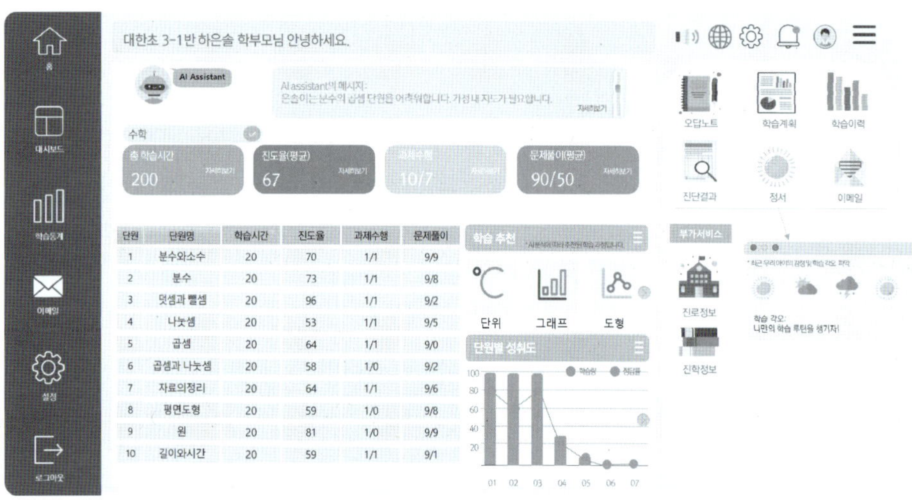


▲그림 7.11 학생용 대시보드의 개념도

출처 : 교육부 외(2023)

### 2 교사용 대시보드

교사용 대시보드에서는 [그림 7.12]와 같이 교과별로 학급 및 학생 학습 활동을 한 눈에 확인할 수 있도록 구성한다. 평가, 학습 활동, 정서 정보 등에 따라 학생별로 피드백이 진행될 수 있고, 학급의 성취도 수준에 따라 강점, 약점 등의 그룹별 확인이 가능하다.

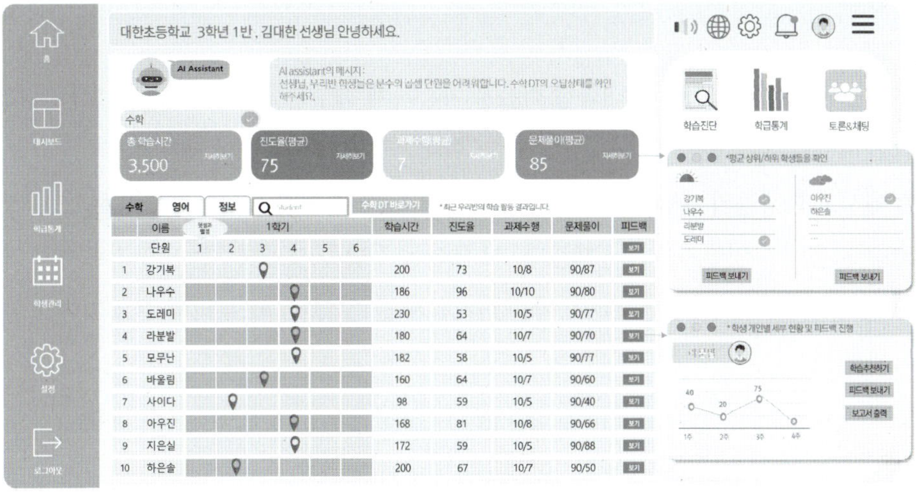


▲그림 7.12 교사용 대시보드의 개념도

출처 : 교육부 외(2023)

## 3 학부모용 대시보드

학부모용 대시보드에서는 [그림 7.13]과 같이 자녀의 교과별 세부 영역에 대한 학습 상황을 확인하고 피드백할 수 있다.

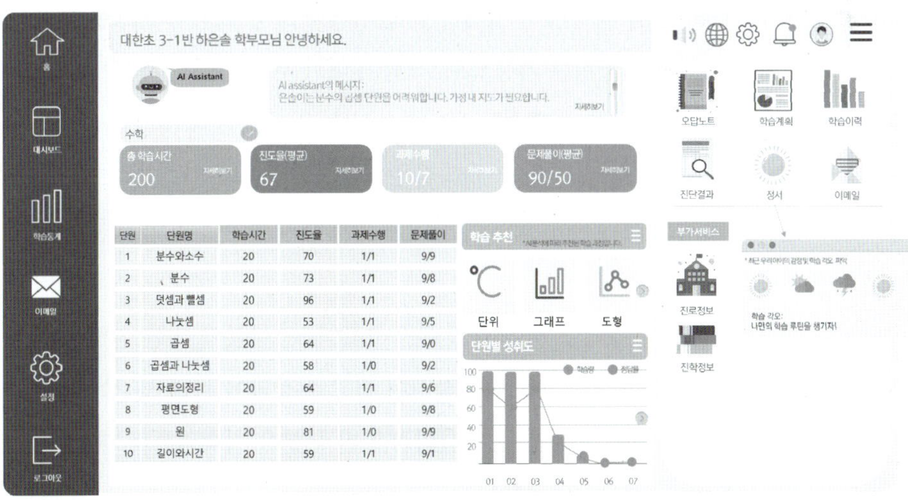


▲그림 7.13 학부모용 대시보드의 개념도

출처 : 교육부 외(2023)

## 6. AI 튜터

AI 디지털교과서는 자연스러운 대화형 학습을 가능하게 해주는 AI 튜터 기능을 활용해 학생들이 필요한 때 적절한 도움을 받을 수 있다. 방과 후나 가정에서 학생들이 자기주도적인 학습을 하는 상황에서도 학생들의 개념 이해를 돕고 지속적인 학생에 대한 모니터링을 통해 현 단계에서 꼭 필요한 도움이 무엇인지를 제공해준다. AI 튜터는 정답을 제공해주는 답안지로서의 역할이 아니라, 궁금한 것이 있을 때 언제든지 학습을 지원해 줄 수 있다. AI 튜터의 주요 기능을 살펴보면 다음과 같다.



- 학습 전략 제안 : 학생의 과목별 맞춤형 학습지원을 위해 학습 수준과 목표에 맞게 개별적인 학습 전략을 제안하는 기능으로 학생의 학습과정과 결과에서 분석된 데이터를 바탕으로 성취도를 평가하고 약점을 식별하여 적절한 학습 전략을 제시한다.
- 학습 진도 모니터링 : 학생의 학습 계획 대비 학습 진도 상황을 모니터링하는 기능으로 개별 학습 과정에서 분석된 학습 수행도, 학습 참여도 등의 주요 학습 활동 지표에서 부족한 부분을 개선하기 위한 정보를 제공한다.
- 피드백 및 성취 평가 : 학습진도 모니터링 과정마다 분석된 부족한 부분에 대해 시기 적절한 피드백과 할 일을 제공하고, 학습 성취 평가 정보를 제공함과 동시에 분석된 데이터를 기반으로 개선이 필요한 항목에 대해 추가적인 학습 방향을 안내한다.
- 추가 학습 자료 제공 : 학습 과정에서 이해가 잘 안되거나 보충 설명이 필요한 내용에 대해 추가적으로 학습 자료를 제공하는 기능으로, 개념에 대한 부연 설명, 예제 문제, 연습 문제, 관련 학습 자료의 추천 등을 통해 학습을 보완하는 기능을 제공한다.
- 질의응답 : AI 튜터에게 궁금한 내용에 대해 질문을 하고, AI 튜터는 즉각적으로 답변을 제공하는 기능으로 특정 개념에 대해 궁금한 점이나 이해하지 못한 부분이 있을 때 언제든지 도움을 줄 수 있다.
- 오답노트 제공 : 학생이 풀었던 문제를 함께 분석하고, 틀린 부분에 대한 설명을 제시할 수 있는 기능으로 학습 과정마다 오답노트가 작성이 되고 누적되어 지난 시간에 틀렸던 내용들을 다시 확인할 수 있으며, 이를 통해 자신의 부족한 부분을 지속적으로 개선할 수 있다.

## 7. AI 보조교사

AI 디지털교과서는 교사가 학생들의 어려움과 강점을 정확하게 파악하여 개별적인 학습 전략을 제시할 수 있도록 돕는 AI 보조교사 기능을 지원한다. AI 디지털교과서는 교사가 AI의 진단 추천 결과를 확인하고, 재조정하는 권한을 필수 기능으로 보장함으로써 온·오프라인을 넘나드는 종합적인 학생의 학습 상황을 파악한 지도가 이루어질 수 있도록 지원한다.

이러한 과정에서 AI 보조교사는 교수자료를 준비하고, 시험 문제를 출제하고 채점하고 처리하는 업무를 자동화해 선생님들을 보조하고 필요한 지원을 제공함으로써 교사는 개별학생들의 학습 현황을 살피고 꼭 필요한 인지적, 정서적 도움을 주는 조정자이자 멘토로서의 역할을 수행하는 데 온전한 시간을 할애할 수 있다. AI 보조교사의 주요 기능을 살펴보면 다음과 같다.

첫째, 수업 설계를 지원한다. 학생의 과목별 맞춤형 학습 지원을 위해 학습 수준과 목표에 맞게 개별적인 학습 계획을 수립하는 기능으로 [그림 7.14]와 같이 학생의 학습 과정과 결과에서 분석된 데이터를 바탕으로 성취도를 평가하고 약점을 식별하여 적절한 학습 전략을 제공한다.



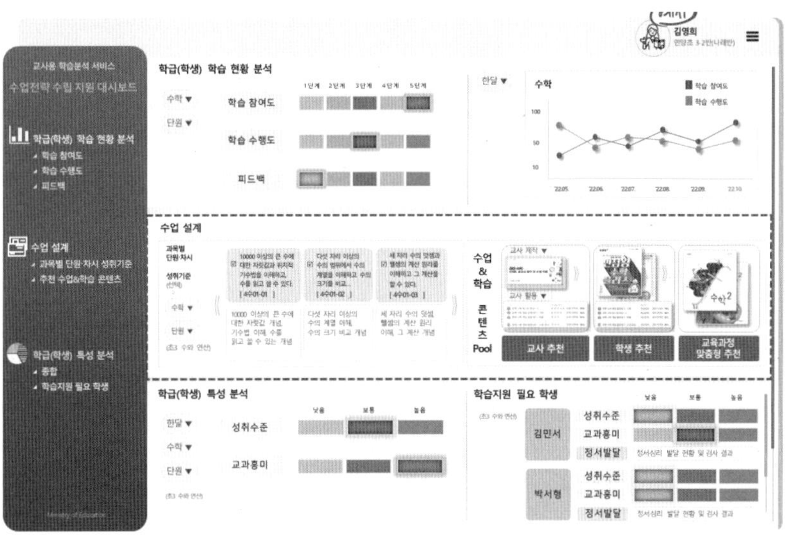


▲ 그림 7.14 수업 설계 지원

출처 : 정영식 외(2008)

둘째, 학습 활동을 모니터링한다. 교사가 학생들의 학습 계획 대비 학습진도 상황을 확인할 수 있는 기능으로 [그림 7.15]와 같이 개별 학습 과정에서 분석된 학습 수행도, 학습 참여도 등의 주요 학습 활동 지표에서 부족한 부분을 개선하기 위해 AI가 분석한 정보를 제공한다.

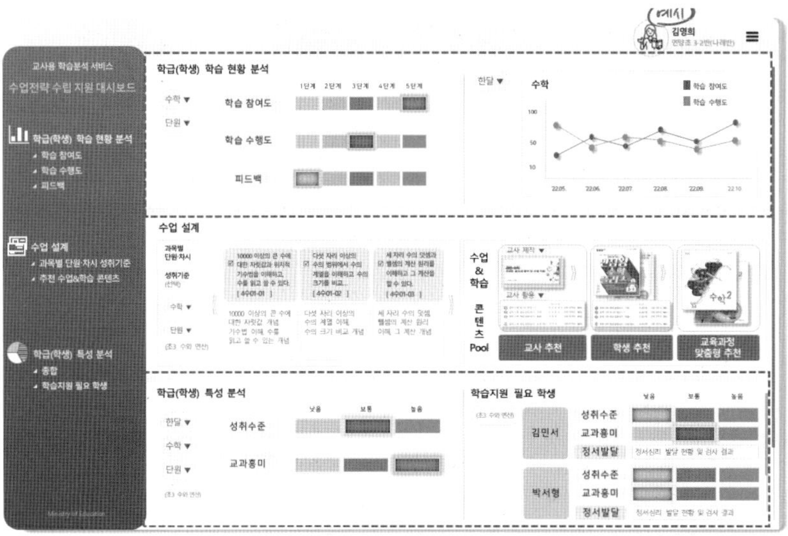

▲그림 7.15 학습 활동 모니터링

출처 : 정영식 외(2008)



셋째, 피드백 및 평가를 제공한다. 학생들의 학습 활동 과정마다 분석된 부족한 부분에 대해 [그림 7.16]과 같이 시의적절한 피드백과 평가 결과를 제공함과 동시에 분석된 데이터를 기반으로 개선이 필요한 항목에 대해 추가적인 학습 방향을 안내한다.

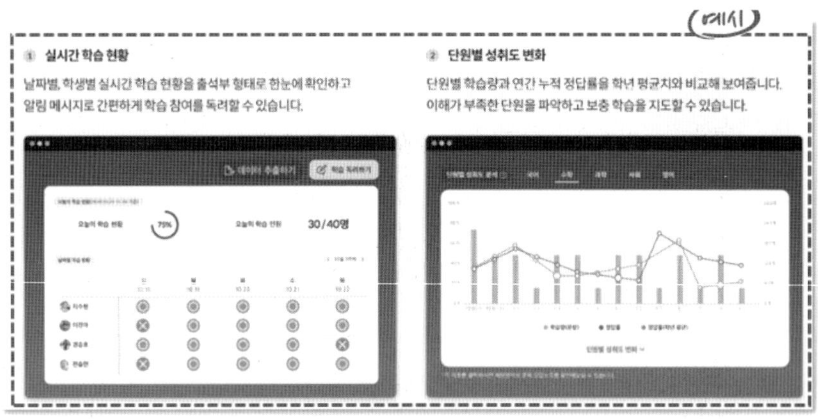


▲그림 7.16 피드백 및 평가

출처 : 정영식 외(2008)

넷째, 학습 경로를 제공한다. 교사에게 학생들의 학습 패턴과 학습 성과 분석 결과를 제공하고 개별 학생들에게 [그림 7.17]과 같이 적절한 맞춤형 학습 경로를 제시하며, 교사는 제시된 내용을 조정하여 학생에게 적절한 학습 목표와 학습 전략을 수립할 수 있도록 지원한다.

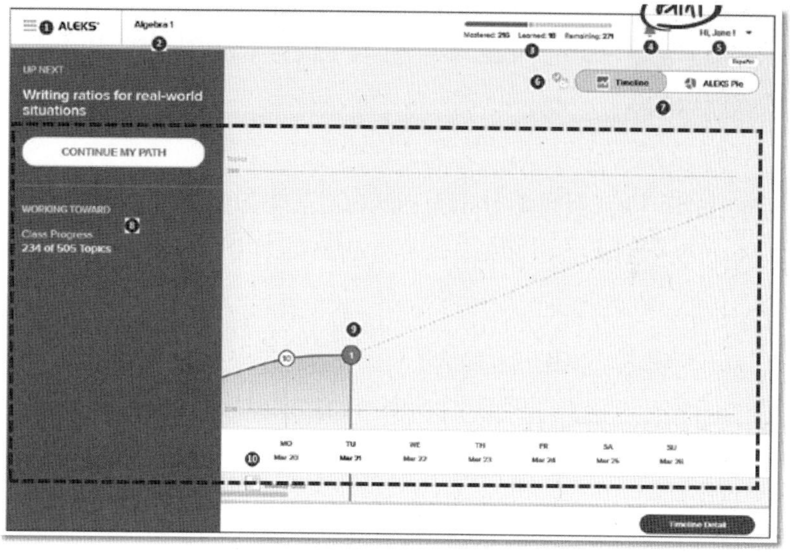


▲ **그림 7.17** 학습 경로 제공

출처 : 정영식 외(2008)

SECTION 7.3

# AI 디지털교과서의 검정과 품질 관리

AI 디지털교과서는 교과용도서에 관한 규정 제9조(검정방법)에 따라 '초·중등학교 디지털교과서 검정 구분 고시' 및 '교과용도서 검정 실시 공고'에 따라 검정 심사를 거쳐서 학교 현장에 배포된다.

## 1. AI 디지털교과서의 검정 심사

AI 디지털교과서의 검정 절차는 [그림 7.20]과 같이 내용 심사, 기술 심사로 구분되고, 이후 실제 사용자의 참여를 통한 현장 적합성 검토 과정을 거친 후 학교로 배포된다. 내용 심사는 교과별 검정 기관에서 추진하고, 기술 심사는 기술심사지원기관인 한국교육학술정보원에서 협력하여 추진한다.

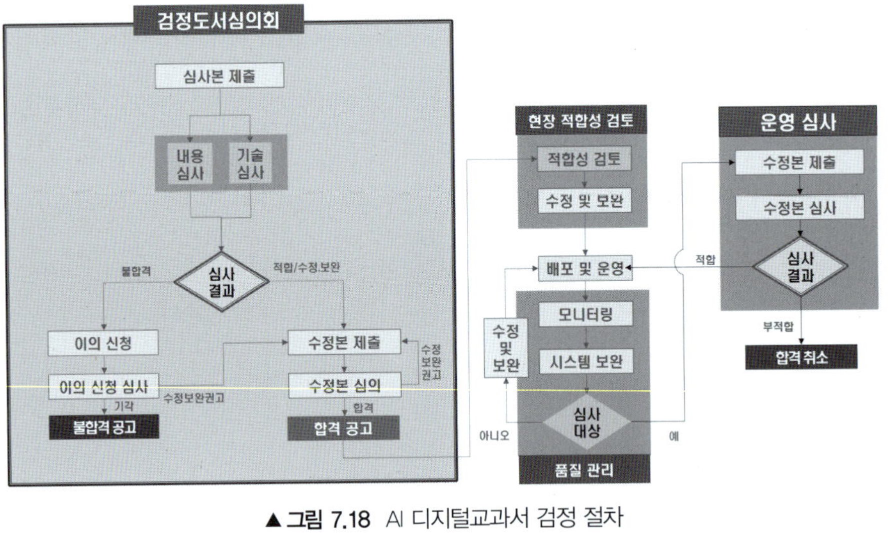


▲그림 7.18 AI 디지털교과서 검정 절차

첫째, 내용심사는 각 교과별 검정 기관에서 진행되며 이 단계에서는 AI 디지털교과서의 교육적 내용이 해당 교과의 교육 목표와 기준에 부합하는지를 평가한다. 교과용도서 검정 실시 공고에 따라 수학, 과학, 정보 디지털교과서는 한국과학창의재단에서 심사하고, 그 외 과목은 한국교육과정평가원에서 내용 심사를 진행한다.

둘째, 기술심사는 기술심사지원기관인 한국교육학술정보원에서 추진하며, <표 7.4>와 같이 AI 디지털교과서의 사용성 검사, 기술 표준 준수, 적합성 검사, 신뢰성 검상 등 기술적 측면에 대해 평가한다. 학습 분석 등 AI 기술의 접목을 고려하여 한국교육학술정보원에서 기술 심사를 진행하되, 발행사가 제출한 '자체기술검증결과서'를 기초자료로 활용함. 자체기술검증결과서는 발행사가 기술 심사 기준에 따라 내 · 외부 기관에서 시행한 사용성 검사 결과와 규격 검사 결과 등을 문서로 작성하여 제출한다.

〈표 7.4〉 기술 심사 영역 및 항목

| 심사영역 | 심사항목 | 심사요소 | 검정심사 | 현장적합성 |
|---|---|---|---|---|
| 사용성 검사 (10) | • AI 디지털교과서가 기술적 결함이나 오류없이 작동하는가? | • 디지털교과서의 기능 오류 확인<br>• AI 성능 테스트<br>• 부하 테스트 | ○ | – |
| | • AI 디지털교과서가 웹 접근성 및 상호호환성을 확보하고 | • 기기 및 브라우저 간 호환성<br>• 장애 학생 접근의 수월성<br>• 자동 번역을 통한 다국어 지원 | ○ | – |
| 기술 표준준수 (10) | • AI 디지털교과서에 포함된 기술이 관련 규격이나 표준을 준수하였는가? | • 인프라 환경 요건 충족<br>• 관련 표준 준수 | ○ | – |
| | • AI 디지털교과서 개발 준수사항을 반영하였는가? | • 목적 외 활용 금지 조치 준수<br>• 선행학습 금지 조치 준수<br>• 인공지능 윤리 준수 및 조치<br>• 저작권 확보 | ○ | – |
| 적합성 검사 (40) | • AI 디지털교과서의 연계 기능이 적절하게 구성되었는가? | • 인증체계<br>• 교육과정 표준체계 적용<br>• 시작 화면 구성 | ○ | ○ |
| | • AI 기반 맞춤형 학습 지원 기능이 적절하게 작동하는가? | • 학습 진단 및 추천<br>• 대시보드 및 데이터 시각화<br>• 학습 안내 및 지원을 위한 AI 튜터<br>• 수업 설계 및 처방을 위한 AI 보조교사<br>• 교사 재구성 기능 지원 | ○ | ○ |
| | • AI 디지털교과서의 UI/UX 설계와 상호작용이 사용자 관점에서 편리하게 구성되었는가? | • UI/UX의 편의성<br>• 상호작용의 적절성 | ○ | ○ |
| 신뢰성 검사 (40) | • 데이터를 적절하게 수집하고 안전하게 관리하는가? | • 데이터 수집 · 저장<br>• 데이터 전송 | ○ | ○ |
| | • 개인정보 및 정보보안 체계가 신뢰성 있게 운영되는가? | • 개인정보 보호, 예방, 대처방안<br>• 정보 보안, 예방, 대처방안<br>• 관련된 물리적/기술적 처계 운영 | ○ | ○ |
| | • 사용자 지원 및 서비스 관리가 신뢰성 있고 안정적으로 운영되는가? | • 사용자 지원 및 디응 관리 체계 운영<br>• 장애관리 체계 운영<br>• 서비스 품질관리체계 구성 | ○ | ○ |

셋째, 검정심사에 합격한 AI 디지털교과서는 학생, 교사 등 실제 사용자의 참여를 통한 현장적합성 검토 과정을 거친다. 이 단계에서는 교과서가 실제 교육 현장에서 안정적으로 잘 작동하는지를 검토한다. 최종 합격된 AI 디지털교과서를 현장에 보급하기 전 교과서 기능 및 서비스 안정성 테스트를 위해 현장 교사 중심으로 현장 적합성 검토를 진행하되 3개월 내외로 진행한다.

## 2. AI 디지털교과서의 운영 관리



AI 디지털교과서의 검정 합격 공고 이후 서비스 운영 단계에서 지속적으로 교과서의 품질 제고와 효율적인 학습 지원을 위해 안정적으로 구동되는지 상시적으로 모니터링하고, 오류와 장애 발생 시 즉각 대응할 수 있는 운영관리체계를 갖추어야 한다. 교육부는 AI 디지털교과서의 학습 자료 제공 등 학습 지원 서비스를 오류와 장애 없이 안정적으로 구동·제공하는지를 상시적으로 확인하며, 기능 개선이나 수정·보완이 필요한지를 지속적으로 모니터링하여, 그 결과에 따라 다음과 같이 조치할 수 있다.

- 품질의 개선이 필요하다고 판단되는 경우 : 품질 개선을 요구하고 품질 개선 완료 후 적정성 여부를 심사하며, 품질 개선이 적절히 이루어지지 않은 경우, 저작자 또는 발행자에게 수정을 명할 수 있다.
- 검정도서로 존속시키기 곤란한 중대한 사유가 발생한 때:「교과용도서에 관한 규정」제38조에 따라 검정의 합격을 취소하거나 1년의 범위 안에서 그 발행을 정지할 수 있다.
- AI 디지털교과서가 학교에 배포된 이후의 품질관리 과정에서는 내용 심사 없이 기술 심사만 실시할 수 있으며, 이 경우 검정심의회의 위원장과 기술심사소위원회 위원만 참여하여 의결할 수 있다.

### 1 품질관리의 지표

AI 디지털교과서의 품질관리를 위한 주요 지표와 관리 방법은 <표 7.7>과 같이 편의성, 만족도, 윤리성 등으로 구분할 수 있다.

〈표 7.7〉 품질 관리 요소 및 방법

| 요소 | 주요 지표 | 품질관리 방법 | 결과관리 시기 |
|---|---|---|---|
| 편의성 | • 다양한 교수학습활동 지원의 편의성<br>• 학습과정과 결과관리의 편의성 | 사용자 피드백 검토<br>발행사 자체 품질관리<br>발행사 통합 모니터링 | 수시 |
| 만족도 | • 사용자별 교과서 주요 기능에 대한 만족도<br>• 사용자별 교과서 활용 교수학습 활동에 대한 만족도<br>• 사용자별 교과서 주요 서비스에 대한 만족도 | 발행사 자체 품질관리<br>발행사 통합 모니터링 | 학기별 |
| 윤리성 | • 저작권 준수<br>• 학습자 및 교수자 생성자료의 저작권 보호<br>• 저작권 침해 예방 대책 | 사용자 피드백 검토<br>발행사 자체 품질관리<br>발행사 통합 모니터링 체계 | 학기별 |

출처 : 교육부 외(2023)




## 2 변경 관리

AI 디지털교과서의 내용이 변경된 경우에는 <표 7.7>과 같이 적절한 변경 관리가 이루어져야 하며, 변경 관리 절차는 서비스 장애가 발생할 때에는 신속한 장애 대응으로 피해를 최소화하고, 장애 원인 및 조치 이력을 통해 재발 방지를 위한 관리 활동을 실시한다.

〈표 7.8〉 변경 관리 항목

| 관리 항목 | 변경 관리 내용 |
|---|---|
| 변경 접수 | • 요청 접수 : 변경 요청 상황 발생 시 필요한 신청/변경/원상복구 등의 양식을 마련하고, 정당하지 않을 경우 거부 사유 항목 마련 등<br>• 접수 내용 관리 : 변경의 긴급성에 따라 분류하여 관리하고, 수집된 변경 요청 내용, 일정, 협조사항 등의 변경 요구 내용을 파악<br>• 변경 준비 계획 : 변경 시의 서비스 위험 영향도 사전 상호 검토하고, 변경 일정, 사용자 안내, 영향도 등을 계획하여 준비 |
| 변경 검토 · 조정 | • 변경 계획 검토 : 변경 신청 양식 또는 계획서 최종 검토 및 필요시 관계기관과 협의하고, 최종 신청 양식 또는 변경 계획안 (자체)승인 및 보고 |
| 변경 적용 | • 변경 이행 : 승인된 변경 계획 수행<br>• 상복구 : 승인된 변경 계획 중 오류 등 서비스 위험 영향도 발생 시 원상 복구하고, 구체적인 조치 내역과 오류 등 서비스 위험 발생 원인 작성 |
| 변경 결과 통보 | • 결과 확인 : 변경 적용 결과를 관리하고, 구성 정보 변경 확인 및 정상 동작 유무 최종 확인한 후 변경 결과 내역을 승인, 보고하고 관리 |

출처 : 교육부 외(2023)

## 3 장애 관리

AI 디지털교과서의 서비스 장애가 발생할 때에는 <표 7.8>과 같이 신속한 장애 대응으로 피해를 최소화하고, 장애 원인 및 조치 이력을 통해 재발 방지를 위한 관리 활동을 실시한다.

〈표 7.9〉 장애 관리 항목

| 관리 항목 | 장애 관리 내용 |
|---|---|
| 장애 접수 및 전파 | • 장애 대응체계 마련 : 장애 발생에 따른 장애 대응체계 사전 마련<br>• 장애 발생 : 장애 발생 확인 시 발견자는 즉시 장애 발생 통보 및 요청 · 등록<br>• 장애 전파 : 장애 발생 상황을 사용자 및 관련 담당자에게 전파<br>• 장애 대응 : 지정 담당자는 구체적인 장애 상황을 파악하여 대응하고, 장애 대응반 소집 |
| 장애 조치 | • 장애 조치 : 내부/외부 장애 원인에 의한 발생 여부 확인하고, 복구 전까지 비상조치 수행<br>• 장애 복구 : 장애 완전 복구 여부를 확인하고, 복구 완료 전파 및 서비스 복구 재확인 |
| 장애 이력 및 사후관리 | • 장애 내역 기록 및 재발 방지 노력 : 장애 처리 내역에 대한 분석 및 원인 등 파악하고, 장비 등의 변경 관리 발생 시 내용을 반영하며, 재발 방지에 대한 보완 및 개선 |

출처 : 교육부 외(2023)

## 4 보안 및 개인정보 관리

AI 디지털교과서 개발 시 활용되는 학습데이터는 규모가 크고 다양한 개인정보와 민감한 사생활에 관한 정보가 포함될 가능성이 높으며, 서비스 운영 중에도 이러한 데이터를 지속적으로 활용하려는 수요가 많다. 따라서 AI 디지털교과서 활용 시 AI로 인한 사용자의 개인정보 침해 우려를 최소화할 수 있도록 데이터의 보안과 개인정보의 보호를 위해 개인정보보호법을 준수해야 한다.

〈표 7.10〉 개인정보 관리 항목

| 단계 | 개인정보 관리 항목 |
|---|---|
| 기획 · 설계 | • 기획 · 설계 단계부터 PbD 원칙 적용<br>• 개인정보 영향평가 수행 |
| 개인정보 수집 | • 적법한 개인정보의 수집 동의 방법 이행<br>• 동의 이외의 개인정보 수십 근거 확인<br>• 정보주체 이외 개인정보 수집에 대한 수집 출처 및 처리 목적 고지 |
| 개인정보 이용 · 제공 | • 수집 목적 내 개인정보 이용 및 제3자 제공, 목적 외의 경우 별도 근거 확인<br>• 가명정보를 처리하는 경우 허용된 목적 및 기준 준수 |
| 개인정보 보관 · 파기 | • 암호화, 접근통제 등의 조치를 통해 안전하게 보관 · 관리<br>• 개인정보가 불필요하게 되었을 때에는 지체 없이 파기 |

출처 : 교육부 외(2023)

## 요약

### 7.1 AI 디지털교과서의 개념

- 디지털교과서 : 기존 교과 내용에 용어사전, 멀티미디어 자료, 평가 문항, 보충·심화 학습 내용 등 풍부한 학습 자료와 학습 지원 및 관리 기능이 추가되고, 교육용 콘텐츠 오픈마켓 등 외부 자료와의 연계가 가능한 학생용 교재
- AI 디지털교과서 : 기존의 디지털교과서와 달리 학생들에게 맞춤형 학습 경험을 제공하기 위해 인공지능과 같은 지능정보기술을 활용하는 소프트웨어





### 7.2 AI 디지털교과서의 서비스

- 통합 인증 : 하나의 계정으로 AI 디지털교과서 포털과 각 발행사의 AI 디지털교과서를 손쉽게 이용할 수 있는 통합인증체계
- 교육과정 연계 : 교육과정 표준체계 관리 시스템 사용하여 교육과정 표준체계를 조회하고 등록할 수 있는 서비스
- 학습 분석 및 진단 : 학생의 성취 수준, 역량, 학습 패턴 등을 진단하여, 개인화된 맞춤 학습 경로나 콘텐츠 추천 기능 제공
- 학습 추천 : 학습자에 대한 진단을 바탕으로 개별 학생에게 필요한 내용과 난이도에 맞게 학습 추천, 콘텐츠 추천, 문항 추천 기능 제공
- AI 튜터 : 학습 전략 제안, 학습 진도 모니터링, 피드백 및 성취 평가, 추가 학습 자료 제공 등을 자연스러운 대화형 학습 제공
- AI 보조교사 : 교사가 학생들의 어려움과 강점을 정확하게 파악하여 개별적인 학습 전략 제시

### 7.3 AI 디지털교과서의 검정과 품질관리

- 검정 심사 : AI 디지털교과서의 검정 절차는 내용 심사와 기술 심사로 구분되고, 이후 실제 사용자의 참여를 통한 현장 적합성 검토 과정을 거친 후 학교로 배포
- 운영 관리 : 검정 합격 공고 이후 서비스 운영 단계에서 지속적으로 교과서의 품질 제고와 효율적인 학습 지원을 위해 안정적으로 구동되는지 상시적으로 모니터링하고, AI 디지털교과서의 품질관리, 변경관리, 장애관리, 보안 및 개인정보 관리 등 운영관리체계 유지

## 객관식 문제



**1.** AI 디지털교과서의 특징을 적절하지 못한 것은?

① AI에 의한 학습 진단과 분석
② 개인별 학습 수준과 속도를 반영한 맞춤형 학습
③ 교사 관점에서 설계된 학습 코스웨어
④ 학생들이 효과적으로 학습할 수 있는 학습 환경 조성

**2.** AI 디지털교과서의 기능 중에서 학생을 위한 기능은?

① 교과서 내의 콘텐츠 재구성 · 추가 기능을 제공한다.
② 개인별 최적의 학습 경로와 콘텐츠를 추천한다.
③ 학생의 학습 이력 등 데이터를 기반으로 한 학습 관리 방안을 제공한다.
④ 맞춤형 수업 설계 및 처방을 위한 기능을 제공한다.

**3.** AI 디지털교과서에서 제공하는 교육과정 연계 기능이 아닌 것은?

① 발행사 서비스 연계
② 교육 자료 연계
③ 학습 데이터 연계
④ 성취 기준 연계

**4.** AI 디지털교과서의 품질을 개선하고 유지하기 위한 운영관리체계가 아닌 것은?

① 보안관리
② 장애관리
③ 변경관리
④ 저작권 관리

## 주관식 문제

1. 이전 디지털교과서와 AI 디지털교과서와 차이점을 서술하시오.

2. AI 디지털교과서의 특징 3가지를 서술하시오.

3. AI 디지털교과서의 서비스 중에서 AI 튜터와 AI 보조교사의 차이점이 무엇인지 설명하시오.

4. AI 디지털교과서의 검정 심의를 내용 심사와 기술 심사로 구분하여 설명하시오.

5. AI 디지털교과서의 학습 분석 및 진단, 학습 추천 기능에 대해 설명하시오.

## 참고문헌


- 계보경(2023). 500만 학생을 위한 500만 개의 교과서 ; AI 디지털교과서로 달라지는 10가지. 행복한 교육 9월호, 16-19.
- 교육과학기술부(2012). 2012년도 디지털교과서 개발 및 적용 추진계획(안).
- 교육부(2007). 디지털교과서 상용화 방안.
- 교육부, 한국교육학술정보원(2023). AI 디지털교과서 개발 가이드라인 1.0. 한국교육학술정보원.
- 정영식, 조난심, 김영식(2008). 디지털교과서 표준화 방안 연구. 한국교육개발원.

CHAPTER

# 8

# AI 학습데이터 분석

## 단원목표

- AI 학습데이터의 개념 및 필요성을 이해할 수 있다.
- AI 학습데이터와 인공지능의 관계를 이해할 수 있다.
- AI 학습데이터의 구축 과정을 이해할 수 있다.
- AI 학습데이터를 이용하여 데이터 분석을 할 수 있다.

## 단원목차

SECTION

# 8.1 AI 학습데이터

## 1. 데이터의 의미

### 1 데이터의 정의



데이터란, '의미 있는 정보를 가진 모든 값'의 넓은 의미를 가지고 있으며, '어떠한 사실, 개념, 명령 또는 과학적인 실험이나 관측 결과로 얻은 수치나 정상적인 값 등 실체의 속성을 숫자, 문자, 기호 등으로 표현한 것'을 의미한다(송석리 외, 2024). 우리 주변의 모든 것들이 데이터라고 이야기할 수 있을 정도로 데이터는 숫자, 글, 그림 등의 다양한 형태로 존재한다. 데이터의 종류는 이름, 주소, 뉴스 등과 같은 문자 데이터, 기온, 강수량 등의 숫자 데이터, 그림, 영상 등의 데이터들이 있다. 4차 산업혁명의 도래와 디지털 기술 발전으로 인해 우리는 데이터들을 더 빠르고, 쉽게 수집할 수 있게 되었다. Berisha, B. 등(2022)에 따르면, 클라우드 컴퓨팅과 빅데이터 기술 발달에 따라, 데이터는 방대하게 증가하고 있음을 확인할 수 있다.

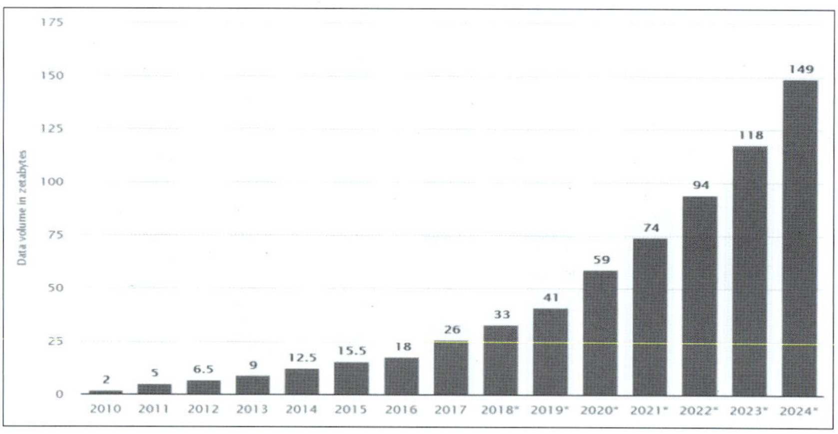


▲ 그림 8.1 2010년~2024년까지의 생성되고 소비되는 데이터의 양(추정치)(Berisha, B. et al., 2022)

그러나 많은 데이터가 있더라도 모든 데이터를 활용하는 것은 아니다. 따라서 데이터를 효율적으로 관리하는 것은 매우 중요하며, 같은 데이터라도 분야와 주제 등에 따라 활용 방법이 달라진다.

### 2 데이터의 유형

데이터를 형태에 따라 크게 정형 데이터(Structured Data)와 비정형 데이터(Unstructred Data)로 분류할 수 있다(한국소프트웨어기술인협회 빅데이터전략연구소, 2023). 정형 데이터는 고정된 필드에 구조화된 데이터로 일정한 규칙에 따라 체계적으로 정리된 데이터를 의미한다. 주로 행과 열의 표 형태로 표현되며, 문자나 수치 데이터로 구성된다. 따라서 그 자체로 의미 해석이 가능하며 바로 활용할 수 있는 정보를 내포하고 있다.

| | A | B | C |
|---|---|---|---|
| 1 | 과목 | 점수 | 등급 |
| 2 | 국어 | 80 | B |
| 3 | 영어 | 85 | B |
| 4 | 수학 | 90 | A |
| 5 | 사회 | 95 | A |
| 6 | 과학 | 75 | C |

▲ **그림 8.2** 정형 데이터의 예시

비정형 데이터는 구조화 되지 않은 데이터를 의미하며, 소셜미디어의 텍스트, 이미지, 오디오, 비디오, 이메일 등이 대표적인 예이다. 비정형 데이터는 정해진 구조가 없어 데이터의 특징을 추출하여 반정형 또는 정형 데이터로 변환하는 전처리 과정이 필요하다. 현실에서 대부분의 데이터는 비정형 데이터에 속하며 그 양과 비중은 갈수록 증가하고 있다.

## 2 데이터의 속성

데이터의 일반적인 속성은 다음과 같다(김정남외, 2023).

첫째, 데이터의 다양성이 확보되어야 한다. 데이터의 편향성과 역기능 문제를 해결하기 위해서는 사람, 사물, 장소, 시간, 환경, 언어 특성 등의 정보가 다양하게 확보되어야 한다.

둘째, 데이터는 정확성이 확보되어야 한다. 공공의료, 공공정책, 기업 정책 결정 등 각 분야에서 정확한 데이터를 수집하는 것은 매우 중요하다.

셋째, 데이터는 적합성이 확보되어야 한다. 데이터를 활용할 때는 문제를 해결하기 위한 목적에 따른 적합한 데이터를 확보해야 할 필요가 있다.

넷째, 데이터는 충분성이 확보되어야 한다. 충분한 양의 데이터를 학습하지 못한다면, 신뢰성 역시 확보되지 않을 수 있다. 따라서 학습에 유용한 충분한 수량이 확보되어야 한다.

다섯째, 데이터는 투명성이 확보되어야 한다. 데이터에 대한 책임과 권리를 보장하기 위해 가장 중요한 것은 반드시 신뢰할 수 있는 출처의 데이터를 확보하는 것이 필요하다.

## 2. AI 학습데이터

### 1 AI 학습데이터의 필요성

4차 산업혁명 시대 인공지능은 가전제품, 자동차, 휴대폰 등과 같이 우리 생활에서 중요한 역할을 하고 있다. 우리 생활과 뗄려야 뗄 수 없는 디지털 서비스의 핵심 경쟁력을 위해서는 사람들이 만족할 만한 인공지능 서비스를 제공해야 한다. 이를 위해 고품질의 대용량 데이터가 인공지능 서비스에 필수 요소가 되었다. 기존에 사용하던 서비스의 경우, 알고리즘과 프로그래밍 능력에 따라 프로그램의 성능이 향상되었지만, 딥러닝을 활용하는 인공지능 서비스의 경우, 고품질 데이터가 많아질수록 모델 성능이 향상되기 때문에 산업 전반에서 AI 학습데이터의 중요성이 부각되고 있다(한국지능정보사회진흥원, 2023).



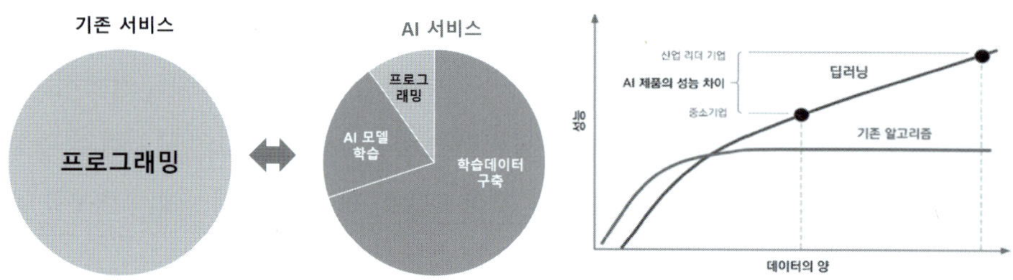


▲ **그림 8.3** 인공지능 서비스 성능에 영향을 미치는 요소와 데이터 양에 따른 성능 변화(이용외, 2022)

이렇듯 인공지능 성능은 방대한 데이터 양에 의해 좌우되지만, 실제 활용 가능한 인공지능 학습데이터가 부족한 것이 현실이다. 이러한 학습데이터의 공유를 위해 세계 주요국에서도 정부와 민간 협업으로 대규모 인공지능 학습데이터 구축 경쟁이 가속화되고 있다. 우리나라 역시 2019년에 발표한 '인공지능 국가전략' 추진과제 중 하나로 데이터 개방과 유통 활성화를 위한 공공데이터 전면 개방을 추진하고 있으며, 2020년에 발표한 '디지털 뉴딜'을 통해 학습데이터 구축을 본격화하고 있다. 또한 2022년에 발표한 인공지능 학습용 데이터 구축·활용 고도화 방안을 통해 데이터의 구축 방향을 설정하고 데이터 활용의 활성화를 유도하는 등의 지속적인 노력을 하고 있다.

경제, 서비스 분야 뿐만 아니라 교육에서도 인공지능에 관한 관심이 매우 높아짐에 따라 학생들에게 만족도 높은 교육 서비스를 신속하게 지원할 수 있도록 인공지능을 활용한 서비스 구축을 위해 다양한 노력을 기울이고 있다. 교육분야에서도 인공지능 학습데이터를 구축하고자 하는 요구가 높아지고 있으며(한국지능정보사회진흥원, 2023), 인공지능 디지털교과서 등을 활용하여 학생들의 메타인지 데이터와 학업 흥미 데이터를 수집하여 학습데이터를 구축함으로써 인공지능 맞춤학습 서비스의 신뢰도를 높이기 위한 정책으로 활용할 예정이다.

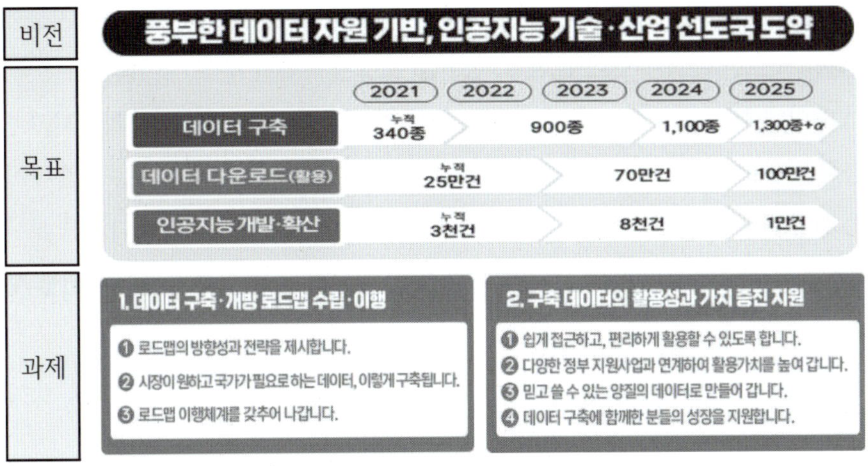


▲그림 8.4 인공지능 학습용 데이터 구축·활용 고도화 방안[1]

## 2 인공지능과 학습데이터의 관계

인공지능은 인간의 뇌에서 이루어질 법한 인지·추론·판단 등의 능력을 컴퓨터가 모방하여 인간의 자연어를 이해하거나 논리적으로 추측하거나, 경험에 근거하여 학습한 후 컴퓨터로 구현하기 위한 기술 혹은 그 연구 분야를 총칭한다(한국과학창의재단, 2021). 컴퓨터가 직접 수많은 데이터를 분석해서 스스로 규칙을 학습하고 그 규칙에 따라 예측하고 판단하는 기술을 머신러닝(Machine Learning, 기계학습)(한국과학창의재단, 2021)이라고 한다. 머신러닝의 학습 방법으로는 정답을 알려주며 방대한 양의 데이터를 학습시키는 지도학습, 정답을 알려주지 않고 규칙을 스스로 발견하게 하는 비지도학습, 실패와 성공을 반복하며 스스로 시행착오를 거쳐 정답을 찾는 강화학습이 있다.

학습데이터는 이러한 머신러닝 모델을 학습시키는 데 필요한 정보이다. 인공지능 모델을 개발하는 데 있어서 80%는 데이터를 수집, 정제하고 라벨링하는 작업일 정도로 데이터는 인공지능에 있어서 중요한 요소이다. 인공지능이 '어떤 데이터'를 학습하는지에 따라 결과는 달라진다. 만약, 인공지능이 편향된 데이터를 학습하게 되면 우리의 삶에 심각한 영향을 끼칠 수 있다.

따라서 머신러닝의 정밀도를 높이기 위해서는 데이터의 품질(Quality)과 양(Quantity)이 가장 중요하다. 즉, 축적된 학습데이터의 양과 질에 따라 결과의 정확성이 크게 달라지기 때문에 대량의 질 좋은 학습데이터가 필요하다. 따라서 품질 관리가 된 대용량의 학습데이터가 머신러닝을 위한 가장 중요한 포인트라고 해도 과언이 아니다. 종속변수를 잘 설명하지 못하는 불필요한 데이터는 학습데이터의 질을 떨어뜨리고 인공지능 모델의 정확도를 떨어뜨리기까지 한다. 또한 데이터의 양 역시 충분하지 않다면 모델학습의 결과가 현실을 제대로 반영하지 못하고 학습시킨 인공지능 모델 역시 제대로 예측을 할 수 없게 되는 결과를 낳게 된다. 따라서 인공지능에 있어서 학습데이터는 의도한 목적에 맞아야 하고, 현실을 반영한 적합한 양의 데이터여야 한다. 인공지능 모델의 데이터 학습량은 성능과 비례하므로, 각 분야의 인공지능 기술이 확산되고 발전되기 위해서는 학습데이터의 양적·질적 확충이 필요하다. 따라서 양질의 인공지능 학습데이터가 구축된다면, 인공지능 개발을 촉진할 수 있는 전환점이 될 수 있다. 이를 위해 다양한 분야에서 인공지능 데이터를 구축하고 있으며, 공공데이터, 오픈데이터 등을 활용하여 데이터를 수집할 수 있다.



## 3 AI 학습데이터

AI 학습데이터란, 머신러닝 및 딥러닝 등 AI 모델 학습을 위해 활용되는 데이터를 총칭하며, 이미지, 영상, 텍스트와 같은 원본 데이터와 활용 목적에 따라 원본 데이터에 표시 작업을 한 라벨링 데이터를 모두 AI 학습데이터로 정의한다(한국지능정보사회진흥원, 2023). AI 학습데이터 구성 중 원본 데이터는 하나지만, 라벨링 데이터는 사용하고자 하는 목적에 따라 다양한 형식으로 가공이 가능한다.

AI 학습데이터는 목적에 따라 학습 데이터, 검증 데이터, 평가 데이터로 구분하여 활용한다

〈표 8.1〉 AI 학습데이터의 구성

| 원본 데이터 | + | 라벨링 데이터 |
|---|---|---|
| 이미지, 영상, 텍스트, 음성 등 | | 활용 목적에 따라 표시 작업을 한 데이터 |

SECTION
# 8.2 학습데이터 구축 과정

공공데이터, 오픈데이터 등 다양한 방법으로 수집된 데이터를 학습데이터로 구축하는 단계는 크게 데이터 수집-데이터 가공-AI 모델 생성의 3단계로 구분 지을 수 있다.

▲ 그림 8.5 학습데이터 구축 과정

출처 : http://www.differencebetween.net/technology/difference-between-data-annotation-and-labeling/

데이터 구축을 위한 첫 단계는 '수집' 단계이다. AI 모델 생성을 위한 데이터를 수집하여 AI 학습용 데이터를 구축하는 단계로서 원시데이터 수집부터 시작된다. 원시데이터란 수집 단계에서 획득 또는 생성한 이미지, 비디오, 오디오, 텍스트 등의 데이터를 의미한다. Kaggle, 공공데이터 포털, AI Hub 등에서 데이터를 수집할 수 있다. 흩어져 있는 데이터를 한곳에 모아 일정한 형식으로 데이터를 정리하는 전처리 단계를 거치게 된다. 예를 들어, 데이터에 남/여 혹은 Female/Male로 되어 있는 데이터를 남/여의 동일한 형식으로 통일한다. 전처리가 완료된 데이터는 데이터베이스에 저장한다.

두 번째 단계는 데이터 '가공' 단계이다. 데이터의 종류에 따라 원하는 AI 학습 모델을 제작하기 위해 편향성과 노이즈를 제거하고 속성을 표시하는 작업이다. 인공지능이 데이터를 활용할 수 있도록 그 기능이나 목적에 부합하는 라벨을 데이터에 부착하는 작업을 라벨링이라고 한다. 데이터 라벨링 단계를 통해 인공지능 모델을 만들기 위한 재가공 단계이다. 데이터 라벨링 단계는 인공지능에 필수적이며 고품질 데이터를 만드는 핵심 과정이다. 라벨링이 끝난 데이터는 검토 과정을 통해 잘못 라벨링 된 데이터를 올바르게 수정하는 단계를 거치게 된다.

〈표 8.2〉 데이터 종류에 따른 라벨링 방법(한국지능정보사회진흥원, 2023)

| 데이터 종류 | 텍스트 | 이미지 | 영상 |
|---|---|---|---|
| 라벨링 방법 | 나열된 텍스트에 날짜, 사람, 목적 등등의 속성값을 부여하는 방식으로 라벨링 | 사진 속의 특정 개체를 묶거나, 이미지를 분류하거나 의미 분할을 하는 방식으로 라벨링 | 이미지와 동일하게 특정 개체를 묶거나 의미 분할 활용, 영상 테깅 툴을 활용하는 방식으로 라벨링 |

세 번째 단계는 'AI 모델 생성' 단계이다. 수집 가공된 데이터로 인공지능의 모델을 생성하고 보

완하여 최종 모델을 생성하는 단계이다.

## 1. 학습데이터 수집

학습데이터를 수집하는 방법은 센서나 웹크롤링 등을 통해 수집하는 방법, 오픈데이터(Open Data)를 활용하는 방법 등이 있다.



오픈데이터란 누구나 자유롭게 사용하고 재사용 및 재배포할 수 있는 데이터를 의미한다. 빅테크 기업에서 다양한 목적을 가지고 데이터를 공개하거나 대회를 개최할 목적으로 공개하여 제공하는 형태가 있으며, 기관이나 학계, 단체 등에서도 데이터를 제공한다.

오픈데이터 중 공공기관에서 제공하는 데이터를 공공데이터(Public Data)라고 한다. 공공데이터란, 데이터베이스, 전자화된 파일 등 공공기관이 법령 등에서 정한 목적을 위하여 생성 또는 취득하여 관리하고 있는 광(光) 또는 전자식 방식으로 처리된 자료 또는 정보를 말한다[10]. 즉, 다수의 사람에게 이용되거나 공공시설로부터 획득되는 문자, 음성, 영상 등으로 표현된 모든 종류의 데이터를 말한다. 예를 들어, 국내의 경우 기상청에서 수집된 날씨 정보, 각 지역 현황 정보 등의 공공데이터를 기상자료개방포털에서 제공받을 수 있다. 이외에도 국가통계포털, 공공데이터포털 등에서 공공데이터를 제공하고 있다.

### 1 공공데이터포털

공공데이터포털은 공공기관이 생성 또는 취득하여 관리하고 있는 공공데이터를 제공하는 통합사이트로 파일, 오픈 API, 위치 정보 시각화 등의 데이터를 제공 받을 수 있다.

공공데이터포털에서 얻을 수 있는 데이터 종류는 크게 3가지가 있다.

첫째, 파일 데이터로, CSV, JPG 등의 확장자 형태로 직접 다운로드 받아 활용할 수 있다. 둘째, 오픈 API(Application Programming Interface) 데이터로 누구나 사용할 수 있도록 공개된 API를 말한다. 오픈API를 활용해 서비스나 애플리케이션, 다양한 형태의 플랫폼을 개발할 수 있다. 셋째, 시각화 데이터로 공공데이터의 시각화 차트 등을 다운로드 할 수 있다.

▲ 그림 8.6 공공데이터 포털 검색 화면

출처 : https://data.go.kr

## 2 Kaggle

캐글은 데이터 과학자들을 대상으로 기계학습 경진대회, 데이터셋, 분석모델 구축, 교육 등을 제공하는 온라인 플랫폼으로, 다양한 코드를 공유하고 있어 누구나 분석 기법을 익힐 수 있다. 데이터셋을 업로드하는 공간도 함께 마련되어 있어 데이터 과학자들이 서로 소통하고 문제해결을 수행하는 것이 가능하다.

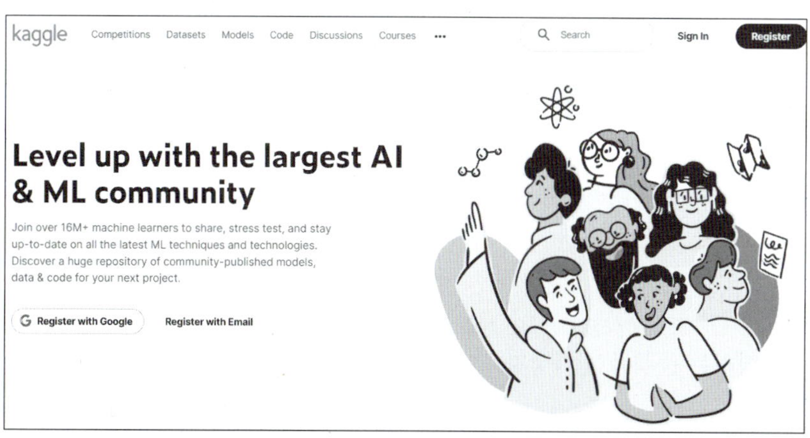


▲ 그림 8.7 Kaggle

출처 : http://www.kaggle.com

## 3 국가통계포털

국가통계포털은 중앙행정기관을 포함한 400여 개 기관의 데이터를 제공하며, 국내·국제·북한의 주요 통계를 모아 사용자가 원하는 통계를 한 번에 찾을 수 있도록 통계청에서 제공한다. 경제·사회·환경에 관한 모든 국가승인통계 데이터와 국제 금융이나 경제에 관한 OECD, IMF 등의 최신 통계도 함께 제공한다.

국내통계의 경우 경제·사회·환경 등 30개 분야에 걸쳐 주요 국내통계를 제공하며, 지역자치단체의 생활환경 및 경영상황을 알아볼 수 있는 주요 통계들을 선정하여 지역 간 평가 및 비교가 가능한 서비스인 e-지방지표를 제공한다. 국제경제 및 사회 흐름을 파악할 수 있는 주요 국제지표 및 통계자료, 북한 관련 통계 정보를 확인할 수 있으며, 일상생활과 관련한 흥미로운 자료를 선정하여 일반 이용자들이 쉽게 이용할 수 있는 통계자료와 다양한 시각화 콘텐츠를 제공한다. 또한 대화형 인공지능 챗봇인 코봇(KOSIS chatbot)을 활용하여 국가통계포털에서 제공하는 다양한 통계 관련 정보를 대화 형식으로 묻고 답하며 넓은 범주의 데이터를 탐색하여 이용자에게 필요한 정보를 제공받는다.



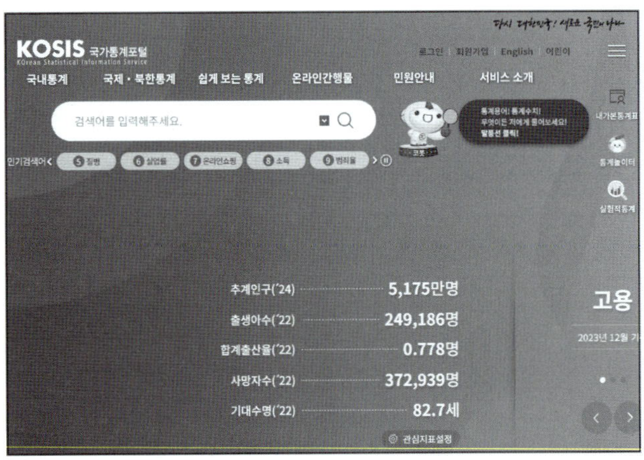


▲그림 8.8 국가통계포털

출처 : https://kosis.kr

## 4 기상자료개방포털

기상청에서 운영하는 플랫폼인 기상자료개방포털은 지상, 해양, 위성, 수치예보 모델자료 등 총 30종류의 날씨 데이터를 제공한다. 기후데이터를 직관적으로 이해할 수 있도록 기본적인 그래프나 분포도 형태를 시각화하여 제공한다. 우리나라의 100년 이상 기후 통계를 알 수 있기 때문에 날씨가 인체에 미치는 영향, 에너지 사업 계획 시, 작물의 파종·수확 시기를 확인하는 등과 같은 다양한 분야에서 데이터를 활용할 수 있다. 또한 기상기후데이터 카탈로그를 활용하여 기상청에서 제공하는 공공데이터 목록과 데이터별 상세 설명을 제공 받아 데이터를 분석, 활용하기 쉽도록 하고 있다.

▲ **그림 8.9** 기상자료개방포털

출처 : https://data.kma.go.kr

## 5 NIA AI hub

한국지능정보사회진흥원(NIA)이 운영하는 AI 통합 플랫폼으로, 2017년부터 진행된 정부의 인공지능 학습용 데이터 구축 사업을 통해 구축된 학습용 데이터, 소프트웨어 등을 제공하는 것을 목적으로 하고 있다. 국내에서는 가장 많은 데이터셋이 존재하며 총 14개 분야의 AI 학습용 데이터와 국내외 기관/기업에서 보유한 AI 학습용 데이터를 공개하고 있다. 또한 AI 개발을 희망하는 기업, 대학교, 공공기관 등을 대상으로 고성능 컴퓨팅 자원 지원과 함께 AI 학습용 데이터를 활용한 경진대회도 개최하고 있다.

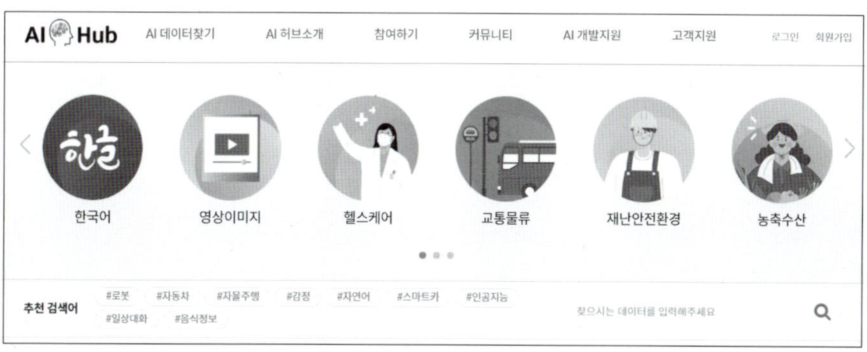


▲ **그림 8.10** AI Hub

출처 : http://www.aihub.or.kr

## 6 구글 트렌드, 네이버 데이터랩

구글 트렌드란, 검색어와 영상(유튜브)을 기반으로 구글 검색의 인기도를 분석하는 구글의 빅데이터 분석 시스템이다. 구글 트렌드는 특정 검색어나 주제를 다른 검색어 및 주제와 비교 분석이 가능하다. 카테고리가 국가, 지역, 시간, 주제, 검색 기반(웹, 유튜브, 이미지, 뉴스, 쇼핑)으로 세분화되어 있어 원하는 내용을 검색하기 편리하다. 또한 시각화된 자료를 제공하며, 하나의 키워드를 검색하면 그와 연관된 키워드까지 함께 제공된다. 구글 트렌드를 활용하여 결막염 환자 수를 예측하는 논문도 발행된 적이 있다(김수진, 2018). 구글 트렌드에서 제공하는 빅데이터 분석을 활용하여 다양한 분야에서 데이터 활용이 가능하다.

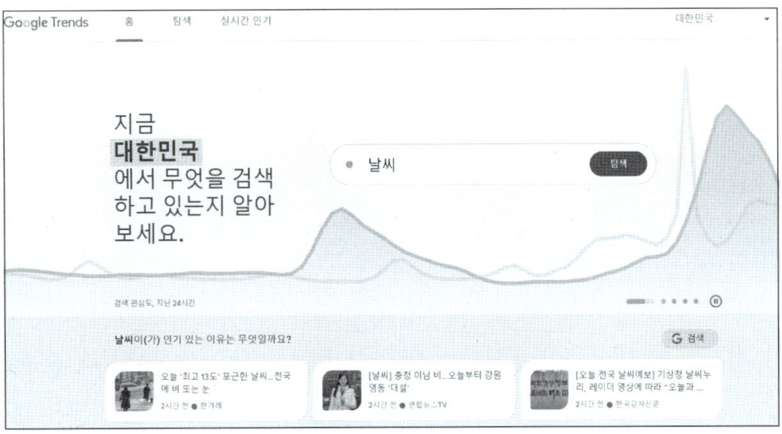


▲그림 8.11 구글 트렌드

출처 : https://trends.google.co.kr

이와 비슷하게 국내 점유율이 높은 검색 포털인 네이버 역시 네이버 데이터랩을 제공하고 있다. 검색어 트렌드 관련 통계 조회 결과를 엑셀 파일로 다운로드 받을 수 있으며, 네이버 데이터랩 역시 데이터를 시각화하여 특정 키워드나 주제에 대한 대중의 관심도를 파악할 수 있어 활용도가 높다.

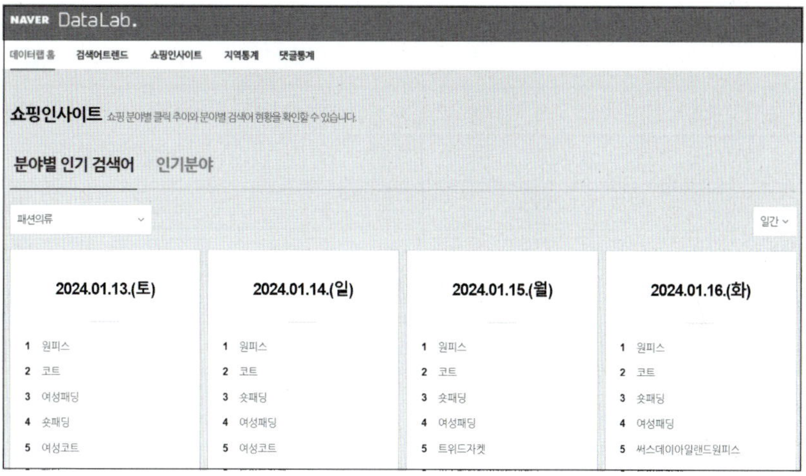


▲그림 8.12 네이버 데이터랩

출처 : https://datalab.naver.com

## 2. 학습데이터 전처리

학습데이터 수집이 완료되면, 수집한 데이터를 모델학습에 적합한 형태로 만드는 데이터 전처리 과정을 거친다. 데이터 전처리 과정은 불필요한 데이터를 제거하고, 결측치(missing value)나 이상치(outlier)를 처리하는 등의 모든 과정을 포함한다. 데이터 전처리를 통해 가공된 데이터를 사용하면 모델학습 결과의 정확성과 신뢰성을 높일 수 있다.

### 1 결측치 처리

결측치란 데이터 값이 비어 있거나 누락된 상태를 뜻한다. 예를 들어, 각 반 학생을 대상으로 설문 조사를 실시했을 때 학생들이 총 5개의 설문 중 3개만 응답한 경우, 나머지 2개의 설문은 결측치가 된다. 결측치가 있으면 데이터 분석 과정에서 에러 발생이나 잘못된 결과를 산출하여 인공지능 모델 성능에 영향을 미칠 수 있으므로 데이터 수집 후 결측치 처리가 필요하다. 결측치를 처리하는 방법은 결측치가 있는 행이나 열을 삭제하거나 결측치를 평균, 중앙값, 최빈값 등의 대푯값으로 대체하는 방법이 있다. 만약, 데이터가 충분히 많은 상황이라면 결측치가 있는 행을 삭제하는 것이 적절할 수 있다.

| 학년 | 반 | 번호 | 성별 | 아침식사 여부 | 등교 시각 | 학업 성적 |
|---|---|---|---|---|---|---|
| 3 | 1 | 1 | 여 | ○ | 7:30 | 90 |
| 3 | 1 | 5 | 남 | ○ | 8:00 | 95 |
| 3 | 1 | 6 | | × | 8:00 | 85 |
| 3 | 1 | 8 | | × | 8:30 | 100 |
| 3 | 1 | 15 | 여 | × | 7:30 | 90 |
| 3 | 1 | 17 | 남 | ○ | 8:00 | |

▲그림 8.13 결측치 예시

## 2 이상치 처리

이상치란 평균적인 데이터 범위에서 벗어나 극단적으로 크거나 작은 값을 말한다. 이상치를 정의하는 기준은 데이터 평균값, 데이터 사이의 거리 등과 같은 데이터 속성에 따라 달라지며, 해결하고자 하는 문제 성격과 분석 대상에 따라 달라질 수 있다. 따라서 이상치를 처리하기 위해서는 데이터의 정상 범위 기준을 정해야 하는데, 이상치 제거에서 많이 활용되는 방법은 사분위수 방법이다. 사분위수란 데이터를 크기 순서대로 나열하여 4개의 범위로 나눈 수를 의미하며, 데이터가 주로 수치 데이터인 경우 데이터의 범위를 사분위수로 나누어서 파악한다.

〈표 8.3〉 이상치 제거 방법

① 데이터를 값 기준으로 정렬한 후, 데이터 분포에 따라 4등분하여 하위 0~25%, 25~50%, 50~75%, 75~100%의 값을 각각 1~4사분위로 나타낸다.
② 1사분위수(하위 25%의 값)와 3사분위수(하위 75%의 값)을 찾는다.
③ 3사분위와 1사분위의 차인 IQR(Interquartile Range)를 구한다.
④ 최솟값은 1사분위수에서 IQR의 1.5배를 뺀 값이고, 최댓값은 3사분위수에서 IQR의 1.5배를 더한 값이다.
⑤ 최솟값과 최댓값 사이에 존재하지 않는 값을 이상치로 분류한다.

## 3 핵심 속성 추출

인공지능 모델학습시 데이터의 모든 속성보다는 학습에 필요한 속성을 선택하여 모델학습을 진행한다. 예를 들어 그림 8.14와 같이 학생들의 아침 식사 여부와 학업 성적과의 연관성을 예측하기 위해 필요한 속성을 추출하여 모델 학습을 진행한다. 이와같이 문제 해결에 필요한 데이터의 속성을 핵심 속성이라고 한다.

| 학년 | 반 | 번호 | 성별 | 아침식사 여부 | 등교 시각 | 학업 성적 |
|---|---|---|---|---|---|---|
| 3 | 1 | 1 | 여 | ○ | 7:30 | 90 |
| 3 | 1 | 5 | 남 | ○ | 8:00 | 95 |
| 3 | 1 | 6 | | × | 8:00 | 85 |
| 3 | 1 | 8 | | × | 8:30 | 100 |
| 3 | 1 | 15 | 여 | × | 7:30 | 90 |
| 3 | 1 | 17 | 남 | ○ | 8:00 | |

➡

| 성별 | 아침식사 여부 | 등교 시각 | 학업 성적 |
|---|---|---|---|
| 여 | ○ | 7:30 | 90 |
| 남 | ○ | 8:00 | 95 |
| | × | 8:00 | 85 |
| | × | 8:30 | 100 |
| 여 | × | 7:30 | 90 |
| 남 | ○ | 8:00 | |

▲그림 8.14 데이터 핵심 속성 추출 예시

## 3. 학습데이터 수집 실습

캐글과 공공데이터포털을 활용하여 학습데이터를 수집하고, CODAP(코답, Common Online Data Analysis Platform)을 활용하여 간단한 데이터 분석을 실시하고자 한다. 코답 프로그램은 엑셀 형태의 데이터 파일을 업로드하는 기능을 제공하여 데이터를 쉽게 분석할 수 있는 장점이 있다.

### 1 캐글을 활용한 학습데이터 수집

캐글에서 제공하는 '세계 행복 지수 보고서 2023' 데이터를 수집, 분석한다.

**[1단계] 데이터 수집**

캐글(http://www.kaggle.com)에 접속하여 Datasets 메뉴를 클릭한다.

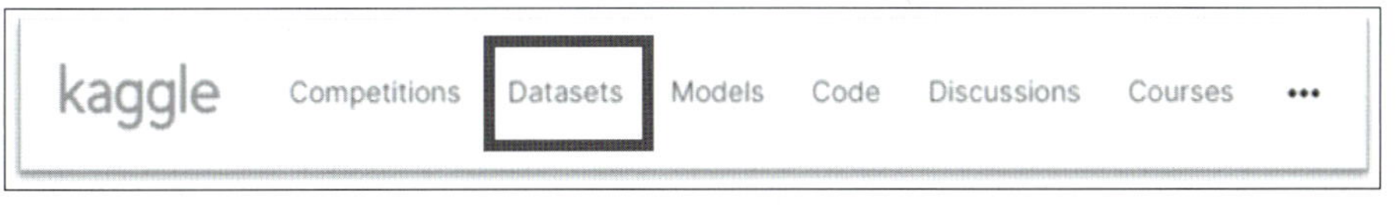


검색창에서 'world happiness 2023'을 입력하여 2023년도 세계 행복 지수 보고서를 검색한다.

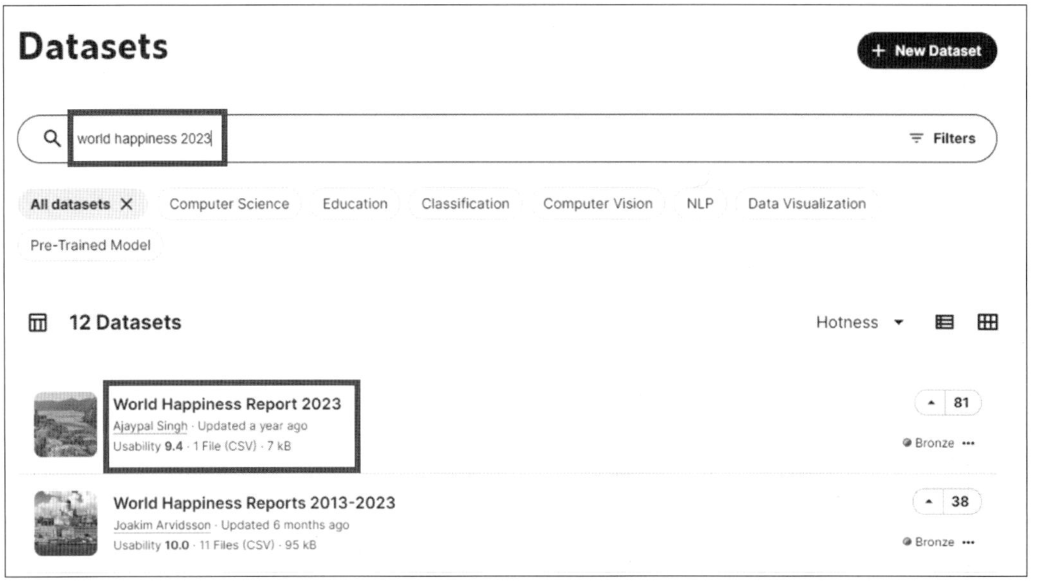


보고서를 클릭하면 학습데이터를 다운로드할 수 있는 메뉴가 나온다. 캐글에 로그인 후 다운로드 버튼을 클릭하면 CSV 형태의 파일을 다운 받을 수 있다.

### [2단계] 데이터 전처리

데이터 속성중 행복지수 데이터 분석에 사용할 속성만을 남기고 불필요한 데이터는 삭제한다.

행복지수 데이터 분석에 사용할 속성

- Country name(국가명)
- Ladder score(행복지수)
- Logged GDP per capita(1인당 국내 총생산)
- Social support(사회적 지원/대인관계에서의 긍정적 지원)
- Healthy life expectancy(기대 수명)
- Freedom to make life choices(삶의 결정권에 대한 자유)
- Perceptions of corruption(부정부패에 대한 인식)
- Generosity(포용성)

| | A | B | C | D | E | F | G | H | I | J | K | |
|---|---|---|---|---|---|---|---|---|---|---|---|---|
| 1 | Country nam | Ladder score | Standard err | upperwhiske | lowerwhiske | Logged GDF | Social suppc | Healthy life | Freedom to | Generosity | Perceptions | Lad |
| 2 | Finland | 7.804 | 0.036 | 7.875 | 7.733 | 10.792 | 0.969 | 71.15 | 0.961 | -0.019 | 0.182 | |
| 3 | Denmark | 7.586 | 0.041 | 7.667 | 7.506 | 10.962 | 0.954 | 71.25 | 0.934 | 0.134 | 0.196 | |
| 4 | Iceland | 7.53 | 0.049 | 7.625 | 7.434 | 10.896 | 0.983 | 72.05 | 0.936 | 0.211 | 0.668 | |
| 5 | Israel | 7.473 | 0.032 | 7.535 | 7.411 | 10.639 | 0.943 | 72.697 | 0.809 | -0.023 | 0.708 | |
| 6 | Netherlands | 7.403 | 0.029 | 7.46 | 7.346 | 10.942 | 0.93 | 71.55 | 0.887 | 0.213 | 0.379 | |
| 7 | Sweden | 7.395 | 0.037 | 7.468 | 7.322 | 10.883 | 0.939 | 72.15 | 0.948 | 0.165 | 0.202 | |
| 8 | Norway | 7.315 | 0.044 | 7.402 | 7.229 | 11.088 | 0.943 | 71.5 | 0.947 | 0.141 | 0.283 | |
| 9 | Switzerland | 7.24 | 0.043 | 7.324 | 7.156 | 11.164 | 0.92 | 72.9 | 0.891 | 0.027 | 0.266 | |
| 10 | Luxembourg | 7.228 | 0.069 | 7.363 | 7.093 | 11.66 | 0.879 | 71.675 | 0.915 | 0.024 | 0.345 | |
| 11 | New Zealanc | 7.123 | 0.038 | 7.198 | 7.048 | 10.662 | 0.952 | 70.35 | 0.887 | 0.175 | 0.271 | |
| 12 | Austria | 7.097 | 0.04 | 7.176 | 7.018 | 10.899 | 0.888 | 71.15 | 0.855 | 0.102 | 0.497 | |
| 13 | Australia | 7.095 | 0.044 | 7.18 | 7.009 | 10.821 | 0.934 | 71.05 | 0.89 | 0.198 | 0.496 | |
| 14 | Canada | 6.961 | 0.042 | 7.042 | 6.879 | 10.773 | 0.929 | 71.4 | 0.874 | 0.153 | 0.42 | |
| 15 | Ireland | 6.911 | 0.044 | 6.996 | 6.825 | 11.527 | 0.905 | 71.3 | 0.874 | 0.092 | 0.358 | |
| 16 | United State | 6.894 | 0.047 | 6.986 | 6.802 | 11.048 | 0.919 | 65.85 | 0.8 | 0.137 | 0.689 | |
| 17 | Germany | 6.892 | 0.049 | 6.989 | 6.795 | 10.879 | 0.896 | 71.3 | 0.846 | 0.03 | 0.42 | |
| 18 | Belgium | 6.859 | 0.034 | 6.926 | 6.793 | 10.844 | 0.915 | 70.899 | 0.825 | 0.001 | 0.549 | |

### [3단계] 데이터 분석

코답(http://codap.concord.org)에 접속하여 코답 프로그램을 실행한다.

[새 문서]를 클릭하고 전처리한 데이터 파일을 마우스로 끌어놓기하여 업로드한다.

행복 요인으로 '삶의 결정권에 대한 자유(Freedom to make life choices)'를 가장 중요하게 생각한 나라는 어디인지 찾아보고, 행복지수와 어떤 연관이 있을지 찾아본다. 내림차순 정렬을 통해 해당되는 나라를 살펴보고 [그래프]를 클릭하여 x축에 '삶의 결정권에 대한 자유' 속성을, y축에 '행복지수'를 선택하여 그래프를 그린다. 삶의 결정권에 대한 자유가 높을수록 행복지수가 높은 것을 알 수 있다.

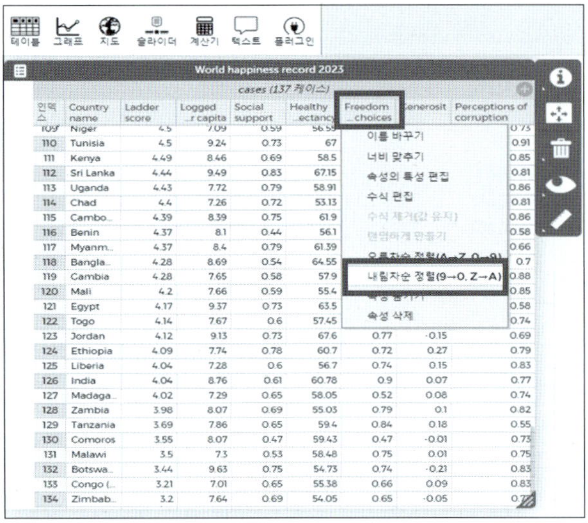


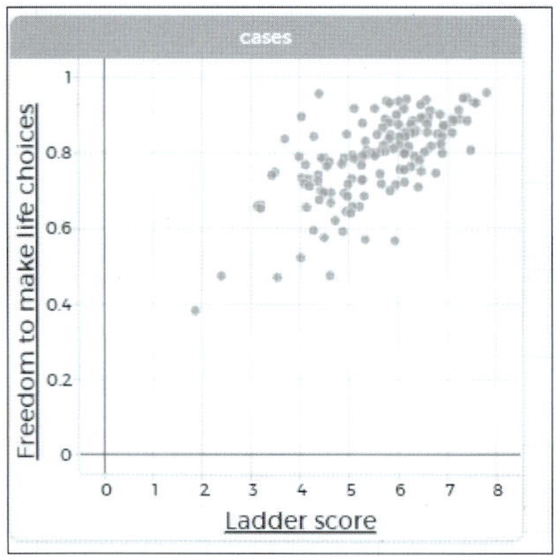


이외에 다른 속성과 행복지수와의 관계를 그래프를 통해 확인해 본다.

① 1인당 국내 총생산과 행복지수와의 관계

② 사회적 지원과 행복지수와의 관계

③ 기대수명과 행복지수와의 관계

④ 부정부패에 대한 인식과 행복지수와의 관계

## 2 공공데이터포털을 활용한 학습데이터 수집

공공데이터포털에서 박물관과 미술관 위치 데이터를 수집하여 데이터의 내용을 분석해 본다.

### [1단계] 데이터 수집

공공데이터포털(https://data.go.kr)에 접속하여 검색창에 '박물관미술관'을 검색하여 관련 자료를 찾아본다.

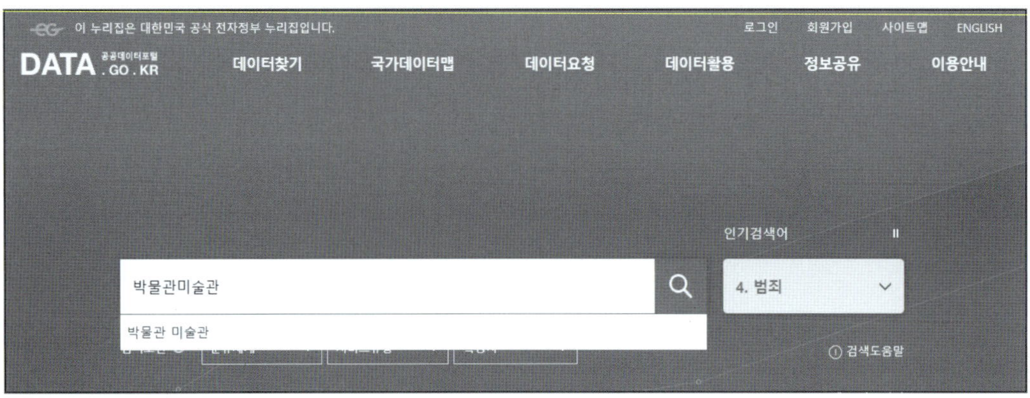

여러 가지 데이터 파일 중에서 [표준데이터셋]의 '전국박물관미술관정보표준데이터' 파일을 선택하여 CSV 형식으로 다운로드한다.

## [2단계] 데이터 전처리

다운로드한 엑셀 파일을 확인하면 아래와 같은 자료들을 볼 수 있다. 그 중 박물관, 미술관 위치 분석에 불필요한 속성은 삭제하고, 아래 그림의 표시된 속성(시설명, 박물관미술관 구분, 소재지 도로명 주소, 위도, 경도, 어린이 관람료)만 남긴다.

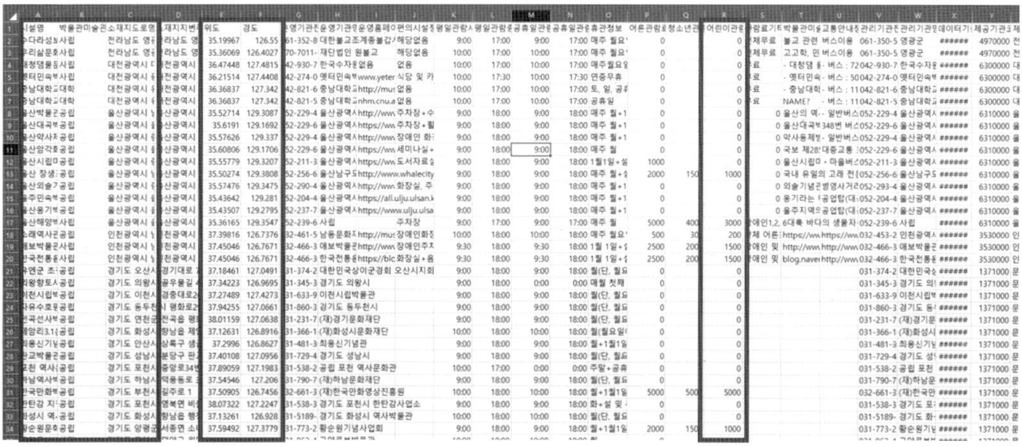

코답 프로그램에 업로드 하면 한글이 깨져 보인다. 이를 방지하기 위해 [파일] 메뉴에서 [다른 이름으로 저장하기]를 눌러 'CSV UTF-8(쉼표로 분리)'로 저장한다.

**[3단계] 데이터 분석**

코답(http://codap.concord.org)에 접속하여 코답 프로그램을 실행한다. [새 문서]를 클릭하고 전처리한 데이터 파일을 마우스로 끌어놓기 하여 업로드한다. 총 2,261개의 박물관과 미술관 관련 데이터가 있는 것을 알 수 있다.

코답 프로그램에서는 Map 기능을 활용하여 각 박물관, 미술관의 위치를 확인할 수 있다. 다만 Map 기능은 속성이 영문으로 표기되어야 지도에 바로 표기해 주기 때문에 '위도'와 '경도' 속성을 클릭하여 [이름 바꾸기] 메뉴를 선택하고 각각 'Latitude'와 'Longitude'로 이름을 수정한다.

메뉴에서 [지도] 버튼을 클릭하면 지도에 미술관과 박물관의 위치를 표시해 주는 것을 확인할 수 있다.

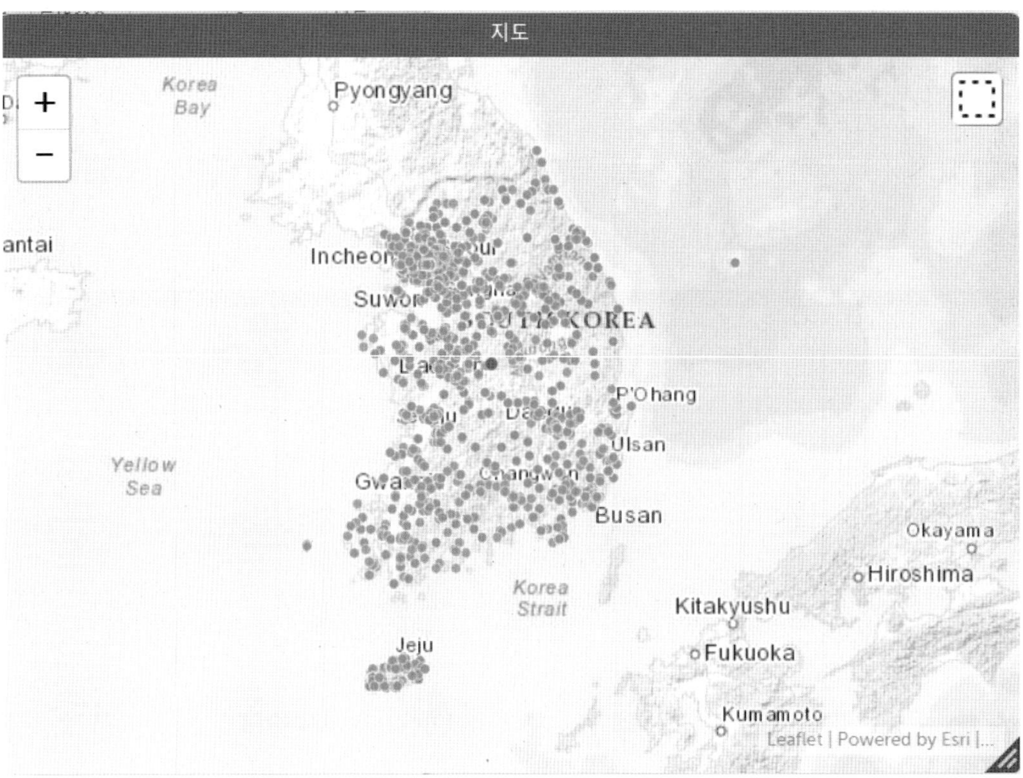

이번에는 박물관, 미술관 중 어린이가 무료로 갈 수 있는 곳은 어느 박물관인지 확인한다. 어린이 관람료 속성을 왼쪽 그룹화 영역으로 끌어놓으면, 각 관람료별로 해당하는 박물관과 미술관의 개수를 확인할 수 있다.

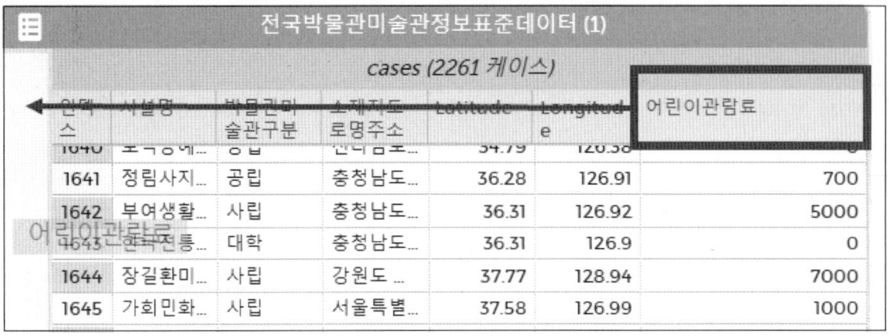


이외에 데이터를 활용하여 각 시도별 박물관과 미술관 개수, 공립/사립/대학별 박물관과 미술관 개수를 확인할 수 있다.

SECTION

# 8.3 AI 학습데이터 분석

데이터 분석은 수집된 데이터로부터 의미 있는 결과를 도출하기 위해 데이터를 분석하는 과정으로 기술 통계적 분석, 탐색적 분석 및 시각화, 모델 구축 등의 다양한 분석 방법이 있다. 다양한 방법으로 수집된 데이터를 정리하여 목적에 맞는 분석 방법을 선택하고 시각화하여 주어진 문제를 해결하는 데 활용한다.

## 1. 학습데이터 시각화 도구

데이터를 시각화하는 목적은 그림을 보여주는 것이 아니라 데이터를 조직화해서 특정 정보를 전달하는 데 있다.

데이터 시각화의 대표적인 사례로 1858년 나이팅게일이 만든 장미 다이어그램(Rose diagram)이 있다. 크림전쟁 당시 야전병원에서 근무하던 나이팅게일은 병원에서 치료를 받다가 사망하는 병사보다 병원 내의 비위생적인 환경 때문에 2차 감염으로 인해 죽는 병사가 더 많다는 것을 알게 되었다. 이러한 병원 내 문제의 심각성을 깨닫고 군 당국에 알리기 위해 입원 시점, 부상 내용, 감염 여부, 질병 여부, 치료 내용 등을 [그림 8.15]와 같이 원그래프의 장미 다이어그램으로 작성하였다.

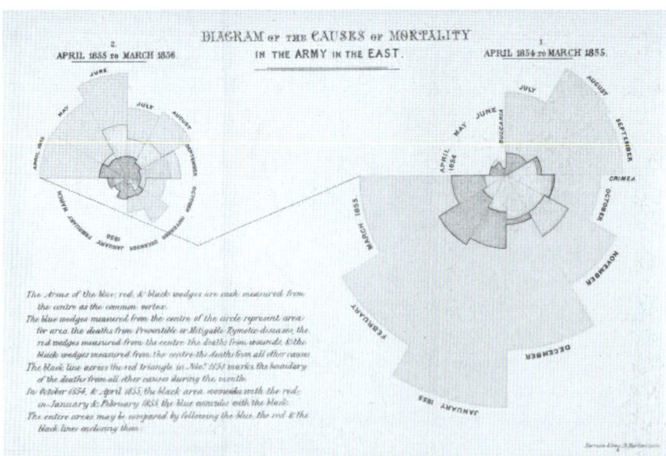


▲그림 8.15 나이팅게일의 장미 다이어그램

출처 : https://gooddataproject.com/blog/2021/10/how-florence-nightingale-lied-with-data

[그림 8.15]에서 오른쪽 다이어그램은 병원 내 환경개선 전이고, 왼쪽은 병원 내 환경개선 후의 사망자 수로, 당시의 심각한 상황을 다이어그램으로 한눈에 보여주고 있다. 이를 통해 군 당국이 병원 내 환경을 개선하자 부상자의 사망률이 2%로 급격하게 감소하였다.

데이터 시각화는 데이터 분석 결과를 도표, 이미지, 통계 그래프 등의 형태로 시각적으로 표현하고 전달하는 것을 말한다. 점, 선, 면, 상자의 시각 객체를 활용하는 데이터 시각화는 데이터 분석의 하나로, 대규모 데이터를 탐색하기에 좋은 방법으로 그래픽 기술과 통계 기법이 통합되어 있는 형태이다(조성준 외, 2022).

한눈에 볼 수 있는 데이터 시각화 자료는 다양하고 방대한 데이터를 탐색하는 가운데 데이터의 특징을 쉽고 빠르게 이해할 수 있도록 도와주며, 의미 전달이 원활해지기 때문에 의사결정 시간을 단축할 수 있다는 특징을 가지고 있다.

데이터 시각화는 한글, 엑셀 등을 활용해서 누구나 쉽게 데이터 시각화를 할 수 있다. 시각화 방법은 크게 4가지로 구분할 수 있으며, 차트와 통계 도구를 활용하는 방법, 프로그래밍을 활용하는 방법, 지도 혹은 데이터의 그래픽을 활용하는 방법 등이 있다(한국소프트웨어기술인협회 빅데이터전략연구소, 2023).

〈표 8.4〉 데이터 시각화 방법과 도구

| 시각화 방법 | 도구 | 예시 |
|---|---|---|
| 차트와 통계 | 엑셀<br>구글 스프레드 시트<br>타블로 소프트웨어<br>매니아이즈(Many Eyes) | 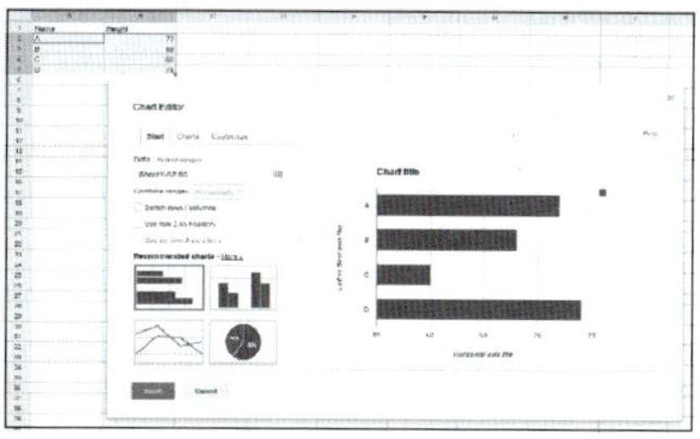<br><출처 :https://developers.google.com/chart/interactive/docs/spreadsheets?hl=ko> |
| 프로그래밍 | • Processing<br>• D3.js<br>• 파이썬(Python)<br>• R | 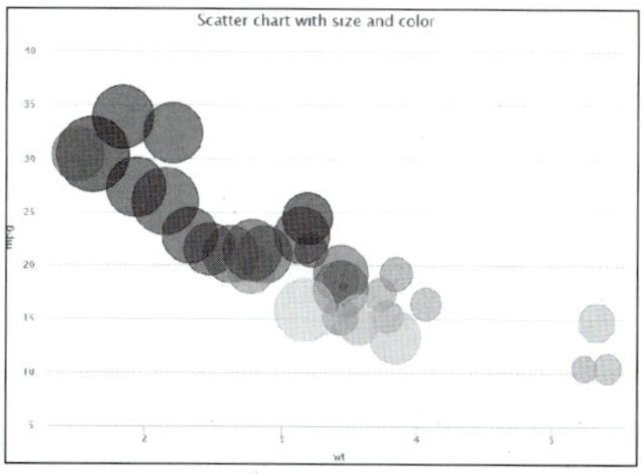<br><br><출처 : https://learn.microsoft.com/ko-kr/fabric/data-science/r-visualization> |

| 시각화 방법 | 도구 | 예시 |
|---|---|---|
| 지도 | • 구글/마이크로소프트 지도<br>• ArcGis | 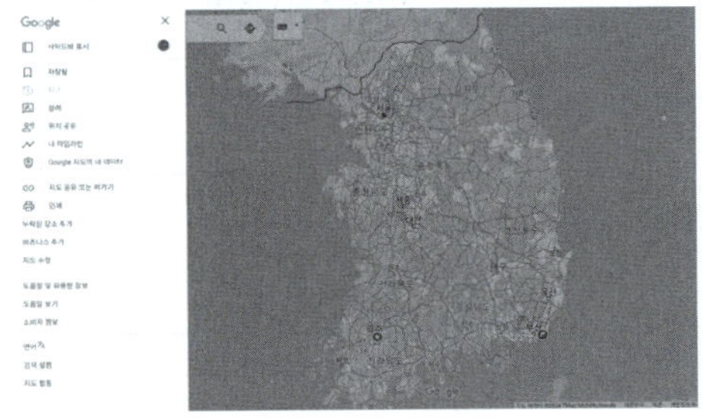<br><출처 : https://www.google.co.kr/maps> |
| 기타 | • 일러스트레이션<br>• 잉크스케이프<br>• Gephi | 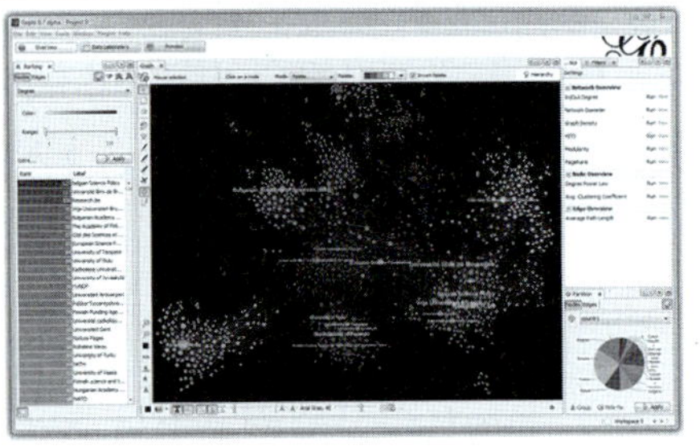<br><출처 : http://gephi,org> |

## 2. 학습데이터 분석 실습

### 1 선형회귀 모델을 활용한 내가 사는 지역의 인구수 예측하기

선형회귀(Linear regression)란, 종속변수 y와 한 개 이상의 독립변수 x와의 상관관계를 모델링하는 회귀분석 기법으로 종속 변수(결과 변수)를 독립 변수(입력 변수)로 설명하는 직선의 방정식을 말한다. 즉, 현재 알고 있는 데이터 값을 사용하여 아직 알 수 없는 데이터의 값을 예측하는 분석 기법이다. 예를 들어 기존의 기상 데이터를 분석하여 앞으로의 날씨 예측 혹은 광고비 지출에 따른 물건의 판매량 예측 등이 선형회귀 분석에 해당된다.

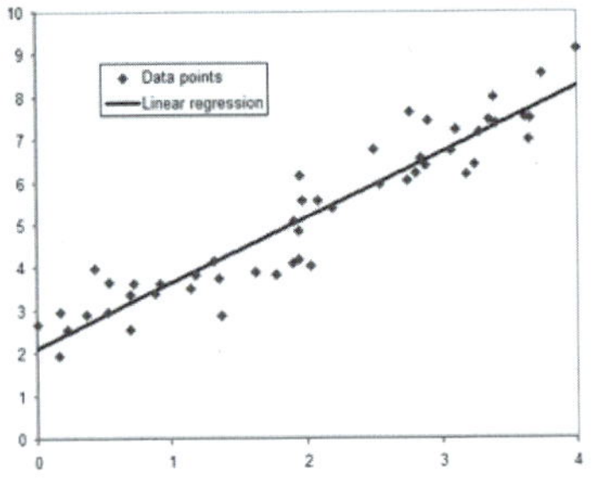


▲ 그림 8.16 선형회귀 분석

출처 : https://ko.wikipedia.org

엔트리의 '데이터 분석'과 '인공지능 학습하기'의 선형회귀 모델을 사용하여 내가 사는 지역의 인구수를 예측해 보고자 한다. 미래 인구수를 예측하기 위해 국가통계포털의 우리나라 총조사 인구수 데이터를 활용한다.

**[1단계] 데이터 수집**

국가통계포털(https://kosis.kr)에 접속하여 [국내통계] - [주제별 통계] - [인구] 주제에서 관련된 데이터를 찾는다.

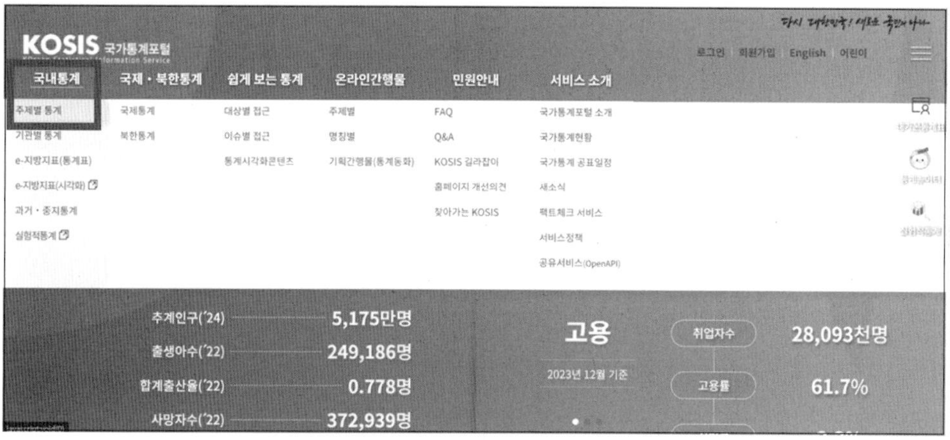


[주민등록 인구현황]의 인구부문 데이터 중에서 1992년~2023년까지의 인구수가 담긴 '행정구역(시군구)별 성별 인구수'를 선택한다.

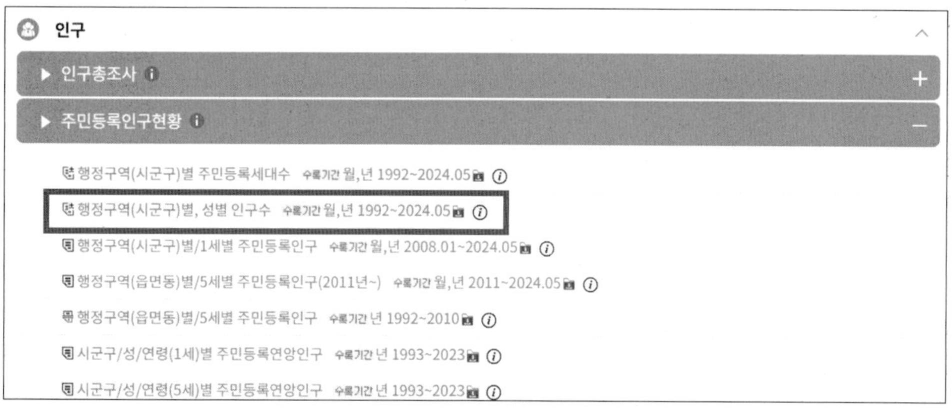


필요한 데이터만 다운로드하기 위해 [조회설정]에서 [항목]은 '총인구수', [행정구역]은 각 지역별 인구수가 필요하므로 1레벨의 '전체 선택', [시점]은 연도만 체크하여 조회한다.

| 행정구역(시군구)별 | 2024.03 총인구수 (명) | 2024.03 남자인구수 (명) | 2024.03 여자인구수 (명) | 2024.04 총인구수 (명) | 2024.04 남자인구수 (명) | 2024.04 여자인구수 (명) | 2024.05 총인구수 (명) | 2024.05 남자인구수 (명) |
|---|---|---|---|---|---|---|---|---|
| 전국 | 51,293,934 | 25,547,370 | 25,746,564 | 51,285,153 | 25,541,855 | 25,743,298 | 51,277,347 | 25,536,793 |
| 서울특별시 | 9,384,739 | 4,536,128 | 4,848,611 | 9,378,269 | 4,532,115 | 4,846,154 | 9,371,930 | 4,528,234 |
| 2) 부산광역시 | 3,287,292 | 1,601,773 | 1,685,519 | 3,284,947 | 1,600,234 | 1,684,713 | 3,282,751 | 1,599,048 |
| 대구광역시 | 2,369,962 | 1,163,911 | 1,206,051 | 2,368,670 | 1,163,001 | 1,205,669 | 2,367,803 | 1,162,463 |
| 인천광역시 | 3,006,045 | 1,502,956 | 1,503,089 | 3,008,484 | 1,504,078 | 1,504,406 | 3,009,873 | 1,504,618 |
| 광주광역시 | 1,415,774 | 699,084 | 716,690 | 1,414,862 | 698,628 | 716,234 | 1,414,254 | 698,255 |
| 대전광역시 | 1,441,689 | 718,943 | 722,746 | 1,441,272 | 718,797 | 722,475 | 1,441,119 | 718,696 |
| 울산광역시 | 1,101,336 | 566,352 | 534,984 | 1,101,059 | 566,255 | 534,804 | 1,100,609 | 566,063 |
| 3) 세종특별자치시 | 387,411 | 192,907 | 194,504 | 387,726 | 193,099 | 194,627 | 387,774 | 193,044 |
| 경기도 | 13,642,451 | 6,860,823 | 6,781,628 | 13,648,156 | 6,863,252 | 6,784,904 | 13,654,710 | 6,866,117 |
| 강원특별자치도 | 1,524,198 | 766,562 | 757,636 | 1,523,661 | 766,338 | 757,323 | 1,522,952 | 765,997 |
| 충청북도 | 1,591,044 | 809,472 | 781,572 | 1,590,854 | 809,485 | 781,369 | 1,591,201 | 809,694 |
| 충청남도 | 2,132,745 | 1,093,684 | 1,039,061 | 2,133,828 | 1,094,336 | 1,039,492 | 2,134,618 | 1,094,837 |
| 전북특별자치도 | 1,749,376 | 870,857 | 878,519 | 1,748,047 | 870,133 | 877,914 | 1,746,912 | 869,631 |
| 전라남도 | 1,798,435 | 906,995 | 891,440 | 1,797,199 | 906,512 | 890,687 | 1,795,717 | 905,860 |
| 경상북도 | 2,546,960 | 1,287,412 | 1,259,548 | 2,546,120 | 1,287,249 | 1,258,871 | 2,545,421 | 1,286,984 |
| 경상남도 | 3,241,374 | 1,632,685 | 1,608,689 | 3,239,224 | 1,631,669 | 1,607,555 | 3,237,140 | 1,630,664 |
| 4) 제주특별자치도 | 673,103 | 336,826 | 336,277 | 672,775 | 336,674 | 336,101 | 672,563 | 336,588 |

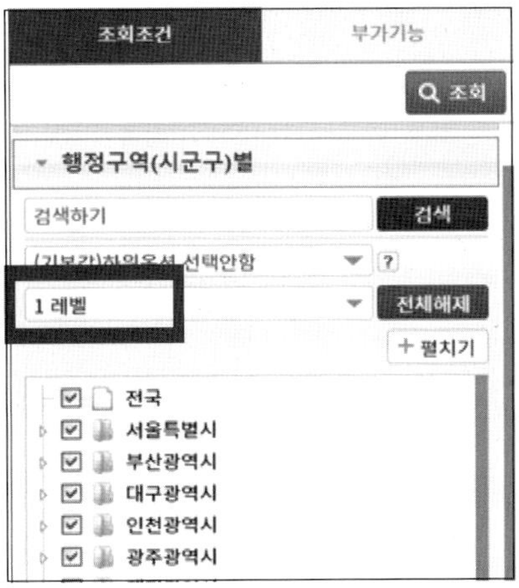


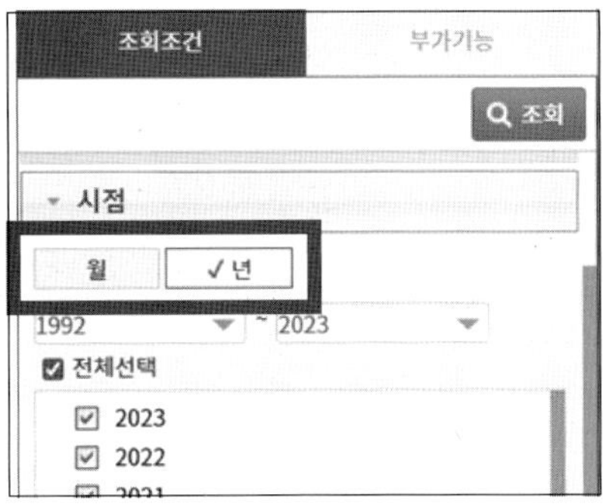


조회된 데이터를 살펴보면, 각 시도별 총인구수가 연도별로 정리되어 조회된 것을 확인할 수 있다. 연도에 따른 각 행정구역별 인구수로 데이터를 확인할 수 있도록 [행렬전환]을 통해 '행정구역'과 '시점'의 위치를 변경한다.

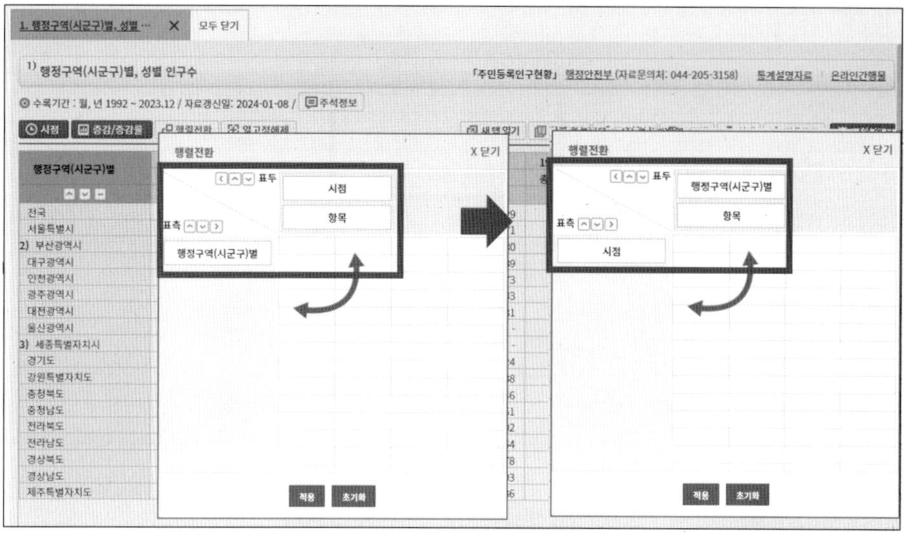

행렬전환이 완료된 후 [다운로드] 버튼을 클릭하여 원하는 자료를 엑셀 형태로 다운받는다.

### [2단계] 데이터 가공

다운로드 받은 엑셀 파일을 확인하여 불필요한 행이나 열은 삭제한다. '총인구수(명)' 행은 필요하지 않으므로 삭제한다. 울산광역시, 세종특별자치시의 경우 데이터가 존재하지 않아 빈셀부호(-)로 표기되어 있으나, 이를 '0'으로 표기하여 저장한다.

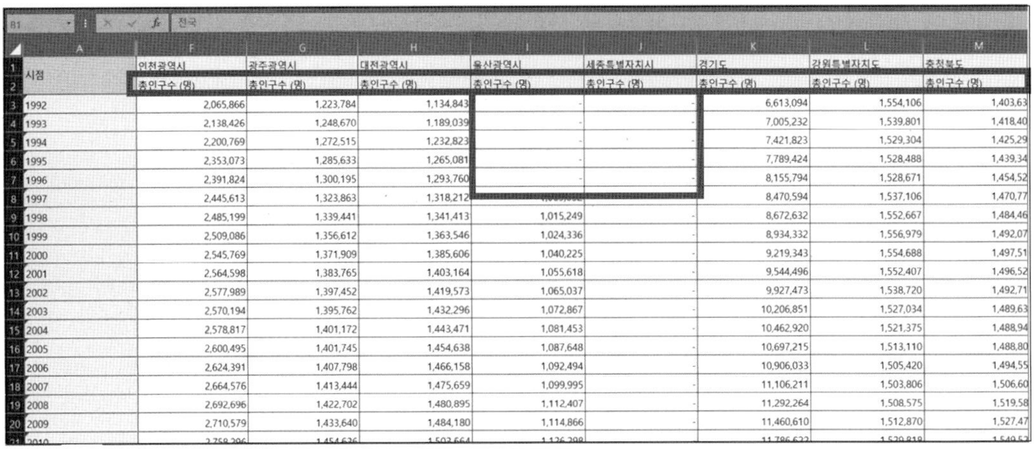

| | 인천광역시 | 광주광역시 | 대전광역시 | 울산광역시 | 세종특별자치시 | 경기도 | 강원특별자치도 | 충청북도 |
|---|---|---|---|---|---|---|---|---|
| 시점 | 총인구수 (명) | 총인구수 (명) | 총인구수 (명) | 총인구수 (명) | 총인구수 (명) | 총인구수 (명) | 총인구수 (명) | 총인구수 (명) |
| 1992 | 2,065,866 | 1,223,784 | 1,134,843 | - | - | 6,613,094 | 1,554,106 | 1,403,63 |
| 1993 | 2,138,426 | 1,248,670 | 1,189,039 | - | - | 7,005,232 | 1,539,801 | 1,418,40 |
| 1994 | 2,200,769 | 1,272,515 | 1,232,823 | - | - | 7,421,823 | 1,529,304 | 1,425,29 |
| 1995 | 2,353,073 | 1,285,633 | 1,265,081 | - | - | 7,789,424 | 1,528,488 | 1,439,34 |
| 1996 | 2,391,824 | 1,300,195 | 1,293,760 | - | - | 8,155,794 | 1,528,671 | 1,454,52 |
| 1997 | 2,445,613 | 1,323,863 | 1,318,212 | [illegible] | - | 8,470,594 | 1,537,106 | 1,470,77 |
| 1998 | 2,485,199 | 1,339,441 | 1,341,413 | 1,015,249 | - | 8,672,632 | 1,552,667 | 1,484,46 |
| 1999 | 2,509,086 | 1,356,612 | 1,363,546 | 1,024,336 | - | 8,934,332 | 1,556,979 | 1,492,07 |
| 2000 | 2,545,769 | 1,371,909 | 1,385,606 | 1,040,225 | - | 9,219,343 | 1,554,688 | 1,497,51 |
| 2001 | 2,564,598 | 1,383,765 | 1,403,164 | 1,055,618 | - | 9,544,496 | 1,552,407 | 1,496,52 |
| 2002 | 2,577,989 | 1,397,452 | 1,419,573 | 1,065,037 | - | 9,927,473 | 1,538,720 | 1,492,71 |
| 2003 | 2,570,194 | 1,395,762 | 1,432,296 | 1,072,867 | - | 10,206,851 | 1,527,034 | 1,489,63 |
| 2004 | 2,578,817 | 1,401,172 | 1,443,471 | 1,081,453 | - | 10,462,920 | 1,521,375 | 1,488,94 |
| 2005 | 2,600,495 | 1,401,745 | 1,454,638 | 1,087,648 | - | 10,697,215 | 1,513,110 | 1,488,80 |
| 2006 | 2,624,391 | 1,407,798 | 1,466,158 | 1,092,494 | - | 10,906,033 | 1,505,420 | 1,494,55 |
| 2007 | 2,664,576 | 1,413,444 | 1,475,659 | 1,099,995 | - | 11,106,211 | 1,503,806 | 1,506,60 |
| 2008 | 2,692,696 | 1,422,702 | 1,480,895 | 1,112,407 | - | 11,292,264 | 1,508,575 | 1,519,58 |
| 2009 | 2,710,579 | 1,433,640 | 1,484,180 | 1,114,866 | - | 11,460,610 | 1,512,870 | 1,527,47 |



엔트리(playentry.org)에 접속하여 [만들기]-[작품 만들기]를 클릭한다.

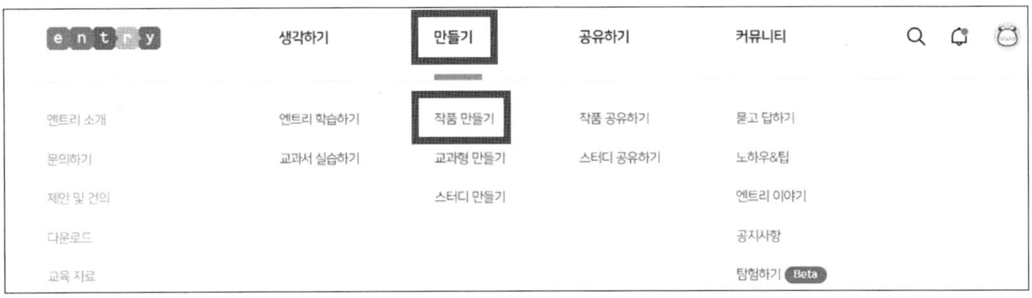


[데이터 분석] - [테이블 불러오기]를 클릭하고 [테이블 추가하기] - [파일 올리기] - [파일 선택] 버튼을 클릭하고 저장된 데이터를 불러온다.

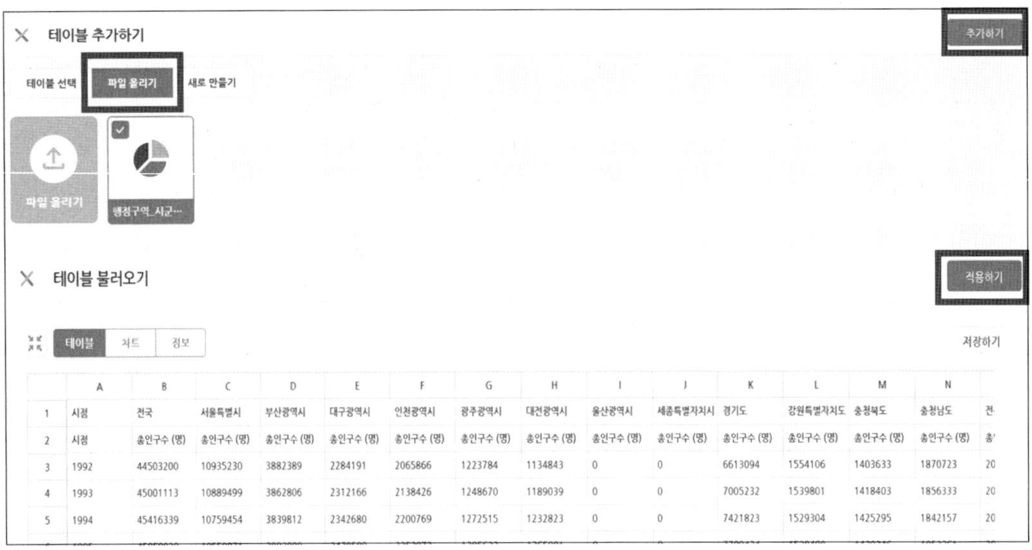


| | A | B | C | D | E | F | G | H | I | J | K | L | M | N |
|---|---|---|---|---|---|---|---|---|---|---|---|---|---|---|
| 1 | 시점 | 전국 | 서울특별시 | 부산광역시 | 대구광역시 | 인천광역시 | 광주광역시 | 대전광역시 | 울산광역시 | 세종특별자치시 | 경기도 | 강원특별자치도 | 충청북도 | 충청남도 |
| 2 | 시점 | 총인구수 (명) | 총인구수 (명) | 총인구수 (명) | 총인구수 (명) | 총인구수 (명) | 총인구수 (명) | 총인구수 (명) | 총인구수 (명) | 총인구수 (명) | 총인구수 (명) | 총인구수 (명) | 총인구수 (명) | 총인구수 (명) |
| 3 | 1992 | 44503200 | 10935230 | 3882389 | 2284191 | 2065866 | 1223784 | 1134843 | 0 | 0 | 6613094 | 1554106 | 1403633 | 1870723 |
| 4 | 1993 | 45001113 | 10889499 | 3862806 | 2312166 | 2138426 | 1248670 | 1189039 | 0 | 0 | 7005232 | 1539801 | 1418403 | 1856333 |
| 5 | 1994 | 45416339 | 10759454 | 3839812 | 2342680 | 2200769 | 1272515 | 1232823 | 0 | 0 | 7421823 | 1529304 | 1425295 | 1842157 |

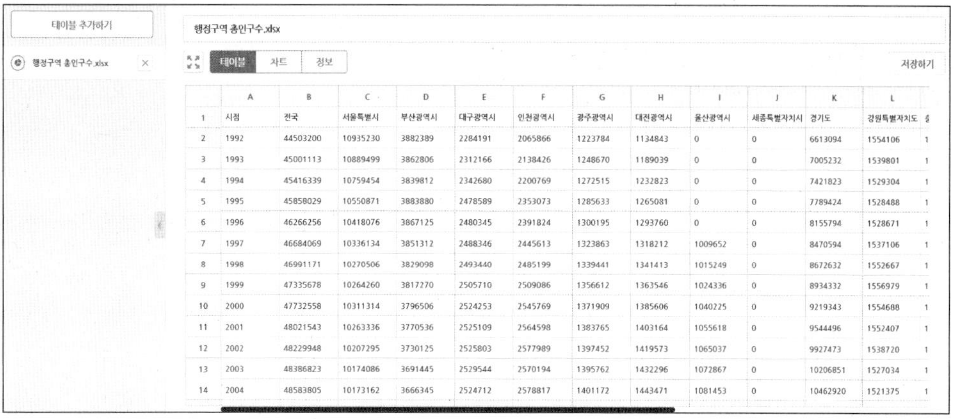


추가한 데이터를 활용하여 각 시도별 인구 변화 추이를 그래프로 시각화한다. [차트] - + - [막대 그래프]를 선택하고 가로축은 '시점', 세로축은 '모두'를 선택하거나 원하는 지역을 선택하여 그래프를 확인한다. [차트] - + - [선 그래프]를 선택하여 두 그래프 모두 확인한다.

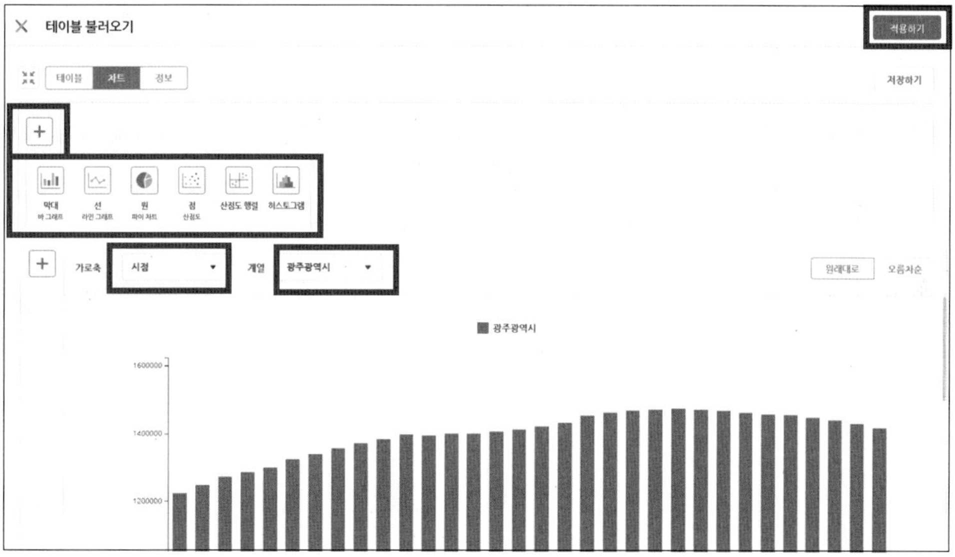


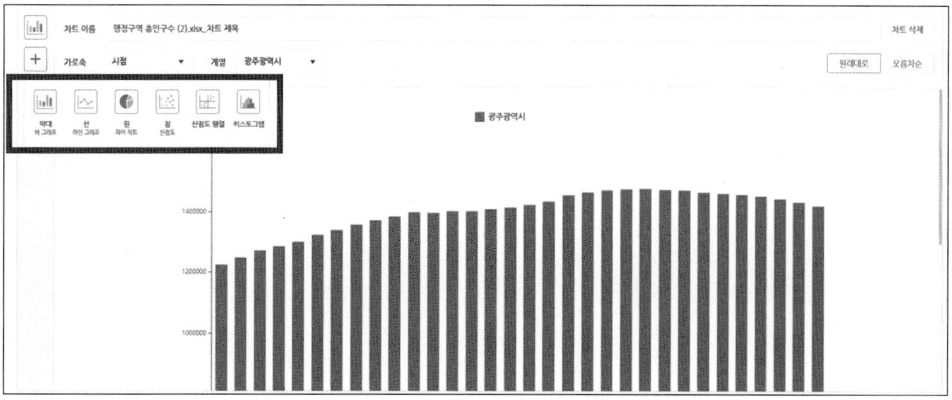

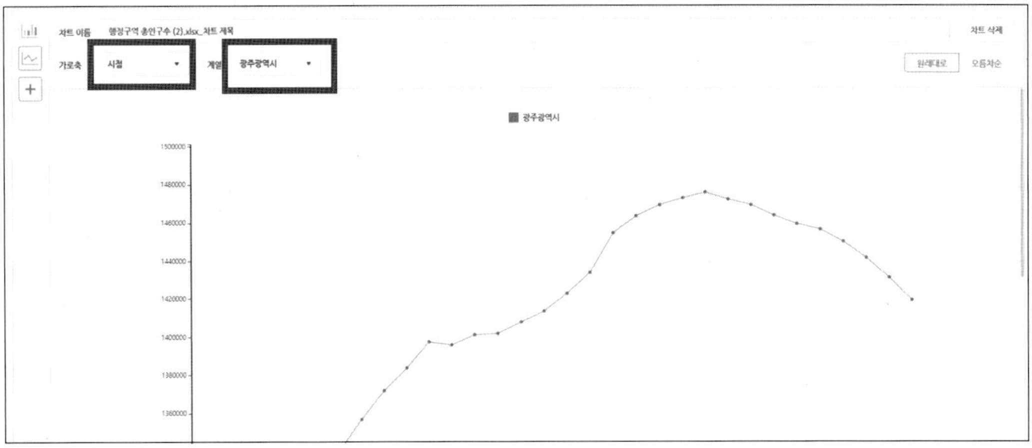



### [3단계] 데이터 분석

[인공지능] - [인공지능 모델 학습하기]- [예측:숫자(선형 회귀)]를 선택한다.

모델명을 작성하고 데이터 파일을 선택한 후, 핵심 속성과 클래스 속성을 정한다. 핵심 속성은 '시점'으로 클래스 속성은 내가 살고 있는 지역 혹은 원하는 지역을 골라 선택한다.

학습 조건은 에포크, 배치 크기, 학습률, 검증 데이터 비율의 4가지가 있으며, 모델 학습 조건에 대한 설명은 <표 8.5>와 같다.

〈표 8.5〉 모델 학습 조건에 대한 설명

| 학습 조건 | 설명 |
|---|---|
| 에포크 | 데이터 전체를 몇 번의 반복 학습을 할 것인지 결정 |
| 배치 크기 | 데이터 전체를 얼마나 잘게 쪼개어서 학습 할 것인지 결정. |
| 학습률 | 데이터를 얼마나 자세히 학습을 할 것인지 결정(자세히 학습할 경우, 시간이 오래 걸릴 수 있음) |
| 검증 데이터 비율 | 데이터 중 모델을 테스트하기 위한 검증 데이터를 얼마나 사용할지 결정 (0.25일 경우 100개 중에 25개의 데이터가 검증 데이터로 사용) |

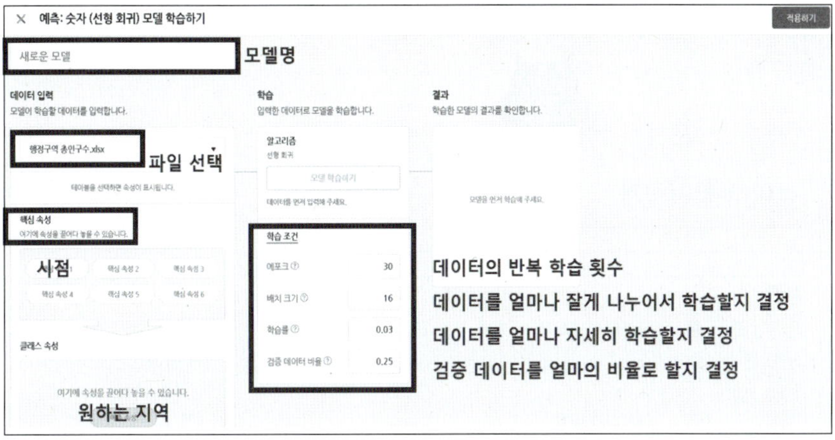


모델 학습 결과를 확인한 후 [적용하기] 버튼을 클릭한다.

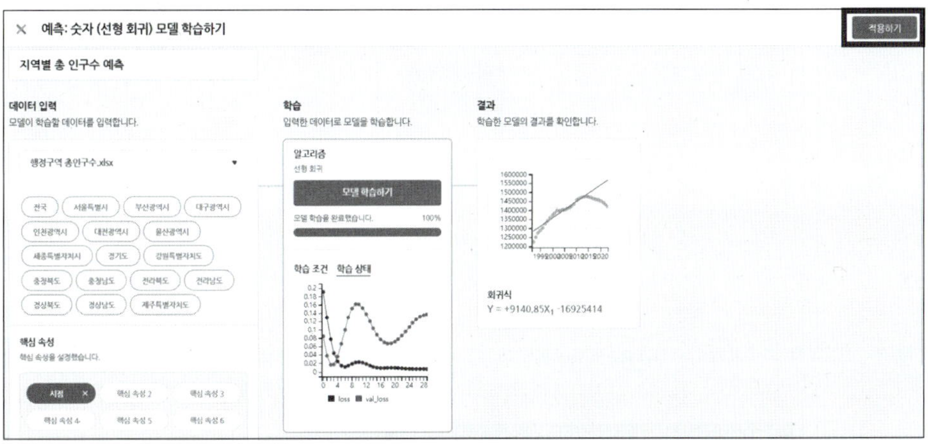

[4단계] 프로그램 작성

장면, 오브젝트, 각 오브젝트별 프로그램은 다음과 같다.

지역을 변경하고 싶은 경우, [인공지능] - [인공지능 모델 학습하기]에서 '클래스 속성'을 변경하여 재학습을 시킨다.

<table>
<tr><td>화면구성</td><td>
</td></tr>
<tr><td>오브젝트</td><td>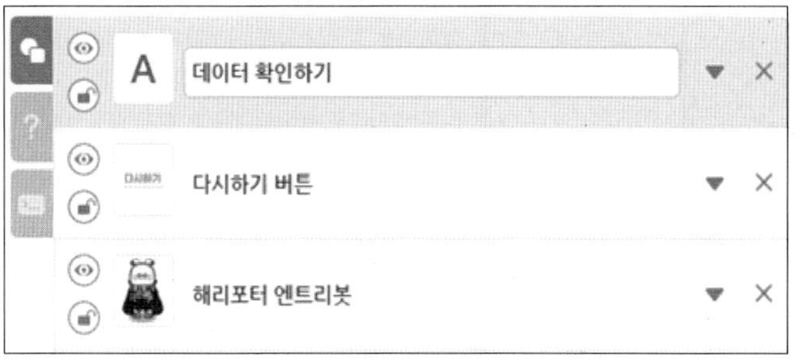
</td></tr>
<tr><td>신호</td><td>
</td></tr>
</table>

<table>
<tr>
<td><br>해리포터 엔트리봇</td>
<td>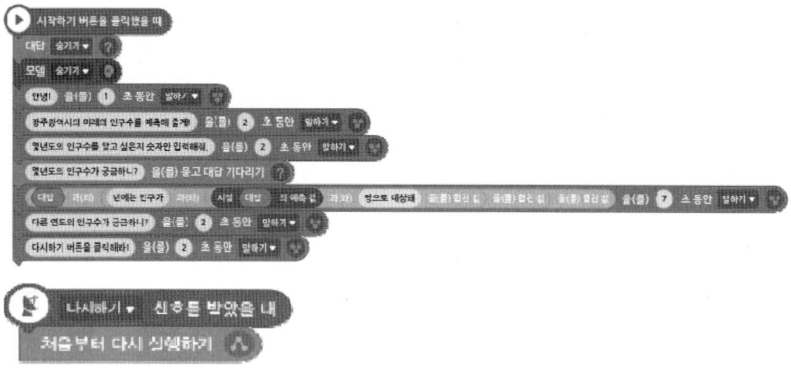
</td>
</tr>
<tr>
<td>데이터 확인하기<br>데이터 확인하기<br>글상자</td>
<td>
</td>
</tr>
<tr>
<td><br>다시하기 버튼</td>
<td>
</td>
</tr>
</table>

## 요약



데이터란, '어떠한 사실, 개념, 명령 또는 과학적인 실험이나 관측 결과로 얻은 수치나 정상적인 값 등 실체의 속성을 숫자, 문자, 기호 등으로 표현한 것'을 말한다. 데이터는 크게 정형 데이터와 비정형 데이터로 나누어 볼 수 있다. 정형 데이터는 그 자체로 의미 해석이 가능하고 바로 활용할 수 있는 정보를 내포하고 있으며, 비정형 데이터는 사실상 구조가 없는 데이터를 의미한다. 정형 데이터는 검색과 분석이 쉬운 반면, 비정형 데이터는 검색과 분석을 위해 전문 지식과 자연어 처리 등과 같은 고급 분석 도구가 필요하며, 비정형 데이터를 저장하기 위해서는 더 많은 비용과 저장 공간이 필요하다.

인공지능은 인지·추론·판단 등의 능력을 컴퓨터가 모방하여 인간의 자연어를 이해하거나 논리적으로 추측하거나, 경험에 근거하여 학습한 후 컴퓨터로 구현하기 위한 기술 혹은 그 연구 분야를 총칭하며, 이러한 기술을 머신러닝이라고 한다. 인공지능이 발달함에 따라 머신러닝 및 딥러닝과 같은 AI 모델 학습을 위해 활용되는 데이터를 AI 학습데이터로 총칭하며, 이미지, 영상, 텍스트와 같은 원본 데이터와 활용 목적에 따라 원본 데이터에 표시 작업을 한 라벨링 데이터를 모두 AI 학습데이터로 정의한다. 축적된 학습데이터의 양과 질에 따라 결과의 정확성이 크게 달라지기 때문에 대량의 질 좋은 학습데이터가 필요하다. 따라서 학습데이터는 다양성, 정확성, 적합성, 충분성 및 투명성의 다섯 가지 속성이 확보되어야 할 필요가 있다.

데이터를 수집하는 방법은 다양하며, 그중에서도 공공데이터포털, 국가통계포털, 캐글 등의 사이트에서 누구나 사용할 수 있도록 제공되는 오픈데이터를 활용하여 쉽게 수집할 수 있는 방법이 있다. 다양한 방법으로 수집된 데이터를 학습데이터로 구축하는 단계는 데이터 수집, 데이터 가공, AI 모델 생성의 3단계로 구분 지을 수 있다. 데이터 수집이 완료되면, 수집된 데이터로부터 의미 있는 결과를 도출하기 위해 데이터를 전처리하고 분석하는 과정을 거치게 된다. 데이터 전처리는 결측치와 이상치를 처리하고 핵심 속성을 추출하는 과정이다. 데이터 분석은 기술 통계적 분석, 탐색적 분석 및 시각화, 모델 구축 등의 다양한 분석 방법이 있다. 다양한 방법으로 수집된 데이터를 정리하여 목적에 맞는 분석 방법을 선택하고 시각화하여 주어진 문제를 해결하는 데 활용할 수 있다.

## 객관식 문제

**1. 데이터에 대한 설명으로 옳지 않은 것은?**

① 우리 주변의 모든 것들이 데이터라고 말할 정도로 데이터는 다양한 형태로 존재한다.
② 데이터는 정형 데이터와 비정형 데이터로 나누어 볼 수 있다.
③ 데이터가 갖추어야 할 속성은 다양성, 적합성, 투명성, 충분성, 정확성의 다섯 가지이다.
④ 데이터 결측치는 평균값으로만 대체해야 한다.

**2. 학습데이터를 구축하는 과정에 대한 설명으로 옳지 않은 것은?**

① 학습데이터를 구축하는 과정은 수집-가공-AI 모델 생성의 단계로 나누어 볼 수 있다.
② 학습데이터를 수집하는 방법은 다양하며, 공공데이터포털, 캐글과 같은 오픈데이터를 활용할 수도 있다.
③ 학습데이터 가공 단계에서 나타나는 결측치나 이상치는 제거할 필요가 없다.
④ 데이터를 시각화를 통해 데이터 간의 의미있는 상관관계를 파악할 수 있다.

## 주관식 문제

1. 데이터의 종류 및 속성에 대해 설명하시오.

2. AI 학습데이터에 대해 설명하고 인공지능과 학습데이터의 관계에 대해 설명하시오.



3. AI 학습데이터를 구축하는 일련의 과정에 대해 설명하시오.

## 참고문헌


- 관계부처 합동(2022). 인공지능(AI) 학습용 데이터 구축·활용 고도화 방안, 2022.1. 19.
- 김수진(2018), 한국에서 구글 트렌드를 활용한 결막염 환자 수 발생 예측, 석사학위논문, 고려대학교.
- 김정남, 방은찬, 장희영, 송선영(2023), 인공지능(AI)의 학습용 데이터 윤리 프레임워크 개발에 관한 연구,「윤리연구」, 140.
- 송석리, 정유진, 이정윤, 황수빈(2024), 최소한의 데이터 리터러시, 길벗.
- 이용, 최명석, 김성찬, 이건우, 장래영, 이승우, 이상환(2022). 인공지능 학습 데이터 공유·활용 현황과 서비스 구축 방향, 한국과학기술정보연구원, 제 51호.
- 조성준, 조재희, 김성범, 이성임, 조성배, 이영훈(2022), 데이터 천재들은 어떻게 기획하고 분석할까?: 직관을 넘어 핵심을 꿰뚫는 데이터 분석의 절대 법칙, 조성준 외, 21세기북스.
- 한국과학창의재단(2021), 학교에서 만나는 인공지능 수업 고등학교 심화.
- 한국소프트웨어기술인협회 빅데이터전략연구소(2023), 빅데이터 개론, 광문각.
- 한국지능정보사회진흥원(2023), 인공지능 학습용 데이터 품질관리 가이드라인 및 구축 안내서 제1권 품질관리 가이드라인.
- 한국지능정보사회진흥원(2023), IT&Future strategy 총괄본.
- Berisha, B., Mëziu, E., & Shabani, I. (2022), Big data analytics in Cloud computing: an overview. Journal of Cloud Computing, 11(1), 24.
- 공공데이터의 제공 및 이용 활성화에 관한 법률 제2조 제2호.
- Difference Between Data Annotation and Labeling, http://www.differencebetween.net/technology/difference-between-data-annotation-and-labeling/.
- The good data project, https://gooddataproject.com/blog/2021/10/how-florence-nightingale-lied-with-data.

CHAPTER

# 9

# AI 디지털 활용 교육

## 단원목표

- AI 디지털 활용 교육의 개념과 특징을 이해할 수 있다.
- AI 디지털 활용 교육의 연구 동향을 파악할 수 있다.
- AI 디지털 활용 교육의 교수학습 설계 과정을 이해할 수 있다.
- AI 디지털 활용 교육의 실제를 이해할 수 있다.

## 단원목차

SECTION

# 9.1 AI·디지털 활용 교육

최근 고시된 2022 개정 교육과정에서는 미래 사회에 대응하고자 다양한 교육적 변화 및 그 중요성을 언급하고 있다. 특히 모든 교과에 디지털 기초소양을 함양할 수 있도록 하고, 교육목표 및 전 과목에 기후환경 변화 대응 등 학습자가 미래 사회에서 요구하는 인재상에 한 발짝 더 가까이 다가갈 수 있도록 교육과정을 설계하였다. 또한 에듀테크, AI 코스웨어, 디지털교과서 도입 등 학습자 역량 강화를 위해 디지털 기반 교수학습 혁신에도 앞장서고 있다.



이 장에서는 이러한 교육혁신에 바탕이 되는 AI와 디지털 활용 교육의 개념 및 특징, 활용법, 연구 동향 등을 중점적으로 다루고자 한다.

## 1. AI · 디지털 활용 교육의 개념과 특징

### 1 AI · 디지털 활용 교육의 개념

교육 분야에서 인공지능은 'AI 개념 교육'과 'AI 활용 교육'으로 분류될 수 있다(최숙영, 2021). AI 개념 교육은 학습자가 인공지능에 대한 개념 및 기술을 익히고 이를 활용하는 교육을 의미하며, AI 활용 교육은 AI·디지털 기술을 활용한 수업 혹은 AI·디지털 기술을 통해 수집한 자료를 수업에 활용하는 것을 의미한다.

AI 활용 교육에서는 교육의 질을 향상하기 위해 AI·디지털 도구를 활용한다. 또한 AI·디지털 도구를 통해 찾아낸 여러 가지 형태의 정보를 이해하고 이를 자신의 목적에 맞게 새로운 정보로 조합하여 올바르게 사용하는 방법을 익힌다. 이 외에도 문제 해결에 필요한 정보와 지식을 생산·활용하는 능력을 바탕으로 한 윤리적 태도로 AI 관련 기술 및 데이터를 관리·활용·구성하는 것과 교과와 관련된 다양한 문제를 해결할 수 있도록 지도하는 것 모두 포함된다. 즉, 여러 교과에서 성취기준에 도달하기 위해 수업에 AI·디지털 기술을 활용하여 학습자의 역량을 강화하는 개념의 교육이다.

이와 같은 AI 활용 교육에는 인공지능 교육, 인공지능 활용 교육, 에듀테크 활용 교육, AI 기반 에듀테크 활용 교육 등이 모두 포함되며, 메타버스나 실감형 콘텐츠도 교육에 활용될 수 있다. 최근 ChatGPT 출시 이후 생성형 AI에 대한 관심이 증가하여 텍스트, 이미지, 음악 등을 생성하는 생성형 AI를 활용한 교육도 활발히 진행되고 있다(경상북도교육청, 2024). 2025년을 시작으로

2028년까지 도입될 예정인 AI 디지털교과서, AI 코스웨어를 활용한 수업 또한 AI·디지털 기술 활용 교육이라 할 수 있다(교육부, 2023).

## 2 AI · 디지털 활용 교육의 특징

최숙영(2021)에 따르면 AI 활용 교육 연구는 지원 대상, 학습 방법, 교수학습 지원, AI 기술의 관점 등으로 구분할 수 있다.

지원 대상과 교수학습 지원 측면에서 나타날 수 있는 AI 활용 교육의 특징 중 하나는 개인화된 학습이다. 이는 AI·디지털 활용 교육의 특징이자 목표 중 하나인 학습자 개인별 맞춤형 교육을 의미한다. 4차 산업혁명 시대에서는 학습자가 창의적인 사고력을 갖고 자기 삶의 성장을 주도할 수 있도록 개인별 역량 및 선호도, 학습 속도에 맞춘 교육이 필요하다. 또한 개인별 맞춤형 교육은 학습자 개개인의 수준과 특성에 따라 학습 내용과 경로를 다르게 제공하고, 개인의 관심사와 흥미 등을 고려한 학습 자료를 제공하며, 학습자의 역량 개발에 적절한 교육목표 설정 및 이를 성취할 수 있도록 돕는다(한국교육학술정보원, 2023). 이는 특히 AI 디지털교과서 및 AI 코스웨어의 활용에서 두드러지게 나타난다.

지원 대상과 교수학습 지원 측면에서 나타날 수 있는 AI 활용 교육의 또 다른 특징은 학습의 시간과 공간의 한계를 극복할 수 있다는 점이다. AR·VR, 실감형 콘텐츠 등의 기술을 통해 실제 교육 현장에서 실시하거나 체험하기 어려운 활동을 체험함으로써 학습 공간의 제약에서 벗어날 수 있다. 이뿐만 아니라 학습 시간에 구애받지 않고 자율적으로 학습하는 것도 가능하게 한다. 또한 교육에서 AI·디지털 기술을 활용할 시 학습자는 능동적인 학습자가 될 수 있다. 이를 위해 AI·디지털 기술은 학습자의 학습 패턴을 분석하여 효율적인 학습을 돕고 자발적으로 학습할 수 있도록 동기부여 등을 제공한다. 이외에도 토론, 프로젝트 학습, 거꾸로 학습 등 다양한 교수학습 방법에 AI·디지털 기술을 적용할 시 관련 지식 활용 능력을 키우는 것뿐만 아니라 여러 학습자 간의 활발한 상호작용 또한 일어나게 되며 이는 학습 흥미도 상승 및 수업에 적극적으로 참여할 수 있는 원동력이 된다.

교사를 지원하는 측면에서의 특징은 서술형 평가 지원, 교수학습 지원 서비스 등이 있다(주정흔 외, 2021)

## 2. 2022 개정 교육과정과 AI 디지털 활용 교육

### 1 역대 교육과정과 AI · 디지털 활용 교육

AI·디지털 활용 교육이 교육과정에 두드러지게 나타난 것은 2010년 이후이다. 2011년 스마트기기의 등장 및 확산에 대응하기 위해 '스마트 교육 추진 방향'을 발표했고, 2016년 4차 산업혁명 시대에 선도적으로 대응하기 위해 '지능정보 사회에 대응한 중장기 교육정책의 방향과 전략'을 발표했으며, 2019년 전 생애, 모든 직군에 걸친 AI 교육 실시 및 세계 최고의 AI 인재 양성을 강조한 'AI 국가 전략'을 발표하였다. 2020년 모두의 AI 역량을 기르는 정보교육을 목표로 '제1차 정보교육 종합계획(2020~2024)'을 발표했다. 이때 미래 역량 교육 강화, 차세대 교육 기반 조성, 생태계 및 문화 조성을 세부 목표로 삼았다(강민수, 2023). 또한 2023년 교육부에서는 '디지털 기반 교육혁신 방안'을 통해 AI 디지털교과서 도입 등과 같이 디지털 대전환 시대에 대응한 교육 분야의 혁신 방안을 발표하였다(교육부, 2023).



### 2 2022 개정 교육과정과 AI · 디지털 활용 교육

2023년 교육부는 디지털 대전환 시대에 맞게 공교육에서도 과감한 변화를 시도하고자 '디지털 기반 교육혁신 방안'을 발표했다. 이러한 교육정책의 변화에 따라 초·중등 교육과정에서는 정보 수업 시수를 2배 이상 확대하고, 정보 선택과목 도입 및 학교장 개설 정보 과목 확대 등 보편적 공교육을 통해 학습자의 디지털 역량 함양을 유도한다.

2022 개정 교육과정 총론에서는 정보통신기술 매체를 활용하여 교수학습 방법을 다양화하고, 학습자 맞춤형 학습을 위해 지능정보기술을 활용하며, 다양한 지능정보기술 및 도구를 통해 효율적인 학습을 지원할 수 있도록 디지털 학습 환경을 구축해야 함을 주요 사항으로 언급하고 있다.

이때 정보통신기술이란 정보기술과 통신 기술의 합성어로, 정보 기기의 운영과 관리에 필요한 소프트웨어 기술뿐만 아니라 이 기술을 이용하여 정보를 수집, 생산, 가공, 보존, 전달, 활용하는 모든 방법을 의미한다. 또한 지능정보기술이란 인간의 인지, 학습, 추론 등 고차원적 정보처리 활동을 ICT 기반으로 구현하는 기술로 인공지능에 데이터 활용 기술인 사물 인터넷, 빅데이터, 클라우드, 모바일이 결합되며, 사물 인터넷과 모바일로 각종 정보를 수집하고 실시간으로 전달하며, 빅데이터와 클라우드를 통해 정보ㄴ를 효율적으로 분석, 처리, 저장하고 다양한 제품과 서비스를 지능화하여 제 4차 산업혁명의 원동력이 되는 기술을 의미한다.

즉, 정리하자면 앞으로 수업에 스마트기기, 웹 플랫폼, 네트워크 서비스와 같은 매체와 인공지능을 기반으로 하는 정보 분석, 처리 기술 등을 적용하여 교육해야 함을 뜻한다.

## 3 2022 개정 교육과정과 각 교과목의 AI · 디지털 활용 교육

다음은 각 교과목의 성취기준을 중심으로 2022 개정 교육과정에 적용된 AI·디지털 활용 교육을 살펴보고자 한다.

〈표 9.1〉 2022 개정 교육과정과 각 교과목에 반영된 AI · 디지털 활용 교육

| 교과 | 교육과정 설계 개요, 성격 및 목표 | 성취기준 |
|---|---|---|
| 국어 | 디지털 미디어 역량, 매체 영역 신설 | 다양한 매체와 매체 자료의 이해와 활용 관련 성취기준 진술 |
| 도덕 | 인공지능 및 디지털 윤리 등 총론의 역량을 발휘할 수 있는 도덕적 인간 | 인간과 인공지능 로봇 간의 윤리,<br>디지털 사회의 다양한 문제 탐색 관련 성취기준 진술 |
| 사회 | 정보 활용 능력 | 민주주의에서 미디어의 의미와 역할 이해, 비판적 분석 관련 성취기준 진술 |
| 수학 | 지식정보 처리 역량, 디지털 소양 함양, 공학도구 사용 | |
| 과학 | 미래 교육환경에 적합한 다양한 교수학습 활동을 통한 디지털 인공지능 기초 소양 함양 | |
| 실과 | 디지털 사회와 인공지능 영역 신설, 지속 가능한 기술과 융합 영역의 핵심 개념으로 로봇과 제어, 정보통신과 인공지능 포함 | 디지털 기기 활용 능력 함양, 건전한 정보 기기의 활용, 로봇의 이해와 코딩 프로그램 적용, 컴퓨터의 개념과 프로그래밍, 데이터와 인공지능 이해 관련 성취기준 진술 |
| 음악 | 다양한 미디어를 활용한 음악 활동으로 디지털 소양 함양, 미래 디지털 기반 사회의 발전 도모 | |
| 미술 | 가상공간까지 미술의 범위 확대, 표현과 소통의 도구로 디지털 매체 적극 활용 | 디지털 매체 등 다양한 표현 재료와 용구를 탐색한 작품 제작 관련 성취기준 진술 |
| 영어 | 다양한 매체 자료와 정보통신 기술, 디지털 지식정보 등을 수업과 학습에 활용 | 다양한 매체로 표현된 담화나 문장을 듣거나 읽기, 적절한 매체나 전략을 활용하여 창의적으로 의미 표현과 관련된 성취기준 진술 |

표 9.1을 살펴보면 2022 개정 교육과정은 모든 교과목에 AI·디지털 활용을 권장하고 있으며, 특히 학교 교육과정의 교수학습 및 평가 시 온라인을 활용해야 하는 상황이 되었음을 알 수 있다. 국어과는 '매체' 영역을 신설하여 다양한 디지털 매체에 국어가 어떻게 활용되고 있는지를 살펴보며 AI·디지털 기술을 수업에 활용할 수 있도록 구성하였다. 사회과는 민주주의에 미디어의 역할과 관련된 성취기준을, 도덕과는 인공지능 및 디지털 윤리에 관한 내용과 성취기준을 추가했다. 수학과는 공학도구의 사용을 강조하고 있으며, 음악과는 다양한 미디어 활용을 통한 음악 활동을 권고하고 있다. 실과는 '디지털 사회와 인공지능' 내용 영역을 신설하고 로봇과 제어, 정보통신과 인공지능을 포함한 성취기준을 수립하여 최신 미래 기술 동향이 학습 내용에 녹아들도록 교육과정을 설계하였다. 미술과와 영어과에서도 디지털 매체를 활용하도록 성취기준을 추가하였다.

## 3. AI · 디지털 활용 교육 연구 동향

### 1 교육정책 연구

2023년 교육부에서 발표한 '디지털 기반 교육혁신 방안'을 중심으로 교육정책을 분석하고 그 방향을 탐색하는 연구는 다음과 같다.

강민수 외(2023)는 AI·디지털 활용 교육 및 교육정책 이해도가 높은 초·중등 교사, 교육전문직, 교대 및 사범대 교수, AI·디지털 교육 관련 기업체 관계자 등 40명을 대상으로 면담한 내용을 토대로 가이드라인 제공, 선순환 문화 구축, 행정 지원 등 교육정책 내실화 방안에 대해 제시하고 있다.



김인재 외(2023)는 다차원 교육정책 분석 모형을 바탕으로 초·중등 인공지능 교육정책을 분석함으로써 교육정책이 나아갈 방향을 종합적으로 모색하는 연구를 진행하였다.

이영호 외(2023)는 디지털 기반 교육혁신 방안 정책을 중심으로 초·중등교육 내 인공지능 도입을 위한 법률적 이슈를 탐색하는 연구를 진행하여 인공지능 관련 교육기본법 제정이 필요함을 제언하였다.

이처럼 발표된 정책에 따라 다양한 연구가 활발히 수행되고 있으며 향후 나아가야 할 방향성 또한 제시하고 있다.

### 2 AI · 디지털 활용 교수학습 연구

2010년 이후부터 교육용 애플리케이션(앱)을 활용한 교수학습 관련 연구, 인공지능을 활용한 교육 등 AI·디지털 기술 활용 교수학습과 관련된 연구가 꾸준히 진행되고 있다.

정병흠(2013)은 스마트폰 앱을 활용한 스마트 러닝 미술교육을 통해 학습 동기부여, 적극적인 수업 참여, 학습 효과 상승, 문제해결력 향상 등에 효과가 있음을 밝혔다.

김나영(2011)은 스마트폰에서 앱을 활용한 영어 읽기 교육 관련 연구를 통해 의사소통 능력과 효율적인 언어표현 능력이 향상되었음을 확인하였다.

이주성 외(2019)는 학습관리시스템을 활용한 자기주도적 학습이 학습자의 학습 동기 및 학업성취도 향상에 영향을 끼침을 확인하였다.

홍지연(2023)은 구글의 AI·디지털 플랫폼과 앱을 활용한 교사 교육프로그램을 개발해 교사의 AI·디지털 리터러시 교수 역량을 함양하고자 하였다.이때 개발한 교사 교육프로그램은 디지털·AI 이해 교육, 디지털·AI 활용 교육, 디지털·AI 윤리교육 총 세 가지 영역으로 나누어 개발하였고, 영역별로 다양한 디지털·AI 기술 및 도구를 활용하였으며, 개발한 교사 교육프로그램을 적용하여 프로그램의 효과성을 분석하였다.

박찬솔 외(2023)는 AI 교육의 필요성이 요구됨에 따라 학습자를 가르치는 교사의 AI 역량 강화 필요성 또한 대두되었고 이를 위해 예비교사를 위한 초등 AI 교과 융합 교육프로그램을 개발하였다. 해당 연구에서 개발한 교육프로그램은 예비교사의 AI 교육을 위한 TPACK 모델인 AI-TPACK 모델을 기반으로 개발되었고, 교육대학교에 재학 중인 예비교사를 대상으로 개발한 프로그램을 적용하였다.

정영식 외(2024)는 생성형 AI 기반의 디지털교과서를 활용하기 위해 생성형 AI의 역할을 설정하고 이를 디지털교과서에 적용하는 데 필요한 교수학습 모형을 제안하는 연구를 진행하였다.



## 3 AI · 디지털 활용 교육사례

AI·디지털 기술 및 도구를 활용한 교육사례로는 에듀테크 활용 수업, 생성형 AI 활용 수업, 디지털 기술 활용 등의 수업 사례가 있다.

조윤진(2021)은 초등 사회과 지리 영역에서 인공지능을 활용한 교육을 통해 초등 사회과 지리 영역을 효과적으로 재구성하는 방안을 소개하고 있다.

박만구(2020)는 수학교육에서 인공지능을 활용해 개인별 수업 맞춤형 학습 지원과 더불어 교사를 지원하기 위한 보조적인 도구로 활용할 수 있다는 가능성을 제시했다.

심창용 외(2023)는 챗봇과 생성형 AI를 활용한 영어 교육 방안 연구를 통해 영어 교육에 AI 활용이 개별 학습 및 즉각적이고 개별적인 피드백 제공, 학습자의 장벽 극복 등의 장점을 제공할 수 있음을 주장한다.

김혜란 외(2024)는 AI 기반 에듀테크를 활용한 수업 프로그램을 국어, 수학 교과를 대상으로 적용하여 교육 격차를 해소하는 방안을 연구하고 그 사례를 제시하였다. 해당 연구에서는 생성형 AI와 코스웨어를 활용하여 초등학생 고학년을 대상으로 수업을 진행한 후 그 결과를 분석하여 에듀테크의 활용이 교육 격차 해소에 유의미한 영향을 미칠 수 있음을 확인하였다.

박만구(2022)는 수학교육에서 메타버스의 활용 가능성에 대해 연구하였고, 이승호 외(2023)는 메타버스를 활용한 한국어 교육 연구를 통해 그 가능성을 제시하였으며, 이대형(2020)은 스마트폰 앱을 체육교육에 적용함으로써 학습 효과(자신감, 재미, 창의성)와 학습 동기 능력(성취동기, 자기효능감, 자기조절)에 긍정적인 효과가 나타났음을 확인하였다.

이처럼 AI·디지털 기술의 교육적 활용은 교육정책 연구, 교수학습 연구, AI·디지털 활용 교육 진행 등 다양한 주제로 수행되고 있음을 알 수 있다. 이와 같은 연구를 통해 다음과 같은 시사점을 확인할 수 있다.

첫째, AI·디지털 활용 교육에 관한 연구가 꾸준히 증가하고 있으며, AI·디지털 활용 교육에 대한 필요성도 확대되고 있어 관련 연구는 더욱 늘어날 것으로 전망된다. 둘째, AI·디지털 활용 교육 지원 정책 마련, 관련 법적 기반 및 교육 가이드라인 구축, AI·디지털 교육 활성화를 위한 긍정적 문화 및 관련 인력풀 구축, 행정적 지원 확충 및 개선이 필요하다. 마지막으로, 다양한 교과 및 분야에서 AI·디지털 활용 교육이 효과적임을 확인함으로써 앞으로도 꾸준히 AI·디지털 활용 교육을 위한 사례 개발 및 보급을 위한 노력이 이루어져야 한다.

SECTION

## 9.2 AI·디지털 활용 교수학습 설계

현재 교육 분야에서는 AI·디지털 기술 및 도구를 활용한 교육이 활발히 진행되고 있으며, 효율적이고 효과적인 학습을 위한 다양한 시도도 함께 진행되고 있다. 이와 같은 교육의 변화로 혁신적인 교수학습 방법 개발뿐만 아니라 학습자에게 새로운 경험 및 기회 또한 제공되고 있다. 아울러 여러 기술 간의 융합으로 미래에 필요한 역량도 더욱 다양해지고 있다. 이와 관련된 연구를 분석했을 때 교육 분야에서 AI·디지털 기술을 활용할 시 교육과 AI·디지털 기술을 잘 통합한 교수학습의 중요성이 강조됨을 확인할 수 있었다.

2022 개정 교육과정에서는 창의적 사고, 심미적 감성, 협력적 소통뿐만 아니라 디지털 소양도 중요시되고 있다(교육부, 2022). 디지털 소양은 디지털 환경에서 성공하기 위한 필수적인 능력으로 여겨지고 있다. 이를 위해 학교 교육과정은 학습자가 디지털 세상에 잘 적응할 수 있도록 새로운 내용과 방식으로 발전되어야 하며, 교사는 AI·디지털 도구를 효과적으로 활용해야 할 뿐만 아니라 학생이 디지털 소양을 함양할 수 있도록 도울 수 있는 역량을 길러야 한다.

### 1. 교사 역량 프레임워크(TPACK) 소개

TPACK(Technological Pedagogical Content Knowledge)은 교사가 기술(Technology), 교육법(Pedagogy), 그리고 특정 교육 과목의 내용(Content)에 대한 지식을 통합하여 가르치는 데 필요한 전략과 능력을 나타내는 모델로써 2006년 Matthew J. Koehler와 Punya Mishra에 의해 처음 소개되었다.

TPACK은 교사가 학습자에게 효과적으로 지식을 전달하고 학습을 촉진하는 데 필요한 핵심 요소들을 통합해 기술을 적용하고, 교육적인 목표를 달성하는 데 필요한 요소들을 결합하는 모델을 뜻한다.

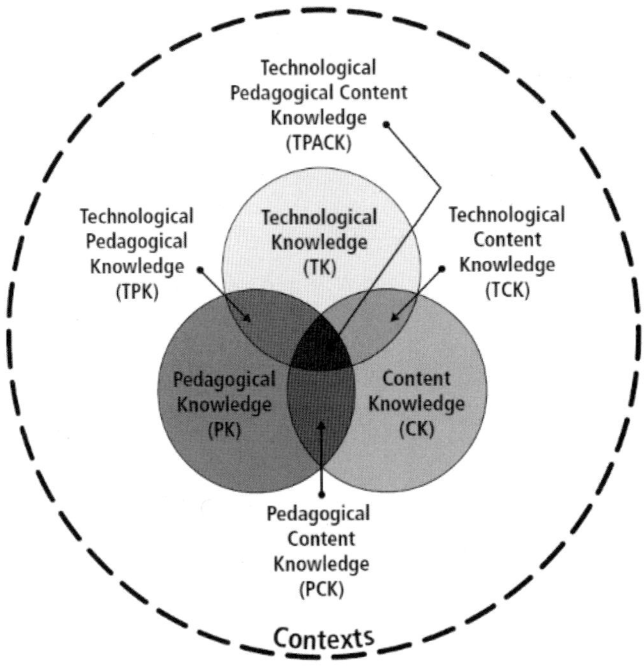


▲ **그림 9.2** TPACK의 프레임워크(Mishra& Khehler, 2006)

TPACK 이론은 위 그림 9.2와 같은 형태로 나타난다. TPACK은 교사가 기술적 지식(Technological Knowledge, TK), 교육적 지식(Pedagogical Knowledge, PK), 그리고 내용 지식(Content Knowledge, CK)을 효과적으로 통합하여 수업을 디자인하고 진행하는 데 초점을 맞추어야 한다는 이론 모델이다. 효과적인 수업을 위해서는 교사가 단순히 기술을 사용하는 것이 아니라, 해당 기술을 교육적으로 활용하고 교육 내용을 효과적으로 전달하기 위한 지식이 필요함을 강조한다. TPACK 모델에 따라 교사는 특정 주제나 학습 목표에 맞는 적절한 기술을 선택하고, 이를 교육적 맥락에서 효과적으로 활용하여 학습자에게 최적의 학습 경험을 제공할 수 있어야 한다. 즉, 교사는 수업 내용을 이해하면서 동시에 어떤 기술을 사용해야 하는지, 그리고 이를 어떻게 효과적으로 가르칠지에 대한 교육적 지식도 함께 고려하는 것이 필요하다. 따라서, TPACK은 세 가지로 구분되는 지식 영역을 유기적으로 결합해 학습 과정을 설계하고 수업에 적용하는 것이 학습자에게 더 풍부하고 효과적인 학습 경험을 제공할 수 있다는 이론이다.

AI·디지털 기술을 활용한 교육에서 TPACK 모델은 기술적 지식, 교육적 지식, 내용 지식의 세 가지 지식 영역을 통합하는 교사의 전문성을 강조함으로써 현대 교육에서 디지털 기술을 효과적으로 활용하는 데 필요한 역량을 나타낼 수 있다. 특히, AI·디지털 활용 교수학습에서는 교육 내용의 이해뿐만 아니라 수업에 AI·디지털 기술을 사용하기 위한 테크놀로지 교수 내용 지식 구성 과정과 각 지식 영역을 조화롭게 결합하는 것에 큰 중요성을 부여하고 있기 때문이다(박찬솔 외, 2023). AI·디지털 기술을 활용한 교수학습 설계에 필요한 지식을 TPACK 모델의 세 가지 지식 영역에 맞추어 정리하면 다음과 같다.

### 1 기술 지식(Technological Knowledge, TK) 영역

기술 지식 영역은 교사가 AI와 디지털 도구를 선택하고 효과적으로 활용하는 데 필요한 지식 영역이라 할 수 있다. 교수학습 영역에서 기술 지식의 향상은 교사의 전문성을 높이고, 학습자의 흥미를 유발하여 미래의 디지털 시민을 양성하는 데 기여한다. 기술 지식 영역의 관점에서 교사는 다양한 AI 도구의 특징과 기능을 숙지하고, 적절한 AI·디지털 기술 및 도구를 선택 및 활용해 수업의 흥미로운 측면을 강조함으로써 학습자의 호기심을 자극할 수 있다(김우리 외, 2021). 예를 들어 AI 언어 모델은 1:1 채팅을 통해 맞춤형 지도를 제공하고, 이미지 생성형 AI 서비스는 미술 과목에서 창작과 보조에 활용될 수 있다(송서림 외, 2023). 이처럼 TPACK 모델에서 기술 지식 영역은 수업에 맞게 AI·디지털 기술을 선택하고 활용하는 지식에 해당한다.

### 2 교육적 지식(Pedagogical Knowledge, PK)

AI·디지털 기술을 수업에 활용하고 도입하기 위해서 교사는 교육적 지식을 활용하여 AI·디지털 도구를 효과적으로 교수법에 도입해야 한다. 맞춤형 학습 경험을 제공하기 위해 명확한 학습 목표를 설정하고, AI·디지털 도구를 활용한 지식 습득과 적용 능력을 강조하는 교수법을 개발해야 한다. 교사는 학습 목표와 도구의 특성을 고려하여 프로젝트 기반 학습이나 실생활 문제 해결에 중점을 둔 교수법을 적용할 수 있다. 이를 통해 학습자의 다양한 스타일과 수준을 고려하여 교수법을 다양화할 수 있으며, AI·디지털 도구를 활용한 맞춤형 경험 제공으로 학습자의 강점과 약점을 고려한 교육이 가능하다. 또한 교사는 학습자에게 동기부여를 제공하고 창의적 사고 및 문제 해결 능력을 키울 수 있는 교육 환경도 조성할 수 있다(김병수·이진영, 2014).

### 3 내용 지식(Content Knowledge, CK)

수업에 AI·디지털 도구를 활용할 때 교사는 내용 지식을 기반으로 수업을 계획하고 맞춤형 학습 경험을 제공하는 역할을 할 수 있어야 한다. 특히 각 과목 및 영역의 깊은 지식을 가지고 있어야 한다. 예를 들어 수학과에서는 AI와 디지털 도구를 활용하여 개별 맞춤형 학습 경로를 제공함으로써 학습자의 능력을 최대한 발휘할 수 있도록 돕는다. 이때, 내용 지식이 토대가 되어야 AI·디지털 도구를 활용하여 학습자에게 최적화된 자료와 자원을 찾고, 이를 통해 쌓인 데이터 분석을 통해 학습자의 효과적인 학습 반응을 이해하며, 학습자 개개인에게 최적화된 경험을 제공할 수 있다. 이처럼 내용 지식은 AI·디지털 도구를 통한 학습 경험을 효과적으로 디자인하고 교육적 전

략을 개발하는 핵심 역할을 한다(손태권·이광호, 2023)

AI·디지털 활용 교수학습에서도 교사의 전문성을 향상하고, 학습자가 더욱 효과적으로 학습 및 발전할 수 있도록 하기 위해서는 TPACK 모델의 각 지식 영역이 조화롭게 결합하여야 한다. AI·디지털 기술 활용에 있어 새로운 개념과 도구 증가 등에 따라 교사는 기술 지식, 교육적 지식, 내용 지식을 통합하는 등 중요한 역할을 부여받고 있다. 특히 교사는 변화에 민첩하게 대응하고, 기술 지식, 교육적 지식, 내용 지식을 통합하여 창의적이고 혁신적인 교수학습을 추구하는 데 주력할 필요가 있다. 교사는 기술적인 도구와 교수 전략을 조화롭게 사용하여 학습자의 문제 해결, 창의적 사고, 협업 등의 미래 필수 역량을 키울 수 있도록 도와야 한다(박찬솔 외, 2023). 이와 같은 AI·디지털 활용 교수학습에서 TPACK의 중요성은 교사의 전문성을 극대화하며, 학습자에게 미래 지식 및 기술을 효과적으로 전달하는 데 있다. 교사는 단순히 지식을 전달하는 역할을 넘어서, 학습자의 다양한 특성과 수준에 맞추어 AI·디지털 도구를 활용한 맞춤형 학습 경로를 제공하여 학습자가 자기주도적 학습을 할 수 있도록 도움을 주어야 한다. 또한 TPACK은 교사가 지속적으로 전문성을 개발하고 이를 현장에서 적용 함으로써 교육의 품질을 향상시키고 학습자의 미래 경쟁력을 강화하는 데 핵심적인 역할을 하고 있다. 따라서 TPACK은 교사가 꾸준히 학습 혁신을 통해 변화하는 교육 환경에 적응하게 하며, 학습자에게 최적의 교육 경험을 제공하는 핵심적인 도구로 작용하고 있다.



TPACK 모델에 따라 AI·디지털 기술 및 도구를 효과적으로 교육에 활용하고 목표를 달성하기 위해서 다음과 같은 사항을 고려할 필요가 있으며, 이에 걸맞은 교사의 역할이 부여된다.

첫째, AI·디지털 도구는 학습자의 다양한 성향과 학습 스타일을 파악하고 맞춤형 학습 경험을 제공함으로써 TPACK의 핵심 원칙 중 하나인 교육적 지식과 기술 지식 영역의 효과적인 결합을 끌어내야 한다. 학습자는 시각적, 청각적, 텍스트 기반의 자료 등을 선호할 수 있으며, AI·디지털 도구는 이러한 선호도를 고려하여 다양한 교수법과 학습 자료를 조합한 후 최적의 학습 경험을 제공해야 한다(홍지연, 2023).

둘째, AI·디지털 도구는 교사가 TPACK 모델의 내용 지식을 보다 효과적으로 전달하고, 학습자가 내용을 더 깊이 이해할 수 있도록 돕는 데 기여해야 한다. 예를 들어 AI는 학습자의 선행 지식을 분석하고 그에 맞추어 내용을 제공함으로써 학습자가 새로운 개념을 이해하고 연결하는 데 도움을 줄 수 있다. 이를 통해 AI는 기술 지식, 교육적 지식, 내용 지식을 조화롭게 결합하여 효과적인 교수학습을 가능하게 하는 TPACK의 핵심 원리를 실현할 수 있다(손태권 외, 2023).

마지막으로, AI·디지털 도구는 지속적인 평가를 통해 교사의 기술 지식, 교육적 지식, 내용 지식 향상에 기여해야 한다. 평가를 통해 학습자의 성과를 분석하고 피드백을 제공하여 교사에게 필요한 전문성을 식별하고 이를 향상시키는 방향으로 지원함으로써 TPACK의 원리를 실천할 수 있다.

## 2. TPACK 모델에 기반한 프로그램 수업 설계

TPACK에 따르면 교육 환경에서의 효과적인 AI·디지털 도구 활용을 위해서는 내용, 교수법, 그리고 기술의 상호작용을 고려하는 통합적인 관점이 필요하다는 점을 알 수 있다. 이러한 자연스러운 통합은 학습자에게 최적화된 학습 경험을 제공할 수 있으며, 학습을 더욱 흥미롭고 효과적으로 만들어낼 수 있도록 교사의 역량도 강화한다. 특히, 현대 사회에서 AI와 디지털 기술의 급격한 발전으로 인해 교사는 이러한 기술을 적극적으로 학습하고, 수업에서 효과적으로 활용할 수 있도록 노력해야 한다. 또한 2022 개정 교육과정에서 AI 및 디지털 기반 교육이 강조되고 있어 교육과정 변화에 대한 적응도 필수적이다. 교사는 이에 대한 대응책으로서 새로운 교수학습 방법 습득 및 적용에 주목해야 한다. AI·디지털 기술의 도입으로 인해 다양한 학습 경험을 제공하고 학습자가 4차 산업혁명의 핵심 기술과 조화로운 관계를 구축할 수 있도록 지원하는 것이 중요하다. 아울러 학습자는 다양한 학습 경험을 통해 자신의 능력을 향상시키고 창의성을 개발할 수 있어야 한다. 이를 위해 학습자가 4차 산업혁명의 핵심 기술과 조화롭게 성장하면서 미래 사회에서 요구되는 역량을 갖출 수 있는 교육이 이루어져야 한다.

이 장에서는 실제 교육 현장에서 이러한 교육의 도입 및 지속적인 발전을 지원하고, 학습자가 4차 산업혁명 흐름에 적응할 수 있도록 도움 되기 위해 AI와 디지털 기술을 적극적으로 활용하는 교육사례를 소개하고자 한다.

### 1 TPACK 모델에 기반한 프로그램 주제 선정

TPACK 모델에 기반한 AI·디지털 활용 교육 프로그램 구성을 위해서 새롭게 개발된 수업의 주제인 '직업 박람회'를 통해 학생들이 '데이터 수집-발표-직업 체험'의 주요 단계를 경험하도록 하였다. 이 수업은 학생들이 자신이 관심 있는 직업 분야에 대한 풍부한 매체 자료와 데이터를 수집하고, 이를 통해 직업 선정에 대한 명확한 방향성을 확립하는 데에 초점을 두고 있다. 그러나 초등학생들은 한정적인 플랫폼과 정보의 신뢰성 부족, 그리고 발표 자료의 완성도가 낮아지는 어려움을 겪을 수 있다.

〈표 9.2〉 직업 박람회 프로그램 관련 5~6학년군 성취기준

| 종류 | 교과 | 성취기준 |
|---|---|---|
| AI · 디지털 활용 프로그램 | 국어 | [6국01-04] 자료를 정리하여 말할 내용을 체계적으로 구성한다.<br>[6국01-05] 매체 자료를 활용하여 내용을 효과적으로 발표한다. |
| | 실과 | [6실05-01] 일과 직업의 의미와 중요성을 이해한다.<br>[6실05-02] 나를 이해하고 적성, 흥미, 성격에 맞는 직업을 탐색한다. |
| | 사회 | [6사06-01] 다양한 경제활동 사례를 통해 가계와 기업의 경제적 역할을 파악하고, 가계와 기업의 합리적 선택 방법을 탐색한다.<br>[6사06-02] 여러 경제활동의 사례를 통하여 자유경쟁과 경제 정의의 조화를 추구하는 우리나라 경제체제의 특징을 설명한다. |



이러한 어려움을 극복하고 학습 경험을 향상시키기 위해, 해당 프로그램은 TPACK에 입각하여 기술 지식을 활용하여 AI와 디지털 도구를 효과적으로 통합하고 있다. 교사는 기술 지식을 활용하여 적절한 AI와 디지털 도구를 선택하고, 학생들이 효과적으로 자료를 수집하고 정리할 수 있도록 돕는다. 뿐만아니라, 학생들이 직업 소개 자료를 만들 때 교사가 기술 지식을 활용하여 지도함으로써, 학생들은 더 완성도 높은 발표 자료를 구성할 수 있다. TPACK과 기술 지식을 활용한 교사의 지도는 초등학생들이 데이터 수집과 발표에 대한 어려움을 극복하는 데에 중요한 역할을 하며, 이는 학생들의 학습 경험을 향상시키고 미래의 디지털 시대에 적응할 수 있는 능력을 강화하는 데에 기여할 수 있다. 이에 따라 AI와 디지털 도구의 다양한 기능과 편집 기술을 활용하여 학생들은 자신의 아이디어를 효과적으로 전달하고 높은 수준의 발표 자료를 작성할 수 있다.

본 사례에서는 위 표의 관련 성취 기준을 고려하여 국어과 2개, 실과 2개, 사회 2개를 융합하여 'AI·디지털 도구를 활용한 직업 박람회' 수업을 기획하였다. 기획한 수업은 자료 수집, 발표, 직업 체험, 총 3 단계로 구성되며, 각 단계별로 AI · 디지털 기술을 활용하기 위해 여러 도구를 사용하였다. 사용한 AI·디지털 기술 및 도구는 다음 절에서 소개한다.

## 2 AI · 디지털 도구 선정

기획한 'AI · 디지털 도구를 활용한 직업 박람회' 수업은 교육환경에서 효과적인 AI · 디지털 도구의 활용과 이를 TPACK의 관점에서 분석하는 것을 목표로 하므로 수업의 각 단계에서 적절한 도구를 선택하고 활용함으로써 학생들의 학습 경험을 최적화하고, 교사들이 AI · 디지털 기술을 효과적으로 적용하는 방법을 탐구하도록 한다. 자료 수집 단계에서는 네이버, 구글과 같은 검색 엔진과 ChatGPT와 같은 텍스트 생성형 AI 및 디지털 도구를 활용하여 관련 자료를 수집한다. 이러한 도구들은 TPACK의 기술 지식과 교육적 지식을 결합하여 학생들이 자료를 효과적으로 수집하고 분석하는 데 도움을 줄 수 있다. 이때, 교사는 내용 지식과 결합하여 어떤 도구가 특정 상황에 가장 적합한지 학생들에게 안내한다.

발표 단계에서의 AI·디지털 도구의 활용은 교사와 학생 모두에게 창의적이고 효과적인 학습 경험을 제공한다. Microsoft의 Power Point, Gamma, Prezi와 같은 발표 도구들은, 또한, TPACK의 기술 지식과 교육적 지식이 결합된 예시로 볼 수 있다. 다양한 발표 도구들은 TPACK의 각 영역을 적절하게 융합하여 학생들이 직업 소개 자료를 효과적으로 작성하고 전달하는 데에 도움을 준다.

직업 체험 단계에서는 다양한 AI와 디지털 체험 콘텐츠가 활용된다. TPACK의 내용 지식과 기술 지식이 융합되어 학생들은 실제 직업 분야를 가상으로 체험하고 학습할 수 있다. 교사는 어떤 콘텐츠가 관심 직업 분야와 가장 적절하게 결합될 수 있는지를 학생들과 함께 고민하며 결정한다. 이와 같이 TPACK을 적용하여 각 수업 단계에서의 기술 지식, 교육적 지식, 그리고 내용 지식을 통합적으로 다루어 학생들에게 현실과 관련된 효과적인 학습 경험을 제공할 수 있도록 지원한다.



〈표 9.3〉 직업 박람회 프로그램에서 사용할 AI · 디지털 도구

| 단계 | AI · 디지털 도구 | | 특징 |
|---|---|---|---|
| 데이터 수집 | 네이버 검색 포털 | | • 국내 콘텐츠에 특화된 알고리즘을 사용하여 한국어 검색에서 뛰어난 결과물을 제공함.<br>– 다양한 서비스를 제공하므로 인터페이스가 복잡함. |
| | | (사진 출처 : https://www.naver.com/) | |
| | 구글 검색 포털 | | • 간결하고 직관적인 검색 인터페이스를 가지고 있음.<br>• 글로벌 기업으로서 세계적으로 서비스를 제공함. |
| | | (사진 출처 : https://www.google.com/) | |
| | ChatGPT | | • 학습 데이터 범위 내에서만 데이터 수집이 가능함.<br>• 실시간 정보나 최신 업데이트된 정보를 제공하는 데는 한계가 있음. |
| | | (사진 출처 : https://chat.openai.com/) | |
| 발표 | Power Point | | • 디자인 템플릿과 기능을 사용하여 사용자가 쉽게 프레젠테이션을 작성할 수 있음.<br>• 새로운 표현을 하기에는 제약이 따를 수 있음. |
| | | (사진 출처 : https://www.microsoft.com/microsoft-365) | |
| | Gamma | | • 디자인 및 콘텐츠 생성에 들어가는 시간을 절약하고, 사용자는 핵심적인 아이디어에 집중할 수 있음.<br>• AI가 사용자의 의도를 완전히 반영하지 못할 수 있음. |
| | | (사진 출처 : https://gamma.app/) | |
| | Prezi | | • 화면 전환에 특화된 독특한 스타일을 가지고 있어 관객의 주의를 끌기에 좋음<br>• 처음 사용하는 사람들에게는 익숙하지 않고 어려움. |
| | | (사진 출처 : https://prezi.com/) | |

| 단계 | AI · 디지털 도구 | | 특징 |
|---|---|---|---|
| 직업 체험 (예시) | 마이 리틀셰프 |  | • 친숙한 요리를 주제로 한 캐쥬얼 요리 시뮬레이션<br>• 손님이 주문하는 요리를 만들어 팔고 팁을 받는 형식 |
| | | (사진 출처 : https://apps.apple.com/us/app/id1206192281) | |
| | 쥬디의 네일아트 |  | • 제한시간 내에 손톱을 꾸며주는 네일아트 시뮬레이션<br>• 하단의 말풍선을 눌러 주문대로 미션 수행 |
| | | (사진 출처 : https://vidkidz.tistory.com/132) | |
| | Family Farm |  | • 가족 구성원이 함께 농장을 운영함.<br>• 작물을 심고 수확하며, 가축 관리 등을 수행 |
| | | (사진 출처 : https://farm.centurygames.com/) | |

## 3. AI · 디지털 활용 교수 학습 및 평가

### 1 AI · 디지털 활용 프로그램 교수학습 과정

선정한 주제와 도구를 활용해 설계한 AI 디지털 도구를 활용한 직업 박람회 프로그램은 TPACK 모델의 내용 지식, 교육적 지식, 그리고 기술 지식의 개념을 융합하여 학생들에게 실질적이고 참여도 높은 학습 경험을 제공하는데 주안점을 두었다.

AI와 디지털 기술을 활용한 직업 박람회는 학생들에게 직접적인 자료 수집 및 체험 부스 운영을 통해 창의적인 문제 해결 능력을 증진시키고, 동시에 AI 및 디지털 기술을 효과적으로 활용하는 능력을 습득할 수 있도록 설계되었다. 이를 통해 학생들은 실제 상황에서 기술을 적용하며 새로운 지식과 기술을 습득하는 경험을 얻게 되어, 기술 지식과 교수법 지식의 상호작용이 강조된다.

이에 더해 프로그램은 관심 직업 분야를 소개함으로써 내용 지식을 확장시키고, 학생들의 발표 능력을 향상시키는데 기여한다. 학생들은 AI와 디지털 기술을 적극 활용하여 자신의 관심 분야를 다양한 시각에서 탐험하고 소개함으로써, 미래 진로에 대한 명확한 방향을 설정하는 기회를 얻을 것으로 기대된다. 이를 통해 TPACK의 통합적인 관점을 활용하여 학생들에게 현실적이고 효과적인 학습 경험을 제공하는데 일조하고 있다.

〈표 9.4〉 AI · 디지털 활용 프로그램 교수학습 방안

| 단계 | 교수 · 학습 내용 | | |
|---|---|---|---|
| | 차시 | 활동 | 세부 활동 |
| 주제 선정 | 1 | 관심 직업 분야 정하기 | • 모둠원과 토의하여 관심 직업 분야 선정하기 |
| 자료 수집 | 2~3 | AI · 디지털 도구를 활용한 자료 수집하기 | • 자료를 수집할 AI · 디지털 도구 정하기<br>• AI · 디지털 도구를 활용하여 관심 직업 분야에 대한 자료 수집하기<br>  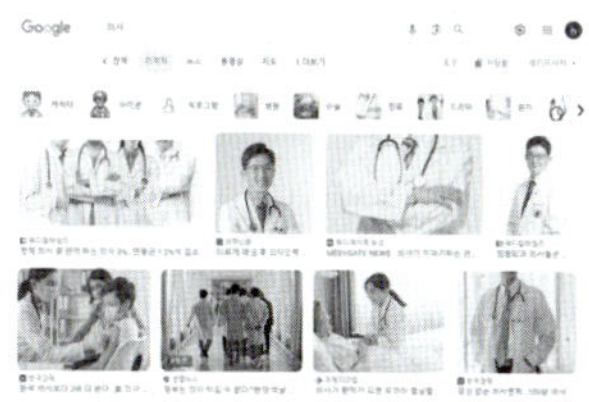  |
| 발표 | 4 | 직업 소개 자료 발표하기 | • 관심 직업 분야에 대한 소개 자료를 적절한 AI · 디지털 도구를 활용하여 발표하기<br>• 친구들의 발표 경청 및 체험하고 싶은 직업 탐색하기<br>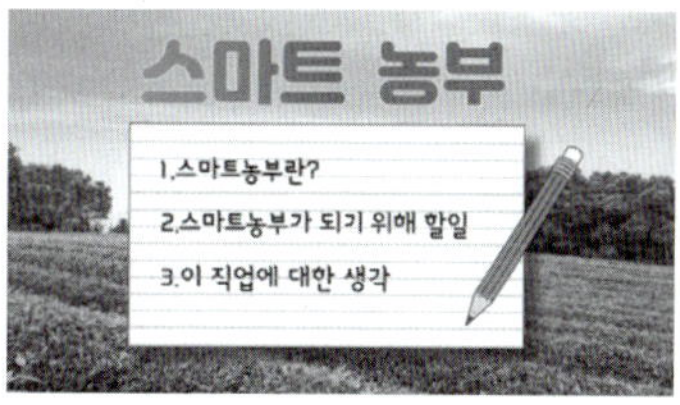  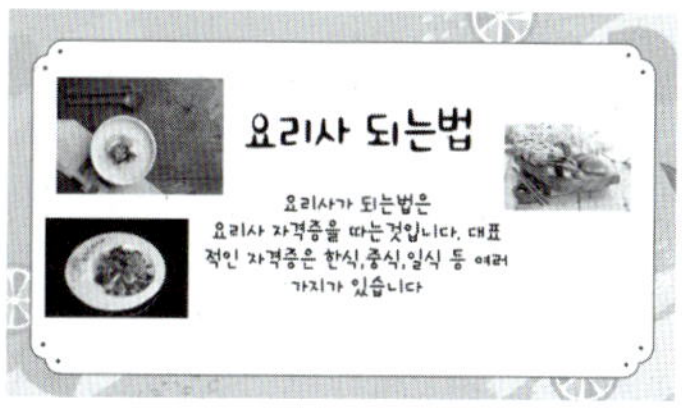  |
| 실생활과 연계 | 5~6 | 직업 체험 부스 운영하기 | • 직업 체험 부스를 통해 체험형 콘텐츠 제공하기<br>• 직업 QnA를 통해 궁금한 점 질문하기 |

AI 디지털 도구를 활용한 직업 박람회 프로그램의 학습 내용 및 세부 활동은 위 표와 같다. 1차시는 학생들의 미래 진로 탐색과 주제 선정에 중점을 둔다. 교사는 내용 지식, 교육적 지식, 그리고 기술 지식을 융합하여 효과적인 수업을 진행한다. 학생들은 미래 진로에 대한 주체적인 결정을 내리기 위해 자신의 강점과 흥미를 고려하고, 이를 기반으로 직업 분야를 선정하는 과정을 거친다. 교사는 이 과정에서 기술 지식을 활용하여 학생들에게 다양한 직업 분야에 대한 정보를 제공하고, 인터넷 검색, 온라인 리서치 도구 등을 활용하여 직업 탐색에 필요한 도구를 소개하며, 교육적 지식을 활용하여 모둠 토의를 적절하게 이끌어내고, 학생들 간의 의사소통과 협동 능력을 강화한다. 또한, 교사는 학생들에게 직업 탐색에 도움이 되는 다양한 디지털 도구와 자료를 제공하여 학생들이 실질적인 정보를 활용하고 판단할 수 있도록 지원한다. 프로그램의 1차시 수업은 교사가 가진 TPACK의 지식 영역을 적극 활용하여 학생들이 미래 진로에 대한 명확한 비전을 가지며, 주체적이고 협동적인 학습을 경험하게 되는 중요한 단계로서의 역할을 수행한다.

2~3차시는 AI 및 디지털 도구를 활용하여 자료 수집하는 과정으로 진행된다. 교사는 학생들이 선정한 직업 분야에 대한 깊은 이해를 증진하고 효과적으로 정보를 수집할 수 있도록 지도한다. 학생들은 AI 및 디지털 도구를 어떻게 활용할지에 관한 결정을 내리는데, 이때 교사는 각 학생 또는 모둠에 맞는 도구를 선택하도록 도움을 제공한다. 이를 통해 학생들은 실제 상황에 적합한 자료 수집 방법을 습득하게 되며, 이는 교육적 지식의 영역이라 할 수 있다. 선택한 AI 디지털 도구를 활용하여 학생들은 관심 직업 분야에 대한 다양한 자료를 수집한다. 교사는 이 과정에서 기술 지식을 활용하여 도구의 적절한 활용 방법과 수집된 정보의 신뢰성을 평가하는 능력을 학생들에게 가르치며, 이는 기술 지식의 중요성을 강조한다. 또한, 교사는 학생들이 효과적으로 검색하고 필요한 정보를 선별하는 데 도움을 주어 학생들의 정보 활용 능력을 기르도록 한다. 이러한 과정은 TPACK 모델의 내용 지식, 교육적 지식, 그리고 기술 지식을 통합하여 학생들이 직업 분야에 대한 깊은 통찰을 얻고 새로운 관점을 개발하며, AI 디지털 도구를 적극적으로 활용하여 의미 있는 학습 경험을 쌓을 수 있도록 돕는다.



다음으로, 4차시는 AI 디지털 도구를 활용하여 수집한 자료를 기반으로 관심 직업 분야에 대한 소개 자료를 작성하고 발표하는 단계로 진행된다. 교사는 학생들이 효과적인 의사소통 능력을 갖추고 탐구한 내용을 명확하게 전달할 수 있도록 지도한다. 학생들은 수집한 자료를 기반으로 자신의 관심 직업 분야에 대한 소개 자료를 작성하게 되는데, 이때 교사는 학생들에게 정확하고 간결한 정보 전달의 중요성을 강조하고, 다양한 AI 디지털 기술을 활용하여 자료를 효과적으로 구성하는 방법을 가르친다. 이는 교사가 가지고 있는 교육적 지식과 기술 지식을 융합하여 수업을 진행하는 것에 대한 예시로 볼 수 있다.

그 후, 학생들은 작성한 소개 자료를 발표하기 위해 연습하게 되는데, 교사는 이 과정에서 학생들의 발표 기술을 강화하고 자신감을 키울 수 있도록 피드백을 제공한다. 이는 교사가 지닌 교육적 지식과 기술 지식을 활용하여 학생들의 학습 경험을 향상하는 예시로 볼 수 있다. 또한, 발표를 듣는 학생들은 다양한 직업 분야에 대한 흥미로운 정보를 얻게 되어 진로 선택에 도움을 받을 수 있으며, 이는 내용 지식의 전달에 해당한다. 이러한 과정을 통해 4차시는 TPACK을 활용하여 학생들이 AI 디지털 도구를 활용한 지식을 효과적으로 전달하고, 자신의 의견을 명확하게 전달하는 기회로 활용되어 학습의 품질을 높이고자 한다.

마지막으로, 5~6차시는 AI·디지털 도구를 활용하여 학생들이 직접적으로 직업을 체험하는 체험 단계로 진행된다. 교사는 실생활과 연계된 활동을 통해 학생들이 자기 흥미와 능력을 발견하고 디지털 기술의 활용에 대한 이해도를 높일 수 있도록 지도한다. 학생들은 직업 체험 부스를 운영하며 관심 직업 분야의 콘텐츠를 직접 체험하는데, 이때 교사는 학생들의 활동을 지켜보고 지도하여 학생들이 자신의 흥미와 적성을 확인할 수 있는 기회를 제공한다. 이는 교사가 가지고 있는 교육적 지식과 기술 지식을 융합하여 학생들의 학습 경험을 향상시키는 예시로 볼 수 있다.

또한, 학생들은 직업 QnA를 통해 직업에 대한 궁금증을 직접 질문하고 답하는 경험을 쌓는다. 교사는 학생들이 운영하는 체험 부스에서 해당 직업 분야에 대한 전문적인 정보를 제공하도록 지도한다. 이는 교사가 내용 지식과 기술 지식을 결합하여 실제 직업 분야의 전문성을 경험할 수 있는 기회를 제공하는 것에 관련된 예시로 볼 수 있다. 이러한 과정을 통해 5~6차시는 TPACK 모델 활용하여 학생들이 AI 및 디지털 도구를 활용한 지식뿐만 아니라 실제 체험을 통해 직업에 대한 깊은 이해를 얻게 되어, 자신의 역량과 흥미에 맞는 진로를 더욱 명확히 찾을 수 있는 기회로 활용된다.



## 2 AI · 디지털 활용 프로그램 평가 및 피드백

AI·디지털 기술 및 도구를 활용한 프로그램의 평가 계획은 TPACK 모델 관점에서 다양한 측면에서 학습자의 능력을 평가하는 방법론을 갖추고 있다. '관심 직업 분야에 대한 소개자료를 발표할 수 있다'라는 평가 항목에서는 구술·발표평가를 통해 학습자의 주제 이해력과 전달 능력을 평가하며, 자신감 및 태도에 중점을 두어 효과적인 의사소통 능력을 측정한다. 이는 교사가 가진 기술 지식과 교육적 지식을 결합하여 학습자의 발표 능력을 지도하는 것과 관련이 있다. 자기평가에서는 주제 선정, 자료 수집 도구 및 발표 도구 활용에 대한 다양한 측면에서 평가가 이루어지며, 이는 학습자의 디지털 미디어에 대한 이해와 활용 능력을 측정함으로써 기술 지식과 내용 지식을 융합한 자기평가를 제공한다.

〈표 9.5〉 평가별 채점 기준

| 평가 방법 | 평가 항목 | 세부 항목 | 평가 척도 |
|---|---|---|---|
| 구술 · 발표 | 관심 직업 분야에 대한 소개자료를 발표할 수 있다. | 발표의 구성이 논리적이고 체계적이다. | ☆☆☆☆☆ |
| | | 자신감을 가지고 긍정적인 태도로 발표한다. | ☆☆☆☆☆ |
| 자기 평가 | | 자신의 흥미와 적성을 바탕으로 적절한 관심 직업 분야를 선정할 수 있다. | ☆☆☆☆☆ |
| | | 자료 수집에 적절한 AI · 디지털 도구를 활용할 수 있다. | ☆☆☆☆☆ |
| | | 디지털 기기 활용 능력에 맞는 발표도구를 선정하여 직업 소개 자료를 만들 수 있다. | ☆☆☆☆☆ |
| 동료 평가 | 모둠원들과 협력하여 체험 부스를 운영할 수 있다. | 모둠원들과 원활히 소통하고 협력하였다 | ☆☆☆☆☆ |
| | | 문제가 발생했을 때 팀원들과 협력하여 효과적으로 해결하였다. | ☆☆☆☆☆ |
| | | 부스 운영에 있어서 창의적이고 독창적인 아이디어를 제시하였다. | ☆☆☆☆☆ |

'모둠원들과 협력하여 체험 부스를 운영할 수 있다.'라는 평가 항목에서는 동료 평가를 도입하여 학습자 간의 협력과 소통, 문제해결 능력, 창의성과 혁신을 측정한다. 이는 교사가 기술 지식과 교육적 지식을 활용하여 팀 프로젝트에서의 협업과 문제 해결 능력을 지도하며, 창의성과 혁신을 유발하는데 관여하는 것과 연관이 있다. 동료 평가를 통해 학습자들은 협동과 창의성을 강화하며, 다양한 관점에서의 피드백을 받아들여 팀의 전체적인 성과를 향상시킬 수 있도록 지원한다. 이는 기술 지식과 교육적 지식을 융합하여 협력과 창의성을 강화하는 예시로 볼 수 있다.

SECTION

# 9.3 AI·디지털 활용 교육의 실제

이 장에서는 AI·디지털을 활용한 교육이 실제 교육 현장에서 어떻게 이루어지고 있는지 과목별로 살펴보고자 한다.

## 1. AI·디지털 활용 교과 수업 사례

### 1 음악 교과 – 크롬 뮤직랩을 활용한 음악 수업

학생들에게 작곡은 매우 어려운 일입니다. 작곡을 처음 접해보거나 음악의 요소에 대한 이해가 부족한 학생들에게 자신의 느낌과 생각이 담긴 낙서나 그림을 이용하여 소리를 만들 수 있도록 하였습니다. AI 프로그램을 이용하여 음높이, 악보를 읽는 방향, 음색 등 음악의 요소를 즐겁게 배울 수 있다.

**1. 크롬 뮤직랩 검색**

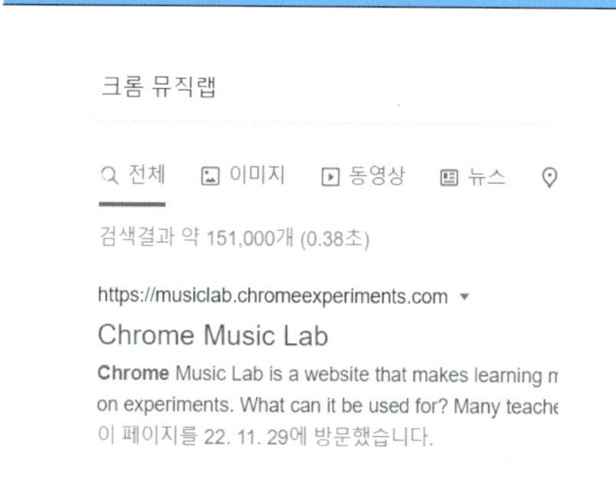


**2. 14개의 어플리케이션 중에서 칸딘스키 선택**

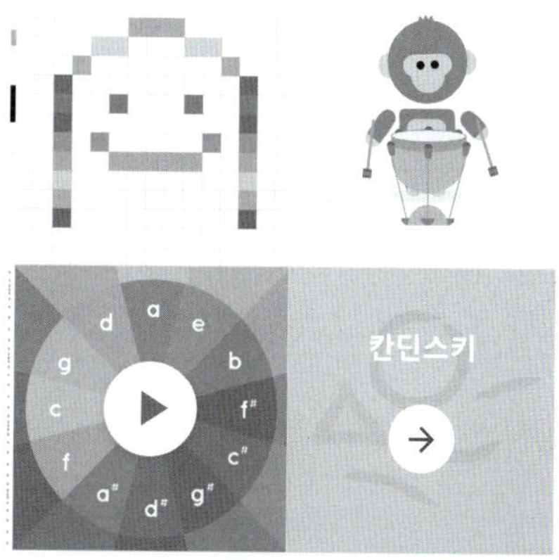


**3. 칸딘스키 뮤직랩**
*** 선, 삼각형, 원 등 다양한 도형과 낙서를 소리로 바꾸어 주는 기능이 있다.**

**4. 재생 버튼을 눌러 실행**

| 학습 흐름 | 교수-학습 활동 | 시간(분) | 유의점 및 자료 |
|---|---|---|---|
| 동기유발<br>(문제제기) | ◆ 동기유발<br>– 자신이 좋아하는 과일 이야기 하기<br>– 과일을 보면서 떠오르는 느낌 이야기하기<br>– 과일을 음악으로 표현하면 어떤 음악이 될지 생각해 보기 | 5' | • ppt |
| 학습 문제 제시 | ◆ 학습 문제 제시<br>– AI 인공지능을 이용하여 자신만의 음악을 작곡해 봅시다. | | |
| 학습 활동 안내 | ◆ 학습 활동 안내<br>〈활동1〉 과일 그리기<br>〈활동2〉 미술 음악 작곡가<br>〈활동3〉 주제가 있는 음악 작곡하기 | | |
| 전개 | 〈활동1〉 과일 그리기<br>– 색상을 달리하여 자신이 좋아하는 과일 그리기<br>– 복잡하게 그리기보다는 단순화 시켜서 그리기<br>– 다양한 과일을 조합해서 그려보기 | 10' | • 활동지 |
| | 〈활동2〉 과일 그리기<br>– 〈활동 1〉에서 그린 그림을 이용해 음악으로 나타내 보기<br>– 크롬 뮤직랩<br>– 칸딘스키를 이용하여 컴퓨터에 과일 그림그리기<br>– 재생 버튼을 클릭하여 어떤 음악이 만들어졌는지 확인하기<br>– 만든 음악이 내가 생각한 과일의 이미지랑 비슷한지, 어떤 느낌이 드는지 이야기해보기<br><br>1. 음악이 왼쪽 그림에서 오른쪽 그림으로 출력되는 것을 확인한다. (악보 읽기)<br>2. 과일의 높낮이를 다르게 하여 음의 높낮이를 이해 시킬 수 있다.<br>3. 음악에 대한 전문적인 지식이 없어도 AI 기술을 이용하여 간단한 작곡이 가능하다. | 10' | • 크롬 뮤직랩<br>• 정교하게 그리는 것보다는 생각과 감정이 드러나게 그려본다. |
| | 〈활동3〉 자신만의 주제 정하여 작곡하기<br>– 자신이 관심 있는 주제를 선택하여 그림그리기<br>– 반복되는 그림이 아닌 주제와 관련된 다양한 그림을 컴퓨터에 그리기<br>– 그림을 그린 후 색깔(음색)을 달리하여 음악 감상하기<br>– 자신이 만든 음악에 제목 붙이기<br><br>* 주제(생활 속에서 접할 수 있는 구체적인 주제)를 선정하여 그림을 그릴 수 있도록 한다.<br>– 계절 : 봄, 여름, 가을, 겨울<br>– 음식 : 과일, 채소, 간식<br>– 물건 : 학용품, 주방용품<br>– 패션 : 옷, 모자, 신발, 가방<br><br>※작곡을 위한 예시 그림 | 10' | • 활동지<br>• 크롬 뮤직랩 |

| 학습 흐름 | 교수-학습 활동 | 시간(분) | 유의점 및 자료 |
|---|---|---|---|
| | 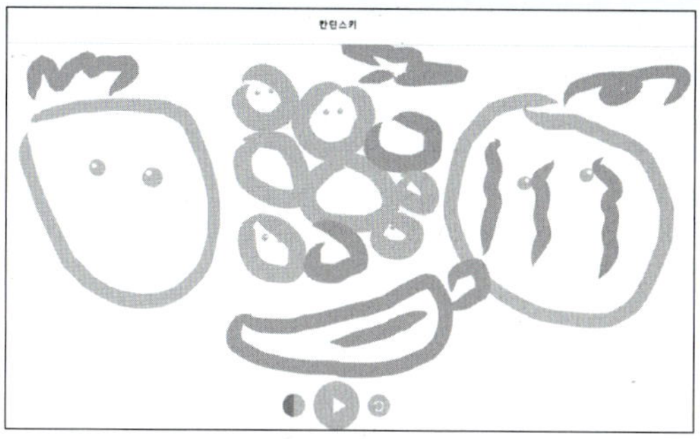 | | |
| 결론 | ◆ 학습 내용 정리 및 다음 차시 예고<br>– 수업을 통해서 배운 내용 정리하기<br>· AI 기능을 이용하여 그림으로 음악 작곡하기<br>– 다음 차시에는 다른 친구의 그림과 음악을 감상하고 감상을 공유해 봅시다. | 5' | |

## 2 미술 교과 – 오토 드로우 활용한 미술 수업

오토드로우는 그림을 못 그리는 학생들에게도 자신이 표현하길 원하는 그림을 그리면 빅데이터를 바탕으로 하여 그림을 추천해 주고, 선택하면 그림으로 변환해 주는 기능을 하고 있습니다. 그림 실력이 부족한 학생들에게 AI 기능을 활용하여 미술 수업에 자신감을 불어 넣어 줄 수 있으며, 따라 그리는 과정을 통하여 자연스럽게 그림 실력을 기를 수 있습니다. 이번 수업에서는 단순한 그림으로 정보 전달을 할 수 있는 픽토그램 그리기를 수업해 보겠습니다.

**1. 웹페이지에서 오토드로우 검색**

**2. 연필그림을 그리고 싶습니다. 정확한 형태가 아니더라도 간략하게 그림을 그립니다.**

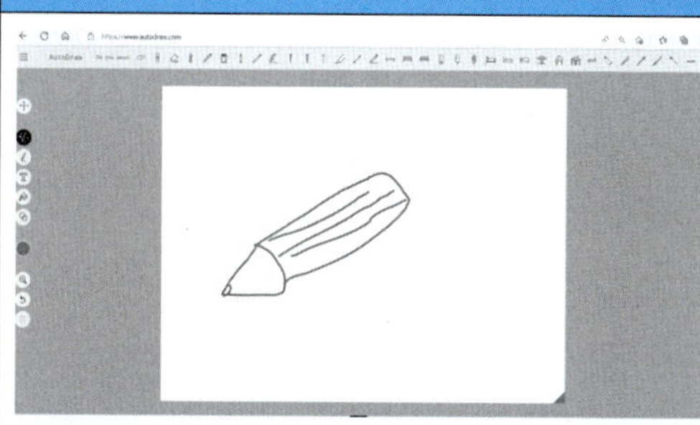

**3. AI가 그림을 인식하고 좀 더 정교한 형태의 그림을 추천해 줍니다.**

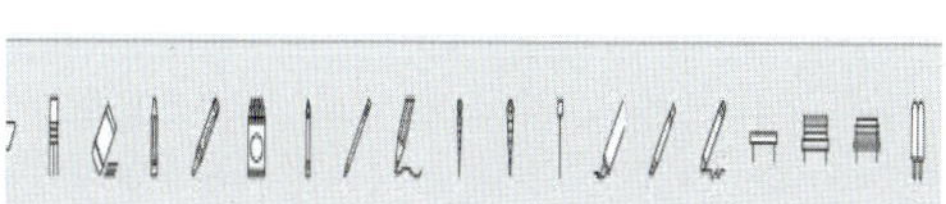

**4. 추천 그림을 선택하면 내가 원하는 형태의 그림으로 바꾸어 줍니다.**

| 학습 흐름 | 교수-학습 활동 | 시간(분) | 유의점 및 자료 |
|---|---|---|---|
| 동기유발<br>(문제제기) | ◆ 동기유발<br>– 생활 속에서 활용되는 픽토그램의 예 알아보기<br><br>픽토그램(pictogram)이란, 그림을 뜻하는 picture와 전보를 뜻하는 텔레그램의 합성어로 중요한 정보나 의미를 전달 할 수 있는 아이콘화된 기호이다.<br><br><br> | | • ppt<br>• 주위 생활 속에서 사용되는 픽토그램을 찾아 볼 수 있도록한다. |
| 학습 문제<br>제시 | ◆ 학습 문제 제시<br>– 오토드로우를 이용하여 생활 속에서 사용할 수 있는 픽토그램을 그려봅시다. | | |
| 전개 | ◆ 학습 활동 안내<br>〈활동1〉 생활 속 픽토그램이 필요한 상황 알아보기<br>〈활동2〉 픽토그램 디자인하기<br>〈활동3〉 오토드로우를 이용하여 픽토그램 그리기 | | |
| | 〈활동1〉 생활 속 픽토그램이 필요한 상황 알아보기<br>– 학교에서 픽토그램을 이용하면 편리한 상황 찾아보기<br><br>*생활 속 픽토그램이 필요한 곳<br>– 급식실, 도서관, 교실, 체육관, 놀이터, 복도, 자전거 도로 등<br><br>픽토그램이 필요한 상황 이야기하기<br><br>1. 장소를 나타내는 픽토그램<br>2. 특정 행동을 요구하는 픽토그램<br>3. 주의를 요하는 픽토그램 | 10' | • ppt |
| | 〈활동2〉 픽토그램 그려보기<br>– 자신이 나타내고 싶은 주제로 픽토그램 그리기<br>– 픽토그램을 그릴 때 주의해야 할 점 생각하기<br><br>*픽토그램을 그릴 때 생각해야 할 점<br>1. 표현하고자 하는 명확한 대상 정하기<br>2. 대상의 특징 질문하기<br>3. 대상을 생략/남기기<br>4. 이해하기 쉽도록 바꾸기 | 10' | • ppt<br>• 최대한 단순한 형태로 나타날 수 있도록 대상을 추상화 한다. |

| 학습 흐름 | 교수–학습 활동 | 시간(분) | 유의점 및 자료 |
|---|---|---|---|
| | 〈활동3〉 오토드로우를 이용하여 픽토그램 그리기<br>– 학생들이 그린 그림을 오토드로우를 이용하여 그린 후 의도를 가장 잘 나타낼 수 있는 그림 선택하기<br><br>〈그림 변환 전〉<br><br>〈그림 변환 후〉<br>– 손으로 직접 그린 그림과 오토드로우를 이용하여 변환된 그림을 비교한 후 어떤 점이 달라졌는지 이야기해 봅시다. | 10' | • 오토드로우<br>• 최대한 단순한 형태로 나타날 수 있도록 대상을 추상화 한다. |
| 결론 | ◆ 학습 내용 정리 및 다음 차시 예고<br>– 오늘 수업을 통해 배운 내용은 무엇인가요?<br>· AI를 이용하여 픽토그램을 그려보았습니다.<br>– 다음 차시에는 오토드로우를 이용하여 크리스마스카드를 제작해 보겠습니다. | 5' | |

## 2. AI·디지털 활용 문제 해결 사례

AI·디지털을 활용한 실생활의 문제해결을 통한 교육의 사례는 다음과 같은 것들이 있다. 먼저 문제해결을 위한 노벨 엔지니어링 활동 단계에 따른 문제해결 절차를 살펴보면 다음과 같다.

1단계 책 읽기 ➡ 1단계 문제 인식 ➡ 1단계 설계하기 ➡

1단계 개발하기 ➡ 1단계 피드백 ➡ 1단계 개선하기

## 1 책 읽기

새로 전학 온 저스틴은 환경을 보호하는 데 관심이 많다. 소똥 에너지, 귀뚜라미 브라우니 등 저스틴의 머릿속에는 환경을 보호하겠다는 생각으로 가득하다. 자신이 버린 음료수 깡통을 저스틴이 치우자, 부끄러워진 블라초는 저스틴에게 '초록 마녀'라도 되냐며 불같이 화를 내지만 저스틴은 오히려 좋아한다.



'페트병 온실' 책을 혼자, 둘이서, 또는 여럿이 읽고, 인물, 배경, 사건 중심으로 이야기의 내용을 파악해요.

## 2 문제 인식

문제 상황을 이해하고 저스틴을 도와줄 수 있는 방법을 각자 생각해 본 후에, 친구들과 아이디어를 나눠요.

"사람이 직접 손으로 쓰레기 분리수거를 하는 것은 비위생적이기도 하지만 깨진 유리병 조각 등을 만지게 되면 위험하기도 해요."

## 3 설계하기

주인공을 도와주기 위한 방법을 다양한 관점에서 생각해 보고, 구상 스케치, 미션 과제 설정 등 구체적으로 계획해요.

## 4 개발하기

3단계에서 계획한 내용을 바탕으로 쓰레기 분리수거 장치를 제작하고, 인공지능을 활용하여 동작하여 봅시다.

〈예 시〉

> 이번 프로젝트에서는 ML4Kids의 이미지 인식을 활용하여 쓰레기를 분류해주는 프로그램을 제작하고자 한다. 이 프로그램이 완성된다면 종이류, 플라스틱, 고철류, 유리 이미지를 구분할 수 있다. 실습을 통해 이미지 인식을 위한 모델을 직접 만들어보도록 하자.

〈훈련 레이블 준비〉

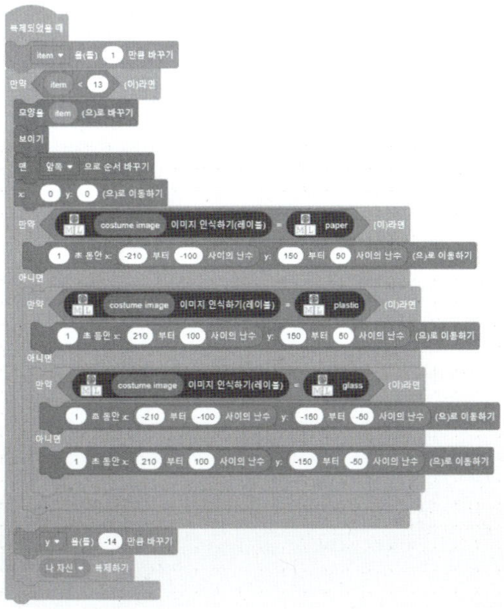

〈스크래치 프로그래밍 코드〉

## 5 피드백

개발한 프로젝트를 교사, 동료들에게 발표하고 피드백 받아 봅시다.

## 6 개선하기

제작한 '분리수거 프로그램'에서 발생 가능한 문제를 정의하고, 이를 개선할 수 있는 방향을 탐색해 보자.

## 요약


본 연구에서는 TPACK(기술, 교육 및 교과 지식의 통합) 프레임워크를 기반으로 한 AI 디지털 도구를 활용한 수업을 살펴보았다. 이 연구를 통해 도출된 주요 결과와 함께 다음과 같은 결론 및 제언을 제시하고자 한다.

첫째, 이 연구에서는 TPACK 프레임워크를 활용하여 AI 디지털 도구를 통합적으로 설계하고 구현함으로써 학생들이 기술, 교육 및 교과 영역에서의 지식을 효과적으로 통합하고 활용할 수 있었다. AI 디지털 도구를 활용한 직업 박람회 수업에서는 학생들이 기술, 교육 및 교과 지식을 효과적으로 통합하여 새로운 직업적 기회를 탐색하고 발전할 수 있었다. 따라서 AI 디지털 활용 교육에서 필요한 다양한 기술과 역량을 개발하는 데 있어 TPACK는 중요한 지침으로 활용될 수 있다.

둘째, AI 디지털 도구를 활용한 수업 설계는 학생들의 AI·디지털 활용 능력을 고려해야 한다. 어떤 학생은 특정 AI·디지털 도구에 능숙하게 다룰 수 있지만, 다른 학생은 처음 사용하는 경우도 있을 것이다. 따라서 교사는 학생들의 AI·디지털 활용 능력에 대한 학생들의 디지털 기기 활용 수준을 파악하여 각 학생의 개별적인 수준을 고려하여 맞춤형 지도를 제공할 수 있다. AI 디지털 도구를 활용한 수업 설계에서는 학생들의 디지털 기기 활용 능력 차이를 고려하는 것이 교육의 효과성과 학생들의 참여도를 높이는 데에 중요한 역할을 한다.

셋째, 교사들은 TPACK 프레임워크와 AI 디지털 도구의 효과적인 활용을 위해 지속적으로 전문적인 개발을 받아야 한다. 교사 전문성 강화와 지속적인 전문 개발은 AI 디지털 도구를 효과적으로 활용하여 직업 박람회 수업을 설계하고 이행하는 핵심적인 부분이다. 교사들이 최신 기술 및 교육 도구에 대한 이해를 갖추고, 학생들을 지원하는 데 필요한 역량을 개발하는 것이 중요하다.

이러한 종합적인 연구 결과를 토대로, 교육 현장에서는 TPACK 프레임워크와 AI 디지털 도구를 활용하여 학생들의 직업 탐색과 발전에 기여하는 수업을 설계하고, 교사들은 지속적인 전문 개발을 통해 자신의 역량을 향상시켜야 한다. 평가는 다면적이고 학생 중심으로 이루어져야 하며, 그 결과를 토대로 더 나은 교육 방향을 개선하고 발전시켜 나가야 한다. 이를 통해 교육체계는 미래의 도전에 대비하며, 학생들은 다양한 직업 기회에 대비하여 성공적인 미래를 향해 나아갈 수 있을 것이다.

## 객관식 문제

**1.** AI 디지털 활용 교육에 대한 설명으로 옳지 않은 것은?

① 다양한 AI · 디지털 자료들을 수업 중에 활용하는 것
② AI · 디지털 도구를 통해 정보를 찾아 올바르게 사용하는 방법을 익히는 것
③ AI · 디지털 도구를 활용하여 교과와 관련된 다양한 문제들을 해결하는 것
④ AI · 디지털 도구를 사용하여 학생들이 전문가가 되도록 훈련시키는 것

**2.** TPACK는 무엇의 약자인가요?

① Technical, Pedagogical, Content Knowledge
② Teaching, Practical, Curriculum Knowledge
③ Technology, Pedagogy, Computer Knowledge
④ Technical, Practical, Communication Knowledge

**3.** TPACK의 목표는 무엇인가요?

① 학문적 지식 강화
② 새로운 교육 기술 개발
③ 효과적인 기술 통합을 통한 품질 높은 교육
④ 특정 과목 전문 지식 강화

## 참고문헌


- 강민수, 김한솔, 김희규, 주영효. (2023). 교사의 AI·디지털 활용 교육정책 내실화 방안 탐색. 한국교원교육연구, 40(2), 111-140.
- 경상북도교육청(2023) 생성형 (Generative) AI 활용 길라잡이.
- 교육부(2022). 초등학교 교육과정. 별책 2.
- 교육부(2023) 보도자료, '디지털 기반 교육혁신 방안' 발표.
- 교육부(2023) 인공지능(AI) 디지털교과서로 1:1 맞춤 교육시대 연다.
- 김나영·김형엽. (2011). 스마트폰에서의 App1) 활용을 통한 English Reading 교육에 대한 연구: 의사소통능력(Communicative Competence을 중심으로 인문언어, 13(2), 319-349.
- 김병수·이진영. (2014). 교과별 PCK에 기초한 초등 교사의 수업 전문성 신장 방안. 14(5). 1-23
- 김우리·옥민욱. (2021). 특수교사와 일반교사의 증강·가상현실 활용현황, 인식 및 TPACK 수준 비교. 22(2). 15-44.
- 김인재, 이득기, Shen Fanglin, 정제영. (2023). 다차원 교육 정책 분석 모형을 활용한 초·중등 인공지능 교육 정책 분석. 교육정치학연구, 30(2), 97-126.
- 김혜란, 김준호, 김주현, 노상민 and 박정호. (2024). AI 기반 에듀테크를 활용한 교육격차 해소 방안 연구: 국어, 수학 교과를 중심으로. 디지털콘텐츠학회논문지, 25(1), pp. 279-290.
- 박만구. (2020). 수학교육에서 인공지능 활용 가능성. 수학교육 논문집, 34(4), 545-561.
- 박찬솔, 김성애, 김성원, 홍지연 and 박정호. (2023). 인공지능(AI) 교과 융합 수업 설계를 위한 AI-TPACK 모델 기반 초등 예비교사 교육 프로그램 개발. 26(3). 15-29.
- 손태권·구종서·안도연. (2023). PACK과 기술수용모델을 활용한 초등교사의 수학 수업에서 인공지능 사용 의도 이해. 26(3). 163-180.
- 손태권·이광호, (2023), Chat GPT의 수학교육 활용 가능성 탐색: 분수 문제에 관한 학생의 산출물과 예비교사의 담화 사례를 중심으로. 한국수학교육학회. 26[2]. 99-113.
- 송서림·조정형. (2023). 콜브의 경험학습모형을 적용한 AI활용미술 지도안 연구. 24(4). 155-168.
- 심창용, 황필아, 남보라. (2023). 챗봇과 생성형 AI 활용 영어교육. ESP Review, 5(2), 71-91.
- 이대형, 진지형. (2020). 체육 수업시 스마트폰 앱(App) 활용의 적용효과 연구. 홀리스틱융합교육연구, 24(4), 97-112.
- 이영호, 김한성. (2023). 초·중등교육 내 생성형 인공지능 도입을 위한 법률적 이슈 탐색 - 디지

털기반 교육혁신방안 정책을 중심으로 -. 컴퓨터교육학회 논문지, 26(5), 129-138.

- 이주성, 전석주. (2019). 초등학생의 자기주도학습을 위한 LMS 활용방안. 정보교육학회논문지, 23(2), 159-168.
- 정병흠. (2013). 스마트폰 앱(App)을 활용한 스마트 러닝으로서의 미술교육 사례 연구. 미술교육논총, 27(3), 49-74.
- 정영식, 유정수. (2024). 체제적 교수설계에 따른 AI 디지털교과서 기반의 교수학습 모형 개발. 정보교육학회논문지. 28(1), 37-46.
- 조윤진 (2021). 초등 사회과 지리 영역에서의 인공지능 활용 교육의 가능성: 한성 백제의 역사 경관을 중심으로. 한국초등교육, 32(2), 189-206.
- 주정흔 외, "인공지능(AI) 기반 에듀테크의 학교 현장 적용을 위한 협력적 실행연구, 서울특별시교육청교육연구정보원, 서교연 2021-85, 2021.
- 최숙영, "교육에서의 인공지능: 인공지능 활용 교육에 관한 문헌 고찰", 컴퓨터교육학회 논문지, 제24권, 제3호, 2021.
- 한국교육학술정보원, 2023. AI기반 맞춤형 교육을 위한 변화, KERIS 디지털교육 동향 12호.
- 홍지연. (2023). 초등교사의 디지털·AI 리터러시 교수 역량 함양을 위한 교사 교육 프로그램 개발 및 적용. 27(3). 245-254.
- Citation Mishra, P. & Koehler, M. J.(2006). Technological Pedagogical Content Knowledge: A Framework for Teacher Knowledge. Teachers College Record, 1017-1054.

CHAPTER

# 10

# AI·디지털 융합교육

### 단원목표

- AI·디지털 융합교육을 이해할 수 있다.
- AI·디지털 융합교육 교수학습을 설계할 수 있다.
- AI·디지털 융합교육을 적용할 수 있다.

---

### 단원목차

SECTION

# 10.1 AI·디지털 융합교육의 이해

## 1. AI·디지털 융합교육의 개념과 특징

AI·디지털 융합교육은 인공지능 기술과 디지털 미디어, 컴퓨팅 사고력 등을 교육 과정에 통합하여 학습 효율성을 극대화하고, 개인 맞춤형 학습 경험을 제공하는 교육의 혁신적인 접근 방식이다. 이는 전통적인 교실 학습 방식에서 벗어나, 학습자 중심의 교육 환경을 조성하며, 다양한 학습 스타일과 속도에 맞춰 교육을 진행할 수 있는 가능성을 열어준다.



AI·디지털 융합교육은 크게 두 가지의 방향으로 정리할 수 있다. 첫 번째는 AI·디지털 융합교육을 실시하기 위한 소양으로서의 역량이며, 두 번째는 AI·디지털 소양을 함양하여 교과에서 활용하는 방향이다. 전자의 경우는 AI·디지털 융합교육을 실시하기 위한 기초소양으로서 학습자들이 갖춰야 하는 역량이다. 기본적으로 디지털 리터러시 또는 인공지능 리터러시라고 불리는 것이며 컴퓨터 및 정보기기를 활용하여 다양한 문제를 해결할 수 있는 역량을 의미한다.

교육부(2022)는 디지털 리터러시에 대하여 정보를 읽는 능력이라고 정의하고 있으며 아래와 같이 설명하고 있다.

> 디지털 리터러시(Digital Literacy)란, 디지털 시대에 필수적으로 요구되는 정보 이해 및 표현 능력입니다. '읽고 쓸 수 있는 능력'이라는 리터러시(Literacy)가 디지털 플랫폼과 만나 다양한 미디어를 접하면서 명확한 정보를 찾고, 평가하며, 조합할 수 있는 개인의 능력을 뜻합니다.

이를 기반으로 교육부(2022)는 2022 개정 교육과정을 발표하면서, 언어소양 및 수리소양과 더불어 디지털 소양을 핵심소양으로 제시하여 모든 교과에서 필요한 필수적인 소양으로 소개하고 있다. 이를 위해, 정보교과에서 디지털리터러시와 컴퓨팅사고력을 함양하고 모든 교과에서 디지털 소양을 기반으로 학생들의 문제해결능력을 기르기 위한 활동의 범위를 확장하도록 안내하고 있으며, 필요시 진로교육과 연계하여 미래의 역량중심 교육과정으로서의 방향을 제시하고 있다. 모든 교과에서 디지털 소양을 기반으로 교과에서 활용하는 방향은 앞서 설명한 AI·디지털 융합교육의 두 번째 개념과 연결될 수 있다. 그러나 국어시간에 국어를 배우고 모든 교과에서 언어적 능력을 기반으로 학습이 이루어지고, 수학시간을 통해 수의 개념을 이해하며 수학적 사고력을 모든 교과에서 활용하는 것과 같이, 기본적인 소양은 정보교육을 통해 함양하고 이를 기반으로 모든 교과에 확산되어야 한다는 점에서 교과활동을 통해 정보소양을 기르는 것은 정보소양의 부재로 교과교육에서 활용되지 못한다는 점을 고려해야 할 필요가 있다.

## 2. 2022 개정 교육과정과 AI · 디지털 융합교육

교육부에서는 2022 개정 교육과정을 통해 디지털사회를 대비하고 미래인재를 길러내기 위해 기초소양을 정의한바 있다. 1900년대 산업혁명 이후 3R's 라고 불리는 읽고(Reading), 쓰고(wRiting), 셈하기(aRithmatic)에 추가하여 디지털소양을 함양함이 필수적임을 강조하였다. 2022 개정 교육과정에서는 읽기와 쓰기 역량을 언어소양으로 표현하고 있으며 언어를 기반으로 문제를 해결하기 위해 구성원과 소통하는 능력이라고 표현하고 있다. 셈하기에 대해서는 수리소양으로 기술하여 다양한 상황에서 수리적 정보를 기반으로 문제해결 및 소통과 추론의 내용을 제시하고 있다. 2022 개정 교육과정에서 추가된 디지털 소양은 Wing(2006) 현대의 컴퓨팅사고력에 대한 개념을 정의하면서 가까운 미래에 기초소양으로서 반영될 것으로 예측하였는데, 우리나라가 국가수준교육과정으로서 세계적으로 앞서가는 모습을 나타내게 되었다.

| 기초소양 | | 개념(안) |
|---|---|---|
| 언어소양 | | 언어를 중심으로 다양한 기초, 양식, 매체 등을 활용한 텍스트를 대상, 목적, 맥락에 맞게 이해하고, 생산 · 공유, 사용하여 문제를 해결하고 공동체 구성원과 소통하고 참여하는 능력 |
| 수리소양 | | 다양한 상황에서 수리적 정보와 표현 및 사고 방법을 이해, 해석, 사용하여 문제해결, 추론, 의사소통하는 능력 |
| 디지털소양 | | 디지털 지식과 기술에 대한 이해와 윤리의식을 바탕으로, 정보를 수집 · 분석하고 비판적으로 이해 · 평가하여 새로운 정보와 지식을 생산 · 활용하는 능력 |

교육부에서 제시한 디지털 소양은 아래와 같은 개념으로 설명하고 있으며, 디지털 역량이 미래사회의 핵심 개념임을 설명하고 있다.

> 디지털 지식과 기술에 대한 이해와 윤리의식을 바탕으로, 정보를 수집 · 분석하고 비판적으로 이해 · 평가하여 새로운 정보와 지식을 생산 · 활용하는 능력

디지털 소양을 함양하기 위해 교육과정을 구성하기 위한 방안으로 제시된 국가적인 방향은 크게 두가지로 구분할 수 있다. 첫 번째는 디지털 리터러시를 기르는 것이며, 두 번째는 컴퓨팅사고력을 통한 문제해결력을 갖추는 것이다. 궁극적으로 정보교과교육을 통해 컴퓨팅 도구를 활용한

정보처리 수행 능력을 함양하고, 인공지능 및 소프트웨어에 대한 디지털 영역의 컴퓨팅 기본 개념 및 원리를 학습하는 과정을 수행하는 것을 목표로 하고 있다.
기초 소양이라고 함은 이를 길러주기 위한 핵심교과가 있으며, 이를 활용하여 모든 교과에서 활용한다는 점에서, 디지털 소양과 컴퓨팅사고력을 정보교과교육에서 길러야 함을 강조하고 있는 것이다.

디지털 기초 소양이라고 정의하고 있는 디지털 리터러시에 대해서는 디지털 활용 능력, 감수성, 데이터 표현을 비롯한 디지털 기초학습과 디지털 융합수업을 의미한다고 설명하고 있으며, 기초 소양을 함양한 이후에 모든 교과교육에서 활용하도록 제시되고 있다는 점에서 정보교과교육과 모든교과교육간의 교수학습에 대한 과정과 위계 및 방법이 제시된 것이라고 할 수 있다.



정보교과교육을 통해 학습자들이 반드시 길러야 하는 역량 중 하나는 컴퓨팅 사고력으로서, 추상화와 자동화를 통한 문제해결역량을 기르는 것이다.

< 디지털 기초 소양 및 컴퓨팅 사고력 함양을 위한 교육과정 구성 방안 >

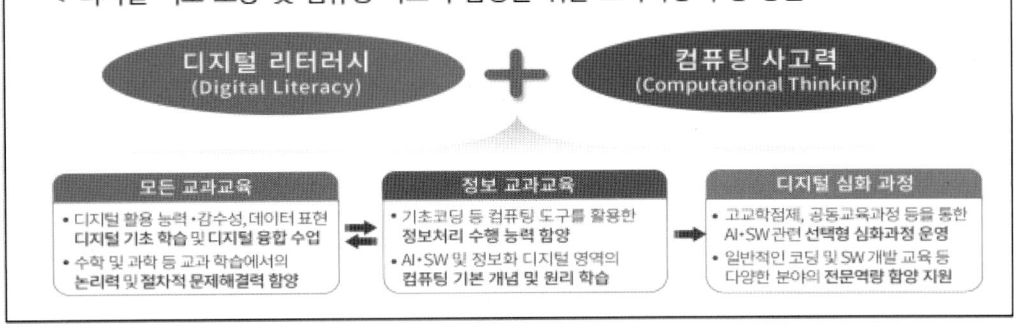


컴퓨팅사고력은 추상화 과정을 통해 해결이 필요한 문제를 발견하고 문제해결의 아이디어를 순차적으로 구성하여 알고리즘을 설계하고 컴퓨팅 자원을 활용하여 문제를 해결하는 자동화의 과정으로 제시된다. 핵심 사고과정과 역량은 정보교과교육을 통해 길러져야 함을 교육부의 총론에서는 제시하고 있으며, 이를 토대로 교과교육으로 확대될 필요성을 설명하고 있다. 컴퓨팅 사고력은 정보교과에서 제시하고 있으나 모든 교과에서 길러질 수 있는 방법 중 하나라는 점에서 교과교육에서 디지털 소양과 연계하여 미래역량을 기르기 위한 방법으로서 반드시 고려되어야 하는 요소라고 할 수 있다.

정보교과교육을 통해 진로와 연계하고자 하는 학생들에게는 디지털 심화과정을 제시하여 고교학점제, 공동교육과정 등을 통한 선택형 심화과정을 운영하고 참여할 수 있는 기회를 제공해야 한다. 미래사회는 인공지능과 정보화가 고도화된 모습이 나타날 것이라는 것을 예견한다면, 교과교육을 통해 모두가 필수적인 역량을 기르는 것도 필요하지만 진로와 연계하여 관련된 역량을 함양하는 것을 희망하는 학생들에게 심화역량을 기를 수 있는 여건이 제공되어야 한다는 점과 맥을 함께 한다.

2022 개정 교육과정에서는 정보교과를 통한 디지털소양과 컴퓨팅사고력을 함양하기 위해 시수를 확대하고 학교교육과정에서의 시간편성의 재량의 기회를 활용하여 관련 교육의 여건을 제공하는 것을 제시하고 있다. 특히 새롭게 편성되는 학교자율시간은 학교장 개설과목으로 정보교육을 확대할 수 있는 기회를 제공 하고 있는 것이며, 정보교과교육에 대한 참여도를 높이고 이를 기반으로 교과융합교육의 기회를 마련하는 것이다.

| 구분 | 교과목 편제 및 교육과정 편성 | 교과 내용 재구조화 |
|---|---|---|
| 초등학교 | • 정보관련 내용을 학생 수요 및 학교 여건에 따라 학교장 개설과목으로 편성 가능<br>※ 실과 교과를 포함하여 학교 자율시간 활용을 통한 34시간 이상 사수 확보 권장 | • 정보 관련 교과(실과) 내용에 인공지능(AI) 등 신산업기술 분야 기초 개념 · 원리 등 반영<br>• 놀이 · 체험 활동 중심으로 간단한 프로그래밍 등 디지털 역량 함양을 위한 과목 신설 |
| 중학교 | • 학교 자율시간 및 교과(군)별 시수 증감을 통한 정보시수 확대 이수 권장 기준 마련<br>※ (개선안) 정보 과목은 학교 자율시간을 확보하여 68시간 이상 편성 · 운영을 권장 | • 인공지능에 대한 학습(learning about AI) 관련 내용 강화<br>• 디지털 기초 소양 함양 교육과 연계한 기본 · 심화를 위한 정보 과목 개설 |
| 고등학교 | • 정보교과를 신설하고, 진로 · 적성에 따른 다양한 선택과목 편성<br>※ (현행) 기술 · 가정교과군<br>→ (개선안) 기술 · 가정/정보 | • 인공지능(AI) 및 빅데이터 등 다양한 신기술 분야 과목 신설 |

교육부에서는 2022 개정 교육과정을 통해 인공지능교육과 교과수업과 연계한 활동으로서 예시를 통해 정보교과에서의 소프트웨어 원리 학습 뿐만 아니라 수학/과학/음악/실과 교과 등과 연계할 수 있는 방향을 아래의 예시와 같이 설명하고 있다.

소프트웨어 원리 학습에서는 추상화, 패턴 찾기, 알고리즘, 프로그램의 과정을 통해 컴퓨팅사고력기반의 문제해결과정을 수행할 것을 제시하고 있다. 추상화 과정에서는 문제 상황(맥락)에서의 중요(핵심) 요소 파악하기로 구성되며, 패턴 찾기 단계에서는 자연 현상 등에서 반복되는 일정 경향과 규칙성을 탐색하도록 하며, 알고리즘 단계에서는 핵심 원리를 이용한 문제 해결 절차 구성하기를 통해 문제해결의 아이디어를 순차적으로 구성하도록 한다. 프로그래밍 과정은 컴퓨팅 사고력에서 설명하는 자동화의 단계에 해당하며, 컴퓨팅 도구를 사용하여 문제해결과정을 프로그래밍 하도록 설명하고 있다.

이를 기반으로 교과활동에서는 추상화의 과정은 핵심 요소 추출로 제시하고 있으며, 예를 들어 수학교과에서 자릿수가 다른 사칙연산에 대한 내용과 과학교과에서의 서식 환경 및 구조 특성 파악을 기반으로 음악교과의 작품 속 주제 파악하기 등의 과정을 통해 제시된 문제와 관련하여 핵심 요소가 추출될 수 있도록 설명하는 내용으로 구성하고 있다.

패턴 찾기의 과정은 규칙성 발견으로 제시하고 있으며, 수학교과의 사칙 연산에 포함된 규칙성을 찾도록 하거나, 과학교과의 생물의 공통점과 차이점 찾기를 비롯하여, 음악교과의 작품 주제에 맞는 음계 찾기의 활동으로 구성하고 있다.

< 인공지능 원리 학습 및 교과수업과의 연계 활동 예시 >

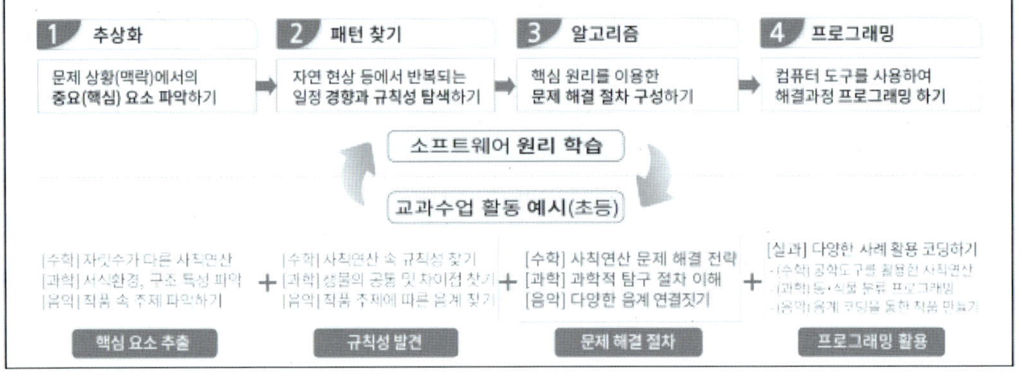


알고리즘은 문제해결절차로 설명하고 있으며, 수학교과의 경우 사칙연산 문제를 해결하기 위한 나만의 전략과 알고리즘을 구성하는 것으로 제시되어 잇으며, 과학교과의 경우에는 과학적 탐구 절차를 이해하며 음악교과에서는 다양한 음계를 연결지어 문제를 해결할 수 있는 방안을 찾도록 설명하고 있다.

프로그래밍은 프로그래밍 활용으로 연계하여, 실과교과에 포함되어 있는 정보교육에서 제시하고 있는 다양한 사례를 활용하여 코딩하기를 토대로, 수학교과에서 공학적 도구를 활용한 사칙연산 및 과학에서는 동식물을 분류하는 프로그래밍을 수행하거나 음악에서는 음계 코딩을 통해 작품 만들기를 제시하고 있는 부분이 관련성을 갖고 있다고 할 수 있다.

| | |
|---|---|
| 국가 교육과정 | • 초 · 중등학교 교육 목적과 목표 달성을 위한 전국 공통 교육과정의 일반적인 기준과 내용 |
| 지역 교육과정 | • 국가 교육과정을 기준으로 지역의 특수성과 학생의 교육적 필요를 반영하여 시도교육청 등이 개발 · 운영하는 교육과정 |
| 학교 교육과정 | • 국가와 지역 교육과정을 기준으로 학생, 학부모 교사, 지역 주민의 관심과 교육적 필요를 반영하여 학교에서 개발 · 운영하는 교육과정 |

교육부에서는 2022 개정 교육과정을 통해 하향식 교육과정의 편성보다는 국가/지역/학교 교육과정이 연계성을 갖고 지역성을 고려하고 학교중심의 교육과정이 편성될 수 있는 방향을 설명하고 있다.

국가교육과정은 초·중등학교 교육 목적과 목표 달성을 위한 전국 공통 교육과정의 일반적인 기준과 내용으로 제시되어 국가에서 제시하는 인재양성의 방향과 법적인 교육시수 및 목표와 방법에 대한 내용으로 기술하고 있다.

지역교육과정은 국가 교육과정을 기준으로 지역의 특수성과 학생의 교육적 필요를 반영하여 시도교육청 등이 개발 또는 운영하는 교육과정으로 설명하고 있으며, 시도교육청이 속해있는 지역의 특성을 고려하여 학습자의 발달에 맞는 교육과정 편성을 제시하고 있는 부분이다.

학교교육과정은 국가와 지역 교육과정을 기준으로 학생, 학부모, 교사, 지역 주민의 관심과 교육적 필요를 반영하여 학교에서 개발하거나 운영하는 교육과정으로 설명하고 있으며 과거의 국가수준교육과정에 비해 학교의 재량권이 확대되고 학교의 특색과 학습자의 요구를 반영한 교육과정 편성의 기회를 제공하고 있다는 점이 2022 개정 교육과정의 특징이다.

교육의 수요자라고 할 수 있는 학생과 학부모는 미래사회의 변화를 학교교육을 통해 대비하고 준비할 수 있는 기대감이 높으며, 이를 기반으로 디지털사회를 준비하기 위해 기초소양에 반영하고 교과교육에서 활용될 수 있는 국가적인 여건을 제공하는데 목표를 두었다.

AI·디지털 융합교육은 국가수준교육과정의 총론에서 제시하고 있는 바와 같이 정보교과교육을 통해 디지털 소양과 컴퓨팅사고력을 기르고 이를 기반으로 모든 교과에서 활용되어야 한다는 점을 고려할 때 초중등교육에서 정보교과교육의 중요성은 매우 높으며, 국가수준교육과정에서 제시된 성취기준 뿐만 아니라 교과에서 활용될 수 있는 소양으로서의 교육기회 제공에도 매우 중요한 부분이다.

한편, 기초소양으로서의 교육이라고 함은 기초소양이 부족하거나 교육기회가 더욱 필요한 학습자에게 학습의 여건을 마련하고 기초소양을 함양할 수 있는 국가적 및 제도적 기회제공이 필요하다. 기존의 기초소양은 언어소양과 수리소양에 초점을 두고 기초소양 함양에 대한 여건이 집중되어 있으나, AI·디지털 융합교육을 위한 디지털 소양을 평가하고 기회를 제공하는 노력이 필요하다.

학교교육과정의 확대와 재량권 확대를 위해 2022 개정 교육과정의 특징적인 변화 중 하나는 학교자율시간이 도입되는 것으로서, 기존의 교과(군)별 증감 범위를 활용하는 것에서 교과(군) 뿐만 아니라 창의적 체험활동의 증감 범위를 활용할 수 있도록 변화된 것이 큰 차이점이라고 할 수 있다.

기존의 교과(군)에서 20%의 시수 증감을 할 수 있도록 여건이 마련되어 었으나, 교과교육에서 시수 증감은 단위학교에서 현실적인 조정의 한계가 있었으며, 창의적 체험활동에 대한 증감의 요구가 높아져 왔다. 이에 따라 2022 개정 교육과정에서는 시수의 증감에 대한 범위를 창의적 체험활동으로 확대하였다는 점에서 정보교육의 편성과 운영에 대한 범위를 확대할 수 있다는 특징이 있다.

수업시수와 관련하여 기존의 연간 34주를 기준으로 한 운영이 제시되어 있었다면, 2022 개정 교육과정에서는 한 학기 17주 기준 수업시수를 탄력적으로 운영할 수 있도록 수업량 유연화를 적용하고 있으며, 이는 한 학기 17주 수업을 16주 수업으로 조정하고, 1주의 자율성을 확보하여 다시 17주로 배분하여 주당 1시간의 여유시간을 갖도록 한다는 특징을 갖는다.



학교장 개설 선택과목의 경우 중학교에서는 가능하였으나 초등학교는 선택권이 없었으며, 따라서 학교 특색 및 지역과 연계한 과목 및 활동 운영 시간 확보의 어려움이 없었음이 한계로 지적되었다. 그러나 2022 개정 교육과정에서는 학년별 최대 68시간의 학교자율시간 확보가 간으하게 되었으며, 중학교 뿐만 아니라 초등학교에서도 선택과목을 개발하고 운영하는 것이 가능해졌다는 특징을 갖는다.

이를 기반으로 2022 개정 교육과정에서는 학교교육과정에서 학교자율시간 확보를 통해 지역과 연계한 다양한 교육과정 및 프로젝트 활동을 편성하고 운영하는 것이 확대되었으며, 정보교육과정의 체계적인 운영에서도 이를 활용할 수 있게 되었다.

**학교 자율시간 확보 및 운영 방안**

| 현행 | ➡ | 개선안 |
|---|---|---|
| • 교과(군)별 증감 범위 활용<br>• 연간 34주를 기준으로 한 수업 시수 운영<br>• 중학교는 학교장 개설 선택과목 개발·운영 가능(초등학교는 선택과목이 없음)<br>☞ **학교 특색 및 지역과 연계한 과목 및 활동 운영 시간 확보 어려움** | | • 교과(군) 및 창의적 체험활동 증감 범위 활용<br>• 한 학기 17주 기준 수업시수를 **탄력적**으로 운영할 수 있도록 **수업량 유연화** 활용<br>☞ **한 학기 17주 수업 → 16회(수업)+1회(자율운영)**<br>※ 매 학년별 최대 68시간 확보 가능<br>• **초등학교, 중학교 선택과목 개발·운영 가능** |

| 구분 | 내용 |
|---|---|
| **국가 교육과정** | ▸ 학교 자율시간 도입을 위한 **교육과정 운영 근거**를 **총론**에 **마련**<br>▸ **(교과)** 한 학기 17주 기준 수업시수를 16회로 개발하고 1회 분량은 자율 운영할 수 있도록 **내용요소와 성취기준 등을 유연하게 개발** |
| **지역 교육과정** | ▸ 지역과 학교의 교육 여건 등에 적합한 기준과 내용 개발, 지역 특색을 살린 **선택과목 및 체험활동 개발·운영**(시도교육청 개발 가능)<br>※ (예) 지역 생태환경, 인공지능으로 알아보는 우리 고장, 지역과 민주시민, 역사체험 등 |
| **학교 교육과정** | ▸ 지역과 연계한 다양한 **교육과정 및 프로젝트 활동 편성·운영,** 학교 자율적으로 **지역 연계 선택과목 개발·활용,** 교과 교육과정(지역 연계 단원 구성 성취기준 등)에 대한 **교사의 교육과정 편성·운영 자율권 확대** |

AI·디지털 융합교육을 위해서는 기존의 교과중심 교육과정을 탈피하여 주제중심 교육과정 운영이 필요하며, 이는 교과와 시수의 편성과 운영에 대한 자율성을 기반으로 수행된다는 점을 고려해야 한다.

2022 개정 교육과정에서는 국가교육과정에서도 학교 자율시간 도입을 위한 교육과정 운영 근거를 총론에 마련하고 있으며, 교과에서도 한 학기 17주 기준 수업시수를 16회로 개발하도록 하며 1회 분량은 자율 운영할 수 있도록 내용요소와 서취기준 등을 유연하게 개발하도록 제시되었다.

지역 교육과정에서도 지역과 학교의 교육 여건 등에 적합한 기준과 내용을 개발하며, 지역 특색을 살린 선택과목 및 체험활동을 개발하여 운영하도록 하였으며, 이때 시도교육청이 교육과정을 직접개발하여 단위학교에서 운영할 수 있도록 안해하고 있다.

이와 같은 학교 선택과목의 개발 및 운영 예시에 대하여 국가수준교육과정에서 안내하는 바에 따르면, 초등학교의 경우 학년별 선택과목을 2개 운영 가능하며, 따라서 3~6학년에서 총 8개의 과목이 가능함을 설명하고 있다.

따라서 AI·디지털 융합교육의 측면에서도 저학년에서 디지털 소양으로서 길러야 하는 디지털기초소양에 대해 학교자율시간을 편성 및 운영하도록 제시하고 있으며, 6학년에 주로 편성되는 실과내 정보교육에 대해서도 학교자율시간을 활용하여 6학년 수업에 연계하여 인공지능과 로봇과 같은 디지털 소양을 기르고 컴퓨팅사고력 함양에 활용될 수 있는 과목을 편성하도록 제시하고 있다.

**다양한 학교 선택과목 개발·운영 예시**

| 3학년 | 4학년 | 5학년 | 6학년 |
|---|---|---|---|
| 지역연계생태환경<br>디지털 기초소양 | 지속 가능한 미래<br>우리고장 알기 | 지역과 시민<br>지역 속 문화탐방 | 인공지능과 로봇<br>역사로 보는 지역 |

※ 선택과목: 초등 학년별 선택과목 2개 운영 가능, 3~6학년 총 8개 과목 운영 가능

SECTION

# 10.2 AI·디지털 융합교육 교수학습 설계

2022 개정 교육과정의 총론에서는 디지털 소양과 컴퓨팅사고력을 기르고 이를 기반으로 모든 교과교육에서 융합하여 교수학습을 수행하는 것으로 제시되어 있다. AI·디지털을 기반으로 융합교육을 수행하는데에서도 이를 적극적으로 활용하기 위한 기반으로서 디지털 소양이 길러져야 하겠으며, 문제해결과정에서 효과적으로 수행하기 위해 컴퓨팅사고력을 토대로 적용이 필요하다.

아래의 프레임워크는 컴퓨팅사고력을 기반으로 문제해결과정을 수행하기 위한 데이터 기반의 인공지능교육(Data-Driven AI Education)의 과정과 단계를 나타낸 것이다.



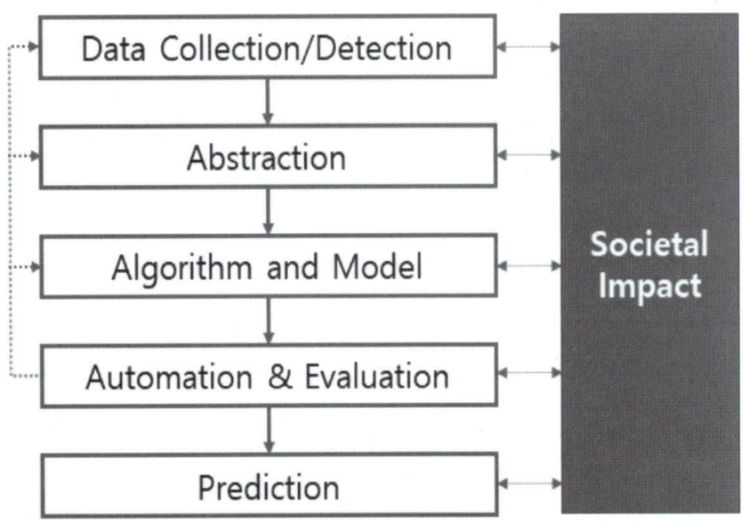


출처 : 신승기(2019). Computational Thinking 기반의 인공지능교육 프레임워크 및 인지적학습환경 설계. 정보교육학회논문지, 23(6), 649p

첫 번째 단계는 자료수집과 발견(Data Collection/Detection)의 단계이다. 자료수집 및 발견의 단계에서는 일상생활 속에서의 다양한 데이터를 수집한다. 공공데이터 등을 활용하여 일상생활의 다양한 현상을 살펴보고 관심있는 분야의 데이터를 수집한다. (예: 기상데이터, 대중교통데이터, 인구구조 등). 또한, 인지적 처리과정(3Rs: Reasoning, Recursion, Repetition)을 통해 수집된 데이터의 의미를 발견하도록 한다. 자료수집과 발견을 위해 수행되는 인지적 처리 과정은 인지적 추론(Reasoning), 재귀적 추론(Recursion), 반복적 추론(Repetition)으로 설명할 수 있다. 인지적 추론은 주어진 정보와 논리적 원칙을 사용하여 결론을 도출하는 과정으로 연역적 추론과 귀납적 추론 등을 포함하는 다양한 유형의 논리적 사고를 포함한다. 재귀적 추론은 문제를 동일한 문제의 더 작은 하위 문제로 나누어 해결하는 과정으로 구성된다. 반복적 추론은 인지적 추론과 재귀적 추론을 통해 도출된 작은 단위의 문제를 동일한 작업이나 과정으로 여러번 반복하여 해결이 필요한 문제를 발견할 수 있도록 수행하는 것이다.

두 번째 단계는 추상화(Abstraction)의 과정으로서 데이터의 패턴을 확인하여 문제상황을 발견하고 문제와 관련 데이터를 추출하는 일련의 단계가 수행된다. 이는 통합적인 인지적인 사고과정으로 수행되며, 확산적사고(Divergent Thinking)과 수렴적사고(Convergent Thinking)가 동시에 수행되는 단계이다. 또한, 전처리된 데이터를 Zoom-in & Zoom-out을 토대로 통찰의 과정을 수행함으로서 데이터의 패턴을 발견할 수 있도록 한다. 데이터의 패턴을 발견하는 것은 인간의 관점에서 통찰을 통해 수행되는 인지적인 과정이라는 점에서 다양한 패턴의 가능성을 허용하고 추후 검증할 수 있는 여건을 제공해야 한다.

세 번째 단계는 알고리즘과 모델링(Algorithm and Modeling)이 수행되는 부분이다. 이를 위해, 추상화 과정에서 발견된 문제상황에 대하여 가설을 설정한다. 데이터의 현재상태를 파악하기 위해 기술통계분석(Descriptive Analysis)을 수행하여 현황을 살펴보고 이를 표와 그래프로 표현하여 시각화한다. 아울러, 기술통계분석의 결과를 통해 도출되어 수립한 가설을 검증하기 위하여 독립변수와 종속변수를 설정하고 데이터분석 방법을 선택한다. 이와 같은 과정들은 데이터의 현재상태를 기반으로 목표상태로 전이될 수 있도록 알고리즘의 구성과 이를 검증하여 문제해결의 과정으로 연결될 수 있도록 수행되는 절차들을 의미한다.

네 번째 단계는 자동화 및 평가(Automation & Evaluation)의 영역이다. 데이터 분석을 수행하고 가설을 검증하는 단계로서 독립변수에 따른 종속변수의 변화 및 데이터의 비교에 따른 결과를 도출한다. 데이터를 실제로 분석하는 단계로서 수행된 데이터 분석의 결과를 해석하고 가설을 수용하거나 기각하며, 가설의 검증 결과에 따라 가설을 재설정하거나 다른 데이터에 적용하기 위한 근거로 활용할 수 있도록 평가한다.

다섯 번째 단계는 실생활 적용 및 예측하기(Prediction)가 실시되며, 자동화과정에서 수행된 데이터분석의 결과를 일상생활에 적용하는 실제적인 단계이다. 특히, 입력된 데이터의 결과값을 토대로 의사결정에 활용하거나 공유를 통해 많은 사람들에게 활용될 수 있도록 안내한다. 교과교육에서 융합하여 활용하기 위해 결과분석으로 나타난 의미를 토대로 현상을 이해하도록 하며, 사회적인 영향을 고려하여 공공의 이익을 위한 방향으로 적용하는 과정이라는 점이고려되어야 한다. 아울러, 데이터분석의 과정과 결과는 융합교육에 활용될 수 있는 모델로 활용되기 위하여 신뢰도와 타당도가 확보되어야 한다.

교수학습과정이 설계되고 이를 적용한 내용들에 대하여 성취수준 및 학습목표에 도달하였는지 검증하고 평가하는 과정이 요구된다. 아래의 프레임워크는 3가지 부분으로 구성하여 AI교육의 핵심 요소, 학습의 인지적역량 요소, 학습자 평가 영역에 대하여 조합하여 평가를 구성할 수 있는 가이드라인을 제공한다.



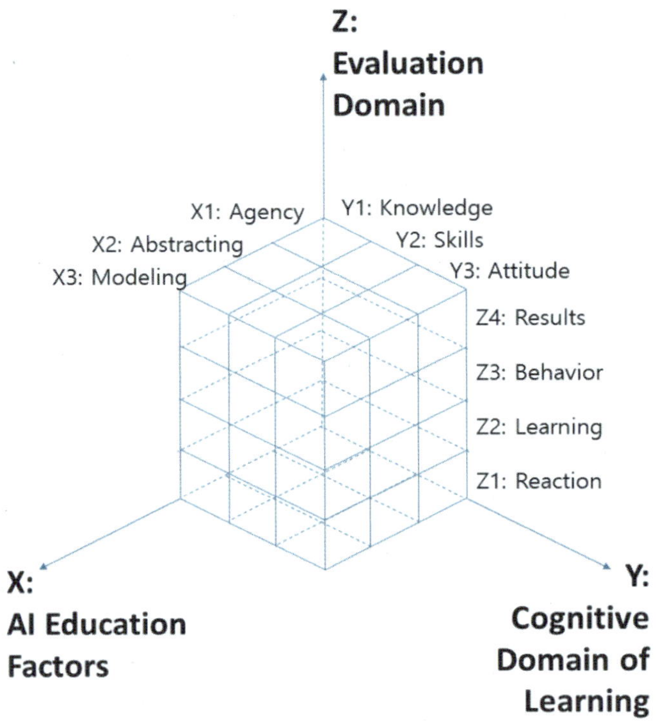


출처 : 신승기(2020). Computational Thinking 기반 인공지능교육을 통한 학습자의 인지적역량 평가 프레임워크 설계. 정보교육학회논문지, 24(1). p.65.

X축은 AI교육의 핵심 요소를 의미하며, 각각 인지적학습보조(X1: Agency), 추상화(X2: Abstraction), 알고리즘구현(X3: Modeling)으로 구성되어 데이터를 수집하고 이를 추상화하며 문제해결의 아이디어를 구성하는 알고리즘으로 연결되는 순차적 단계로 나타난다.

Y축은 학습의 인지적역량 요소를 의미하며, 각각 인지(Y1: Knowledge), 정의 또는 역량(Y2: Skills), 실천적 태도 또는 심동적 의지(Y3: Attitude)로 구성되어 인공지능에 대한 학습자의 인지적인 부분에 대한 요소를 평가할 수 있는 구성요소로 제시되었다.

Z축은 학습자 평가 영역으로, 학습자의 반응(Reaction). 학습(Learning), 행동(Behavior), 결과(Results)에 대한 내용으로 구성되어 X축 및 Y축과 교차하여 평가의 세부 요소를 도출할 수 있도록 구성되었다.

컴퓨팅사고력을 기반으로 AI·디지털 융합교육에 대한 학습자의 성취정도를 평가하는 것은 사고과정을 살펴본다는 점에서 정량화 또는 객관적 평가에 어려움이 있을 수 있겠으나 평가의 세부요소들을 적절히 교차하여 학습을 통한 성장과 발달의 정도를 측정(Measure)할 수 있도록 활용될 수 있다.

## 요약

AI·디지털 융합교육은 교과교육에서 인공지능과 디지털을 활용하여 수업하는 형태를 의미한다. 교과교육이 중심이 될 수도 있고, 인공지능 또는 디지털이 핵심역량이 될 수 있다. 그러나 성취기준이 중심이 되어 학생들의 미래역량을 함양하는데 초점을 맞추고 있다는 것은 모두 동의하고 있는 부분이다.

AI·디지털 융합교육은 크게 두가지의 방향을 갖는다. 정보교과교육을 통해 디지털리터러시와 컴퓨팅사고력을 기르는 교육과, 이를 기반으로 교과교육에서 활용하는 형태이다. 두 가지 방향에 대해서 무엇이 더 우선시된다고는 할 수 없겠으나, 2022 개정 교육과정에서 디지털소양을 기초소양으로 반영하고 있다는 점을 고려하여, 기초소양을 먼저 기르고 이를 기반으로 교과교육에서 융합교육으로 활용되어야 한다는 관점을 견지해야 한다.

우리는 모든 교과교육에서 국어를 기본적인 소통의 수단으로 활용하고 있다. 국어교과에서 언어소양을 기르고 이를 바탕으로 모든 교과에서 활용하고 있다는 점을 고려한다면, 또는 수학교과에서 수의 개념을 이해하고 수학적 문제해결력을 기르기 위해 일상생활에서의 문제해결과정에 적용하고 있다는 점을 생각해본다면, 디지털 소양을 기르고 모든 교과에서 활용할 수 있도록 순서가 정립되어야 한다.

특히, 기초소양이라는 것은 초등학교의 경우 입학단계에서 학교생활과 학습활동에 적응하기 위해 가장 먼저 배우고 부족한 부분은 보완하기 위한 제도적 체제가 마련되어 있다는 점을 고려한다면, AI·디지털 융합교육이 효과적으로 수행되기 위해서 디지털 소양에 대한 교육이 선행되어야 하며, 현재의 고학년 중심의 정보교과교육이 저학년으로 확대되어야 함을 의미한다는 것을 이해해야 할 것이다. 과거의 2000년대 ICT소양교육이 초등학교 1학년부터 매주 1시간씩 초등 6년간 200시간의 수업이 운영되었다는 점은 이와 관련지어 고려해볼 수 있는 부분이겠다.

미래사회는 인공지능과 디지털이 지금보다 훨씬 고도화된 사회에서 교육에서의 변화와 소양교육이 필수적이며, 이를 기반으로 융합교육에 대한 체계적인 방향과 위계가 구성되어야 한다는 점을 반드시 기억해야 하겠다.

## 객관식 문제

**1.** 2022 개정 교육과정에서 AI · 디지털 융합교육을 실시하기 위한 교육과정 편성의 방법으로 옳지 않은 것은?

① AI · 디지털 융합교육을 실시하기 위해서는 체계적인 디지털 소양교육이 실시되어야 한다.
② 2022 개정 교육과정에서는 정보교과교육보다는 융합교육을 강조하고 있다.
③ 정보교과교육을 통해 디지털 리터러시와 컴퓨팅 사고력을 길러야 한다.
④ 모든 교과교육을 통해 융합교육을 실시하기 위해서는 정보교과교육을 통해 디지털 소양을 기르는 것이 선행되어야 한다.



**2.** 다음 중 학교자율시간에 대한 설명으로 틀린 것은?

① 정보교과교육은 필수시수가 있으므로 학교자율시간에서 실시해서는 안된다.
② 초등학교의 경우 정보교과교육이 34시간 편성되어 있으나 실과에서 17시간을 실시하고 학교자율시간을 통해 17시간을 확보해야 한다.
③ 학교자율시간은 학교장의 재량하에 학교교육과정 편성의 자율성을 보장하는 것이므로 디지털 기반 미래역량에 관심을 가져야 한다.
④ 학교자율시간은 기존의 주지교과의 시수 확대를 위한 시간이 아니라 미래역량을 기르기 위한 학습자 중심의 내용과 시간 편성이 요구된다.

## 주관식 문제

1. AI · 디지털 융합교육과 정보교과교육의 위계를 설명하시오.

2. 기초소양으로서의 디지톨 소양과 AI · 디지털 융합교육의 역할을 설명하시오.

## 참고문헌


- Bloom, B. S. (1956). Taxonomy of educational objectives. Vol. 1: Cognitive domain. New York: McKay, 20-24.
- Brennan, K., & Resnick, M. (2012, April). New frameworks for studying and assessing the development of computational thinking. In Proceedings of the 2012 annual meeting of the American Educational Research Association, Vancouver, Canada.
- Computer Science Teachers Association (CSTA) and the International Society for Technology in Education (ISTE) (2011). Computational Thinking Teacher Resources. Second Edition. Retrieved from https://c.ymcdn.com/sites/www.csteachers.org/resource/resmgr/472.11CTTeacherResources_2ed.
- Gadanidis, G. (2017). Artificial intelligence, computational thinking, and mathematics education. The International Journal of Information and Learning Technology, 34(2), 133-139.
- Guo, Y. (2017). The 7 Steps of Machine Learning. Retrieved from https://www.slideshare.net/Codemotion/yufeng-guo-coding-the-7-steps-of-machine-learning-codemotion-madrid-2018
- Kirkpatrick, D., & Kirkpatrick, J. (2006). Evaluating training programs: The four levels. Berrett-Koehler Publishers.
- Kirkpatrick, J. (2015). An Introduction to the New World Kirkpatrick® Model. K. Partners (Ed.). Newnan, GA, USA: Kirkpatrick Partners, LLC.
- Krishna Rao, M. R. K. (2005, June). Infusing critical thinking skills into content of AI course. In ACM SIGCSE Bulletin (Vol. 37, No. 3, pp. 173-177).
- Oldridge, M. (2017). Is it about coding? No. It's about computational thinking. Retrieved from https://medium.com/@MatthewOldridge/is-itabout-coding-no-its-about-computational-thinking-fe0ba30add61
- Papert, S. (1980). Mindstorms: Children, computers, and powerful ideas. Basic Books, Inc
- Shih, W. C. (2019, July). Integrating Computational Thinking into the Process of Learning Artificial Intelligence. In Proceedings of the 2019 3rd International Conference on Education and Multimedia Technology (pp. 364-368). ACM.
- Silapachote, P., & Srisuphab, A. (2017). Engineering Courses on Computational Thinking Through Solving Problems in Artificial Intelligence. International Journal of Engineering Pedagogy, 7(3), 34-49.

• Wing, J. (2006). Computational thinking. Communications of the ACM, 49(3), 33-35.

• Wing, J. (2011). Research notebook: Computational thinking—What and why? The Link Magazine, Spring. Carnegie Mellon University, Pittsburgh. Computational Thinking. Retrieved from http://link.cs.cmu.edu/article.php?a=600

• Zeng, D. (2013). From computational thinking to ai thinking. IEEE Intelligent Systems, (6), 2-4.

• 교육부(2021). '2022 개정 교육과정' 총론 주요사항 발표.

• 교육부(2022). 2022 개정 교육과정 총론.

• 신승기(2019). Computational Thinking 기반의 인공지능교육 프레임워크 및 인지적학습환경 설계. 정보교육학회논문지, 23(6). 639-653.

• 신승기(2020). Computational Thinking 기반 인공지능교육을 통한 학습자의 인지적역량 평가 프레임워크 설계. 정보교육학회논문지, 24(1). 59-69.